王雲五主編
李宗侗註譯
葉慶炳校訂

春秋左傳今註今譯

校訂本
下冊

臺灣商務印書館發行

本書經

中華文化復興運動推行委員會審定

編纂古籍今註今譯序

由於語言文字習俗之演變，古代文字原爲通俗者，在今日頗多不可解。以故，讀古書者，尤以在具有數千年文化之我國中，往往苦其文義之難通。余爲協助現代青年對古書之閱讀，在距今四十餘年前，曾爲本館創編學生國學叢書數十種，其凡例如左：

一、中學以上國文功課，重在課外閱讀，自力攻求；教師則爲之指導焉耳。惟重篇巨帙，釋解紛繁，得失互見，將使學生披沙而得金，貫散以成統，殊非時力所許；是有需乎經過整理之書篇矣。本館鑒此，遂有學生國學叢書之輯。

一、本叢書所收，均重要著作，略舉大凡；經部如詩、禮、春秋；史部如史、漢、五代；子部如莊、孟、荀、韓，並皆列入；文辭則上溯漢、魏，下迄五代；詩歌則陶、謝、李、杜，均有單本；詞則多采五代、兩宋；曲則擷取元、明大家；傳奇、小說，亦選其英。

一、諸書選輯各篇，以足以表見其書，其作家之思想精神、文學技術者爲準；其無關宏旨者，概從刪削。所選之篇類不省節，以免割裂之病。

一、諸書均爲分段落，作句讀，以便省覽。

一、諸書均有註釋；古籍異釋紛如，卽采其較長者。
一、諸書較爲罕見之字，均注音切，並附注音字母，以便諷誦。
一、諸書卷首，均有新序，述作者生平，本書概要。凡所以示學生研究門徑者，不厭其詳。

然而此一叢書，僅各選輯全書之若干片段，猶之嘗其一臠，而未窺全豹。及民國五十三年，余謝政後重主本館，適國立編譯館有今註資治通鑑之編纂，甫出版三册，以經費及流通兩方面，均有借助於出版家之必要，商之於余，以其係就全書詳註，足以彌補余四十年前編纂學生國學叢書之闕，遂予接受。甫歲餘，而全書十有五册，千餘萬言，已全部問世矣。

余又以今註資治通鑑，雖較學生國學叢書已進一步，然因若干古籍，文義晦澀，今註以外，能有今譯，則相互爲用，今註可明個別意義，今譯更有助於通達大體，寧非更進一步歟？

幾經考慮，乃於五十六年秋決定編纂經部今註今譯第一集十種，其凡例如左：

一、經部今註今譯第一集，暫定十種，其書名及白文字數如左。

詩　經　　三九一二四字
尙　書　　二五七〇〇字

周易　二四二〇七字
周禮　四五八〇六字
禮記　九九〇二〇字
春秋左氏傳　一九六八四五字
大學　一七四七字
中庸　三五四五字
論語　一二七〇〇字
孟子　三四六八五字
以上共白文四八三三七九字

二、今註仿資治通鑑今註體例，除對單字詞語詳加註釋外，地名必註今名，年份兼註公元，衣冠文物莫不詳釋，必要時並附古今比較地圖與衣冠文物圖案。

三、全書白文四十七萬餘字，今註假定佔白文百分之七十，今譯等於白文百分之一百三十，合計白文連註譯約爲一百四十餘萬言。

四、各書按其分量及難易，分別定期於半年內，一年內或一年半內繳清全稿。

五、各書除付稿費外，倘銷數超過二千部者，所有超出之部數，均加送版稅百分之十。

稍後，中華文化復興運動推行委員會制定工作實施計畫，余以古籍之有待於今註今譯者，不限於經部，且此種艱巨工作，不宜由獨一出版家擔任，因即本此原則，向推行委員會建議，幸承接納，經於工作計畫中加入古籍今註今譯一項，並由其學術研究出版促進委員會決議，選定第一期應行今註今譯之古籍約三十種，除本館已先後擔任經部十種及子部二種外，徵求各出版家分別擔任。深盼羣起共鳴，一集告成，二集繼之，則於復興中華文化，定有相當貢獻。

本館所任之古籍今註今譯十有二種，經愼選專家定約從事，閱時最久者將及二年，較短者不下一年，則以屬稿諸君，無不敬恭將事，求備求詳；迄今祇有尙書及禮記二種繳稿，所有註譯字數，均超出原預算甚多，以禮記一書言，竟超過倍數以上。玆當第一種之尙書今註今譯排印完成，問世有日，謹述緣起及經過如右。

中華民國五十八年九月二十五日　王雲五

春秋左傳今註今譯 自序

王雲五先生近年有古籍今註今譯的提議，嘉惠後學實在並非淺鮮。今註這兩個字實在是十二年前，我對張曉峯先生注資治通鑑時所建議的，經過十一年的工夫，由我及朋友同學生合力完成，但後任教育部長並無充足的校刊費用能將全書刊行，於是就商諸商務印書館，王雲五先生欣然答應為之完成。就是因為這種原因，他也用今註這個名字。至於今譯乃為王老先生所獨創。我所擔任的是春秋左傳今註今譯，對此書我當在序中略有說明。

㈠隋書經籍志載有春秋左氏解誼三十一卷，漢九江太守服虔注。他所分卷數與杜預的春秋左傳經傳集解三十卷不同。杜預書亦載於隋書經籍志，自唐作正義就用了他，遂為唐後學者通用的書。今也照服虔例分為三十一卷，所不同的是莊公杜預只有一卷，而我分為二卷，其餘如僖公三卷，襄公六卷，昭公七卷，與杜預相同。我固然不能詳悉服虔的分卷方法，但我只能想到莊公可以分為二卷而已。

㈡至於左氏春秋的作者，是否即論語公冶長篇之「左丘明恥之，丘亦恥之」所說的左丘明？據姚鼐說：左氏之書，非出一人所成。自左丘明作傳以授曾申，申傳吳起，起傳其子期，期傳楚人鐸椒，椒傳趙人虞卿，虞卿傳荀卿。蓋後人屢有附益，其爲丘明說經之舊，及爲後所益者，今不知孰爲多寡矣。余考其書，於魏氏事造飾尤甚，竊以爲吳起爲之者蓋尤多。夫魏絳在晉悼公時，甫佐新軍，在七人下耳，安得平鄭之後，賜樂獨以與絳？魏獻子合諸侯於位之人，而述其爲政之美，詞不恤其夸，此豈信史所爲論本事而爲之傳者耶？國風之魏，至季札時，亡久矣，與邶、鄘、鄶等，而札胡獨美之曰：「以德輔此，則明主也」。此與「魏大名」「公侯子孫必復其始」之談，皆造飾以媚魏君者耳。又明主之稱，乃三晉篡位後之稱，非季札時所宜有，適以見其誣焉耳。自東漢以來，其書獨重，世皆溺其文詞，宋儒頗知其言之不盡信，然遂以譏及左氏，則過矣。彼儒者親承孔子學以授其徒，言亦約耳，烏知後人增飾若是之多也哉！若乃其文既富，則以存賢人君子之法言，三代之典章，雖不必丘明所記，而固已足貴，君子擇焉可也。（見左傳補注序）

㈢孔子春秋與左氏春秋實在是兩部書，所以顧炎武日知錄也說：「春秋因魯史而修者也；故所書晉事，自文公主夏盟，交於中國，則以創列之史參之，而一從周正；自惠公以前，則間用夏正，其不出一人明矣。」左氏春秋是集合各國的史書而成，此種議論實由唐朝趙匡發其端，他在「春秋集傳纂例」書中說：「蓋左氏廣集諸國之史釋春秋，傳成以後，蓋其弟子及門人見嘉謀事迹多不入傳或有雖入而復不同，故各隨國編之而成此書，以廣異聞爾。」所說集諸國之史甚確，但說「以釋春秋」則非，然較爲春秋作傳比較更近於真象。不如說他們是兩部書更可靠。並且左邱明雙姓與左氏春秋的左不同，所以朱熹在「語類」中就以爲「左氏倚相之後」，所以後來記載楚事甚多。並且比如隱公元年，春秋所記共七條，而左氏春秋就有十三條，有時春秋有而左氏春秋沒有的。也有相反的時候。這些皆能證兩書的不同。

細看春秋與左氏春秋皆開始自魯隱公，而所書紀年只以晉國事而論，亦始於晉文侯，早過於曲沃莊伯，而杜預曾見過真本紀年，他在後序中說：「曲沃莊伯三十一年十一月，魯隱公之元年正月也。」就是公元前七百二十二年，從此以後各國史料始見豐富，這也不足爲奇怪的事。觀詩經中，雅多作於西周，彼時東方列國尚無國風，衛武公所作抑篇尚用雅的詩調，即因衛尚無他自有的詩調。國風的開始在於平王東遷以後，由此可見。東遷是在公元前七百七十年。再以出土的銅器而論，東周時代者多屬列國的作品，與西周銅器多屬王室者不同。由此觀之，東遷以後，文化中心也隨著政治中心而漸向東方轉移，列國的史料開始愈加發達，這也是自然的現象。漢書藝文志尚載有「公羊外傳五十篇，公羊雜記八十三篇，穀梁外傳二十篇」，內容雖然不能詳細知道，大約也是記載同左氏春秋相類的故事。

㈣再細研究，兩書不太相連，並非如公羊傳穀梁傳的爲的解釋春秋而作。茲舉一兩條爲例作證據。比如桓公元年末尾說：⑴「宋華父督見孔父之妻于路，目逆而送之，曰『美而艷。』」而二年開首就說⑵「宋華督攻孔氏，殺孔父而取其妻。」可見⑴同⑵兩條本來相連，後經劉歆或杜預兩書相合後，始有現在的現象。又如桓公五年⑴「冬，淳于公如曹，度其國危，遂不復。」六年就說：⑵「春，自曹來朝，書曰『實來』，不復其國也」此類尚多，舉此例以概其餘。

所謂左氏春秋是「以列國之史參之」，這話甚有道理。比如宋國的事常舉六官的姓名，晉事常舉三軍或六軍帥佐的姓名，必是抄自宋晉各國史官所記載的。

至於漢以後又發生劉歆請立左氏傳於學官的問題，見漢書三十六卷楚元王傳，劉向是楚元王的玄孫，而劉歆是他的兒子。他移書太常博士書責讓他們，他又將左氏傳與公羊穀梁二傳並列爲釋經的傳。其實漢朝學官已近於功名的途徑，多立一科目則舊者必有所畏懼，因此必引起爭端，所謂「利祿之途然也」就是這種理由，書甚長現在不能博引，閱者可翻楚元王傳即能明白，所以在此不必細講。因爲這種原因，劉歆必須將左氏春秋改爲春秋左氏傳，而博士弟子必說「左氏不傳春秋」，以示抵制。至西晉杜預更「分經之年與傳之年相附」（見杜預春秋序）遂成現行的體系，杜並解釋爲「故傳或先經以始事，或後經以終義（見上序中）以辨別兩書的不同各點，而不欲說他們是兩部書。自唐以後遂相仍而不改，商務此書也不好例外；若獨創一格，反使讀者莫名其妙了，只在序中略說明我的見解。

至於編纂的經過亦當略述如後，最初今註由我口述而由文長徐女士筆錄，至於今譯則由劉翠溶女士擔任，這是僖公二十八年城濮之戰以前的情形。這時劉女士往美國哈佛大學讀書，自隱公元年至僖公二十八年共九十一年，恰與春秋二百四十二年的三分之一相近。以後我自己寫了幾年就由我口述而由李敏慧女士筆錄，輔以其妹李素貞襄助抄寫，以底於成，特記於此並誌對諸位的感謝。後又請中央研究院史語所黃慶樂技士爲畫得春秋時代全圖，以成全書。

民國五十九年二月夏正元旦高陽李宗侗序。

春秋左傳今註今譯　目次

中冊

下册

卷二十一　昭公一

昭公元年（公元前五百四十一年）

昭公名裯，襄公子，母齊歸，在位三十二年，薨于乾侯，諡法威儀恭明曰昭。

（一）經 元年春王正月，公即位①。

【今註】①此經無傳。

【今譯】昭公元年春王正月昭公行卽位典禮。

（二）經 叔孫豹會晉趙武、楚公子圍，齊國弱，宋向戌、衞齊惡、陳公子招、蔡公孫歸生、鄭罕虎、許人、曹人于虢。

傳 楚公子圍聘于鄭。且取於公孫段氏，伍擧①爲介。將入館，鄭人惡之，使行人子羽與之言，乃館於外，既聘，將以衆逆②，子產患之，使子羽辭曰：「以敝邑褊小，不足以容從者，請墠聽命③。」令尹命大宰伯州犂對曰：「君辱貺寡大夫圍，謂圍將使豐氏④撫有而室，圍布几筵告於莊共之廟而來。若野賜之，是委君貺於草莽也，是寡大夫不得列於諸卿也。不寧唯是，又使圍蒙其先君⑤，將不得爲寡君老，其蔑以復矣，唯大夫圖之。」子羽曰：「小國無罪，恃實其罪⑥，將恃大國之安靖已，而無乃包藏禍心以圖之。小國失恃而懲諸侯，使莫不憾者，距違君命，而有所壅塞，不行是懼。不然敝邑館人之屬也，其敢愛豐氏之祧。」伍舉知其有備也，請垂櫜而入⑦，許之。正月乙未，入逆而出，遂會於虢⑧，尋宋之盟也。祁午⑨謂趙文子曰：「宋之盟，楚人得志於晉⑩，今令尹之不信，諸侯之所聞也。子弗戒懼，又如宋⑪，子木之信稱於諸侯，猶詐晉而駕焉⑫，況不信之尤者乎？楚重得志於晉，晉之恥也。子相晉國以爲盟主，於今七年矣。再合諸侯⑬，三合大夫⑭，服齊狄⑮，寧東夏，平秦亂⑯，城淳于⑰，師徒不頓，國家不罷，民無謗讟，諸侯無怨，天無大災，子之力也。有令名矣，而終之以恥，午也是懼，吾子其不可以不戒？」文子曰：「武受賜矣！然宋之盟子木有禍人之心，武有仁人之心，是楚所以駕於晉也。今武猶是心也，楚又行僭⑱，非所害也。武將信以爲本，循而行之，譬如農夫，是穮是蔉⑲，雖有饑饉，必有豐年。且吾聞之，能信不爲人下，吾未能也。詩曰：『不僭不賊，鮮不爲則⑳。』信也。能爲人則者，不爲人下矣。吾不能是難，楚不爲患？」楚令尹請用牲，讀舊書加于牲上而已，晉人許之。三月甲辰盟，楚公子圍設服離衞㉑，叔孫穆子曰：「楚公子美矣，君哉。」鄭子皮曰：「二執戈者前矣！」蔡子家曰：「蒲宮有前㉒，不亦可乎？」楚伯州犂曰：「此行也，辭而假之寡君。」鄭行人揮曰：「假不反矣！」伯州犂曰：「子姑憂子晳之欲背誕也！」子羽曰：「當璧猶在，假而不反，子其無憂乎？」齊國子㉓曰：「吾代二子愍矣！」陳公子招曰：「不憂何成，二子樂矣！」衞齊子㉔曰：「苟或知之，雖憂何害？」宋合左師曰：「大國令，小國共，吾知共而已。」晉樂王鮒曰：「小旻之卒章善矣，吾從之。」退會，子羽謂子皮曰：「叔孫絞而婉㉕。宋左師簡而禮，樂王鮒字而敬㉖，子與子家持之㉗，皆保世之主也。齊、衞、陳大夫，其不免乎？國子代人憂，子招樂憂，齊子雖憂弗害。夫弗及而憂，與可憂而樂，與憂而弗害，皆取憂之道也，憂必及之，大誓曰：『民之所欲，天必從之。』三大夫兆憂，能無至乎？言以知物，其是之謂矣。」

【今註】①伍舉：椒舉。②將以衆逆：帶着軍隊來迎接。③請墠聽命：請在城外築一個土壇舉行婚禮。④豐氏：公孫段。⑤使圍蒙其先君：這是欺騙楚國的先君，要不在女家的廟中行婚禮。⑥恃實其罪：這是依仗着大國而沒有防備就成了罪狀。⑦垂櫜而入：弓帶裡不要裝着弓進來。⑧虢：鄭地。在今河南省汜水縣。⑨祁午：祁奚的兒子。⑩楚人得志於晉：得志是指着先歃血。⑪又如宋：恐怕楚人又跟宋盟得志一樣。⑫猶詐晉而駕焉：指着楚國衣服裡穿甲。⑬再合諸侯：襄公二十五年會夷儀，二十六年會澶淵。⑭三合大夫：襄公二十七年會于宋，三十年會澶淵及現在會虢。⑮服齊狄：襄公二十八年，齊侯同白狄朝于晉。⑯平秦亂：襄公二十六年秦晉和好。⑰城淳于：襄公二十九年城杞國的淳于。⑱楚又行僭：楚國又行不信的舉動。⑲是穮是蓘：穮是種地，蓘音（ㄍㄨㄣˇ）。先去草後種苗。⑳不僭不賊，鮮不為則：這是詩經大雅的一句詩，人君不犯差錯，不賊害人民，人民就以他爲法則。㉑公子圍設服離衞：設是君服，兩個人拿着戈在前面。㉒蒲宮有前：王子圍在會將蒲草做成殿屋。在蒲宮就有兩個執戈的人在前。㉓齊國子：國弱。㉔齊子：齊惡。㉕叔孫絞而婉：叔孫豹是切實而婉轉。㉖宇而敬：能夠愛而有恭敬。㉗子與子家持之：子是子皮，子家是蔡公孫歸生，持之是中立。

【今譯】　楚國的公子圍，來鄭國聘問，並且在公孫段氏娶妻，伍舉做副使。他們將入鄭都城居住。因爲鄭人心裏，很是厭惡他們，便派了行人子羽，和他們說明情形。楚國才就住在城外。既然已聘問了，楚國就要想帥兵入鄭都迎女，子產很是憂慮；差子羽來辭謝說：「因爲我國地方狹小，不能容納你們跟來的人，請在城外設墠，舉行婚禮，我聽命便了。」公子圍派太宰伯州犂答說：「蒙你厚賜敝國大夫公子圍，對他說『將使豐氏做你的妻子』公子圍便陳設了祭酒，在莊王共王廟裏禱告，才來到鄭國，若是在城外設墠，便使我在曠野受賜，這是棄掉你的厚賜，在那草莽的裏面了。假使這樣，敝國的大夫再沒有面目，置身在諸卿的班位了，不但如此，還要使公子圍欺蔽自己的先王，將要不能夠做楚國的大臣，沒法再回到國裏去了。請你給他籌劃一下罷！」子羽說：「小國素來沒有什麼過失，依靠着大國，一毫沒有設備。這實在是他的過失。鄭國的和楚結婚，本欲靠着楚國來安定國家。如何你包藏禍心，反要打算暗攻我國，因爲我國失了依靠，所以使諸侯信仰楚國的，若把鄭國來當做警戒，弄到沒有一個不恨楚國的行詐；從此楚國國王的命令，阻碍難行，這是鄭國所最恐怕的事情。假使楚國沒有別的意思，那麼，我國對你楚國，本和守舍的人相類，那裏敢愛惜豐氏的遠祖廟，不使你舉行婚禮呢！」伍舉聽了這話，知道鄭國已有了防備，便請倒掛了弓衣表示沒有弓在裏面，走進都城中，子產才肯允許他。正月乙未這天，進入鄭國都城去迎接豐氏出來，就在虢的地方開會，重申宋的盟誓。祁午對趙武說：「在宋的盟誓的時候，楚國人對晉國很得到好處，現在令尹沒有信用，諸侯全都知道，你要不戒備我恐怕又跟宋的盟誓一樣，楚國會得到志，屈建的信用，全都爲諸侯所推崇，他猶且利用晉國，而欺負他，何況這種很沒有信用的人民？楚國若仍舊得志於晉國，這是晉國的恥辱。你爲晉國的宰相做盟主，至現在已經七年了。兩次會合諸侯，三次會合大夫，使齊國同狄國全都服從，東夏也安寧，又剷平秦國的亂事，修治杞國的淳于城，軍隊全沒有勞苦，國家也沒有疲倦，人民也沒有怨望，諸侯也沒有怨望，天也沒有降下大災，這是你趙武的力量，你就有了好名氣了。可惜是到了末了，反得到恥辱，我祁午爲這個事很害怕，你不可以不警戒。」趙武就說：「我趙武很受到了恩賜，但是宋那個盟誓的時候屈建有禍人的意思，我趙武的心是仁慈的，所以楚國就駕在晉國的上面。現在我趙武的心仍舊相同，楚國仍舊背信，就不會爲晉國的害處，我以信實爲本份，遵着這條路來辦，譬如農夫一樣，在地裡把荒草除去，然後再種好的苗，雖然偶而有饑饉，但是必然會得到豐年。並且我聽見說過，能夠保持信實就不會在人的底下，我還沒有能夠保持信實，詩經大雅有一句詩說：『若無差錯，也不害人，沒有不能夠作法則的。』這是因爲信用的緣故。能夠爲人法則的，就永遠不會在人底下。我不能夠保持信用這是很困難，楚國人不會有什麼禍患。」楚國令尹圍請求用牛，讀舊的盟誓加到牛上而已，晉國人答應了。三月甲辰就盟誓了。楚令尹公子圍穿着君的衣服兩個人拿着戈在前面保護。叔孫豹說：「楚國的公子很美，等於是個君。」鄭國子皮說：「兩個拿着戈的在前面。」蔡國子家說：「住在蒲草坐在王宮前面兩個拿着戈不也可以嗎？」楚國伯州犂說：「這次出使，他是從楚國君借來的。」鄭國行人揮說：「借來的就不送回去了。」伯州犂說：「你姑且對於子皙要反叛的事發愁吧。」子羽說：「當璧猶在，假用而不送回去，你還不發愁嗎？」齊國的國弱說：「我實在爲王子圍同伯州犂可憐。」陳公子招說：「不發愁怎麼能成功呢？二個人全都高興了。」衞國的齊惡說：「假設知道，雖然發愁，有什麼妨害？」宋國的向戌說：「大國下命令，小國恭敬，我祇知道恭敬罷了。」晉國的樂王鮒說：「詩經小雅小旻的末一章說得很對，我就遵從着他。」退了會，子羽同子皮說：「叔孫豹是絞而婉。宋國的向戌簡而禮。樂王鮒愛而敬，你跟子家保持中立，都是保全幾代的主人。齊、衞，陳各大夫，恐怕不免於禍災。國弱替人來發愁，陳國的公子招，高興人發愁，齊惡雖然發愁，不害怕，憂不及已而妄憂，可憂而高興，同發愁而不害怕，這全是取到憂慮的原因。憂愁一定上身。大誓說過：『人民所須要的，天必定使他達到。』三位大夫有憂的預兆，憂能夠不來嗎？說話能夠知道事情，就是這一種。」

（三）經三月取鄆。

傳季武子伐莒，取鄆，莒人告於會，楚告於晉曰：「尋盟未退①，而魯伐莒瀆齊盟，請戮其使。」樂桓子②相趙文子，欲求貨於叔孫而為之請，使請帶焉③，弗與。梁其踁④，曰：「貨以藩身，子何愛焉？」叔孫曰：「諸侯之會，衞社稷也。我以貨免，魯必受師⑤，是禍之也，何衞之為？人之有牆以蔽惡也，牆之隙壞，誰之咎也？衞而惡之，吾又甚焉。雖怨季孫⑥，魯國何罪？叔出季處，有自來矣，吾又誰怨？然鮒也賄，弗與不已。」召使者裂裳帛而與之曰：「帶其褊矣⑦。」趙孟聞之曰：「臨患不忘國，忠也。思難不越官，信也⑧。圖國忘死，貞也。謀主三者，義也⑨，有是四者，又何戮乎？」乃請諸楚曰：「魯雖有罪，其執事不辟難，畏威而敬命矣，子若免之，以勸左右可也。若子之羣吏，處不辟汚，出不逃難，其何患之有？患之所生，汚而不治，難而不守，所由來也。能是二者，又何患焉？不靖其能，其誰從之？魯叔孫豹可謂能矣，請免之，以靖能者。子會而赦有罪，又賞其賢，諸侯其誰不欣焉望楚而歸之？視遠如邇，疆埸之邑，一彼一此，何常之有？王伯之令也。引其封疆，而樹之官，舉之表旗，而著之制令。過則有刑，猶不可壹。於是乎虞有三苗⑩，夏有觀扈⑪商有姺邳⑫，周有徐奄⑬。自無令王，諸侯逐進，狎主齊盟，其又可壹乎？恤大舍小，足以爲盟主，又焉用之⑭？封疆之削，何國蔑有？主齊盟者誰能辯焉？吳濮有釁。楚之執事，豈其顧盟？莒之疆事，楚勿與知，諸侯無煩，不亦可乎？莒魯爭鄆爲日久矣，苟無大害於其社稷，可無亢也。去煩宥善，莫不競勸，子其圖之。」固請諸楚，楚人許之，乃免叔孫。令尹享趙孟，賦大明之首章⑮，趙孟賦小宛之二章⑯。事畢，趙孟謂叔向曰：「令尹自以爲王矣，何如？」對曰：「王弱，令尹彊，其可哉，雖可不終。」趙孟曰：「何故？」對曰：「彊以克弱而安之，彊不義也⑰，不義而彊，其斃必速。詩曰：『赫赫宗周，褒姒滅之⑱。』令尹爲王，必求諸侯，晋少懦矣，諸侯將往。若獲諸侯，其虐滋甚，民弗堪也，將何以終？夫以彊取，不義而克，必以爲道⑲，道以淫虐，弗可久已矣。」

【今註】①尋盟未退：尋弭兵的盟誓，還沒有完。②欒桓子：即欒王鮒。③使請帶焉：不好明說賄賂，所以執事請求一條帶子爲名。④梁其踁：叔孫的家臣。⑤魯必受師：魯國必定被討伐。⑥雖怨季孫：雖然怨恨季孫宿的伐莒國。⑦帶其褊矣：帶子已經完了。⑧思難不越官，信也：意思是說叔孫氏每回出國，季孫氏每回守住國家。⑨謀主三者，義也：三者指着忠信貞。⑩三苗：虞曾經遷三苗到三危山。⑪觀扈：一統志說「觀在今山東省觀城縣西。扈在今陝西省鄠縣北二里。」⑫姺邳：姺是商代的侯國，邳在今山東省邳縣境。⑬徐奄：在今安徽省泗縣北八十里，有大徐城。奄的故城在今曲阜縣東二里。⑭又焉用之：何必管這些小事情。⑮大明之首章：詩經大雅的頭一篇。⑯小宛之二章：小雅的詩第二章意思說天命一去就不會回來，用以告誡令尹。⑰彊不義也：這是彊壯而不合義禮。⑱赫赫宗周，褒姒滅之：詩經小雅的一句話。很强盛的西周就被幽王的后褒姒來把他滅了。⑲必以爲道：必以不義爲正道。

【今譯】季孫宿討伐莒國，取了鄆這地方，莒國人告到會場，楚人告訴晉國說：「現在剛開會還沒有散，而魯國伐莒國違反了盟誓，請把他的代表殺掉。」樂王鮒輔佐着趙文子，想從叔孫豹得到賄賂，就爲他請求，叫人請求衣服帶子爲示意，叔孫豹不肯給他。他的家臣梁其踁說：「貨是用做保護身體，你何必那麼重視貨物呢？」叔孫豹說：「諸侯開會是爲的保護國家，我若是以賄賂得免罪，魯國必要受討伐，這是對國家的禍害，有什麼保護呢？人有牆是擋着惡事，牆有洞這是誰的過錯呢？保衛他而又害了他，我的罪過更大了。我雖然不滿意季孫的伐莒國，魯國有什麼罪過呢？叔孫氏出外，而季孫氏守在國裡，自古以來都是如此，我能夠怨誰呢？但是樂王鮒好賄，不給他賄賂，他永遠不罷休。」叫他派的人來，把綢子撕裂了給他看說：「帶子已經沒有了。」趙武聽見就說：「遇到禍難而不忘了國家，這是忠臣。遇見禍難，而不想逃避官職，這是信用。爲國家而忘了死，這是忠貞。這三件忠信貞合起來是義，合到這四種，還能夠殺他嗎？」就請求楚國說：「魯國雖然有罪，但是他的代表不躲避禍難，怕威嚴，而敬從命令，你若能把他免了，以勸你的人們這就可以了，若是楚國的各種官史，處在楚國不怕事情，出去也不逃避禍難，這又有什麼患難，患所以發生是由於有勞辱之事而不去辦，遇見難而不守着職務，就是從這裏來的。能夠這兩件事又何必憂患呢！安靖了賢能，大家全隨從他，魯國叔孫豹可以說賢能啊。請免了他的罪，以安靖能幹的人。你開會而赦免有罪的人。又賞賜他的賢能，諸侯們誰不欣然，而歸到楚國？疆場的事情，看遠處跟近處一樣，天天的變化，這有什麼常呢？王伯的命令，引證他的封界給他樹立了官職，樹立表示疆界的旌旗，爲諸侯制作法令，使互不侵犯，過此就有刑罰，這樣子尚且不能劃一，所以虞有三苗，夏有觀扈，商有姺邳，周有徐奄。自從沒有有名的王者以後，諸侯全部競爭，全都想着掌管盟誓，那又怎麼能夠劃一呢？祇注意大事，捨去小事就可以做盟主，何必專注意小事呢？各國的封疆沒有一國沒有問題的，主持盟誓的，誰又能夠分別清楚，吳國同濮國如果有問題，楚國的官吏豈能眞正保持着盟誓？莒國的封疆，楚國不必知道，諸侯不必管這閒事，不也可以嗎？莒國同魯國爭鄆這地方已經很久了，假如沒有大害於他們的國家，可以不必管他。去掉煩事，宥免善人，大家全都勸服了，你何不細想想。」晉國堅持要求楚國。楚國答應他了。就赦免叔孫豹。楚國令尹宴享趙武，賦詩經大明的頭一章，趙武賦小宛的第二章。事情完了以後，趙武問叔向說：「令尹自以為等於王了，你看怎麼樣。」叔向說：「王弱令尹強，這是可以的，雖然可以，但是不會完。」趙武說：「什麼緣故。」回答說：「彊克弱而安定他，這是彊而不義的。不義而又彊，他死得必定快。詩經小雅說的，『有名的宗周被褒姒滅亡，這是彊而不義。』令尹做了王以後，必定各處求諸侯，晉國已經軟弱了，諸侯將往楚國。如果得到諸侯，他虐待得更利害，人民受不了，將怎麼完呢！以強力取得，不義而成功，必以不義為正道，不義加上淫虐，這個樣子，不能夠久了。」

(四)

傳 夏四月，趙孟、叔孫豹、曹大夫入于鄭，鄭伯兼享之。子皮戒趙孟①，禮終，趙孟賦瓠葉②，子皮遂戒穆叔，且告之③。穆叔曰：「趙孟欲一獻④，子其從之。」子皮曰：「敢乎？」穆叔曰：「夫人之所欲也，又何不敢。」及享，具五獻之籩豆於幕下⑤，趙孟辭，私於子產曰：「武請於冢宰⑥矣。」乃用一獻，趙孟為客，禮終乃宴。穆叔賦鵲巢⑦。趙孟曰：「武不堪也！」又賦采蘩⑧。曰：「小國為蘩，大國省穡而用之，其何實非命。」子皮賦野有死麕之卒章⑨。趙孟賦常棣⑩，且曰：「吾兄弟比以安，尨也可使無吠。」穆叔，子皮，及曹大夫興拜，舉兕爵曰：「小國賴子，知免於戾矣。」飲酒樂，趙孟出曰：「吾不復此矣！」天王使劉定公勞趙孟於潁⑪，館於雒汭⑫。劉子曰：「美哉禹功，明德遠矣！微禹吾其魚乎？吾與子弁冕端委以治民，臨諸侯，禹之力也！子盍亦遠績禹功，而大庇民乎？」對曰：「老夫罪戾是懼，焉能恤遠？吾儕偷食，朝不謀夕，何其長也。」劉子歸以語王曰：「諺所謂老將知而耄及之者

⑬。其趙孟之謂乎？爲晉正卿以主諸侯，而儕於隸人，朝不謀夕，棄神人矣。神怒民叛，何以能久？趙孟不復年矣？神怒不歆其祀，民叛不即其事，祀事不從，又何以年？」

【今註】①子皮戒趙孟：子皮預先告訴趙武享宴的日期。②瓠葉：這是小雅的一篇詩。意思是說雖然菜蔬很賤，但是也可以享宴賓客。③且告之：並且告訴趙武賦的瓠葉詩。④趙孟欲一獻：趙孟祇想獻一次。⑤具五獻之籩豆於幕下：就預備好五獻的器具在帳幕底下。⑥冢宰：指子皮。⑦鵲巢：是召南的一篇詩。⑧采蘩：召南的一篇詩。⑨野有死麕之卒章：召南一篇詩卒章中有句話不要使狗叫。⑩常棣：詩經小雅意思說凡今之人莫如兄弟。⑪潁：即潁水。⑫雒汭：在今河南省鞏縣東北二十里，汜水縣界入河。⑬諺所謂老將知而耄及之者：耄是八十。剛剛老了，而他已經昏亂的有如八十歲的人。

【今譯】夏四月，晉趙武，魯叔孫豹，曹大夫開會完了，路過鄭國，鄭伯一起來宴享他們。鄭國的子皮告訴趙武宴享的時期，等到說完以後，趙武就歌唱瓠葉這篇詩。子皮又去告訴叔孫豹，並且告訴他趙武歌詩的情形，叔孫豹就說：「趙武祇想要一獻，你不如從他辦吧！」子皮說：「敢嗎？」叔孫豹說：「他要想如此，有什麼不敢呢？」到了宴享的時候，在帳房底下，預備好了五獻的籩豆，趙武就謙辭。並且偷着對子產說：「我曾經請教過子皮了。」於是就用一獻的禮節，趙武做主客，等到禮節完了以後，就吃飯。叔孫豹就歌唱鵲巢這篇詩。趙武說：「我不敢當。」叔孫豹又唱采蘩這首詩，並且說：「小國微薄猶如蘩菜，大國能愛惜用之，小國又何敢不聽命呢？」子皮就歌唱野有死麕的末了一章，趙武就歌唱常棣這篇詩，並且說：「我們兄弟的國家，能夠安寧就可使這狗不叫。」叔孫豹，子皮及曹大夫全都立起拜謝。舉起大酒杯說：「我們小國仰賴着你，知道不會有罪了。」喝酒很歡樂，趙武出去時就說：「我以後不會再看見這種樂趣了。」周天王派劉定公到潁去勞苦趙武，住在雒汭。劉定公就說：「禹的功勞，眞很美大，他的德行也很遠大，要不是禹，我們全都變成魚了。我與你穿着官服來治理人民，會合諸侯，這全是禹的力量，你何不以遠處效法禹的功勞，而大庇護人民呢？」趙武就說：「我這個老年人，祇怕得到罪惡，何能往遠處計算呢？我混口飯吃，早晨尙不能知道晚上怎麼樣，這有多長呢？」劉定公回去就告訴周王說：「俗話所說老將來了，而他已昏亂如八十歲。這不就是趙武這個人嗎？他是晉國的正卿，主持諸侯們的事，而等於一個普通人一樣，早晨尙不知道晚上怎麼辦，這是等於把神人全丢掉了。神人發怒，人民全反叛怎麼樣能夠長久呢？趙武沒方法見明年了。神全怒了不受他的貢獻，人民反叛不好好做事，祭祀同事情全不能辦，又怎麼樣能過年。」

（五）

傳 叔孫歸①，曾夭御季孫以勞之，旦及日中不出。曾夭謂曾阜②曰：「旦及日中，吾知罪矣。魯以相忍爲國也，忍其外不忍其內，焉用之？」阜曰：「數月於外，一旦於是，庸何傷？賈而欲贏而惡囂乎③，」阜謂叔孫曰：「可以出矣。」叔孫指楹曰：「雖惡是，其可去乎？」乃出見之。

【今註】①叔孫歸：叔孫由虢的會盟回來。②曾阜：叔孫氏家臣。③賈而欲贏，而惡囂乎：等於做生意想到得錢就不怕外人的嚷嚷。

【今譯】叔孫豹在開會回來，曾夭給季孫趕了車去慰勞他，從早晨到中午，叔孫也不出來。曾夭對曾阜說：「由早晨到中午，我們已經知道得罪叔孫了，魯國是用相忍爲國家的，在外邊相忍，而在裏邊不相忍，這怎麼辦法呢？」曾阜說：「幾個月勞苦在外面，一天這個樣子，這有什麼關係，等於做商人的想賺錢，尙怕人吵鬧嗎？」曾阜進去對叔孫豹說：「可以出去了。」叔孫豹指着柱子說：「雖然討厭他，能夠去掉他嗎？」就出去見季孫了。

（六）

傳 鄭徐吾犯①之妹美，公孫楚②聘之矣，公孫黑又使强委禽焉③。犯懼告子產。子產曰

：「是國無政，非子之患也。唯所欲與。」犯請於二子，請使女擇焉，皆許之。子皙④盛飾入，布幣而出。子南戎服入，左右射，超乘而出。女自房觀之曰：「子皙信美矣，抑子南夫也⑤。夫夫婦婦所謂順也。」適子南氏。子皙怒，既而櫜甲以見子南，欲殺之而取其妻。子南知之，執戈逐之，及衝擊之以戈⑥，子皙傷而歸告大夫曰：「我好見之，不知其有異志也，故傷。」大夫皆謀之，子產曰：「直鈞⑦，幼賤有罪，罪在楚也。」乃執子南而數之曰：「國之大節有五，女皆奸之。畏君之威，聽其政，尊其貴，事其長，養其親，五者所以爲國也。今君在國，女用兵焉，不畏威也。奸國之紀，不聽政也。子皙上大夫，女嬖大夫，而弗下之，不尊貴也。幼而不忌，不事長也。兵其從兄，不養親也。君曰余不女忍殺，宥女以遠，勉速行乎，無重而罪。」五月庚辰，鄭放游楚於吳。將行子南，子產咨於大叔⑧。大叔曰：「吉不能亢身，焉能亢宗？彼國政也，非私難也。子圖鄭國，利則行之，又何疑焉？周公殺管叔而蔡⑨蔡叔，夫豈不愛，王室故也。吉若獲戾，子將行之，何有於諸游？」

【今註】①徐吾犯：鄭大夫。　②公孫楚：子南是穆公的孫子。　③公孫黑又使强委禽焉：子皙又派人强迫訂婚。　④子皙：公孫黑。　⑤抑子南夫也：而子南是一個丈夫。　⑥及衝擊之以戈：到了兩道相交的地方，用戈打傷子皙。　⑦直鈞：兩人相等的情形。　⑧子產咨於大叔：子產來問游吉，游吉是公孫楚的哥哥的兒子。　⑨蔡：放逐。

【今譯】鄭大夫徐吾犯的妹子，相貌很美麗，公孫楚已經聘定了。公孫黑又派人硬去送禮定親。徐吾犯畏懼得很，便告訴子產，子產說：「這是鄭國政令不正的緣故，不是你的憂患，你只心上要給誰便給誰罷。」犯便去請求二子，說要使妹子自己選擇。兩人都允許了他。子皙便裝飾得很好看的進去，排列了禮物才出來，子南卻穿了軍服進去，向左右射了一會箭，才跳上車子出來。女子從房內看了說：「子皙果眞是個美男子，但子南到底是丈夫呢！做丈夫的像丈夫，做婦人的像婦人，這才說得上順當，」就嫁給子南氏；子皙便大怒。後來子皙裏面穿了鎧甲去見子南，要想殺死他，娶他的妻子，子南知道了，便拿了長戈去追趕子皙，追到通行的大道上，子南用長戈擊他，子皙着了傷才回家去，告訴諸大夫說：「我好好去見他，卻不知他別有心念，所以受了傷。」大夫都聚攏來商量。子產說：「論曲直，兩人都一樣；只年紀小名位卑的，卻有應得的罪，罪在楚呢！」便使人拘執子南，卻責備他說：「國家的大名節有五種，你都犯了。我們要怕君的威武；聽從他的政令；尊重他所貴的大臣；敬事長輩；恭養親屬。這五種大道理，是靠他治平國家的。如今有君主在國中，你卻擅自用兵器，這便是不畏君的威武；犯國家的法紀，傷害他人，這便是不聽從政令；子皙是上大夫，你只是得寵的大夫，卻不肯讓他，這便是不尊敬貴重的大臣；你年幼不知顧忌，這便是不能敬事長輩；用兵器傷害堂兄，這便是不能恭養親屬。君王意思說：『我捨不得殺你，只饒你使你遠地去，你自己明白，趕快走罷，不要再加重你的罪了。』」五月庚辰那天，鄭國攆趕游楚到吳國去。快要打發子南走了，子產再去問明了太叔，太叔說：「我吉不能保護自己的身子，那裏能夠保護族人呢？他這事倒是國家的政令，並不是私家的寃仇。你治了鄭國只於國有利的，便該去幹，爲什麼還要疑心呢，從前周公攝政，殺掉管叔，趕掉蔡叔，他難道是不愛兄弟麼！也因爲了王室的緣故，我吉如果犯了罪，你還要依法執行。對於他們這許多姓游的，有什麼不可以的。

（七）

經 夏秦伯之弟鍼出奔晉。

傳 秦后子有寵於桓，如二君於景①，其母曰：「弗去懼選②？」癸卯，鍼適晉，其車千乘。書曰秦伯之弟鍼出奔晉，罪秦伯也③。后子享晉侯，造舟于河④，十里舍車⑤，歸取酬幣⑥，終事八反⑦。司馬侯問焉，曰：「子之車盡於此而已乎？」對曰：「此之謂多矣，若能少此，吾何以得見？」女叔齊以告公，且曰：「秦公子必歸。臣聞君子能知其過必有令圖，令圖天所贊也。」后子見趙孟，趙孟曰：「吾子其曷歸⑧？」對曰：「鍼懼選於寡君，是以在此，將待嗣君。」趙孟曰：「秦君何如？」對曰：「無道。」趙孟曰：「亡乎？」對曰：「何爲？一世無道，國未艾⑨也。國於天地，有與立焉，不數世淫，弗能斃也。」趙孟曰：「天乎！」對曰：「有焉。」趙孟曰：「其幾何？」對曰：「鍼聞之，國無道而年穀和熟，天贊之也，鮮不五稔。」趙孟視蔭曰：「朝夕不相及，誰能待五。」后子出而告人曰：「趙孟將死矣。主民翫歲而愒日，其與幾何？」

【今註】①秦后子有寵於桓，如二君於景：秦后子是秦桓公的兒子，他甚得桓公的寵愛，等到景公卽位，他的地位同君一樣。②弗去懼選：你若不離開，恐怕要被數罪殺戮。③罪秦伯也：這是以爲秦伯的罪狀。④造舟于河：把船連起來等於一個橋樑可以過渡。⑤十里舍車：每一舍有八輛車，爲的八次往返。⑥歸取酬幣：來回去拿送的貨幣，因爲一共用九次貨幣。⑦終事八反：等到宴會完了，一共來回八次。⑧吾子其曷歸：問你何時可以回去。⑨艾：絕。

【今譯】秦景公的弟弟秦鍼，甚爲秦桓公所寵愛，等到秦景公做君的時候，他的地位等於君一樣。他的母親說：「你的勢力太大了，你若不離開秦國恐怕要被殺。」癸卯，他逃到晉國去，他有隨從的車一千輛。春秋上寫着秦伯的弟弟秦鍼逃到晉國，這是加罪給秦伯。秦鍼給晉侯宴享，在黃河上把船相連，成了橋樑，每一舍有八輛車，從秦國的首都到晉國的首都，來回去拿貨幣，來回了八次。司馬侯問他說：「你的車就祇有這點嗎？」回答說：「這可以算做多了，若比這個少，我怎麼能夠見你呢？」司馬侯就告訴晉侯說：「秦國公子必定要回國。我聽見說君子要能知道他的過錯，必定有好的圖謀，好的圖謀是天所贊許的。」秦鍼見到趙武。趙武問他：「你幾時可以回去？」他回答說：「我因為怕被我們的君所害，所以在這裡，我要等到將來的君。」趙武就說：「秦君怎麼樣呢？」他回答說：「無道！」趙孟說：「會亡國嗎？」回答說：「為什麼呢？一代無道國尚不至於斷絕，國在天地間，可以立的。不是幾代的荒淫，不能夠完的。」趙武說：「天啊！」回答說：「有這件。」趙武說：「那麼能夠多久呢？」回答說：「我聽見說：國若無道，而年穀全都很豐盛，這是天幫助他，至少有五年。」趙武看看太陽說：「早晨不見得能夠保持晚上，誰還能夠等待五年。」秦鍼出去告訴旁人說：「趙武將死了。主持人民的人貪戀一年一日，那能夠幾時呢！」

（八）經 六月丁巳邾子華卒①。

【今註】①無經無傳。

【今譯】六月丁巳邾子華死了。

（九）傳 鄭為游楚亂故，六月丁巳，鄭伯及其大夫盟于公孫段氏，罕虎、公孫僑、公孫段、印段、游吉、駟帶私盟于閨門之外，實薰隧①。公孫黑強與於盟，使大史書其名，且曰七子②，子產弗討。

【今註】①薰隧：閨門城外的道名。②七子：子皙為的自比喻六卿一樣，所以稱為七子。

【今譯】　鄭國因為游楚的亂的緣故，六月丁巳，鄭伯同他的大夫在公孫段氏盟誓，罕虎、公孫僑、公孫段、印段、游吉、駟帶，私盟於閨門的外邊，實在就是薰隧。公孫黑強迫着要參加盟誓，使史官寫上他的名字，並且稱為七子，子產也不加以討伐。

（十）

經　晉荀吳帥師敗狄于大鹵。

傳　晉中行穆子敗無終①及羣狄於大原②，崇卒也③。將戰，魏舒曰：「彼徒我車，所遇又阨④，與什共車必克⑤，困諸阨又克⑥，請皆卒⑦，自我始。」乃毀車以為行，五乘為三伍⑧。荀吳之嬖人不肯即卒，斬以徇。為五陳以相離，兩於前，伍於後，專為右角，參為左角，偏為前拒⑨以誘之。翟人笑之，未陳而薄之，大敗之。

【今註】　①無終：山名。今山西省之東北境。　②大原：今山西省太原縣。　③崇卒也：聚練兵卒。　④所遇又阨：地險要不便於走車。　⑤以什共車必克：用十個人抵擋一車必定能打勝。　⑥困諸阨又克：使車困在險要地方，更能打勝仗。　⑦請皆卒：全去掉車變成步卒。　⑧五乘為三伍：五輛車就變成十五個人。　⑨兩於前伍於後專為右角，參為左角，偏為前拒：這些全都是臨時用的名稱。

【今譯】　晉國荀吳在太原打敗了無終同群狄，這是用步卒作戰的。將要打仗的時候，魏舒就說：「他是步兵，我是用車戰，所過的地勢又很險要，拿十個人抵抗一個車必定打勝，把車困在險要中更能打勝，全把車去掉，改成步兵，從我開始。」於是棄車為步陣，五輛車改為十五個人。荀吳喜歡的人不肯改，魏舒把他殺掉。改成五個陣式，兩於前，伍於後，專為右角，參為左角，偏為前拒來引誘翟人。翟人譏笑他們，沒有擺成陣就打起來了。翟人大敗。

（十一）

經　秋莒去疾自齊入于莒，莒展輿出奔吳。

(十二) 經 叔弓帥師疆鄆田。

傳 莒展輿立而奪羣公子秩，公子召去疾于齊，秋齊公子鉏納去疾，展輿奔吳①。叔弓帥師疆鄆田，因莒亂也。於是莒務婁、瞀胡及公子滅明②，以大厖與常儀靡③奔齊。君子曰：「莒展之不立，棄人也夫④。人可棄乎？詩曰：『無競維人。』善矣。」

【今註】 ①展輿奔吳：因爲他是吳國的外孫。 ②莒務婁、瞀胡及公子滅明：這三個全是展輿的黨羽。 ③大厖、常儀靡：皆莒地。彙纂說：「在今山東省莒縣北境。」 ④棄人也夫：奪掉群公子地位這就是等於放棄人民。

【今譯】 莒國的展輿做君以後，奪掉很多公子的職位，公子們到齊國去叫公子去疾，秋天，齊國的公子鉏把去疾送回莒國，展輿逃到吳國去了。魯國的叔弓率着軍隊劃鄆的田地及疆界，因爲莒國亂的緣故。這時候莒國的務婁、瞀胡及公子滅明把大厖跟常儀靡兩個地方逃到齊國去。君子說：「莒展之不能立爲君，他是丟掉人了。人可以不要嗎？詩經周頌上說：『得到人就國家强盛。』這話說得很對。」

(十三) 傳 晉侯有疾，鄭伯使公孫僑如晉聘，且問疾，叔向問焉，曰：「寡君之疾病，卜人曰：『實沈，臺駘爲祟！』史莫之知。敢問此何神也？」子產曰：「昔高辛氏有二子，伯曰閼伯，季曰實沈，居于曠林①，不相能也，日尋干戈，以相征討。后帝不臧，遷閼伯于商丘②，主辰，商人是因，故辰爲商星。遷實沈于大夏③，主參，唐人是因，以服事夏商。其季世曰唐叔虞，當武王邑姜方震大叔，夢帝謂己，余命而子曰虞，將與之唐，屬諸參而蕃育其子孫，及生有文在其手曰虞，遂以命之。及成王滅唐而封大叔焉，故參爲晉星。由是觀之，則實沈參神也。昔金天氏有裔子曰昧，爲玄冥師，生允格、臺駘。臺駘能業其官④，宣汾洮，障大澤，以處大原⑤，帝用嘉之，封諸汾川，沈、姒、蓐、黃實守其祀⑥，今晉主汾而滅之矣。由是觀之則臺駘汾神也。抑此二者不及君身。山川之神則水旱癘疫之災，於是乎禜之，日月星辰之神，則雪霜風雨之不時，於是乎禜之。若君身則亦出入飲食哀樂之事也，山川星辰之神，又何爲焉？僑聞之，君子有四時，朝以聽政，晝以訪問，夕以脩令，夜以安身，於是乎節宣其氣，勿使有所壅閉湫底以露其體，茲心不爽，而昏亂百度，今無乃壹之，則生疾矣。僑又聞之，內官不及同姓，其生不殖，美先盡矣，則相生疾⑦，君子是以惡之。故志曰：『買妾不知其姓則卜之。』違此二者，古之所愼也。男女辨姓，禮之大司也。今君內實有四姬焉，其無乃是也乎？若由是二者，弗可爲也已。四姬有省猶可，無則必生疾矣。」叔向曰：「善哉！肸未之聞也，此皆然矣。」叔向出，行人揮送之，叔向問鄭故焉，且問子晳。對曰：「其與幾何！無禮而好陵人，怙富而卑其上，弗能久矣。」晉侯聞子產之言曰：「博物君子也。」重賄之。晉侯求醫於秦，秦伯使醫和視之曰：「疾不可爲也，是謂近女室⑧，疾如蠱，非鬼非食，惑以喪志⑨，良臣將死，天命不祐。」公曰：「女不可近乎？」對曰：「節之。先王之樂所以節百事也，故有五節⑩，遲速本末以相及，中聲以降，五降之後，不容彈矣。於是有煩手淫聲，慆堙心耳，乃忘平和，君子弗聽也。物亦如之，至於煩乃舍也已，無以生疾。君子之近琴瑟，以儀節也，非以慆心也。天有六氣⑪，降生五味⑫，發為五色⑬，徵為五聲⑭，淫生六疾。六氣曰陰、陽、風、雨、晦、明也，分為四時，序為五節，過則為菑。陰淫寒疾，陽淫熱疾，風淫末疾，雨淫腹疾，晦淫惑疾，明淫心疾，女陽物而晦時，淫則生內熱惑蠱之疾。今君不節不時，能無及此乎？」出告趙孟，趙孟曰：「誰當良臣？」對曰：「主是謂矣，主相晉國於今八年，晉國無亂，諸侯無闕，可謂良矣。和聞之國之大臣，榮其寵祿，任其寵節，有菑禍興而無改焉，必受其咎。今君至於淫以生疾，將不能圖恤社稷，禍孰大焉？主不能禦，吾是以云也。」趙孟曰：「何謂蠱？」對曰：「淫溺惑亂之所生也，於文皿蟲為蠱，穀之飛亦為蠱，在周易，女惑男，風落山，謂之蠱䷑，皆同物也。」趙孟曰：「良醫也。」厚其禮而歸之。

【今註】①曠林：今河南新鄭之東北二十五里有林鄉城，即棐林或北林：疑即閼伯初居之曠林。　②商丘：即宋都，在今河南省商邱縣。　③大夏：指今山西夏縣東北十五里之夏墟。　④臺駘能業其官：臺駘可以接着他的事業。　⑤大原：程發軔氏以為在今新絳聞喜縣一帶，大澤即董澤在今聞喜縣東北。　⑥沈姒蓐黃實守其祀：這四國全都在汾水洮水之間。　⑦美先盡矣則粗生疾：同姓的相近就會互相的生長疾病。　⑧近女室，疾如蠱：這個斷句是王念孫所斷的句讀，我以為應該改成近女生，這就是因為同姓相近的原故。　⑨非鬼非食，惑以喪志：這不是鬼也不是飲食的關係，使他去掉他的意志。⑩故有五節：五聲的節奏。⑪天有六氣：指着陰陽風雨同晦明。⑫降生五味：五味就是甜鹹苦辣酸。⑬發爲五色：五色是白青黑赤黃。⑭徵爲五聲：五聲是指宮商角徵羽。

【今譯】 晉平公有了病了，鄭伯派子產到晉國聘問，並且問候晉侯的病。叔向問子產說：「我們君的疾病，據占卜的人說：『實沈臺駘做祟！』史臣也不知道這是何種神？」子產說：「從前高辛氏有兩個兒子，大的叫閼伯，小的叫實沈，住在曠林這地方，兩個人不親善，天天互相打仗。帝堯不贊成，就把閼伯遷到商丘，主持大火這星宿，商人就由這兒來的，所以辰是商星。遷實沈于大夏，主持參星，唐人就出在這裡，以服事夏朝同商朝。唐人末了一代叫唐叔虞，周武王夫人邑姜有大叔的時候，夢見上帝對她說：我命你的兒子名叫虞，我要把唐國給他，把參星給他，而發展他的子孫。到了生他以後，他的手上有紋叫虞，所以就給他取了名字。後來成王滅了唐國封了大叔，所以參做晉星。由這些條來看實沈就是參神。另外金天氏有個後人叫做昧，是水神，生了允格、臺駘。臺駘能夠接續他的官職疏通汾洮二水，陂障大澤，就處在大原這個地方，上帝就喜歡他，封他在汾川這地方，沈、姒、蓐、黃四國就守他的祭祀，現在晉國主持汾水把這四國全滅掉了，由這裡看起來臺駘就是汾神。但是這些個全跟你君沒有關係。山川的神，發生水旱癘疫時，就去祭祀，日月星辰的神雪霜風雨不調時，就去祭祀。祇是君的身體，就是出入飲食哀樂不節而生病，山川星辰的神管不着，我公孫僑聽見說，君子有四時，早晨聽政事，白天訪問可否，晚上來修明命令，夜裏是安身體。如此就宣散他的氣，不使他有所壅閉，弱了身體。此心不明，百事昏亂。現在恐怕是把四時的節日全變成一個，就會生了病了。我僑又聽見說，內裡的嬖女不能夠用同姓的，這種生長不會繁殖，因爲美滿全碰在一塊，就會生了病，所以君子很不喜歡他。所以古書說：『買妾的時候，不知道他的姓就占卜。』違背了這二條，這是古人很謹愼的事。男女要分辨姓，這是很大的禮節。現在你君有同姓的姬妾四個人恐怕就是這個。若是由這兩種沒有辦法。四姬能省去仍舊可以，不然就必定要生病。」叔向說：「很好，我從前沒有聽說過，這些全對了。」叔向出來，行人揮送他，叔向問鄭國的情形，又問公孫黑。回答說：

「他不久就要失敗。沒有禮貌而好欺負人，自己以爲富而瞧不起上邊人，這恐怕不能長久了。」晉平公聽見子產的話說：「這是博物的君子。」就重重的賄賂他。晉平公派人去秦國求醫生。秦伯派了醫和看了後說：「這個病沒法治了，這個叫近同姓的女子，病同蠱症一樣，並不是由於鬼神，也不是食物，迷惑女子丟掉志向，良臣將死，可見晉侯不爲天命所保祐。」晉平公說：「女不可以近嗎？」回答說：「要有節制。先王的音樂，爲的是使百事有節，所以有五聲的節奏，遲速以相連，中聲以下降，五降以後，就沒法彈奏了。於是就有煩手淫聲，慆堙心耳，忘掉了平和，君子全不能聽。物件也如此，至於煩就舍棄，要不舍棄就生病。君子所以近琴瑟，所以做心的儀節。天有六氣，降生了五味，發爲五色，有宮商角徵羽五聲，太過就生了六種病。六種氣稱陰、陽、風、雨、晦、明。分爲四時，序爲五節，過則爲菑。陰淫寒疾、陽淫熱疾，風淫末疾，雨淫腹疾，晦淫惑疾、明淫心疾，女陽物而晦時，淫則生內熱惑蠱之疾。現在君不節不時，能夠不生這種病嗎？」出去告訴趙武。趙武問說：「誰是良臣。」回答說：「你就是。你做晉國的宰相八年的功夫，晉國沒有亂子，諸侯也沒有亂子，可以說是良臣。我聽見說國的大臣，享受厚祿，身負重任，遇到災禍發生而不能改善，必定受到災害。現在晉君生了病，這個禍很大，而你沒有方法抵抗，我所以這麼說。」趙武又問：「什麼叫做蠱。」回答說：「淫溺惑亂所生的緣故，在文字上說皿蟲叫做蠱，穀變的蟲子飛也叫蠱。在周易上說，女的引誘男的，風落山也叫蠱，這全是同類的事物。」趙武說：「好醫生。」加厚禮來送他回秦國。

(十四) 經 葬邾悼公①。

【今註】①此經無傳。

【今譯】給邾悼公行葬禮。

(十五) 經 冬十有一月，己酉楚子麇卒。

傳 楚公子圍使公子黑肱伯州犁城犨、櫟、郟①，鄭人懼。子產曰：「不害，令尹將行大事，而先除二子也。禍不及鄭，何患焉？」冬，楚公子圍將聘于鄭，伍舉爲介，未出竟，聞王有疾而還，伍舉遂聘。十一月己酉，公子圍至，入問王疾，縊而弒之，遂殺其二子幕及平夏②，右尹子干③，出奔晉，宮廐尹子晳④出奔鄭，殺大宰伯州犂于郟，葬王于郟，謂之郟敖。使赴于鄭，伍舉問應爲後之辭焉，對曰：「寡大夫圍。」伍舉更之曰：「共王之子圍爲長。」子干奔晉，從車五乘，叔向使與秦公子同食，皆百人之餼⑤。趙文子曰：「秦公子富。」叔向曰：「底祿以德，德鈞以年，年同以尊，公子以國，不聞以富。且夫以千乘去其國，彊禦已甚。詩曰：『不侮鰥寡，不畏彊禦⑥。』秦楚匹也。」使后子與子干齒。辭曰：「鍼懼選，楚公子不獲，是以皆來，亦唯命。且臣與羇齒無乃不可乎？史佚有言曰：『非羇何忌？』」楚靈王即位，薳罷爲令尹，薳啓彊爲大宰。鄭游吉如楚，葬郟敖，且聘立君。歸謂子產曰：「具行器矣。楚王汰侈，而自說其事，必合諸侯，吾往無日矣。」子產曰：「不數年未能也。」十二月，晉既烝。趙孟適南陽，將會孟子餘⑦。甲辰朔，烝于溫。庚戌卒，鄭伯如晉弔，及雍乃復。

【今註】①犨（讎）櫟郟：彙纂說：「犨（讎）今河南魯山縣東南五十里有犨（讎）縣故城。櫟今河南禹縣。郟今河南郟縣。」②幕及平夏：幕同平夏全是郟敖的兒子。③子干：王子比。④子晳：公子黑肱，他因爲在鄭的邊上築城就逃到鄭國。⑤百人之餼：給他一百人的食糧。⑥不侮鰥寡不畏彊禦：這是詩經大雅的一句詩不欺負沒有太太的人或寡婦，也不怕有力量的人。⑦孟子餘：趙武的曾祖。

【今譯】楚國公子圍使公子黑肱同伯州犂把犨櫟郟三個城修好，鄭國人害怕了。子產說：「不要緊，令尹將辦大的事情，把他們二人先除去。這種禍亂不會牽連到鄭國，你們何必害怕呢？」冬天，楚公子圍將到鄭國聘問，伍舉做副使。沒有到楚國邊境外，聽見楚王有病，他就回去了，伍舉就接着聘問下去。十一月己酉這天，公子圍到楚國都城進去問候王的病狀，用帽子纓絞死楚王，同時把他的兩個兒子幕同平夏也殺了。王子比逃到晉國去。宮廄尹黑肱逃到鄭國，殺了太宰伯州犂在郟這地方，就把王葬在郟這地方稱他爲郟敖。叫人到鄭國訃告，伍舉就問使者應立爲楚後之辭怎麼樣說法，回答說：「寡大夫圍。」伍舉改了他的文詞說：「共王的兒子圍最長。」王子比逃到晉國，跟着有車輛五個，叔向使他的俸祿與秦公子相同，他們的奉祿全夠養一百人。趙武說：「秦公子有錢。」叔向說：「給奉祿是論德行，德行相同論年齡，年齡相同就以尊卑來算，公子是以國家尊卑來看，不聽見說他是否富足不富足。並且拿車千輛離開他的國家，可見他已經很強。詩經說過：『不欺負鰥寡，也不怕強有力的人。』秦楚是相等的國家。」叫秦鍼跟王子同列而坐。秦鍼就說：「我鍼是罪有所得，楚國公子在楚國待不住，所以都來到晉國，我們祇好聽着主人的命令。並且我同羈旅的客人同列似乎不可以的。史佚有句話說：『不是羈旅爲什麼尊敬他呢？』」楚靈王即位以後，使薳罷做令尹，薳啓彊做太宰。鄭國的游吉到楚國爲郟敖行葬禮，並且爲新立的君聘問。回來就告訴子產說：「可以預備行裝了。楚王很驕侈，而很高興他的事情，必定要會合諸侯，我們前往不論日子了。」子產說：「不幾年，他不能會合諸侯。」十二月，晉國既行烝祭禮。趙武往南陽，將祭他的曾祖，甲辰朔在溫這地方行烝祭禮。庚戌死了，鄭伯到晉國去弔問，到了雍這地方就回來。

昭公二年（公元前五百四十年）

（一）**經**春，晉侯使韓起來聘。

傳二年春，晉侯使韓宣子來聘，且告爲政而來見，禮也。觀書於大史氏，見易象與魯春秋，曰：「周禮盡在魯矣！吾乃今知周公之德，與周之所以王也！」公享之，季武子賦緜之卒章①，韓子賦角弓②。季武子拜曰：「敢拜子之彌縫敝邑，寡君有望矣。」武子賦節之卒章③。既享，宴于季氏，有嘉樹焉，宣子譽之。武子曰：「宿敢不封殖此樹，以無忘角弓。」遂賦甘棠。宣子曰：「起不堪也，無以及召公。」宣子遂如齊納幣，見子雅，子雅召子旗④，使見宣子。宣子曰：「非保家之主也，不臣。」見子尾，子尾見彊⑤，宣子謂之如子旗。大夫多笑之，唯晏子信之，曰：「夫子⑥君子也，君子有信，其有以知之矣。」自齊聘於衞，衞侯享之，北宮文子賦淇澳⑦，宣子賦木瓜⑧。夏四月韓須⑨如齊逆女，齊陳無宇送女致少姜。少姜有寵於晉侯，晉侯謂之少齊。謂陳無宇非卿，執諸中都⑩。少姜爲之請曰：「送從逆班，畏大國也，猶有所易，是以亂作⑪。」

【今註】①賦緜之卒章：緜是詩經大雅篇名，意在文王有四輔，文王以比晉君，四輔以比韓起。②角弓：是詩小雅的一篇，意謂「兄弟婚姻無相遠矣。」③節之卒章：是詩小雅的一篇，卒章言晉德能畜萬邦。④子旗：子雅的兒子。⑤彊：子尾的兒子。⑥夫子：指韓起。⑦淇澳：是衞風的一篇詩，意指韓起德行可比衛武公。⑧木瓜：同是衛風，意在厚報以為好。⑨韓須：韓起的兒子。⑩中都：江永說「水經注沁水篇云『光溝水逕中都亭南，又南逕中都亭西，注於沁水。』地在野王縣，今河南沁陽縣東南，中都應在此，正當由齊適晉必經之地。」⑪猶有所易，是以亂作：言齊怕晉，改變禮法，以至於此，這是少姜所用客氣話。

【今譯】 昭公二年，春天，晉侯派韓起來聘問，且告訴他已經掌管政權，為這個來見，這是很合於禮的。在太史氏看書，看見易象同魯國的春秋就說：「周禮全在魯國了。我現在才知道周公的德性，與周的所以能夠稱王。」昭公宴享他，季孫宿歌唱緜的末一段，韓起歌唱角弓這篇詩。季孫宿拜謝說：「我敢拜謝你補合我們的國家，我們的寡君很有希望了。」季孫宿歌唱節的最末一章。既然享禮完了以後，在季氏家復宴，季氏有一顆好的樹，韓起稱讚它，季孫宿說：「我敢不盡心培植這顆樹，以便不要忘了角弓這篇詩。」就歌唱甘棠。韓起說：「我夠不上，比不上召公。」韓起就到齊國去納訂婚的禮幣，看見子雅，子雅叫他兒子子旗來見韓起。韓起說：「這個人不是保家的人，他沒有做臣的樣子。」又看見子尾，子尾使他看他的兒子高彊，韓起批評他跟對子旗一樣。大夫們聽了這話都非笑他，祇有晏嬰信服他的話說：「韓起是個君子，君子是有信實的，所以他能夠知道。」從齊國到衛國聘問，衛侯宴享他，北宮佗歌唱淇澳這篇詩，韓起答以木瓜這篇詩。夏天四月韓起的兒子韓須到齊國迎接少姜，齊國陳無宇送少姜到晉國，少姜頗被晉侯的寵愛，稱少姜為少齊。稱陳無宇不是卿，把他在中都這地方逮起來。少姜替他說話說：「送的人跟迎的人班次相同，這是怕大國的緣故，為此改易禮制，所以亂子就來了。」

（二）

經 夏，叔弓如晉。

傳 叔弓聘于晉，報宣子也。晉侯使郊勞①，辭曰：「寡君使弓來繼舊好，固曰女無敢為賓，徹命②於執事，敝邑弘矣，敢辱郊使，請辭。」致館辭曰：「寡君命下臣來繼舊好，好合使成，臣之祿也，敢辱大館③」叔向曰：「子叔子知禮哉！吾聞之曰：『忠信，禮之器也。卑讓，禮之宗也。』辭不忘國，忠信也。先國後己，卑讓也。詩曰：『敬愼威儀，以近有德④。』夫子近德矣。」

【今註】①郊勞：照聘禮，使人到，地主派人至郊外行郊勞禮。②徹命：達到命令。③臣之祿也，敢辱大館：這是臣的榮祿不敢再接受館舍。④敬愼威儀，以近有德：這是詩大雅中的一句，意思是說恭敬愼重對於威儀，以接近有德行的人。

【今譯】叔弓到晉國聘問，是爲的回報韓起的，晉侯派人到郊外慰勞他，他辭謝說：「我的君使弓來繼續舊的好，再三說你不要做賓客，把命令達到執事官，我們的國君就滿意了，那裡敢接受郊勞，請辭謝。」給他住的地方，也辭謝說：「我國的君叫我來繼續舊的和好，和好成功這是我的榮祿，那裡敢羞辱大的館舍。」叔向說：「子叔子很懂得禮。我聽見說：『忠信是禮的器。卑讓是禮的宗。』言辭不忘國家，這是忠信。先說國家而後自己，這是卑讓。詩經說過：『恭敬愼重對於威儀，以接近有德的人。』這位夫子可謂近於德性。」

（三）
經　秋，鄭殺其大夫公孫黑。

傳　秋，鄭公孫黑將作亂，欲去游氏而代其位，傷疾作而不果。駟氏與諸大夫欲殺之。子產在鄙，聞之懼弗及，乘遽而至①，使吏數之曰：「伯有之亂②，以大國之事而未爾討也，爾有亂心無厭，國不女堪，專伐伯有，而罪一也。兄弟爭室③，而罪二也。薰隧之盟，女矯君位④，而罪三也。有死罪三，何以堪之？不速死，大刑將至。」再拜稽首辭曰：「死在朝夕，無助天爲虐。」子產曰：「人誰不死，凶人不終，命也。作凶事，爲凶人，不助天，其助凶人乎？」請以印爲褚師⑤。子產曰：「印也若才，君將任之。不才，將朝夕從女。女罪之不恤，而又何請焉？不速死，司寇將至。」七月壬寅縊，尸諸周氏之衢，加木焉⑥。

【今註】①乘遽而至：坐驛車快來。②伯有之亂：見襄公三十一年。③兄弟爭室：指爭娶徐吾犯的妹妹。④女矯君位：指使太史寫七子事。⑤請以印爲褚師：要求用公孫黑的兒子印做市官。⑥加木焉：上邊加上木牌寫明罪狀。

【今譯】秋天，鄭國的公孫黑將作亂事，想去掉游氏而接代他的位子，可惜他以前受的傷發作，就不能辦這件事。他的族人跟諸大夫全要殺他。子產在鄉下聽見說了，怕趕不上，就趕緊坐着驛車跑來了，叫小吏數說他的罪狀說：「伯有的亂事，因爲大國的事情勞苦而沒能夠討伐你，你的亂心是無厭的，國家全受不住，專伐伯有，這是第一件罪狀。兄弟爭娶徐吾犯的妹妹，這是第二件罪狀，薰隧的盟誓，你冒充君的位子，這是第三件罪狀。有這三件死罪，你怎麼受得了呢？你要不快死，大刑罰就來了。」公孫黑就再叩頭說：「我的死亡在早晨或晚上，你不要幫着天做虐人。」子產就說：「人誰不死呢？凶人不得善終，這合於命運的，作凶事，做凶人，我不幫助天，還能幫助凶人嗎？」公孫黑請把他的兒子做市官。子產說：「印要有才幹，君將任用他。要沒有才幹，將早晨晚上跟着你去，你的罪惡還不憐恤嗎？你還有什麼請求呢？你要不快死了，司寇將來了。」七月壬寅這天上吊自殺，把他屍首擺在周氏的胡同裡，把他的罪狀寫在木頭上。

(四)經冬，公如晉，至河乃復。

(五)經季孫宿如晉。

（五）傳晉少姜卒，公如晉，及河，晉侯使士文伯來辭曰：「非伉儷也，請君無辱。」公還，季孫宿遂致服焉。叔向言陳無宇於晉侯曰：「彼何罪？君使公族逆之，齊使上大夫送之，猶曰不共，君求以貪，國則不共，而執其使，君刑已頗①，何以為盟主？且少姜有辭。」冬十月，陳無宇歸。

【今註】①君刑已頗：你的刑罰已經不公平。

【今譯】晉少姜死了，魯昭公到晉國去，到了黃河邊，晉侯派士文伯來辭謝說：「不是正式的伉儷，請你不要親來勞問。」昭公就囘來，讓季孫宿留在那裡致送喪服。叔向對晉侯說陳無宇：「他有什麼罪呢？你使公族大夫來迎接，齊國使上大夫來送，這你還說不恭敬，你的要求太貪心了，晉國也不恭敬，又把他的使臣逮起來，你的刑罰已經不公平，這怎麼樣能做盟主呢？並且少姜很有理由。」冬天十月，陳無宇囘到齊國。

（六）傳十一月，鄭印段如晉弔。

【今譯】十一月，鄭國的印段到晉國弔喪。

昭公三年（公元前五百三十九年）

（一）傳三年春王正月，鄭游吉如晉，送少姜之葬，梁丙與張趯①見之。梁丙曰：「甚矣哉，子之為此來也②！」子大叔曰：「將得已乎？昔文襄之霸也，其務不煩諸侯，令諸侯三歲而聘，五歲而朝，有事而會，不協而盟，君薨大夫弔，卿共葬事，夫人，士弔，大夫送葬，足以昭禮命事謀闕而已，無加命矣。今嬖寵之喪，不敢擇位而數於守適，唯懼獲戾，豈敢憚煩，少姜有寵而死，齊必繼室，今茲吾又將來賀，不唯此行也。」張趯曰：「善哉，吾得聞此數也！然自今，子其無事矣。譬如火焉③，火中寒暑乃退，此其極也，能無退乎？晉將失諸侯，諸侯求煩不獲。」二大夫退，子大叔告人曰：「張趯有知，其猶在君子之後乎？」

【今註】①梁丙張趯：二人皆晉大夫。②子之爲此來也：因爲卿的地位而爲晉公的妾下葬，這是超過禮節的。③譬如火焉：火是心星。

【今譯】三年春王正月，鄭國游吉到晉國去送少姜的葬禮，梁丙跟張趯看見游吉。梁丙說：「你這次來在禮數上眞是太過了。」游吉說：「那有什麼辦法呢？從前文公襄公霸業的時候，這類葬禮不麻煩諸侯，叫諸侯們三歲來聘問，五歲來朝見，有事情就來商量，不調和就來盟誓，君死了大夫來弔，卿參加葬事，夫人死了，士來弔，大夫來送葬禮，這足以昭禮節，命事情謀算闕失，不過如此，沒有再有增加。現在嬖寵的喪事，不敢說他低下，而等於嫡夫人一樣，祇怕得罪晉國，豈敢怕麻煩呢？少姜有寵死了，齊國必將女兒送來，以後我也將來祝賀，不祇這趟。」張趯說：「好啊！我聽到朝會弔喪的禮數了，恐怕自從今天以後，你大約就沒事情了。譬如心星一樣，等到夏天，寒暑也就退了，這已經到了極點，能不退嗎？晉國將丟掉諸侯了，諸侯因爲煩不得。」二位大夫退了以後，子大叔告人說：「張趯有智慧，可算是個憫時憂國的君子了。」

（二）經 丁未滕子原卒。

傳 丁未滕子原卒，同盟故書名。

【今譯】 丁未，滕子原死了，因爲同盟的緣故，所以寫上他的名字。

（三）傳 齊侯使晏嬰請繼室於晉，曰：「寡君使嬰曰：『寡人願事君，朝夕不倦，將奉質幣，則以無失時，則國家多難，是以不獲①。不腆先君之適，以備內官，焜燿寡人之望，則又無祿，早世隕命，寡人失望，君若不忘先君之好，惠顧齊國，辱收寡人，徼福於大公、丁公照臨敝邑，鎮撫其社稷，則猶有先君之適，及遺姑姊妹若而人，君若不棄敝邑，而辱使董振，擇之以備嬪嬙，寡人之望也。」韓宣子使叔向對曰：「寡君之願也。寡君不能獨任其社稷之事，未有伉儷在縗絰之中，是以未敢請，君有辱命，惠莫大焉。若惠顧敝邑，撫有晉國，賜之內主，豈惟寡君，舉羣臣實受其貺，其自唐叔以下，實寵嘉之。」既成昏②，晏子受禮，叔向從之宴，相與語。叔向曰：「齊其何如？」晏子曰：「此季世也，吾弗知，齊其爲陳氏矣。公棄其民而歸於陳氏，齊舊四量，豆、區、釜、鍾，四升爲豆，各自其四以登於釜，釜小則鍾，陳氏三量皆登一焉，鍾乃大矣。以家量貸而以公量收之③，山木如市，弗加於山，魚鹽蜃蛤，弗加於海。民參其力，二入於公，而衣食其一④。公聚朽蠹，而三老凍餒⑤。國之諸市，屨賤踊貴⑥，民人痛疾，而或燠休之，其愛之如父母，而歸之如流水，欲無獲民，將焉辟之？箕伯、直柄、虞遂、伯戲⑦，其相胡公大姬已在齊矣。」叔向曰：「然，雖吾公室，今亦季世也，戎馬不駕，卿無軍行，公乘無人，卒列無長，庶民罷敝，而宮室滋侈，道殣相望，而女富溢尤⑧。民聞公命，如逃寇讎，欒、郤、胥、原、狐、續、慶、伯⑨，降在皁隸。政在家門，民無所依，君日不悛，以樂慆憂，公室之卑，其何日之有？讒鼎⑩之銘曰：『昧旦丕顯，後世猶怠。』況日不悛，其能久乎？」晏子曰：「子將若何？」叔向曰：「晉之公族盡矣。肸聞之，公室將卑，其宗族枝葉先落，則公從之。肸之宗十一族，唯羊舌氏在而已。肸又無子⑪，公室無度，幸而得死，豈其獲祀。」初，景公欲更晏子之宅，曰：「子之宅近市，湫隘囂塵，不可以居，請更諸爽塏者。」辭曰：「君之先臣容焉，臣不足以嗣之，於臣侈矣。且小人近市，朝夕得所求，小人之利也，敢煩里旅。」公笑曰：「子近市，識貴賤乎？」對曰：「既利之，敢不識乎。」公曰：「何貴何賤。」於是景公繁於刑，有鬻踊者，故對曰：「踊貴屨賤。」既已告於君，故與叔向語而稱之，景公為是省於刑。君子曰：「仁人之言，其利博哉！晏子一言而齊侯省刑。詩曰：『君子如祉，亂庶遄已⑫。』其是之謂乎。」及晏子如晉，公更其宅，反則成矣。既拜，乃毀之而為里室，皆如其舊，則使宅人反之。且諺曰：「

非宅是卜，唯隣是卜。二三子先卜隣矣，違卜不祥。君子不犯非禮，小人不犯不祥，古之制也，吾敢違諸乎？」卒復其舊宅。公弗許，因陳桓子以請，乃許之。

【今註】 ①是以不獲：不能夠自己來朝見。 ②既成昏：晉國許齊國成昏。 ③以家量貸而以公量收之：用陳氏的家量來借給百姓，而拿公家的量來收，因此所借的數量多，而收的數量少。 ④二入於公，而衣食其一：三分之二歸到公家，可見賦稅很重，剩下的三分之一來做衣食之用。 ⑤三老凍餒：三老指上壽中壽下壽皆在八十歲以上的人，全都不被養過。 ⑥屨賤踊貴：穿的鞋全很便宜，斬斷脚穿的踊就貴。 ⑦箕伯、直柄、虞遂、伯戲：全都是舜的後人，陳國的胡公的祖先。 ⑧道殣相望而女富溢尤：路上餓死的人相連不斷，而女子被寵的富有的很。 ⑨欒、郤、胥、原、狐、續、慶、伯：這八姓全是晉國的舊臣。 ⑩讒鼎：是鼎的名字。 ⑪肸又無子：我又沒有好的兒子。 ⑫君子如祉，亂庶遄已：這是詩經小雅的一句詩。意思說君子如有福，亂庶就可以被阻住。

【今譯】 齊侯派大夫晏嬰到晉國去，請求仍拿齊女做晉侯的繼室，說道：「寡君吩咐嬰說：『寡人情願服事君王，朝夜不敢懈怠，將捧了贄見的幣帛，不致錯失時機，那麼因爲國家多難，所以不能自己來。我先君有個不厚實的嫡女，充了你君的內官，正靠他光耀寡人的威望，卻又沒有幸福，早日死亡，大失寡人的期望。君王如果不忘先君的舊好，肯加恩惠於齊國，收受我寡人，靠我們齊國太公丁公的福，或者你君仍肯照顧敝邑，鎮撫他的社稷，那末還有先君嫡夫人的女兒，以及其餘的姑姊妹一般人在這裡，君如果不棄掉敝邑，遣個使臣來，認眞選擇好了，充着女官，這是寡人的希望呢。』」韓宣子派叔向答說：「這是寡君的願望。寡君不能獨自擔任國家的事情，沒有了伉儷只因尙在縗絰之中，所以不敢來請。現在你君既有命令賜下，恩惠就沒有再大的了，若果眞惠顧敝邑，安撫晉國，賜他一個內主，豈但寡君受惠，就是羣臣也都受賜不少呢。從唐叔以下列位祖宗，也都榮寵的。」婚約既成以後，晏嬰受宴請的禮，叔向陪着他，當宴會的時候。大家談話。叔向說：「齊國的盛衰怎樣？」晏子說：「此刻已是末世了，我不知道旁的，只知齊國將來定要變成陳氏了，公家不體恤人民，卻都歸附到陳氏去；齊國從前的量器，共分四等，名叫豆、區、釜、鍾，四升是一豆，四豆是一區，四區成爲一釜，十釜就是一鍾，陳氏的量器，只分三等，都比舊容量加上一成，一鍾便大得不少了。他用私家的量器借給他人，卻用公家的量器收回來；山中的樹木到市上去賣，價錢卻仍像山中一樣；魚塩蜃蛤這些種東西，在市上去賣，價也仍和在海邊一樣；倘把齊國人民的氣力分成三份，那麼倒有兩份是歸公家的，自己只吃着一份；公家倉庫中，堆着爛的爛，蛀的蛀，那三老卻凍餓着，國中的各市上，鞋子反而賤，斬斷脚用的撐棒反而貴，人民感受了痛苦，所以常聽得痛念的聲音；有時便想念陳氏，愛他像父母一樣，歸附他像流水一般，要他得不到民心，還有那裏可去避呢？他的遠祖箕伯、直柄、虞遂、伯戲和胡公太姬的神靈，怕都已在齊國了。」叔向說：「是的，但是我的公室，現在也是末世了，戎馬不駕，不能再出去征討不服，諸卿也不預備兵隊，公的兵事，沒有稱職的人手，兵隊中也沒有稱職的官長；人民窮困，破敗得不堪；那宮室卻越加奢侈，道路上餓死的人，一望不絕。那女子被寵的富足，卻格外過分；人民聽得公家的命令，好像碰到寇讎一般，逃避也來不及；欒、郤、胥、原、狐、續、慶、伯，這八族舊臣的子孫，都降做阜隸的賤官；政權都在大夫私家手中，人民沒有了依靠，君王還不改過，只在逸樂中藏積起憂患來；這種公室的低微下去，不是就在目前嗎？讒鼎的銘詞上說：『很早的起來，打算擴大顯揚，到後世還要鬆懈呢。』況且天天不改，還能夠長久麼？」晏子就說：「那麼你將來打算怎麼樣呢？」叔向說：「晉國的公族，早已經沒有了，肸聽說公室將要低微，他的宗族像樹枝般必須先凋落，然後公室方才因此衰落。肸的宗人共有十一族，現在只有羊舌氏還存在罷了。肸又沒有好的兒子，公室也並沒有法度，幸得善終於願已足，難道還想有祭祀麼？」當初齊景公要把晏子的住宅改過，對他說：「你的住屋接近市街，又低潮狹小，又嘈雜污穢，不可以居住的了，請你換在高爽乾燥的地方罷。」晏子辭謝說：「君的先臣住在此地，臣還夠不上接住下去呢，在臣已覺得奢侈的了。而且小人近在市上，朝晚可得些要的東西，這也是小人的便利，那敢煩勞衆人給我造屋呢？」公笑說：「你既近在市上，識得東西的貴賤麼？」晏子回答道：「既然以他爲便利，怎敢不識貴賤。」景公說：「那麼什麼東西貴，什麼東西賤？」這時候景公正濫用刑罰，有賣被斬斷脚撐的棒的，所以晏子回答說：「撐脚棒倒貴，鞋子倒賤。」既已告訴了君，所以和叔向談天的時候，他便說起此事，景公也因此減少刑罰。君子說：「仁人的說話，利益實在廣大的。晏子祇說了一句話，齊侯便因此減刑。詩經上說：君子能夠行福，禍亂庶幾立刻停止。就是這等說法麼？」等到晏子出使到晉國，景公便把他的屋改造過，及至他回到齊國來，屋早已造成了，晏子便謝君主賜建新屋的恩，後來便又把屋拆毀，卻恢復舊時巷中的小屋，都和從前一樣，使住屋的人各還本宅，並且引了俗語說：「不是卜房屋的，是要卜良鄰的，你們已經卜着鄰了，違背了卜辭，是不祥的，君子不肯冒犯非禮，小人不敢冒犯不祥：這是古時的制度，我敢違背他麼？」終究恢復了舊宅的樣子。景公不許他，靠了陳桓子去請求，方才允許他的。

（四）傳　夏四月，鄭伯如晉，公孫段相，甚敬而卑，禮無違者。晉侯嘉焉，授之以策曰：「子豐有勞於晉國，余聞而弗忘，賜女州田，以胙乃舊勳。」伯石再拜稽首，受策以出。君子曰：「禮，其人之急也乎！伯石之汰也，一爲禮於晉，猶荷其祿，況以禮終始乎？詩曰：『人而無禮，胡不遄死①。』其是之謂乎？」初州縣欒豹之邑也，及欒氏亡，范宣子、趙文子、韓宣子皆欲之。文子曰：「溫吾縣也。」二宣子②曰：「自郤稱以別三傳矣，晉之別縣不唯州，誰獲治之？」文子病之，乃舍之。二子曰：「吾不可以正議而自與也。」皆舍之。及文子爲政，趙獲③曰：「可以取州矣。」文子曰：「退，二子之言義也。違義禍也，余不能治余縣又焉用州，其以徼禍也。」君子曰：弗知實難，知而弗從，禍莫大焉。」有言州必死。豐氏故主韓氏④。伯石之獲州也，韓宣子爲之請之，爲其復取之之故。

【今註】 ①人而無禮，胡不遄死：這是詩經大雅的一句詩。意思說人若沒有禮貌，爲什麼不死掉。 ②二宣子：范宣子同韓宣子。 ③趙獲：趙武的兒子。 ④豐氏故主韓氏：豐氏每到晉國的時候就住到韓氏家裡。

【今譯】 夏天四月，鄭伯到晉國去，公孫段相禮很恭敬而謙卑，禮沒有違背。晉侯很嘉賞，給他一個策書說：「你的父親子豐，在晉國很有功勞，我聽見說以後就不敢忘，賞給你州這塊田地，以不忘你的舊勳勞。」公孫段再拜叩頭受了這個策封出來。君子說：「論禮，是很要緊的，公孫段很驕傲，到晉國舉行禮節，就得奉祿，況拿禮節來始終呢？詩經上說：『人要沒有禮，不如死呢？』恐怕就指的這件事。」因爲以前州是欒豹的封邑，等到欒氏亡了以後，士匄、趙武、韓起，全都想得到他。趙武說：「溫是我的縣。」士匄同韓起也說：「自從郤稱以後已經傳了三個人家，晉所分的縣不祇州，誰能夠全追取回來治理它？」趙武也覺得不妥，就不要了。士匄同韓起說：「我不能因爲議論正而自己要。」全都不要了。等到趙武掌政權的時候，他的兒子趙獲說：「可以拿州這地方了。」趙武說：「退下去，他們兩人所說的話，很合於義。違背了義就是禍亂。我不能治我的縣，又何必用州，那祇是來引起禍亂。」君子說：「不知道該怎麼做，實在爲難，知道而不聽從，這禍害更大。」有說州的地方必定死。豐氏本來到晉國去的時候就以韓氏爲主。公孫段得到州的緣故，是由於韓起爲他申請，爲的以後他能再拿的緣故。

(五)經 夏叔弓如滕。

(六)經 五月葬滕成公。

傳 五月叔弓如滕，葬滕成公，子服椒爲介，及郊遇懿伯之忌，敬子不入①，惠伯②曰：「公事有公利，無私忌，椒請先入。」乃先受館，敬子從之。

【今註】 ①懿伯之忌，敬子不入：懿伯是服椒的叔父，遇見了他叔父的仇人，叔弓就不肯進到都城。 ②惠伯：就是子服椒。

【今譯】 五月，叔弓到滕國去，爲的滕成公的葬禮，子服椒做副使，到了郊外遇見服椒叔父的仇人，叔弓不肯進去，子服椒說：「公事祇有公利沒有私人的仇人，我請先進去。」就進去先接受館舍，叔弓自然遵從他了。

（七）傳 晉韓起如齊逆女，公孫蠆爲少姜之有寵也，以其子更公女而嫁公子。人謂宣子，子尾欺晉，晉胡受之。宣子曰：「我欲得齊，而遠其寵，寵將來乎？」

【今譯】 晉國韓起到齊國爲晉侯娶夫人，子尾因爲少姜很有寵幸，就把他的女兒替換了齊景公的女兒，而另把齊景公的女兒嫁給別人。有人對韓起說子尾欺騙晉國，晉國爲什麼接受他呢？韓起說：「我很願意得到齊國，而把他的幸臣子尾拋棄遠了，那麼寵幸可以來嗎？」

（八）傳 秋七月，鄭罕虎如晉，賀夫人，且告曰：「楚人日徵敝邑以不朝立王①之故，敝邑之往，則畏執事，其謂寡君而固有外心。其不往，則宋之盟云，進退罪也。寡君使虎布之。」宣子使叔向對曰：「君若辱有寡君，在楚何害？脩宋盟也。君苟思盟，寡君乃知免於戾矣。君若不有寡君，雖朝夕辱於敝邑，寡君猜焉。君實有心，何辱命焉？君其往也，苟有寡君，在楚猶在晉也。」張趯使謂大叔曰：「自子之歸也，小人糞除先人之敝廬，曰子其將來。今子皮實來，小人失望。」大叔曰：「吉賤不獲來②畏大國尊夫人也。且孟③曰而將無事，吉庶幾焉。」

【今註】①不朝立王：因爲楚靈王新立，鄭國沒有上朝。②吉賤不獲來：我因爲不是上卿，所以不能夠來。③孟：張趯。

【今譯】秋天七月，鄭國的子皮到晉國去，賀他娶夫人，並且告訴他說：「楚國日日徵召敝國，說我們不朝新立的靈王的緣故，我們要去到楚國，又怕晉國說我們有事奉楚國的心。要是不去，在宋的盟誓又說過，晉楚的人交相見，所以怎麼樣全都不好，寡君叫我來陳布這事。」韓起叫叔向囘答說：「你若心中有晉國，朝楚國有什麼不好呢？這是爲的脩整在宋的盟誓。你若假設想到這個盟誓，我們晉國的君也就知道免除了罪戾。你要是心不在晉國，就是早晚全在我們這裡，我們的晉君也很懷疑了。你若實在有事奉晉國的心，何必又來告訴呢？你可以去楚國。假設心裡有晉國，你在楚國同在晉國一樣。」張趯叫人去告訴游吉說：「自從你囘到鄭國以後，我就掃除我們先人的房子，心裡說你不久將來了，現在子皮來了，我很失望。」游吉說：「我吉賤不能夠來，因爲怕大國而且尊敬夫人。並且張趯說過你將沒有事了，我游吉很想照這句話來辦。」

（九）經 秋小邾子來朝。

傳 小邾穆公來朝，季武子欲卑之。穆叔曰：「不可。曹滕二邾實不忘我好，敬以逆之，猶懼其貳，又卑一睦焉①，逆羣好也，其如舊而加敬焉。志曰能敬無災，又曰敬逆來者，天所福也。」季孫從之。

【今註】①卑一睦焉：使一個與我們和好的人降低，和好的人指着小邾。

【今譯】小邾穆公來魯國朝見，季孫宿想着不以禮來招待他。叔孫豹說：「不可以。曹滕同二邾全是不忘我們的好處，恭敬來迎接他，還怕他有貳心，現在又對小邾看不起，這是把群好全得罪，應當是如舊再加上恭敬，古書上說能恭敬就沒有災害，又說對來的人全恭敬，這是天所降福的。」季孫就聽了。

（十）經　八月大雩。

傳　八月大雩，旱也。

【今譯】八月魯國大求雨，這是因爲旱的緣故。

（十一）經　冬大雨雹①。

【今註】①此經無傳。

【今譯】冬天，大雨雹。

（十二）經　北燕伯款出奔齊。

傳　齊侯田於莒，盧蒲嫳見泣，且請曰：「余髮如此種種①，余奚能爲？」公曰：「諾，吾告二子②。」歸而告之。子尾欲復之，子雅不可曰：「彼其髮短，而心甚長，其或寢處我矣。」九月，子雅放盧蒲嫳于北燕。燕簡公多嬖寵，欲去諸大夫而立其寵人。冬，燕大夫比③以殺公之外嬖，公懼奔齊。書曰北燕伯款出奔齊，罪之也。

【今註】①余髮如此種種：我的頭髮這麼短，已經衰老了。②二子：指子雅子尾。③燕大夫比：燕大夫聯合起來。

【今譯】齊景公到莒國去打獵，盧蒲嫳見到他哭了，並且要求說：「我的頭髮這樣子短，還能夠害人嗎？」齊景公說：「好了，我告訴子尾子雅吧！」回去就告訴他們。子尾想着叫他回來，子雅不肯，說：「他的頭髮很短，但是他的心很長，他還想害我們。」九月，子雅驅逐盧蒲嫳到北燕去。北燕的簡公很多寵愛的人，想罷去各大夫而立他喜愛的人。冬天，北燕的大夫聯合起來把他的寵臣們殺掉。燕簡公害了怕了，逃到齊國去。春秋上寫着說北燕伯款逃到齊國去，這是他有罪的緣故。

(十三) 傳 十月，鄭伯如楚，子產相。楚子享之，賦吉日。既享，子產乃具田備，王以田江南之夢①。

【今註】①江南之夢：雲夢是分成兩個，在江南的號稱夢。

【今譯】十月，鄭伯到楚國去，子產相禮。楚王來享宴他們，歌唱吉日。既然享宴了以後，子產就預備田獵的器具，預備到江南的夢去打獵。

(十四) 傳 齊公孫竈卒。司馬竈①見晏子曰：「又喪子雅矣。」晏子曰：「惜也，子旗不免，殆哉！姜族弱矣，而嬀將始昌。二惠競爽猶可，又弱一个焉，姜其危哉！」

【今註】①司馬竈：齊大夫。

【今譯】齊國子雅死了。齊國大夫司馬竈看見晏嬰說：「又丟掉子雅了。」晏嬰說：「可惜！子旗也不能夠免，眞是危險！姜族全都弱了，而嬀族將昌盛。子尾子雅一起來，還可以，又去掉一個，姜姓眞是危險。」

卷二十二　昭公二

昭公四年（公元前五百三十八年）

(一)經春王正月，大雨雹。

【今註】此經無傳。

【今譯】春天正月，魯國下了很多的雹。

(二)經夏楚子、蔡侯、陳侯、鄭伯、許男、徐子、滕子、頓子、胡子、沈子、小邾子、宋世子佐淮夷會于申。

傳春王正月，許男如楚，楚子止之，遂止鄭伯，復田江南，許男與焉。使椒舉如晉求諸侯，二君①待之。椒舉致命曰：「寡君使舉曰：日君有惠，賜盟于宋，曰：『晉楚之從，交相見也。』以歲之不易，寡人願結驩於二三君，使舉請間。君若苟無四方之虞，則願假寵以請於諸侯。」晉侯欲勿許，司馬侯曰：「不可，楚王方侈，天或者欲逞其心以厚其毒，而降之罰，未可知也！其使能終，亦未可知也。晉楚唯天所相，不可與爭，君其許之，而脩德以待其歸。若歸於德，吾猶將事之，況諸侯乎？若適淫虐，楚將棄之，吾又誰與爭？」曰：「晉有三不殆，其何敵之有？國險而多馬，齊楚多難，有是三者，何鄉而不濟？」對曰：「恃險與馬，而虞鄰國之難，是三殆也。四嶽②三塗③陽城④大室⑤荊山⑥中南⑦九州之險也，是不一姓。冀之北土，馬之所生，無興國焉。恃險與馬，不可以為固也，從古以然。是以先王務脩德音以享神人，不聞其務險與馬也。鄰國之難，不可虞也。或多難以固其國，啓其疆土！或無難以喪其國，失其守宇。若何虞難？齊有仲孫之難，而獲桓公，至今賴之。晉有里丕之難，而獲文公，是以為盟主。衞邢無難，敵亦喪之。故人之難，不可虞也。恃此三者而不脩政德，亡於不暇，又何能濟？君其許之，紂作淫虐，文王惠和，殷是以隕，周是以興。夫豈爭諸侯？」乃許楚使，使叔向對曰：「寡君有社稷之事，是以不獲春秋時見，諸侯君實有之，何辱命焉。」椒舉遂請昏，晉侯許之，楚子問於子產曰：「晉其許我諸侯乎？」對曰：「許君。晉君少安，不在諸侯。其大夫多求，莫匡其君，在宋之盟，又曰如一，若不許君，將焉用之？」王曰：「諸侯其來乎？」對曰：「必來，從宋之盟，承君之歡，不畏大國，何故不來？不來者其魯、衞、曹、邾乎？曹畏宋，邾畏魯，魯衞偪於齊而親於晉，唯是不來。其餘君之所及也，誰敢不至？」王曰：「然則吾所求者無不可乎？」對曰：「求逞於人不可，與人同欲盡濟。」

【今註】①二君：鄭伯同許男。②四嶽：東嶽岱西嶽華南嶽衡北嶽恒。③三塗：彙纂說：「在河南省陸渾縣故城東南八十里。」④陽城：一統志說：「在今河南登封縣東南三十八里，俗名車嶺山。」⑤大室：一統志說：「嵩山在河南登封縣北十里，有三十六峰，東曰太室、西曰少室。」⑥荊山：在新城沶鄉縣南。⑦中南：左傳地名補註：「終南山在長安南五十里。」

【今譯】昭公四年春王正月，許男到楚國去，楚子就叫他停留在那裡預備跟他一同去打獵。又叫鄭伯停住，再到江南打獵，許男也參加了。使椒舉到晉國去，請他准許諸侯來會，鄭許兩個君在等待他。椒舉告訴晉國說：「寡君叫我來說：以前你曾經在宋的地方會盟，說：『晉楚所屬的諸侯，得互相見面。』因為常有困難，我很願意同兩三君見面，使舉來問你有無空閒。你假設沒有各國的事情，很希望你幫助請各諸侯來。」晉平公不想答應，司馬侯說：「不可以，楚王正在奢侈，天或者要滿足他的欲望，增加他的罪惡，再降給他處罰，這也未可知道。或者能讓他善終，也未可以知道。晉和楚國祇有天可幫助的，這不可以跟他爭，你不如答應他。而自己修德行以等到他的歸宿。要歸到德行，我們晉國還將事奉他，何況諸侯呢？要暴虐百姓，楚國人將不要他，我還跟誰爭呢？」晉平公說：「晉國有三件不怕的事情，還怕誰能夠抵抗呢？國家有險要，而晉國馬匹甚多，而齊國同楚國全有禍難，有這三種，到那裏也能成功呢！」回答說：「仗着險要跟馬匹，再加上鄰國的禍難，這是三種可怕的事情。四嶽、三塗、陽城、大室、荊山、中南這是九州的險要，但是不是一姓所有。冀的北方是馬所生長的地方，並沒有興旺的國家，仗着險要同馬不能做保險，自古就是如此。所以先王務必修德，以通神人，不聽見他祇要險要與馬。鄰國的困難，不可以希望他，或者是多難以完固他的國，增加他的疆土，或沒有難失掉他的國家土地。為什麼希望人家有難呢？齊國有公孫無知的難，就出了齊桓公，到現在全仰仗着他。晉國有里丕的難，而出了文公，做了盟主。衛國同邢國尙沒有禍亂，而强敵也把他喪亡了。所以人家的禍難不可以希望，仗着這三件事，而不修理政治德性，祇有覆亡又怎麼能成功？你不如答應他。商紂是淫虐，文王是惠和，商所以滅，周所以興起。豈在於爭諸侯嗎？」就答應了楚國。使叔向回答說：「我因為有國家的事，所以不能夠常跟你相見，至於諸侯，全由他們，你何必來問我。」椒舉同時替楚王請求婚姻，晉平公也答應他了。楚王問子產說：「晉還答應把諸侯給我們嗎？」回答說：「准許你。晉君現在想安樂，不在諸侯的身上，他大夫們都求富，沒有人能夠匡正他的君。並且在宋的盟誓說晉楚相等，要不答應你那有什麼辦法呢？」王又問他：「諸侯來嗎？」回答說：「必定來，依從宋的盟誓，奉承楚國的歡樂，不怕大國晉，為什麼不來呢？不來的祇有魯衞曹邾他們。曹國怕宋國，邾國怕魯國，魯國同衞國離齊國偪近，而對於晉國親善，所以不來，其餘的諸侯，全是你的威勢所能達到的。」王又問說：「然則我所求於人的沒有不可以嗎？」子產回答說：「求快意於人不可以，跟人全都同心全可以成功。」

(三)傳大雨雹，季武子問於申豐①，曰：「雹可禦乎？」對曰：「聖人在上無雹，雖有不為災，古者日在北陸②而藏冰，西陸③朝覿而出之。其藏冰也，深山窮谷，固陰沍寒，於是乎取之。其出之也，朝之祿位，賓食喪祭，於是乎用之。其藏之也，黑牡秬黍，以享司寒。其出之也，桃弧棘矢，以除其災。其出入也時，食肉之祿，冰皆與焉。大夫命婦，喪浴用冰，祭寒而藏之，獻羔而啟之，公始用之，火出而畢賦④。自命夫命婦至於老疾，無不受冰。山人取之，縣人傳之，輿人納之，隸人藏之。夫冰以風壯，而以風出，其藏之也周，其用之也徧，則冬無愆陽，夏無伏陰，春無淒風，秋無苦雨，雷出不震，無菑霜雹，癘疾不降，民不夭札。今藏川池之冰棄而不用，風不越而殺，雷不發而震，雹之為菑，誰能禦之？七月之卒章，藏冰之道也⑤。」

【今註】①申豐：魯大夫。②日在北陸：謂夏正十二月。③西陸：謂夏正三月。④火出而畢賦：火星出現在舊曆三月四月中。就把冰全獻完。⑤七月之卒章，藏氷之道也：七月是詩經豳風末了一章，就是藏冰的道理。

【今譯】大下雹子，季孫宿問申豐說：「可以使雹子停止嗎？」他回答說：「要是聖人在上面就沒有雹子，就是有也不會做災害。古的時候在夏正十二月，就把冰藏起來，到了夏正三月，早晨把冰拿出來，藏冰的時候，在深山窮窪的地方，陰地很冷的地方去找尋他，等着冰出來的時候，在朝廷上有祿位，賓食喪祭就來用他。藏的時候用黑顏色的牲口同黑黍，這是祭祀管寒的神。拿出冰的時候，用桃的弧棘的箭，以消除他的災害。他出進全按着規矩，吃肉的官人，冰全都參加。大夫同他的妻子們，死了以後用冰來沐浴，祭享寒流藏着他，獻羔羊來開啓他，公有優先權，先用他，等着火星出現的時候，就全都出來。自命夫以下至於老病的，沒有不受到冰的。虞官來取他，縣人來傳送他，輿人來接納，賤官來收藏。冰因爲風來堅固，因爲風而出現，收藏着很週密，用的也很普徧，冬天沒有疾病，夏天沒有冷病，春天沒有寒風，秋天沒有苦雨，雷出不震驚，沒有災同霜雹，疾病也不下來，人民不會短命。現在藏着在川池的冰，廢棄而不用，風不散而爲害，雷不發就震擊，雹的爲災害，誰能夠抵抗呢？詩經七月末了的一章，就講的藏冰的道理。」

（四）

經 楚人執徐子。

傳 夏諸侯如楚，魯衞曹邾不會。曹邾辭以難，公辭以時祭，衞侯辭以疾。鄭伯先待于申①。六月丙午，楚子合諸侯于申。椒舉言於楚子曰：「臣聞諸侯無歸，禮以爲歸。今君始得諸侯，其愼禮矣。霸之濟否，在此會也，夏啓有鈞臺之享②，商湯有景亳之命③，周武有孟津④之誓，成有岐陽⑤之蒐，康有酆宮⑥之朝，穆有塗山⑦之會，齊桓有召陵之師，晉文有踐土之盟，君其何用？宋向戌、鄭公孫僑在，諸侯之良也，君其選焉。」王曰：「吾用齊桓。」王使問禮於左師與子產。左師曰：「小國習之，大國用之，敢不薦聞。」獻公合諸侯之禮六。子產曰：「小國共職，敢不薦守。」獻伯子男會公之禮六。君子謂合左師善守先代，子產善相小國。王使椒舉侍於後以規過，卒事不規，王問其故，對曰：「禮吾未見者有六焉，又何以規？」宋大子佐後至，王田於武城，久而弗見，椒舉請辭焉。王使往曰：「屬有宗祧之事於武城⑧，寡君將墮幣焉，敢謝後見⑨。」徐子，吳出也，以爲貳焉，故執諸申。楚子示諸侯侈。椒舉曰：「夫六王二公之事⑩，皆所以示諸侯禮也，諸侯所由用命也。夏桀爲仍之會，有緡⑪叛之，商紂爲黎之蒐，東夷⑫叛之，周幽爲大室之盟，戎狄叛之，皆所以示諸侯汏也，諸侯所由弃命也。今君以汏，無乃不濟乎？」王弗聽。子產見左師曰：「吾不患楚矣，汏而愎諫，不過十年。」左師曰：「然，不十年侈，其惡不遠。遠惡而後棄，善可如之，德遠而後興。」

【今註】①申：楚地，今河南省南陽縣北二十里有申城。②夏啓有鈞臺之享：一統志說：「鈞臺在禹縣城南十五里，一稱夏臺。」③景亳之命，方輿紀要說：「在今河南偃師縣西十四里。」④孟津：今河南孟津縣西南三十里。⑤岐陽：在陝西省岐山縣東北五十里。⑥酆宮：一統志說：「今陝西鄠縣東三十五里有酆宮。」⑦塗山：一統志說：「在安徽省懷遠縣東南八里。」⑧屬有宗祧之事於武城：因爲宗廟的祭祀所以到武城去打獵。武城是楚地，在今南陽縣北有武亭。⑨寡君將墮幣焉，敢謝後見：言將待輸幣之時乃相見，見既在後故遣我來敢謝後見。⑩夫六王二公之事：六王是指着夏啓、商湯、周武王、成王、康王、穆王，二公是齊桓、晉文。⑪緡：仍國之姓，在山東金鄉縣東北二十五里有緡城阜。⑫東夷：東方的國家。

【今譯】夏天，諸侯全到楚國去，魯衞曹邾四國不參加開會。曹邾說有困難，魯昭公說有祭祀，衞襄公說有病，鄭伯先在申的地方等着。六月丙午，楚王在申這地方會諸侯。椒擧對楚靈王說：「我聽說諸侯沒有歸宿，以禮爲歸宿，現在你剛得到諸侯，必定要愼重禮節。霸權的成功與否，皆以此會爲關鍵。夏啓有鈞臺的享宴，商湯有景亳的命令，周武王有孟津的盟誓。周成王有岐陽的大閱兵，周康王有在酆宮的朝見，穆王有塗山的會盟，齊桓公有召陵的出兵，晉文公有踐土的盟誓，你用那一種呢？宋國向戌，鄭國的公孫僑在會中，這是諸侯良善的人，你可以問他們。」楚靈王說：「我用齊桓公。」楚王使人問禮於向戌同子產。向戌說：「小國練習，大國來用，我敢不說所聽見的嗎？」獻上公合諸侯的禮六種。子產說：「小國是看這個職守，我敢不貢獻所守的嗎？」獻上伯子男會公侯的禮六種。君子說合左師向戌很會守先代的典禮，子產很會爲小國的相禮。楚王叫椒擧站到後面，以等到有錯誤的來說，結果到末了也不規勸，楚王問他什麼緣故，他回答說：「我所沒有見的禮就是這六種，又怎麼樣來規勸呢？」宋國的太子佐最後來，楚王在武城打獵，久沒有見他，椒擧想讓王辭謝不見，王叫他去說：「現在爲祭祀宗廟，所以在武城打獵，將來拿着布幣再見。」徐子是吳國的外甥子，以爲他有貳心，就把他在申的地方逮起來。楚王對諸侯表現很奢侈，椒擧就說：「夏啓、商湯、周武、成、康、穆六王的事情以及齊桓、晉文兩公的事情，皆所以表現給諸侯看禮節，諸侯也因此就聽從命令。夏桀在仍國開會時，有緡就反叛了，商紂在黎國閱兵，東夷就反叛了，周幽王在大室盟會，戎狄全反叛了，皆因爲對諸侯表現太奢侈，所以諸侯全不聽他的命令，現在你也用奢侈，恐怕不能成功吧！」楚靈王也不聽。子產見着向戌說：「我不怕楚國了，奢侈而剛愎，最多不過十年。」向戌說：「對了，不十年的奢侈，他的惡不會遠播，惡遠播了人家全都放棄他，善也跟着一樣，德遠播了就會興起。」

（五）經 秋七月，楚子、蔡侯、陳侯、許男、頓子、胡子、沈子、淮夷伐吳，執齊慶封殺之。遂滅賴。

傳秋七月楚子以諸侯伐吳，宋大子、鄭伯先歸，宋華費遂，鄭大夫從，使屈申圍朱方①。八月甲申克之，執齊慶封，而盡滅其族。將戮慶封，椒擧曰：「臣聞無瑕者可以戮人。慶封惟逆命是以在此，其肯從於戮乎？播於諸侯，焉用之？」王弗聽，負之斧鉞，以徇於諸侯，使言曰：「無或如齊慶封，弒其君，弱其孤，以盟其大夫。」慶封曰：「無或如楚共王之庶子圍，弒其君兄之子麇而代之，以盟諸侯。」王使速殺之，遂以諸侯滅賴。賴子面縛銜璧，士袒，輿櫬從之，造於中軍。王問諸椒擧，對曰：「成王克許②，許僖公如是，王親釋其縛，受其璧，焚其櫬。」王從之，遷賴於鄢，楚子欲遷許於賴，使鬬韋龜與公子弃疾城之而還。申無宇曰：「楚禍之首將在此矣。召諸侯而來，伐國而克，城竟莫校，王心不違，民其居乎？民之不處，其誰堪之？不堪王命，乃禍亂也。」

【今註】①朱方：在江蘇省丹徒縣。②成王克許：這是楚成王打勝許國，在魯僖公六年。

【今譯】秋七月，楚靈王率領諸侯們來伐吳國，宋國太子，鄭伯先回國，宋華費遂同鄭大夫隨從着去伐吳國，叫屈申圍了朱方這地方。八月甲申這天把他佔據，把齊國的慶封逮住，將他的族人全部殺掉，將殺慶封的時候，椒擧說：「我聽見說沒有過錯的人才可以殺人。慶封因爲不聽從命令，所以在這裡，他還肯默默被殺戮嗎？萬一他把你的過錯傳播於諸侯，殺了他又有什麼用處？」楚王不聽，給他背上斧鉞，叫他在諸侯面前徇行，並且說：「不要跟齊國的慶封一樣，把自己的君殺掉，削弱他的孤寡，而盟他的大夫。」慶封就說：「不要跟楚共王的庶子圍一樣，把他哥哥的兒子君殺掉，替代他來盟諸侯。」楚王叫趕緊把他殺了，就拿諸侯的兵力滅了賴國。賴國子爵前面縛着雙手，口中銜着玉石，士赤着背，抬着棺材到中軍帳下。王問椒擧，回答說：「楚成王打勝了許國，許僖公就這樣的辦法。成王給他解開綑的繩子，接受玉石，把他棺材燒掉。」靈王就這樣辦。把賴遷到鄢的地方，楚王又想把許國遷到賴國，叫鬬韋龜與公子棄疾給他修城，就回來了。申無宇說：「楚國禍亂的開始就在這裡。叫諸侯他們就來，討伐一個國家成功，在外修城池沒有諸侯敢爭，像這般隨心所欲，人民還能安居嗎？人民不安居，誰能受得了呢？不受王的命令就是禍亂。」

（六）

經 九月取鄫。

傳 九月取鄫，言易也，莒亂，著丘公立而不撫鄫，鄫叛而來，故曰取。凡克邑不用師徒曰取。

【今譯】九月取鄫，這意思是說很容易。莒國亂了，著丘公立了以後，不安撫鄫國，鄫國反叛而來，所以叫做取。凡是不用軍隊，佔領地方就叫取。

（七）

傳 鄭子產作丘賦①，國人謗之，曰：「其父死於路，己爲蠆尾②，以令於國，國將若之何？」子寬③以告。子產曰：「何害？苟利社稷，死生以之，且吾聞爲善者不改其度，故能有濟也。民不可逞，度不可改。詩曰：『禮義不愆，何恤於人言？』吾不遷矣。」渾罕曰：「國氏其先亡乎？君子作法於涼，其敝猶貪，作法於貪，敝將若之何？姬在列者，蔡及曹滕其先亡乎，偪而無禮，鄭先衞亡，偪而無法，政不率法而制於心，民各有心，何上之有？」

【今註】①丘賦：每十六井當出馬一匹牛三頭。②已爲蠆尾：蠆音（ㄔㄞˋ）。蠍子的尾巴。③子寬：鄭大夫。

【今譯】鄭國子產作丘賦，國人很毀謗他說：「他父親被殺了，他還毒害百姓，來命令國家，國將怎麼辦呢？」鄭大夫子寬告訴子產。子產說：「這有什麼害呢？祇要對國家有利益，死生全不管。並且我聽說爲善人的不改他的法度，所以能成功。民不可以放縱，度不可以改變。逸詩上說：『禮只要不錯，何怕人家說話。』我是不改的。」子寬就說：「子產恐怕要先滅亡了，君子作法的時候薄，他的弊病猶在於貪，作法於貪上，這弊病怎麼辦呢？姬姓在諸侯裡頭的，蔡及曹滕是先亡的，因爲受他國逼迫而自身又無禮。鄭國在衞國之前亡，因爲受他國逼迫而自身又沒有法度。施政不遵守法律，而好惡由心，民各有心，還有什麼尊上呢？」

（八）傳 冬，吳伐楚，入棘、櫟、麻①，以報朱方之役。楚沈尹射奔命於夏汭，咸尹宜咎②城鍾離，薳啓彊城巢，然丹城州來。東國水不可以城，彭生③罷賴之師。

【今註】①棘櫟麻：程發軔說「則棘、櫟、麻三邑亦應在壽春之東，………故麻邑不在黃州之麻，而以碭山之麻最合。」至於櫟邑與栗通假，一統志說：「栗縣故城，不今夏邑縣治」。②咸尹宜咎：宜咎本來是陳大夫，襄公二十四年奔楚。③彭生：楚大夫。

【今譯】冬天，吳伐楚，入棘櫟麻，爲的報復朱方的戰役。楚國沈尹射逃命到夏汭，咸尹宜咎修鍾離城，薳啓彊修巢這城，然丹修州來的城。在楚國東邊以上三城都有水沒方法修，所以彭生取消對賴國出兵。

（九）經 冬十有二月乙卯叔孫豹卒。

傳 初穆子去叔孫氏，及庚宗①，遇婦人，使私爲食而宿焉。問其行，告之故，哭而送之。適齊娶於國氏，生孟丙，仲壬，夢天壓己弗勝，顧而見人，黑而上僂，深目而豭喙

②，號之曰：「牛助余！」乃勝之。旦而皆召其徒，無之。且曰志之。及宣伯奔齊，饋之。宣伯曰：「魯以先子之故，將存吾宗，必召女。召女何如？」對曰：「願之久矣。」魯人召之，不告而歸，既立，所宿庚宗之婦人獻以雉，問其姓③，對曰：「余子長矣，能奉雉而從我矣。」召而見之，則所夢也。未問其名，號之曰牛，曰：「唯。」皆召其徒使視之，遂使爲豎，有寵，長使爲政。公孫明④知叔孫於齊，歸未逆國姜，子明取之。故怒⑤。其子長而後使逆之。田於丘蕕⑥，遂遇疾焉。豎牛欲亂其室而有之，强與孟盟，不可。叔孫爲孟鍾曰：「爾未際⑦，饗大夫以落之。」既具，使豎牛請日，入弗謁。出命之日，及賓至，聞鍾聲，牛曰：「孟有北婦人之客⑧。」怒將往，牛止之，賓出，使拘而殺諸外⑨。牛又强與仲盟，不可。仲與公御萊書⑩觀於公，公與之環。使牛入示之⑪，入不示，出命佩之。牛謂叔孫，見仲而何⑫。叔孫曰：「何爲？」曰：「不見既自見矣，公與之環，而佩之矣。」遂逐之，奔齊。疾急，命召仲，牛許而不召，杜洩見，告之飢渴，授之戈。對曰：「求之而至，又何去焉？」豎牛曰：「夫子疾病，不欲見人。」使寘饋于个而退。牛弗進，則置虛命徹。十二月癸丑，叔孫不食。乙卯卒，牛立昭子⑬而相之，公使杜洩葬叔孫。豎牛賂叔仲昭子與南遺，使惡杜洩於季孫而去之。杜洩將以路葬⑭，且盡卿禮。南遺謂季孫曰：「叔孫未乘路，

葬焉用之？且冢卿無路，介卿以葬，不亦左乎？」季孫曰：「然。」使杜洩舍路，不可，曰：「夫子受命於朝而聘于王，王思舊勳而賜之路，復命而致之君，君不敢逆王命而復賜之，使三官書之。吾子爲司徒，實書名。夫子爲司馬與工正，書服，孟孫爲司空，以書勳，今死而弗以，是弃君命也。書在公府而弗以，是廢三官也。若命服生弗敢服，死又不以，將焉用之？」乃使以葬。季孫謀去中軍，豎牛曰：「夫子固欲去之。」

【今註】①庚宗：彙纂說：「今山東泗水縣東有庚宗亭與費縣接界。」②黑而上，氣深目而豭喙：面色很黑而他的肩膀是彎曲的，眼睛很深而嘴巴像豬。③問其姓：問她有沒有兒子。④公孫明：齊大夫。⑤故怒：怒其妻國姜。⑥丘蕕：在山東省疑在魯之北境。⑦爾未際：你沒有同諸位大夫接見過。⑧孟有北婦人之客：孟丙他請公孫明爲客人。⑨拘而殺諸外：就叫牛把孟丙殺在城外。⑩萊書：魯昭公趕車的與仲同往公宮。⑪使牛入示之：使牛拿進去給叔孫豹看。⑫牛謂叔孫見仲而何：牛告訴叔孫：令仲壬去見國君意下如何？⑬昭子：叔孫豹的庶子叔孫婼。⑭杜洩將以路葬：杜洩拿周王所賞給叔孫的車來葬他。

【今譯】當初叔孫豹避僑如的患難，離開叔孫氏奔往齊國，到了庚宗地方，碰着一個婦人，差她私下弄些食物吃了，便和她同宿。那婦人問他到什麼地方去？便告訴了緣故。那婦人却哭了送他的行。既到齊國以後，便娶妻於國氏，生了孟丙，仲壬。他一天夢着天壓自己，氣力支撐不住了，一回頭去，却見一人，面色很黑，上肩是彎下的，眼睛很深，嘴巴像豬一般，穆子便喊他說：「牛來幫我！」才撐過來。到第二日，天亮了，將跟隨都召集攏來，却沒有一個和牛相像的人，就對那些人說：「這事你們都給我記着。」等到僑如也奔到齊國去，穆子送食物給他吃。僑如說：「魯國因為我們先人的功勞，將要存留我們的宗族，一定來召你的，你便怎樣？」穆子回答說：「希望他來召已經好久了！」後來魯人果然來召他，他便不告訴僑如就回去了。既然立做卿以後，他那宿過庚宗的婦人，獻給他一隻野雞，穆子問他有兒子嗎，婦人回答說：「我的兒子已經大了，能夠捧了野雞跟我來了。」便喊他來一看，那知就是夢中所看見的，便不問他叫什麼名字，喊他叫「牛」。那孩子便答應一聲！「唯！」叔孫豹便喊那些跟隨，使他們來看。就叫他做個小僮，很寵用他，等到牛長大了，便叫他管理家政。齊大夫公孫明本和叔孫很要好的，叔孫回國去，却不來迎接國姜，子明就把她娶了去，所以叔孫豹很怒。他的兒子年長了，叔孫方才使人去迎接他們，叔孫豹有一天在丘蕕地方打獵，就生了病，豎牛要想擾亂他的家室，據為己有，强迫孟丙和他訂盟，孟丙不肯，叔孫本替孟丙鑄了口鐘，對他說：「你還沒有和諸大夫交際過，可以在塗鐘縫落成的時候，宴會那些大夫了！」孟丙既備辦了酒筵，便使豎牛進去向父親要個日期，豎牛進去後，却不告明叔孫，出來便詐說一個日期。等到賓客都來了，叔孫聽得打鐘的聲音，便詫怪問豎牛，牛說：「孟丙有你北方那個婦人的堂客在家中呢！」叔孫便大怒，要去看他。豎牛攔阻他，不放他出去，及賓客既去，便使他拘執起來，殺孟丙在門外。牛又强迫和仲壬訂盟，仲也不肯，後來仲和昭公的御士萊書遊觀在公的宮中，公賞賜他一隻玉環。仲壬便使豎牛拿玉環給叔孫觀看，牛進去了，不給他看。出來就詐稱叫你佩帶了吧！牛一面又對叔孫說：「叫仲壬去見國君，怎麼樣？」叔孫說：「這是什麼話？」牛說：「你不使他引見，他已自己去引見過了，公給他玉環，他已經佩帶的了！」叔孫便把他驅逐出境，仲壬就逃到齊國去。叔孫病重了，叫他去叫仲壬回來，牛應許了却並不去叫，管家杜洩進去見，叔孫告訴他飢餓口渴，給他一把長槍，叫他去殺牛。杜洩回答說：「你只向他要食物，他自會來的，為什麼要去掉他呢？」豎牛後來就索性說：「穆子害了病，不喜歡見人。」便一概不見，使他們送食物的，只放在東西廂便退出去，牛却並不將食物送進去，只把倒空的食器放在那裏，便叫他們撤去。十二月癸丑那天，叔孫得不到食物，乙卯那天便死了，牛就立了昭子，自己做他的家相。昭公派杜洩去葬叔孫。豎牛便私賄叔仲昭子，和季氏的家臣南遺，使他們在季孫那裡說杜洩的壞話，要想除去他。杜洩正要用路車葬叔孫，而且都要用卿禮。南遺便對季孫說：「叔孫活着的時候，還沒有乘過路車，葬的時候爲什麼倒要用起來呢？而且最長的卿尚且沒有路車，次卿倒要用路車葬，在禮法上不是說不過去麼？」季孫說：「是的。」便使杜洩不要用路車，杜洩不肯，他說：「夫子是受命在朝中，去朝聘過天王的，天王因他有禮，想念他先人的舊功，才賞給他路車，他不敢自乘，復命的時候，送進君主那裡，君主不敢違背王命，仍舊賞給了他。使三位官員紀錄下來，那時你做司徒，是寫定名位的，我們夫子做司馬兼作工正，記上車服的器用，孟孫做司空，是記功勞的，如今死了再不用，這分明是棄掉君命了。紀錄的文書還在公府中，仍舊不用，這分明是廢掉三官了。若是王命的服，活着的時候不敢穿，死了又不用他，還有什麼用處呢？」季孫便使他拿去葬。季孫後來又打算廢去中軍，豎牛說：「夫子本來早想廢去他的。」

昭公五年（即公元前五百三十七年）

（一）經　五年春王正月，舍中軍。

傳　五年春王正月，舍中軍，卑公室也①。毀中軍于施氏，成諸臧氏。初作中軍，三分公室，而各取其一。季氏盡征之②，叔孫氏臣其子弟③，孟氏取其半焉④。及其舍之也，四分公室，季氏擇二，二子各一，皆盡征之，而貢于公⑤。以書使杜洩告於殯⑥曰：「子固欲毀中軍，既毀之矣，敢告。」杜洩曰：「夫子唯不欲毀也，故盟諸僖閎，詛諸五父之衢。」受其書而投之，帥士而哭之。叔仲子謂季孫曰：「帶受命於子叔孫曰：『葬鮮者自西門⑦。』」季孫命杜洩⑧。杜洩曰：「卿喪自朝，魯禮也。吾子爲國政，未改禮而又遷之，羣臣懼死，不敢自也⑨。」既葬而行。仲至自齊，季孫欲立之。南遺曰：「叔孫氏厚則季氏薄，彼實家亂，子勿與知，不亦可乎？」南遺使國人助豎牛以攻諸大庫之庭⑩，司宮射之，中目而死。豎牛取東鄙三十邑以與南遺。昭子即位，朝其家衆曰：「豎牛禍叔孫氏，使亂大從，殺適立庶，又披其邑，將以赦罪，罪莫大焉！必速殺之。」豎牛懼奔齊，孟仲之子殺諸塞門⑪之外，投其首於寧風⑫之棘上。仲尼曰：「叔孫昭子之不勞，不可能也。周任有言曰：『爲政者不賞私勞，不罰私怨。』詩云：『有覺德行，四國順之⑬。』」初，穆子之生也，莊叔以周易筮之，遇明夷䷣之謙䷎⑭，以示卜楚丘，曰「是將行⑮，而歸爲子祀。以讒人入，其名曰牛，卒以餒死。明夷、日也，日之數十，故有十時，亦當十位。自壬巳下，其二爲公，其三爲卿，日上其中，食日爲二，旦日爲三，明夷之謙，明而未融，其當旦乎？故曰爲子祀。日之謙當鳥，故曰明夷于飛。明之未融，故曰垂其翼。象日之動，故曰君子于行。當三在旦，故曰三日不食。離、火也，艮、山也，離爲火、火焚山，山敗。於人爲言，敗言爲讒，故曰有攸往。純離爲牛，世亂讒勝，勝將適離，故曰其名曰牛。謙不足，飛不翔，垂不峻，翼不廣，故曰其爲子復乎。吾子亞卿也，抑少不終。」

【今註】①卑公室也：這是將公室降低。②季氏盡征之：一點不歸給公家。③叔孫氏臣其子弟：以他的子弟歸叔孫氏，以他的父兄歸公家。④孟氏取其半焉：孟氏更以子弟的一半歸公家。⑤而貢于公：國中的人民皆屬於三家，只隨意貢獻給公而已。⑥以書使杜洩告於殯：用信使杜洩告知叔孫豹的殯。⑦葬鮮者自西門：鮮者是指不能善終的人，下葬的出都城西門。⑧季孫命杜洩：命以叔孫的喪禮自西門出。⑨不敢自也：不敢遵從這種辦法。⑩大庫之庭：曲阜原是大庭氏之虛，在原地作庫，所以稱爲大庭氏之庫，外邊空地因稱爲大庫之庭。⑪塞關：齊魯邊界上關口。⑫寧風：杜預以爲齊地，程發軔先生則以爲祭祀名，俟考。⑬有覺德行，四國順之：這是詩大雅中的一句詩，意思是說德行直則四方全順從他。⑭遇明夷䷣之謙䷎：遇見從明夷卦變到謙卦。⑮是將行：他將出奔。

【今譯】五年春王正月，舍去中軍，這是爲的降卑公室。毀中軍之議開始于施氏，完成于臧氏。最初作中軍，三分公室，三家各分一份。季孫全都征收他們，叔孫氏祇把他子弟作臣，孟孫氏祇拿他子弟的一半。等到舍中軍的時候，四分公家，季孫氏選其中的兩份，叔孫氏同孟孫氏各分一份，全都把他征收，祇對公家獻貢。寫了一封信叫杜洩在叔孫氏的棺材前面讀過：「你很願意毀中軍，現在已經毀了，特別告訴你。」杜洩說：「他因爲不願意毀中軍，所以到僖公的廟門去盟誓，又到五父的道上去詛咒。」接到他這封信，扔到地下，率他的家衆去哭。叔仲帶對季孫說：「帶聽見叔孫說過：『給不壽終的人下葬，由國都的西門。』」季孫告訴杜洩如此做。杜洩就說：「卿的喪事由朝中出來。這是魯國素來行的禮，你現在掌國的政權，沒有改禮，而又換了新辦法，大家怕死，不敢遵從。」等着給叔孫下葬以後，杜洩就走了。叔孫的兒子仲從齊國回來，季孫想立他爲叔孫的後人。南遺說：「叔孫氏要厚，季孫氏就薄了，他是家中有亂事，你不管不也可以嗎？」南遺叫國裏人幫着豎牛在大庫的庭上攻打仲壬，司宮射他，恰好中在眼睛，就死了。豎牛取了叔孫氏的東部三十邑給了南遺，叔孫婼即位，告訴他家裡衆人說：「豎牛禍害了叔孫氏，使亂了大的順序，殺了嫡出，立了庶出，又分散他的田邑，他還想減輕罪，他的罪狀沒有再大的。必定把他殺掉。」豎牛害怕了逃到齊國去。孟丙的兒子及仲壬的兒子把他殺在塞關的外頭，將他的腦袋扔到寧風的棘草上。仲尼就說：「叔孫婼要不居功是不能夠的，周任說一句話：『做政治的人不賞對私人有功的人，也不罰對私人有怨的人。』詩經大雅一句詩說：『有德行的人，四國全都順他。』」當初，叔孫豹生的時候，他的父親叫人拿周易來占卜，遇見明夷的卦變到謙卦，他給占卦的人卜楚丘看，說：「他先要出奔，然後回來，給你奉祭祀，跟着回來的有一個壞人，這個叫做牛，末了要餓死。明夷就等於日，日是有十數，所以有十個時辰，也等於十個位置，由壬以下數起來，第二是公，第三是卿，日最高是最盛明，是王位。食時之日，是公位。早晨的位置第三，是卿，明夷變到謙，天明而沒有完全出太陽，這是早晨，所以說回來給你奉祭祀。日光不足的時候當鳥，所以說明夷于飛。天明而沒有完全亮，所以說垂着翅膀，表示太陽的動作，所以說君子要出奔。當三在早晨，所以說三天不吃東西，離是火、艮是山，離是火，火燒了山，山就毀。在人是講話，毀了說話，就是讒言，所以說主人有說話必定是讒言。純正的離卦等於牛，世事亂了，讒言就多了，多了就到了離，所以說叫做牛。謙不夠，飛也不高，翅膀垂下，也不夠寬廣，所以說將做你的後人，你雖是次卿，到末了不得善終。」

（二）

經　楚殺其大夫屈申。

傳　楚子以屈申為貳於吳，乃殺之。以屈生①為莫敖，使與令尹子蕩如晉逆女。過鄭，鄭伯勞子蕩于汜②，勞屈生于菟氏③。晉侯送女于邢邱④，子產相鄭伯會晉侯于邢邱。

【今註】①屈生：屈建的兒子。②汜：鄭地，即南汜，在今河南省襄城縣。③菟氏：鄭地，寰宇記說菟氏城在河南尉氏縣西北四十里。④邢邱：晉地，在今河南省溫縣東二十里。

【今譯】楚靈王以為屈申是同吳國有貳心，把他殺掉。叫屈生做莫敖，使他同令尹子蕩到晉國去迎接女子。回來過鄭國，鄭伯郊勞子蕩在汜這地方，郊勞屈生在菟氏這地方。晉侯送女兒一直到邢邱，子產給鄭伯相禮，到邢邱會見晉平公。

（三）經 公如晉。

傳 公如晉①，自郊勞至于贈賄②，無失禮③。晉侯謂女叔齊曰：「魯侯不亦善於禮乎？」對曰：「魯侯焉知禮。」公曰：「何爲自郊勞至于贈賄，禮無違者，何故不知？」對曰：「是儀也，不可謂禮。禮所以守其國，行其政令，無失其民者也。今政令在家④，不能取也，有子家羈⑤，不能用也。奸大國之盟，陵虐小國⑥，利人之難⑦，不知其私。公室四分⑧，民食於他。思莫在公，不圖其終，爲國君，難將及身，不恤其所。禮之本末，將於此乎在，而屑屑焉習儀以亟，言善於禮，不亦遠乎？」君子謂叔侯於是乎知禮。

【今註】①公如晉：初即位所以往晉朝見。②自郊勞至于贈賄：初到晉國時有郊勞禮，以後尙有各種贈賄的禮。③無失禮：各種禮節皆沒有錯誤。④今政令在家：魯國的政令皆爲各大夫所掌管。⑤子家羈：莊公的玄孫子家懿伯。⑥陵虐小國：指着伐莒國取鄆地。⑦利人之難：指乘莒亂遂取鄫。⑧公室四分：四分公室指今年的事。

【今譯】魯昭公到晉國去，從郊勞一直到送禮，他全沒有失錯的地方。晉平公問司馬侯說：「魯侯豈不也對於禮很善嗎？」回答說：「魯侯那裡知道禮。」晉平公說：「爲什麼從郊勞至於送禮，沒有違禮，怎可說不知道？」他說：「這是儀節，不可以叫做禮。禮是爲的所以守他的國家，行他的政令，不丟掉他的人民。現在政令全在他大夫的手中，他沒法取回，又有子家羈，他沒法用他。違反大國的盟誓，欺凌小國，還以鄰國的困難爲利，而不知道他自己有困難。公室四分，人民到三家去吃飯，沒有人民想着公家，不知道末了什麼樣子，身爲國君，禍難將到他身上，他不去操心。禮的本末，就在恤民憂國上，而去研究儀節，說他善於禮，這不是很遠了嗎？」君子說司馬侯是很懂禮的。

（四）

傳晉韓宣子如楚送女，叔向爲介，鄭子皮，子太叔勞諸索氏①。太叔謂叔向曰：「楚王汏侈已甚，子其戒之。」叔向曰：「汏侈已甚，身之災也，焉能及人？若奉吾幣帛，慎吾威儀，守之以信，行之以禮，敬始而思終，終無不復②。從而不失儀，敬而不失威，道之以訓辭，奉之以舊法，考之以先王，度之以二國③，雖汏侈，若我何？」及楚，楚子朝其大夫曰：「晉、吾仇敵也，苟得志焉，無恤其他。今其來者，上卿上大夫也。若吾以韓起爲閽④，以羊舌肸爲司宮⑤，足以辱晉，吾亦得志矣，可乎？」大夫莫對。薳啓彊曰：「可。苟有所備，何故不可？恥匹夫不可以無備，況恥國乎？是以聖王務行禮，不求恥人。朝聘有珪，享頫有璋，小有述職，大有巡功，設機而不倚，爵盈而不飮，宴有好貨，飧有陪鼎，入有郊勞，出有贈賄，禮之至也。國家之敗，失之道也，則禍亂興。城濮之役⑥，晉無楚備，以敗於邲⑦。邲之役，楚無晉備，以敗於鄢⑧。自鄢以來，晉不失備，而加之以禮，重之以睦，是以楚弗能報而求親焉。既獲姻親，又欲恥之，以召寇讎，備之若何？誰其重此，若有其人，恥之可也。若其未有，君亦圖之。晉之事君，臣曰可矣。求諸侯而麇至⑨，求昏而薦女⑩，君親送之，上卿及上大夫致之，猶欲恥之，君其亦有備矣，不然奈何？韓起之下，趙成、中行吳⑪

、魏舒、范鞅、知盈；羊舌肸之下，祁午、張趯、籍談、女齊、梁丙、張骼、輔躒、苗賁皇，皆諸侯之選也⑫。韓襄⑬爲公族大夫，韓須⑭受命而使矣。箕襄、邢帶⑮、叔禽、叔椒、子羽⑯，皆大家也。韓賦七邑，皆成縣也⑰。羊舌四族⑱，皆彊家也。晋人若喪韓起楊肸，五卿八大夫⑲輔韓須楊石⑳，因其十家九縣，長轂九百，其餘四十縣遺守四千，奮其武怒，以雪其大恥。伯華謀之，中行伯㉑魏舒帥之，其蔑不濟矣。君將以親易怨，實無禮而速寇，而未有其備，使羣臣往遺之禽，以逞君心，何不可之有？」王曰：「不穀之過也，大夫無辱。」厚爲韓子禮，王欲敖叔向以其所不知而不能，亦厚其禮。韓起反，鄭伯勞諸圉㉒，辭不敢見，禮也。

【今註】①索氏：一統志說：「大索城今滎陽縣治，小索城在縣北四里。」　②終無不復：凡事全可以從新的再做。　③度之以二國：省度晉楚兩國的情形再做。　④若吾以韓起爲閽：把韓起的脚斬掉使他看守門。　⑤司宮：太監。　⑥城濮之役：在僖公二十八年。　⑦以敗於邲：在宣公十二年。　⑧以敗於鄢：成公十六年。　⑨求諸侯而麇至：要求諸侯就一群的來。　⑩求昏而薦女：求婚姻就把女子送來。　⑪趙成中行吳：趙成是趙武的兒子，中行吳卽荀吳，荀偃的兒子。　⑫諸侯之選也：這些個人全是在各國重要的人物。　⑬韓襄：韓無忌的兒子。　⑭韓須：韓起的兒子。　⑮箕襄、邢帶：這二人是韓氏的同族。　⑯叔禽、叔椒、子羽：全是韓起的庶子。　⑰皆成縣：成縣指着有一百輛戰車的縣。　⑱羊舌四族：銅鞮伯華叔向叔魚叔虎兄弟四人。　⑲五卿、八大夫：五卿是指趙成以下的人，八大夫指祁午以下的人。　⑳輔韓須楊石：楊石是羊舌肸的兒子。　㉑中行伯：卽荀吳。㉒圉：一統志說：「在今河南省杞縣南五十里。」

【今譯】晉國韓起到楚國送女兒，叔向做副使，鄭國的子皮游吉到索氏郊勞，游吉對叔向說：「楚王奢侈已經很厲害，你要警戒。」叔向說：「奢侈已經很厲害，這是身體的災害，焉能害到旁人？我拿着我的貨幣，謹愼我的威儀，言語有信，以禮節來行使，恭敬從事，始終如一，這樣，沒有事不可以再辦的。順從而不失掉儀節，恭敬而不失掉威嚴，稱說先王的訓辭，用舊法來辦理，再拿先王的事情來考正，度晉楚兩國的形勢來行使，他雖然奢侈，對我有什麼辦法呢？」到了楚國，楚王對他大夫們說：「晉國是我的仇敵，假使得了志向，其它的事情全不管。現在他來的是上卿同上大夫，我要把韓起的脚剁掉，叫他看守門戶，將叔向做太監，這可以羞辱晉國，我也可以得志向，你們以爲可以不可以。」大夫們都不敢回答。薳啓彊說：「可以。假設有預備，爲什麼不可以。羞辱一個人，還不可以沒有預備，何況羞辱一個國家呢？所以聖王祇講求行禮，而不求羞辱旁人。朝聘的時候有玉珪，享宴的時候有玉璋，小的有述職，大的有巡守，爲的行禮，設一個机而不倚靠，酒杯滿了而不喝，請客的時候送禮物，吃飯的時候有陪鼎，進來時有郊勞，出去時有送禮，這是禮的極致。國家失敗的原故，是沒有道理，禍亂就興起。城濮之戰晉國戰勝而沒有防備楚國，所以在邲之戰打敗了。邲以後楚國沒有防備晉國，就打敗了在鄢陵。自從鄢陵以後，晉國不失掉防備，而加上禮節，再加上和睦，所以楚國不能夠報復，祇好要求婚姻，既然得到婚姻，又想羞辱他，以致召來了敵人，那麼怎麼樣防備呢？要有預備，來羞辱他也可以。要尚沒有，你要細想一想，晉國的事奉你，我以爲可以了，要求諸侯，而諸侯全來，求婚姻而奉獻女子，晉國的君親自送來，而上卿及上大夫也送來，你還想羞辱他，你應該有防備了，要不然怎麼辦呢？韓起之下，趙成、中行吳、魏舒、范鞅、知盈；羊舌肸之下，祁午、張趯、籍談、女齊、梁丙、張骼、輔躒、苗賁皇，全是諸侯的精良。韓襄做公族大夫，韓須也受命來出使。箕襄、邢帶、叔禽、叔椒、子羽全是大家。韓家管七個邑，全都是百乘的縣。羊舌四家，全都是彊家。晉人若丟掉韓起、叔向、五卿八個大夫，輔佐着韓起的兒子韓須，叔向的兒子楊石，用他的十家九縣，九百輛車，其餘四十縣剩下四千輛車，用武力來表達憤怒，以報他的大羞恥。叔向的哥哥伯華來計謀，荀吳、魏舒率領着，這沒有不成功的，你將以親戚變成怨，實在無禮，而且招致寇仇，而沒有預備，叫我們大家被他來逮捕，以快樂你的心，這沒有什麼不可以的。」楚王說：「這是我的錯，你不要以爲羞辱。」於是加厚韓起的禮節，王想驕傲叔向問他不能知道的事情也不能夠，也加厚他的禮節。韓起回去了，鄭伯在圉這地方慰勞他，他辭謝不敢見，這是合禮的。

（五）傳 鄭罕虎如齊，娶於子尾氏。晏子驟見之，陳桓子問其故，對曰：「能用善人，民之主也。」

【今譯】 鄭子皮到齊國去，娶子尾氏的女兒。晏嬰急急去見他。陳無宇問他爲什麼要見他。他回答說：「能用好的人，可以爲人民的尊長。」

（六）經 夏、莒牟夷以牟婁及防茲來奔。

傳 夏，莒牟夷以牟婁①及防茲②來奔，牟夷非卿而書，尊地也。莒人愬于晉，晉侯欲止公。范獻子曰：「不可。人朝而執之，誘也。討不以師，而誘以成之，惰也。爲盟主而犯此二者，無乃不可乎？請歸之，間而以師討焉。」乃歸公。秋八月，公至自晉。莒人來討，不設備。戊辰，叔弓敗諸蚡泉③，莒未陳也。

【今註】 ①牟婁：莒地，在今山東省諸城縣十五里之董家崖頭村。 ②防、茲：皆是莒地，山東通志說：「防亭在諸城縣東北柴溝社東南之防亭。」而彙纂說：「茲在山東省諸城縣西北。」 ③蚡泉：魯地，續山東考古錄說：沂水縣西南一百二十里有盆泉縣志說卽蚡泉。

【今譯】 夏天，莒牟夷用牟婁同防茲逃奔魯國，牟夷不是卿而寫在春秋上，因爲尊重地的原因。莒國人告到晉國，晉侯想不許魯昭公回國。范鞅說：「不可，人家來上朝而執着他，這是引誘。討伐不用軍隊，而用引誘成功，這是慢惰。盟主而用這兩種手段，似乎是不可以的？請將他送回魯國去，有暇再用軍隊去討伐他。」就將魯昭公送回。秋七月，公從晉國回來。莒國人來討伐他，而不設備，戊辰、叔弓在蚡泉打敗他，莒軍隊尚未擺成陣勢。

（九）經 秦伯卒①

【今註】①此經無傳。

【今譯】秦景公死了。

（十）經 冬，楚子、蔡侯、陳侯、許男、頓子、沈子，徐人、越人伐吳。

傳 冬十月，楚子以諸侯及東夷伐吳，以報棘櫟麻之役①，薳射以繁揚②之師會於夏汭③，越大夫常壽過帥師會楚子于瑣④。聞吳師出，薳啟彊帥師從之，遽不設備，吳人敗諸鵲岸⑤，楚子以馹至於羅汭⑥。吳子使其弟蹶由犒師，楚人執之，將以釁鼓。王使問焉，曰：「女卜來吉乎？」對曰：「吉。寡君聞君將治兵於敝邑，卜之守龜曰：『余亟使人犒師，請行以觀王怒之疾徐而爲之備，尚克知之。』龜兆告吉曰：『克可知也。』君若驩焉好逆使臣，滋敝邑休殆，而忘其死亡無日矣。今君奮焉震電馮怒，虐執我臣，將以釁鼓，則吳知所備矣。敝邑雖羸，若早修完，其可以息師。難易有備，可謂吉矣。且吳社稷是卜，豈爲一人？使臣獲釁軍鼓，而敝邑知備，以禦不虞，其爲吉孰大焉？國之守龜，其何事不卜？一臧一否，其誰能常之。城濮之兆其報在泌。今此行也，其庸有報志。」乃弗殺。楚師濟於羅汭，沈尹赤會楚子，次於萊山⑦，薳射帥繁陽之師先入南懷，楚師從之，及汝清⑧。吳不可入，楚子遂觀兵於坻箕之山⑨。是行也，吳早設備，楚無功而還，以蹶由歸。楚子懼吳，使沈尹射待命于巢，薳啓彊待命于雩婁，禮也。

【今註】①此役見昭公四年。②繁揚：原屬蔡，一作繁陽，據一統志說，在今河南省新蔡縣北。③夏汭：楚地，在今安徽省鳳臺縣西南。④瑣：楚地，在今安徽省霍邱縣東。⑤鵲岸：楚地，方輿紀要說「鵲頭鎮在安徽銅陵縣，縣北十里有鵲頭山，楚伐吳敗於鵲岸是也。」⑥羅汭：顧棟高說「羅汭在今河南羅山縣境。」⑦萊山：顧棟高說：「萊山在河南光山縣南一百五十里。」⑧南懷、汝清：左傳地名補註說：「汝清卽汝水入淮之口，在河南息縣東南，安徽阜陽縣西南，固始縣之朱臯鎮，汝水入淮處，亦謂之淮口。」或者以爲汝清應在合肥縣北百里之清北鎮，亦是一說。⑨坻箕山：寰宇記說：「安徽巢縣南三十七里之踟蹰山，卽坻箕山。」

【今譯】冬天十月中，楚王率領諸侯，和東夷的兵士去伐吳，算是報復棘櫟麻那次的戰爭。薳射領了繁揚的軍隊，在夏汭的地方會合。越大夫常壽過，領兵來會楚王在瑣的地方。聽說吳國已經出兵了，薳啓彊便領兵跟着吳師，吳人沒有設下防備，敗於鵲岸那裏。楚王騎了馹站的馬到羅汭去。吳王派他的弟弟蹶由去犒勞楚師，楚人把他捉住，將要殺了塗血在鼓上，楚王便故意使人問他說：「你占卜了來，吉利的麼？」蹶由回答說：「吉利的，寡君聽得你君將要治兵在我敝邑，用守國的龜占卜，禱告說：『我趕緊派人去犒勞楚軍，順便察看楚王的怒容厲害不厲害，藉此做戰守的防備，能夠有些分曉？』龜的象兆是吉的，並且說：『可以有分曉的。』現在你君如果快活了，好好的迎接使臣，那末恰正是使敝邑添上懈怠，却忘掉要死，國的滅亡便沒有幾日了。如今你君王的憤怒，像雷電一般的大發起來，虐待着使臣，將要把他殺了，塗在鼓上，那末吳國恰正知道要防備了，敝邑雖是衰弱，如果早日完備了器具，也是可停歇你楚師的。酌量了時勢的難易，有了相當的防備，可以說是吉利的了。並且吳國是專為國家卜的，難道祇為我一個人嗎？我使臣的血雖塗在軍鼓，敝邑却知道了防守，得抵敵不測的禍，這樣的吉利難道還有再大的麼？守國的龜那一件事不拿他占卜，有的吉，有的凶，也那裏能有一定。城濮的戰爭，你們楚國的卜是吉的，但報復却在邲那次戰爭，如今這次戰爭，吳國或者也有報楚的意思呢！」楚王便不殺他，楚兵渡過羅汭，沈尹赤來同楚王會兵，兵宿在萊山那裏。薳射領了繁揚的兵，先進南懷去，楚師跟着前去。到了汝清地方，看見吳國果然有防備了，攻打不進。楚王便閱兵在坻箕的山上，這一次戰爭吳國早設下防備。楚人沒有功勞便回去，只捉了個蹶由歸國，楚王有些怕吳國，派沈尹射等候命令在巢的地方，派薳啓彊等候命令在雩婁的地方，這是很合於禮的。

（八）傳 秦后子復歸於秦，景公卒故也。

【今譯】秦伯的弟弟再回到秦國，因為秦景公死的原故。

昭公六年（公元前五百三十六年）

（一）經 春王正月，杞伯益姑卒。

（二）經 葬秦景公。

傳 春王正月，杞文公卒，弔如同盟禮也。大夫如秦，葬景公，禮也。

【今譯】六年春王正月，杞文公死了，祭弔他同普通的盟友一樣，這是合於禮的。大夫們到秦國去，給秦景公行葬禮，這也是合於禮的。

（三）

傳三月，鄭人鑄刑書①，叔向使詒子產書曰：「始吾有虞於子，今則已矣。昔先王議事以制，不爲刑辟，懼民之有爭心也，猶不可禁禦，是故閑之以義，糾之以政，行之以禮，守之以信，奉之以仁，制爲祿位，以勸其從，嚴斷刑罰，以威其淫。懼其未也，故誨之以忠，聳之以行，敎之以務，使之以和，臨之以敬，涖之以彊，斷之以剛，猶求聖哲之上，明察之官，忠信之長，慈惠之師，民於是乎可任使也，而不生禍亂。民知有辟，則不忌於上，並有爭心，以徵於書，而徼幸以成之，弗可爲矣。夏有亂政，而作禹刑。商有亂政，而作湯刑。周有亂政，而作九刑。三辟之興，皆叔世也。今吾子相鄭國，作封洫②，立謗政③，制參辟，鑄刑書，將以靖民，不亦難乎？詩曰：『儀式刑文王之德，日靖四方④。』又曰：『儀刑文王　萬邦作孚⑤。』如是何辟之有？民知爭端矣，將棄禮而徵於書，錐刀之末，將盡爭之，亂獄滋豐，賄賂並行，終子之世，鄭其敗乎。肸聞之，國將亡必多制，其此之謂乎。」復書曰：「若吾子之言，僑不才，不能及子孫，吾以救世也。旣不承命，敢忘大惠。」士文伯曰：「火見，鄭其火乎？火未出而作火以鑄刑器，藏爭辟焉，火如象之不火何爲？」

【今註】①鄭人鑄刑書：把刑典鑄到鼎上。②作封洫：這件事在魯襄公三十年。③立謗政：在昭公四年所謂作丘賦。④儀式刑文王之德，日靖四方：這是詩經周頌一句詩。意思是說用文王的德性做樣式，所以能夠成安定四方的功勞。⑤儀刑文王，萬邦作孚：詩經大雅一句詩。意思說用文王為法度，所以天下人全信服他。

【今譯】 三月，鄭人鑄刑書。晉國叔向叫人給子產信說：「自初我以你為準度，現在已經不了。從前先王拿制度來商量事情，不用刑罰，是因為怕人民有爭奪的心，但如此尚沒有方法禁止，所以更加上用義來防閑，用政令來糾正，用禮來推行，教人民守信，保持仁心，再加上祿位，以勸他聽從，嚴斷刑罰，以制裁他的放肆。還恐怕做得不夠，再教給他忠實，拿行為教他恐懼，教給他當時所急的事情，使用人民全都和氣，再加上恭敬，更加上堅強，用剛毅來斷決，另外求聖哲的上司，明察的官吏、忠信的長官、慈惠的師傅，這時間人民就可以聽候任使，而不生禍亂。人民知道有法律，就不恨上邊的人，而且有爭論的心，他們考察書册，徼幸達成目的，這樣政府就沒有辦法治理了。夏朝有亂政，方才作禹刑。商朝有亂政，方才作湯刑，周有亂政，才作九刑。這三種刑書的興起，全在晚年。現在你相鄭國，作封洫的政策，再加上作丘賦，用三代末世的方法鑄作刑書，祇想着安定人民，這不也很難嗎？據詩經周頌裡說：『用文王的德性，可以每天安定四方的人。』又說：『以文王為法，各邦國全都信服。』這樣子有什麼法律的規定呢？人民只知道爭端，將放棄禮，而以刑書為證據，各種的小事全都要去爭，獄增加，賄賂全都行使，在你的時代裡，鄭國要滅亡了。我聽見說國家將亡的時候，必定製造很多制度，恐怕就是這件事情。」子產回信說：「根據你的這句話說，僑沒有才幹不能夠顧及子孫，我是所以救世的。既然你不贊成，但是我不敢忘你的恩惠。」士文伯說：「火星出來，鄭國恐怕就要遭火。火沒有出現，而作了火來鑄造刑器，刑器大家全藏着，再加上火星，那麼怎麼能夠不着火呢？」

（四）經 夏季孫宿如晉。

傳 夏，季孫宿如晉，拜莒田也。晉侯享之，有加籩①。武子退，使行人告曰：「小國之事大國也，苟免於討，不敢求貺。得貺不過三獻，今豆有加，下臣弗堪，無乃戾也。」韓宣子曰：「寡君以為驩也。」對曰：「寡君猶未敢，況下臣君之隸也，敢聞加貺。」固請徹加而後卒事。晉人以爲知禮，重其好貨。

【今註】①有加籩：各種籩豆的數量比平常增加。

【今譯】夏天，季孫宿到晉國去，拜謝莒國的田地。晉平公來宴享他，籩豆比常數目增加。季孫宿退下，使行人告訴說：「小國的事奉大國，苟免於被討伐，不敢要求增加好處。就說好處也不敢超過三獻，現在籩豆有增加，我實在不敢當，恐怕這是罪惡了。」韓起說：「寡君以爲這是增加歡樂。」回答說：「寡君尚且不敢當，何況我下臣是你的屬隸呢？」就要求取消增加的籩豆，然後行禮完成。晉國人以爲他很懂禮，多送他貨幣。

（五）經 葬杞文公①。

【今註】①此經無傳。

【今譯】給杞文公行葬禮。

（六）經 宋華合比出奔衞。

傳 宋寺人柳有寵①，大子佐惡之。華合比曰：「我殺之。」柳聞之，乃坎用牲埋書，而告公曰：「合比將納亡人之族②，既盟于北郭矣。」公使視之有焉，遂逐華合比，合比奔衞。於是華亥③欲代右師，乃與寺人柳比，從爲之徵曰：「聞之久矣！」公使代之④，見於左師，左師曰：「女夫也必亡。女喪而宗室，於人何有，人亦於女何有？詩曰：『宗子維城，毋俾城壞，毋獨斯畏。』女其畏哉。」

【今註】①有寵：爲宋平公所寵愛。②亡人之族：亡人指華臣，在襄公十七年由宋國逃到衞國。③華亥：華合比的弟弟。④公使代之：替代華合比爲右師。

【今譯】宋國寺人柳有寵於宋平公，太子佐很恨他。華合比就說：「我來殺他。」寺人柳聽見了，就作了一個坎，加上牛好像盟誓的樣子，埋下盟書，然後告訴平公說：「合比將納逃亡者的黨羽，居然在北郭盟誓了。」平公使人去察看，果然有，就將華合比驅逐，華合比逃到衞國去。這時間華合比的弟弟華亥想着代理右師，就跟寺人柳相聯繫，並來作證說：「聽見已經很久了！」宋平公就叫他替代作右師。他看見向戌，向戌對他說：「你這人必定會滅亡的。你毀掉你的本家，對旁人有什麼關係，人也對你有什麼關係。詩經大雅有句話：『宗子等於一個城一樣，不要把城毀掉，城毀了，就有可畏之事。』你是要畏懼的。」

（七）傳六月丙戌，鄭災。

【今譯】六月丙戌，鄭國發生火災。

（八）傳楚公子棄疾如晉，報韓子也①，過鄭，鄭罕虎、公孫僑、游吉從鄭伯以勞諸柤②，辭不敢見。固請見之，見如見王③，以其乘馬八匹私面。見子皮如上卿④，以馬六匹。見子產以馬四匹，見子大叔以馬二匹。禁芻牧採樵，不入田，不樵樹，不采蓺，不抽屋，不强匄。誓曰：「有犯命者，君子廢，小人降。」舍不爲暴主不慁賓，往來如是，鄭三卿⑤皆知其將爲王也。韓宣子之適楚也，楚人弗逆。公子棄疾及晉竟，晉侯將亦弗逆。叔向曰：「楚辟我衷⑥，若何效辟？詩曰：『爾之教矣，民胥效矣⑦。』從我而已，焉用效人之辟？書曰：『聖作則⑧』無寧以善人爲則，而則人之辟乎？匹夫爲善，民猶則之，況國君乎？」晉侯說，乃逆之。

【今註】①報韓子也：報前年韓起送晉女到楚國。②柤：鄭地，在今新鄭縣南境，爲楚鄭往來的道路。③見如見王：見鄭伯跟見楚王一樣的恭敬。④見子皮如上卿：看見子皮如見楚國的上卿一樣。⑤鄭三卿：是子皮、子產及游吉。⑥楚辟我衷：楚國不合理，而我們很規矩。⑦爾之教矣，民胥效矣：詩經小雅的一句詩。你要教訓他們，人民就自然仿效。⑧聖作則：這是一句逸書。聖人規定法則。

【今譯】楚國公子棄疾到晉國去，報答韓起的送女。經過鄭國，鄭國子皮、子產、游吉跟隨鄭伯到柤這地方來慰勞他，他辭了不敢見。固請見他，他看見鄭伯如見楚王一樣。拿着馬八匹私見鄭伯，見子皮如見楚國的上卿用馬六匹。見子產用馬四匹，見游吉用馬二匹。禁止採樹，不能侵犯田地，也不毀掉樹木，不采種子，不毀掉房子，不強求物件。並且宣誓說：「有犯了這個命令的，君子就廢黜，小人更降職。」住的地方不施暴行，主人不以賓客爲患，往來皆是如此，鄭國子皮子產游吉全都知道他將要做王了。韓起到楚國去，楚國人不派人迎接，公子棄疾到了晉國邊境，晉侯也想着不迎接。叔向說：「楚國是邪辟，我們是依規矩做，爲何要仿效邪辟？詩經小雅說：『你的教訓，人民全都仿效。』這是遵從我，何必仿效人家邪辟？逸書上說：『聖人作法則。』寧可以善人作法則，尚能仿效人家的邪辟嗎？匹夫作好事，人民猶效法他，何況一個國君呢？」晉侯高興了，就來迎接他。

（九）

經 秋九月大雩。

傳 秋九月，大雩，旱也。

【今譯】秋九月，魯國行求雨的典禮，因爲旱災的緣故。

（十）經 楚薳罷帥師伐吳。

傳 徐儀楚①聘于楚，楚子執之，逃歸。懼其叛也，使薳洩②伐徐，吳人救之。令尹子蕩帥師伐吳，師于豫章，而次於乾谿③，吳人敗其師於房鍾④，獲宮廄尹棄疾⑤，子蕩歸罪於薳洩而殺之。

【今註】 ①儀楚：徐大夫。 ②薳洩：楚大夫。 ③乾谿：江南通志說：「在今安徽亳縣東南七十里。」 ④房鍾：吳地。在今安徽省鳳臺縣西北百里，近蒙城界。 ⑤宮廄尹棄疾：這是鬭韋龜的父親。

【今譯】 徐大夫儀楚到楚國聘問，楚王把他逮起來，逃回去了。又恐怕他反叛，就使薳洩伐徐國，吳國人來救援他。令尹子蕩就率領軍隊去伐吳國，到了豫章，而住到乾谿這地方，吳人打敗他的軍隊在房鐘，捕獲宮廄尹棄疾，子蕩說是薳洩的罪過，把他殺掉。

（十一）經 冬叔弓如楚。

傳 冬，叔弓如楚聘，且弔敗也。

【今譯】 冬天，叔弓到楚國去聘問，並且弔他爲吳國所打敗。

（十二）經 齊侯伐北燕。

傳 十一月，齊侯如晉，請伐北燕也，士匄相士鞅逆諸河，禮也。晉侯許之。十二月，齊侯遂伐北燕，將納簡公①，晏子曰：「不入，燕有君矣。民不貳，吾君賄，左右諂諛，作大事不以信，未嘗可也。」

【今註】①簡公：是北燕的君，自從昭公三年就出奔到齊國。

【今譯】十一月，齊景公到晉國去，請求討伐北燕，士匄爲士鞅相禮，到了河邊去迎接，這很合於禮的。晉平公答應他了。十二月，齊景公就伐北燕，將納簡公。晏嬰說：「不能進去，燕人已經有君了。人民不能夠有貳心，我們的君好賄賂，左右巴結君，作大事情不用信實，這是不可以的。」

昭公七年（公元前五百三十五年）

（一）經春王正月，暨齊平。

傳春王正月，暨齊平，齊求之也。癸巳，齊侯次于虢①，燕人行成曰：「敝邑知罪，敢不聽命。先君之敝器，請以謝罪。」公孫晳②曰：「受服而退，俟釁而動，可也。」二月戊午，盟于濡上③。燕人歸燕姬，賂以瑤罋，玉櫝，斝耳④，不克而還。

【今註】①虢：方輿紀要說：「虢與郭通，在河北任邱縣西十七里。」②公孫晳：齊大夫。③濡上：在河北任邱縣西北，容城東南。④瑤罋、玉櫝、斝耳：這幾件全都是玉器。

【今譯】七年春王正月，北燕國同齊國和平，這是齊國的要求。癸巳，齊景公到了虢的地方，燕人要求說：「我們已經知道罪過了，我敢不聽從命令。先君的物件，請以此來謝罪。」齊大夫公孫晳說：「受服而退兵，等着機會再動，就可以了。」二月戊午在濡水上盟誓。燕人把燕姬送給齊國，再拿很多件玉器來行賄賂。齊國沒有納簡公，就回國了。

（二）傳楚子之爲令尹也，爲王旌以田，芋尹無宇斷之曰：「一國兩君，其誰堪之！」及即位，爲章華之宮①，納亡人以實之，無宇之閽入焉，無宇執之，有司弗與，曰：「執人於王宮，其罪大矣。」執而謁諸王②，王將飲酒。無宇辭曰：「天子經略，諸侯正封，古之制也。封略之內，何非君土？食土之毛，誰非君臣？故詩曰：『普天之下，莫非王土，率土之濱，莫非王臣③。』天有十日，人有十等，下所以事上，上所以共神也。故王臣公，公臣大夫，大夫臣士，士臣皁，皁臣輿，輿臣隸，隸臣僚，僚臣僕，僕臣臺，馬有圉，牛有牧，以待百事。今有司曰：『女胡執人於王宮？』將焉執之？周文王之法曰：『有亡荒閱④』所以得天下也。吾先君文王⑤作僕區之法，曰：『盜所隱器，與盜同罪。』所以封汝也⑥。若從有司，是無所執逃臣也。逃而舍之，是無陪臺也，王事無乃闕乎？昔武王數紂之罪，以告諸侯曰：『紂爲天下逋逃主，萃淵藪⑦。』故夫致死焉。君王始求諸侯而則紂，無乃不可乎？若以二文之法取之，盜有所在矣⑧。」王曰：「取而臣以往，盜有寵，未可得也。」遂赦之。

【今註】①章華之宮：彙纂說：「在湖北監利縣東五里，有華容城。」 ②執而謁諸王：把陳無宇逮起來去見楚靈王。 ③普天之下，莫非王土，率土之濱，莫非王臣：這是詩經小雅的一句詩。在天下裡頭沒有不是王的土地，在土地的上邊沒有不是王的臣子的。 ④有亡荒閱：凡是有逃的人就要大檢查。 ⑤先君文王：指楚文王。 ⑥所以封汝也：所以他的封疆到了汝水的邊上。 ⑦紂爲天下逋逃主，萃淵藪：這是尙書武成篇的一句話，商紂是天下逃人所聚集的地方。 ⑧盜有所在矣：意思是說靈王也是强盜。

【今譯】楚王做令尹的時候，做了一個王的旗子來打獵，芋尹無宇把它斬斷了說：「一國兩個君，這怎麼能夠忍受呢？」到了即位以後，修了章華的宮殿，召納很多逃亡的人以充實他，無宇的看門的逃到那裡去，無宇想逮他，管宮殿的人不給他，並且說：「在王宮裡逮人，這個罪過很大。」把無宇逮起來，去見楚靈王，楚王正要飲酒。無宇就說：「天子是經略天下，諸侯正他的封疆，這是自古以來的制度。在封略裡面，那件不是君的土地？食土的毛草，誰不是君的臣子。所以詩經上說：『普天的底下沒有不是王的土地，土地邊上沒有不是王的臣子。』天有十日，人有十等，這是下面所以事奉上面，上面所以事奉神的。所以王臣公、公臣大夫、大夫臣士、士臣皁、皁臣輿、輿臣隸、隸臣僚、僚臣僕、僕臣臺、馬有圉、牛有牧、以待百事。現在有管司的人說：『你為什麼在王宮裡逮人？』這樣的話，到那裏才能逮捕他？周文王的法律說：『有的逃亡人要大檢查』所以周文王得到天下。我們的先君楚文王作僕區法律說：『隱藏贓物，這跟強盜同樣罪。』所以封楚國到汝水。要從着有司所說的話，這是沒有辦法逮捕逃臣了。逃出去的而舍掉，這是等於沒有陪臺，王事不也很闕失嗎？從前周武王數商紂的罪狀，告訴諸侯說：『紂是天下逋逃集會的地方。』所以天下人全都反對他。你現在剛求諸侯，而以紂為法則，這是不可以的吧？要是拿周文王同楚文王的法律來辦，盜就可以找出來了。」王就說：「把你看門的拿走吧！盜有寵幸，你不可以得。」就把無宇赦掉。

（三）經　三月公如楚。

傳　楚子成章華之臺，願以諸侯落之。大宰薳啓彊曰：「臣能得魯侯。」薳啓彊來召公辭曰：「昔先君成公命我先大夫嬰齊曰：『吾不忘先君之好，將使衡父照臨楚國，鎮撫其社稷，以輯寧爾民。』嬰齊受命于蜀①，奉承以來，弗敢失隕，而致諸宗祧，曰我先君共王引領北望，日月以冀，傳序相授，於今四王矣②。嘉惠未至，唯襄公之辱臨我喪，孤與其二三臣，悼心失圖，社稷之不皇，況能懷思君德。今君若步玉趾，辱見寡君，寵靈楚國，以信蜀之役，致君之嘉惠，是寡君既受貺矣，何蜀之敢望，其先君鬼神實嘉賴之，豈唯寡君?君若不來，使臣請問行期③，寡君將承質幣而見于蜀，以請先君之貺。」公將往，夢襄公祖。梓愼曰：「君不果行，襄公之適楚也，夢周公祖而行，今襄公實祖，君其不行。」子服惠伯曰：「行。先君未嘗適楚，故周公祖以道之。襄公適楚矣，而祖以道君，不行何之?」三月，公如楚，鄭伯勞于師之梁④，孟僖子爲介，不能相儀，及楚不能答郊勞。

【今註】①蜀：蜀盟在成公二年。②今四王矣：四王是楚共王、楚康王、郟敖、楚靈王。③使臣請問行期：意思是問魯國要同楚國開戰的日期。④師之梁：鄭國城門。

【今譯】楚王做成了章華的臺，願意跟諸侯共同來祭祀。太宰薳啓彊說：「我可以叫魯侯來。」薳啓彊來叫魯昭公，他的理由是說：「以前魯國的先君成公告訴我們的先大夫嬰齊說：『我不忘了先君的要好，將派衡父到楚國來，鎭撫楚國的國家，使你的人民全安寧。』嬰齊在蜀這地方接到你的盟誓，以後也不敢忘掉，把成公的話告訴楚國的宗廟。我們先君共王永遠向北方仰望，希望魯國的來朝見，一直相傳到現在，已經四個王子，而你的好處沒有來到，祇有魯襄公到來參加我們康王喪事，我跟我們的群臣正是哀痛的時候，那時國家正在惶恐，尙能想你的德嗎?現在你若能夠勞步來見我們的寡君，使楚國得到恩惠，這可以證明蜀的盟誓有效，這是你的嘉禮，我們寡君也受賜不小，何必再有蜀的盟誓同樣的希望，則先君的鬼神們全都很嘉寵，豈祇寡君，你要是不來，敢請問你伐楚的日期。寡君將拿着貨幣再見於蜀的地方，請問先君們從前的故事。」魯昭公將要去，夢見魯襄公祭道神。梓愼就說：「你走不成。襄公到楚國去的時候，夢見周公祭道神，方才去了。現在襄公又祖祭道神，你就不能去了。」子服惠伯說：「可以去。先君沒有到楚國去過，所以周公祭道神，引着他去，襄公已經去過楚國，而祭道神，以引導你，你不去，將往那裡去？」三月，昭公到楚國去，鄭伯在師之梁的城門去勞問他，仲孫貜做副使，他不能相儀節，到了楚國，又不能應對楚國郊勞的事。

（四）經叔孫婼如齊，涖盟。①

【今註】①此經無傳。

【今譯】叔孫婼到齊國參加盟誓。

（五）經夏四月甲辰朔，日有食之。

傳夏四月甲辰朔，日有食之。晉侯問於士文伯曰：「誰將當日食？」對曰：「魯衞惡之，衞大魯小。」公曰：「何故？」對曰：「去衞地，如魯地，於是有災，魯實受之。其大咎其衞君乎？魯將上卿。」公曰：「詩所謂彼日而食，于何不臧者何也。」對曰：「不善政之謂也。國無政，不用善，則自取謫于日月之災，故政不可不慎也，務三而已。一曰擇人，二曰因民，三曰從時。」

【今譯】夏四月甲辰朔，有日蝕。晉平公問士文伯說：「誰對這日蝕有關係。」回答說：「魯同衞有凶事，衞國災害大，魯國災害小。」公問他：「什麼原故。」回答說：「先在衞國後在魯國，於是有災害，魯國實在得到。最大的災害是在衞君，魯將有上卿受禍。」晉平公說：「詩經所說他那個日蝕爲什麼不好，這怎麼講？」回答說：「這是政治不好的關係。國裏沒有善政，不用善人，則引出日的災害，所以政治不可以不愼重，這祇在於三件事，一是選擇人，二是因爲人民的好處，三是順着事時的好處。」

（六）

傳 晉人來治杞田①，季孫將以成與之②，謝息③爲孟孫守，不可，曰：「人有言曰：『雖有挈缾之知，守不假器。禮也④。』夫子從君而守臣喪邑，雖吾子亦有猜焉⑤。」季孫曰：「君之在楚，於晉罪也。又不聽晉，魯罪重矣，晉師必至，吾無以待之，不如與之，間晉而取諸杞，吾與子桃⑥，成反誰敢有之，是得二成也，魯無憂，而孟孫益邑，子何病焉？」辭以無山，與之萊柞⑦，乃遷于桃。晉人爲杞取成。

【今註】 ①晉人來治杞田：因爲從前汝叔侯沒有全部歸還。現在乘着魯昭公到楚國去，晉國又來要求全部歸還。 ②將以成與之：成是孟孫的封邑，本來是杞田。 ③謝息：孟僖子的家臣。 ④雖有挈缾之知，守不假器，禮也：雖然爲的是一個在井裡汲水的小器物，看守掌管的人也不能借用給旁人。 ⑤雖吾子亦有猜焉：就是季孫也疑心我不忠實。 ⑥桃：江永說：「以桃鄉與萊柞相去不遠，此年應爲桃鄉，非桃墟。」 ⑦萊柞：二個山名。

【今譯】 晉國人來治理杞國的田地，季孫想把成這個地方給他，謝息替孟孫守成，他認爲不可把成給晉，他說：「以前有句話：『雖有汲水的小器物，看守的不能夠換東西。這是合禮的。』孟孫氏跟君去到楚國，而我丟掉田邑，就是你也會懷疑我不忠心。」季孫說：「國君在楚國，晉國很懷恨。又不聽晉國的命令，魯國的罪狀很重，晉國軍隊必將來伐魯國，魯國沒有方法對待他，不如把成給他，等着有機會的時候，再從杞國拿回來，另外我給你桃這地方，將來成再回來時，誰敢佔領他，這是等於得到兩個成，魯國沒有憂患，而孟孫增加田邑，你又何必怕呢？」謝息說沒有山，又給他萊柞兩山，謝息就遷到桃這地方。晉人爲杞拿到了成。

（七）

傳 楚子享公于新臺，使長鬣者相，好以大屈①，既而悔之，薳啓彊聞之，見公，公語之。拜賀。公曰：「何賀？」對曰：「齊與晉、越欲此久矣，寡君無適與也，而傳諸君。君其備禦三鄰，愼守寶矣，敢不賀乎？」公懼，乃反之。

【今註】①好以大屈：大屈是弓名。

【今譯】楚王在章華宮裡頭宴享魯昭公，使長鬍子的人相禮，宴享以後，就送給昭公大屈的弓，後來又後悔了。遠啓彊聽說這事，就謁見魯昭公，昭公告訴他這件事情，就下拜賀喜。魯昭公說：「你何必道賀。」回答說：「齊國晉國同越國想這弓很久了，寡君不知道給誰好，祇好給你，你祇好防備這三個鄰君，謹愼的看守保護，我敢不賀喜嗎？」昭公害怕了，就把大屈送還給楚王。

（八）傳鄭子產聘于晉，晉侯疾，韓宣子逆客，私焉曰：「寡君寢疾於今三月矣，並走羣望，有加而無瘳。今夢黃熊入于寢門，其何厲鬼也？」對曰：「以君之明，子爲大政，其何厲之有？昔堯殛鯀于羽山①，其神化爲黃熊以入于羽淵，實爲夏郊，三代祀之。晉爲盟主，其或者未之祀也乎？」韓子祀夏郊，晉侯有間，賜子產莒之二方鼎。子產爲豐施歸州田於韓宣子，曰：「日君以夫公孫段爲能任其事，而賜之州田，今無祿早世，不獲久享君德，其子弗敢有，不敢以聞於君，私致諸子。」宣子辭。子產曰：「古人有言曰：『其父析薪，其子弗克負荷。』施將懼不能任其先人之祿，其況能任大國之賜。縱吾子爲政而可，後之人若屬有疆埸之言，敝邑獲戾，而豐氏受其大討。吾子取州，是免敝邑於戾，而建置豐氏也，敢以爲請。」宣子受之，以告晉侯，晉侯以與宣子。宣子爲初言，病有之，以易原縣於樂大心。

【今註】①昔堯殛鯀于羽山：方輿紀要說：「郯城縣東七十里，與江南贛榆縣接界處有羽山，山前有羽潭，一名羽池。左傳鯀化爲黃熊。入於羽淵是也。」

【今譯】鄭國的子產到晉國聘問，晉平公病了，韓起迎接客人，偷着問他說：「寡君已經病了三個月，到各處祈禱，病祇有增加而沒有減輕。現在夢見黃熊到寢門裡頭，這是屬於那一種厲鬼呢？」回答說：「以晉君的英明，你又掌握國家大政，這有什麼厲鬼呢？從前堯的時候在羽山殺掉鯀，他的神變成了一個黃的怪獸，到了羽淵裡邊，實爲夏的祭祀，後來夏殷周三代全都祭祀他。現在晉國做盟主，或者沒有祭祀他罷？」韓起就祭祀鯀，晉侯的病漸漸好了，賞給子產莒國做的二個方鼎。子產因爲公孫段已死，替豐施送還州田給晉大夫韓起，並且說：「從前你們晉君當那個公孫段是能擔任他父親的事情的，却賜給他州田，現在他沒有福祿，早就過世了，不能久享你君的恩德，他的兒子也不敢再有這州田，但不敢上達君聽，所以私下把這田給了你。」韓起就推辭，子產說：「古人有句話：『他的父親砍了木柴，他的兒子不能負擔。』豐施將來恐怕不能承受他先人的福祿呢？況且能承受大國的賞賜麼？縱然你握政的時候是不要緊，但是後來的人，如果恰正有了疆界上的爭端，那末敝邑反而要得罪，那豐氏也反而要受大討伐了。你拿了這州田去，就是免去敝邑的罪，並且是存立豐氏的呢！所以敢來請求。」韓起便受那州田，並報告晉侯，晉侯還是給了韓起。韓起想起從前與趙文子爭州田的話，現在不便接受州田，就用州田來換樂大心的原田。

（九）

傳 鄭人相驚以伯有，曰：「伯有至矣。」則皆走不知所往。鑄刑書之歲二月①，或夢伯有介而行，曰：「壬子，余將殺帶也。明年壬寅，余又將殺段也。」及壬子，駟帶卒，國人益懼。齊燕平之月，壬寅，公孫段卒，國人愈懼。其明月，子產立公孫洩②，及良止③以撫之，乃止。子大叔問其故，子產曰：「鬼有所歸，乃不爲厲，吾爲之歸也。」大叔曰：「公孫洩何爲？」子產曰：「說也。爲身無義而圖說，從政有所反之以取媚也。不媚不信，不信，民不從也。」及子產適晉，趙景子④問焉，曰：「伯有猶能爲鬼乎？」子產曰：「能。人生始化曰魄，既生魄陽曰魂⑤。用物精多則魂魄強，是以有精爽至於神明。匹夫匹婦強死，其魂魄猶能馮依於人以爲淫厲，況良霄，我先君穆公之胄，子良之孫，子耳之子，敝邑之卿，從政三世矣，鄭雖無腆，抑諺曰：「蕞爾國⑥。」而三世執其政柄，其用物也弘矣，其取精也多矣，其族又大所馮厚矣，而強死能爲鬼，不亦宜乎？」

【今註】①鑄刑書之歲二月：在魯昭公六年。②公孫洩：子孔的兒子。③良止：伯有的兒子。④趙景子：即趙成。⑤人生始化曰魄，既生魄陽曰魂：這一說是等於說人有兩個魂魄，這與近代初民社會的說法完全相同。可見他的來源是很古老的。⑥蕞爾國：很小的國。

【今譯】鄭國人大家拿伯有互相嚇人，都說：「伯有來了，」便都嚇得逃走，不知逃到那裡去才好。鑄刑書那年的二月中，有人看見伯有著了盔甲向前走，並且說：「壬子那天，我就要殺死駟帶；明年壬寅那天，我又要殺死公孫段。」到了壬子那天，駟帶果然死了，國人就越發害怕；齊國和燕國講和的那月壬寅，公孫段果然也死了，國人就更加害怕。下一月，子產便立公孫洩和良止做大夫，藉以安撫他們，方才沒有這等驚嚇。游吉問這是什麼緣故？子產說：「鬼有了歸宿便不會出來作怪了，我是替他做個歸宿呢！」游吉說：「那末立公孫洩又爲什麼呢？」子產說：「這是爲解說起見，伯有本身是無義的，到立他的兒子做大夫，未免說不過去，現在要想謀算個解說，就連公孫洩一同立着，總算是法外施恩，存了誅絕的後代。行政有時應反了做去，討人民的好，不討他好，他便不相信你，不相信你，他們便要不服從你。」後來子產到晉國去聘問，趙成問他說：「你們的伯有還能作怪麼？」子產說：「能夠的，一個人起初化生的叫做魄，既然生了魄，動着生起陽氣，便叫做魂，所用各種東西的精華多了，魂魄就會強起來。所以有一種靈性，會弄得像神明一般；一般的男子女人，如果橫死了，他的魂魄還能依靠在活人身上，做一種邪祟呢！況且我們的伯有是我先君穆公的後代，是子良的孫子，子耳的兒子，又是敝邑的卿，當了鄭國的政權已經三代了。鄭國雖不富足，不過像俗語說：『彈子般的小國。』却有三代當了他的政權。他用着的東西，一定很大了，他吸取的精華，一定也很多了。他的宗族又大，所憑藉的一定很貴重了，結局却弄成一個橫死，能夠作怪，不也應該麼？」

（十）

傳 子皮之族飲酒無度，故馬師氏與子皮氏有惡①。齊師還自燕之月，罕朔②殺罕魋③，罕朔奔晉。韓宣子問其位於子產，子產曰：「君之羈臣，苟得容以逃死，何位之敢擇？卿違從大夫之位，罪人以其罪降，古之制也。朔於敝邑亞大夫也，其官馬師也，獲戾而逃，唯執政所寘之，得免其死，爲惠大矣，又敢求位。」宣子爲子產之敏也，使從嬖大夫。

【今註】①馬師氏與子皮氏有惡：馬師氏是公孫鉏的兒子罕朔，他同子皮同族。②罕朔：即馬師氏 ③罕魋：子皮的弟弟。

【今譯】子皮的族人飲酒無數量，所以罕朔之家跟子皮氏有惡感，齊國軍隊從燕國回來那月，罕朔殺了子皮的弟弟罕魋，罕朔逃到晉國去。韓起問子產晉國應給罕朔何種官位。子產說：「你的羈旅的臣，祇能逃於死亡，還有什麼位置可選擇呢？卿要逃出就從大夫的位置，罪人還拿他的罪來降低，這是自古以來的制度。罕朔在我們鄭國是亞大夫，他的官是馬師。得到罪行而逃亡，就聽你們所命的，能免掉他的死亡，這種恩惠已經很大了，還敢要求位置嗎？」韓起因爲子產的敏捷，叫罕朔追隨在嬖大夫的位置。

(十一)

經 秋八月戊辰衞侯惡卒。

傳 秋八月，衞襄公卒。晋大夫言於范獻子曰：「衞事晋為睦，晋不禮焉。庇其賊人，而取其地①，故諸侯貳。詩曰：『鶺領在原，兄弟急難②。』又曰：『死喪之威，兄弟孔懷。』兄弟之不睦，於是乎不弔，況遠人誰敢歸之？今又不禮於衞之嗣，衞必叛我，是絕諸侯也。」獻子以告韓宣子，宣子說，使獻子如衞弔，且反戚田。衞齊惡告喪于周，且請命，王使臣簡公③如衞弔，且追命襄公曰：「叔父陟恪，在我先王之左右，以佐事上帝，余敢忘高圉亞圉④。」

【今註】①庇其賊人，而取其地：庇護他的賊人孫林父，而佔領衞國的田地戚。②鶺鴒在原，兄弟急難：這是詩經小雅的一句詩。意思是說鶺鴒在野地裡，弟兄們遇見外侮全互相幫忙。③簡公：周王的卿士。④余敢忘高圉亞圉：杜預說二圉是殷的諸侯，也是受殷王的追命的。我以為他是太王以後追命的。

【今譯】秋天八月，衞襄公死了。晉大夫對士鞅說：「衞國事奉晉國最和睦，晉國不大理會他。而庇護他的賊人孫林父，又佔領他的地方戚，所以諸侯全有貳心。詩經小雅說：『鶺鴒鳥在平原，兄弟有急難彼此相救。』又說：『死喪的不幸事件，兄弟宜有懷思。』兄弟的不和睦，就常常不弔恤，何況遠路的人，誰還敢來？現在對於衞的新君又不禮貌，衞必定反叛我，這是跟諸侯斷絕。」士鞅告訴韓起，韓起高興了就派士鞅到衞國去弔恤，並且還給衞國戚的田地。衞國齊惡到周告喪，且請追命。周王派臣簡公到衞國弔恤，並且追命襄公說：「叔父上天，在我先王的左右，以輔佐事上帝，我敢忘了高圉亞圉。」

(十二)

經 九月，公至自楚。

傳 九月，公至自楚，孟僖子病不能相禮，乃講學之，苟能禮者從之。及其將死也，召其大夫曰：「禮，人之幹也，無禮無以立。吾聞將有達者曰孔丘，聖人之後也，而滅於宋①，其祖弗父何以有宋而授厲公②，及正考父③，佐戴、武、宣，三命茲益共。故其鼎銘云：『一命而僂，再命而傴，三命而俯，循牆而走，亦莫余敢侮？饘於是，鬻於是，以餬余口。』其共也如是。臧孫紇有言曰：『聖人有明德者，若不當世，其後必有達人。』今其將在孔丘乎？我若獲沒，必屬說④，與何忌⑤於夫子，使事之，而學禮焉，以定其位。」故孟懿子與南宮敬叔師事仲尼。仲尼曰：「能補過者，君子也。詩曰：『君子是則是效⑥。』孟僖子可則效已矣。」

【今註】 ①滅於宋：孔子六代祖孔父嘉爲華父督所殺，他的孫子逃到魯國。 ②以有宋而授厲公：弗父何是宋閔公的兒子，宋厲公的哥哥，他本來應當做宋國的君，但是他讓位給厲公。 ③正考父：弗父何的曾孫。 ④說：南宮敬叔。 ⑤何忌：孟懿子。 ⑥君子是則是效：這是詩經小雅的一句詩。意思是說君子是能仿效的。

【今譯】 昭公從楚國回到魯國，孟僖子因爲覺着不能相禮爲恥辱，便講求儀式，而且學習他。如果有懂得禮的人，便從他做先生。等到快要死的時候，召他屬下的大夫，吩咐說：「人的有禮，好像木的有幹，一個人沒有禮便不能立身在世上了。我聽說將有個達人叫孔丘的，他是聖人成湯的後代。他的六世祖孔父嘉被殺於宋國，他的高祖弗父何是宋閔公的長子，應當立做宋君的，却讓位於厲公。到了正考父，又幫着戴公武公宣公，三次受了君命做正卿，位雖高却越發恭敬。所以考父廟中的鼎銘上說：『初命時候，他的身容便彎一些，再命做大夫，他的身容便再彎一些，三命做正卿，他的身容便俯下了。沿了牆才走，也沒有那個敢欺侮我；吃乾粥薄粥在這鼎中，聊以餬我的口。』他的謙恭竟到這般的。臧武仲有句話說：『聖人有明德在身的，若不能當大位，他的子孫一定會有達人的。』現在恐怕就在孔丘身上罷！我如果得能到善終，一定要囑託南宮敬叔和孟懿子給夫子，使他們從着他學了禮，穩定他的職位哩？」所以孟懿子和南宮敬叔都事奉仲尼做先生的。仲尼說：「能補過的，便是君子。詩經上說：『君子可以給人做法則，可以給他人倣效的。』像孟僖子的人，眞可以給人作法則，倣效的了！」

(十三) 傳 單獻公弃親用羈①。

【今註】 ①單獻公弃親用羈：單獻公是周卿士單靖公的兒子，不大用他的親屬，專門用寄客。

【今譯】 單獻公不要他的親屬專門用寄客。

(十四) 經 冬十有一月癸未季孫宿卒。

傳 冬十月，辛酉，襄頃之族殺獻公而立成公。十一月，季武子卒，晉侯謂伯瑕①曰：「吾所問日食從矣，可常乎？」對曰：「不可，六物不同，民心不壹，事序不類，官職不則，同始異終，胡可常也？詩曰：『或燕燕居息，或憔悴事國②。』其異終也如是。」公曰：「何謂六物？」對曰：「歲、時、日、月、星、辰，是謂也。」公曰：「多語寡人辰而莫同，何謂辰？」對曰：「日月之會是謂辰，故以配日。」

【今註】 ①伯瑕：士文伯。　②或燕燕居息，或憔悴事國：這是詩經小雅一句詩。意思是說或者在那裏舒服的休息或者勞苦的事奉國家。

【今譯】 冬天十月辛酉，襄頃的族人殺獻公而立了他弟弟成公。十一月，季孫宿死了，晉平公對士文伯說：「我所問日蝕的事情已驗了，可以常以此占卜嗎？」回答說：「不可以，六件事物不一樣，民心也不一樣，事序也不相類，官職也沒有一定的法則，始相同，末了就不一樣，怎能常以此占卜？詩經上說：『或燕燕的安居，或憔悴的忙國家事。』可見相終不太一樣。」晉平公問說：「什麼是六件事物？」回答說：「歲、時、日、月、星、辰就是六物。」晉平公說：「很多人對我說辰而講得不一樣，什麼叫做辰？」回答說：「日月之會就是辰，所以配合日子。」

(十五)

經 十有二月癸亥葬衞襄公。

傳 衞襄公夫人姜氏無子，嬖人婤始生孟縶，孔成子夢康叔謂己立元①，余使羈②之孫圉與史苟相之。史朝亦夢康叔謂己，余將命而子苟與孔烝鉏之曾孫圉相元，史朝見成子，告之夢，夢協。晉韓宣子爲政，聘于諸侯之歲，婤始生子，名之曰元，孟縶之足不良能行，孔成子以周易筮之曰：「元尚享衞國，主其社稷。」遇屯䷂。又曰：「余尚立縶，尚克嘉之。」遇屯䷂之比䷇。以示史朝，史朝曰：「元亨，又何疑焉？」成子曰：「非長之謂乎？」對曰：「康叔名之，可謂長矣，孟非人也，將不列於宗，不可謂長。且其繇曰：『利建侯。』嗣吉何建，建非嗣也？二卦皆云。子其建之，康叔命之，二卦告之，筮襲於夢，武王所用也，弗從何爲？弱足者居，侯主社稷，臨祭祀，奉民人，事鬼神，從會朝，又焉得居？各以所利，不亦可乎？」故孔成子立靈公。十二月癸亥，葬衞襄公。

【今註】①元：孟縶之弟，是衞靈公。杜預說夢時元未生。②羈：孔成子烝鉏的兒子。

【今譯】衞襄公的夫人姜氏沒有兒子，喜歡的妾婤姶生了一個兒子叫孟縶，孔烝鉏夢見康叔告訴他：「可以立元爲君。我叫你的曾孫圉和史朝的兒子史苟來輔佐他。」史朝也夢見康叔告訴他：「我將命令你的兒子苟跟孔烝鉏的曾孫圉輔佐着元。」史朝見着孔烝鉏告訴他的夢。他們兩人的夢相同。晉國韓起掌政權，到諸侯聘問的時候，婤姶生了兒子名叫元。孟縶的脚是跛的，孔烝鉏拿周易占卜說：「元還能夠享有衞國，主持他的國家。」遇見屯卦。又占卜說：「我想着立縶。」遇見屯卦變到比卦，他給史朝看，史朝說：「元亨有什麼可疑呢？」孔烝鉏說：「不是長的關係嗎？」史朝說：「康叔給他的名字，可以說是長，孟縶不是正常人，將不列到宗裡，不可以說是長子。並且占的卦說：『利建侯。』長子嗣位，又何必建，建可見不是長子嗣位，兩個卦全都這麼說。你就立元吧，康叔給他名字，兩個卦告訴他，占卜跟做夢一樣，這是周武王所說的，你爲什麼不從他呢？不能走路的住在家裡，侯是主持國家，主持祭祀，聽從人民，事奉鬼神，常去開會，又安能住在家裡？各自從他的利益，這不也可以嗎？」所以孔烝鉏立了靈公元。十二月癸亥給衞襄公下葬。

卷二十三 昭公三

昭公八年（公元前五百三十四年）

（一）

傳 八年春石言于晉魏榆①，晉侯問於師曠曰：「石何故言？」對曰：「石不能言，或馮焉，不然，民聽濫也。抑臣又聞之曰：『作事不時，怨讟動于民，則有非言之物而言。』今宮室崇侈，民力彫盡，怨讟並作，莫保其性②，石言不亦宜乎？」於是晉侯方築虒祁之宮③。叔向曰：「子野④之言，君子哉！君子之言信而有徵，故怨遠於其身，小人之言僭而無徵，故怨咎及之。詩曰：『哀哉不能言，匪舌是出，唯躬是瘁。哿矣能言，巧言如流，俾躬處休。』其是之謂乎？是宮也成，諸侯必叛，君必有咎，夫子知之矣。」

【今註】①魏榆：晉地。彙纂說：「今山西省榆次縣西北，有榆次故城，通典謂即晉魏榆邑。」 ②莫保其性：春秋時性與生尙通用，莫保其性即莫保其生，人民不能自己保全他的生命。 ③虒祁之宮：方輿紀要說：「宮在今山西曲沃縣西南四十九里，新絳縣南六里。」 ④子野：是師曠字。

【今譯】晉國魏榆地方，有石塊會說話。晉侯問師曠說：「石頭爲什麼會講話？」師曠回答說：「石頭不會說話的，或者有鬼神在石上了。否則便是人民聽錯了瞎說。不過臣又聽得他人說：『興造土木的事情，妨害了人民耕種的時候，便有怨恨的說話，動在民間。那末就有不會說話的東西，却也會說話了。』如今宮室又高大又奢華，人民的精力用盡。怨恨的說話，四面興起來，人民都不能保全自己的性命，石塊會說話，不是應當的麼？」在這時候，晉侯正是建造虒祁宮。叔向聽了這話就說：「師曠的話，眞是君子說的話。君子的話，是確實有證據的。所以怨恨總遠離着他，小人的話，是過分沒有證據的，所以仇怨總累及他。詩小雅雨無正篇有這樣的話：『可悲啊，不能言理的人，並不是不用舌說話，因言而無信，所以自取瘁病。能言理的人，說來頭頭是道，處身安逸。』就是這個道理了。大約這一所宮造成了，諸侯一定要叛變不服了，君王一定要有災殃的，師曠已經早知道了！」

(二)經 陳侯之弟招殺陳世子偃師，夏四月辛丑陳侯溺卒。

(三)經 楚人執陳行人干徵師殺之，陳公子留出奔鄭。

傳 陳哀公元妃鄭姬生悼大子偃師，二妃生公子留，下妃生公子勝。二妃嬖，留有寵，屬諸徒招與公子過①，哀公有廢疾，三月甲申，公子招公子過殺悼大子偃師而立公子留。夏四月辛亥，哀公縊。干徵師②赴于楚，且告有立君。公子勝愬之于楚③，楚人執而殺之④，公子留奔鄭。書曰：「陳侯之弟招殺陳世子偃師。」罪在招也。「楚人執陳行人干徵師殺之。」罪不在行人也。

【今註】①招，過：這兩人全都是哀公的弟弟。　②干徵師：陳大夫。　③公子勝愬之于楚：告訴楚國招同過殺了偃師。　④楚人執而殺之：殺干徵師。

【今譯】 陳哀公的元妃鄭姬生了悼太子偃師，第二妃子生了公子留，下妃生公子勝。二妃很得寵，所以他的兒子也很得寵愛，哀公就把他交給司徒招和公子過，這全是哀公的弟弟。哀公有不好治的病，三月甲申，公子招同公子過殺了悼太子偃師，而立了公子留爲君。夏四月辛亥，哀公自己上吊。陳大夫干徵師到楚國去訃告，並且告訴已經立了君。公子勝並且告訴楚人說公子招同公子過殺了太子偃師，楚國人殺了干徵師，公子留就逃到鄭國去。春秋上寫着：「陳侯之弟招殺陳世子偃師。」這個罪在公子招的身上。「楚國人把陳行人干徵師殺掉。」罪狀不在陳國行人。

（四）經 叔弓如晉。

傳 叔弓如晉，賀虒祁①也。游吉相鄭伯以如晉，亦賀虒祁也。史趙見子大叔曰：「甚哉其相蒙也！可弔也，而又賀之。」子大叔曰：「若何弔也？其非唯我賀，將天下實賀②。」

【今註】 ①虒祁：虒音（ㄙ）。宮名。 ②將天下實賀：天下諸侯全都怕晉國，所以來賀的不祇是鄭國。

【今譯】 叔弓到晉國去，賀喜虒祁宮修成。鄭國游吉爲鄭伯相禮到晉國去，也是爲的賀虒祁宮的修成。史趙看見游吉說：「這眞是很相蒙蔽，這是一件可弔的事，而又去賀他。」游吉說：「爲什麼可弔呢？不祇是我賀，天下全應當來賀。」

（五）經 秋蒐于紅。

傳 秋，大蒐于紅①，自根牟至于商衛②，革車千乘。

【今註】 ①紅：方輿紀要說：「泰安有紅亭，卽昭公八年大蒐於紅是也。」 ②根牟、商、衛：根牟在山東省沂水縣南。所謂商衞卽魯與宋衞接境之界。商卽宋，王國維在「釋商」篇中說的甚詳細。

【今譯】秋天，在紅這地方大閱兵，從根牟起一直到宋國同衞國的邊境上，共列有戰車一千輛。

（六）經 大雩①。

【今註】①此經無傳。

【今譯】魯國行求雨的典禮。

（七）經 陳人殺其大夫公子過。

（八）經 冬十月壬午楚師滅陳，執陳公子招放之于越殺陳孔奐。

（九）經 葬陳哀公。

傳 七月甲戌，齊子尾卒，子旗欲治其室，丁丑殺梁嬰①。八月庚戌，逐子成、子工、子車②，皆來奔。而立子良氏之宰。其臣曰：「孺子③長，而相吾室，欲兼我也。」授甲將攻之。陳桓子善於子尾，亦授甲將助之。或告子旗，子旗不信，則數人告。將往，又數人告於道，遂如陳氏，桓子將出矣，聞之而還，游服而逆之④，請命，對曰：「聞彊氏授甲將攻子，子聞諸？」曰：「弗聞。」「子盍亦授甲，無宇⑤請從。」子旗曰：「子胡然？彼孺子也。吾誨之，猶懼其不濟，吾又寵秩之⑥，其若先人何？子盍謂之⑦。周書曰：『惠不惠，茂不茂⑧。』康叔所以服弘大也。」桓子稽顙曰：「頃靈福子，吾猶有望。」遂和之如初⑨。陳公子招歸罪於公子過而殺之。九月，楚公子弃疾帥師奉孫吳⑩圍陳，宋戴惡⑪會之。冬十一月壬午，滅陳。輿嬖袁克殺馬毀玉以葬，楚人將殺之，請寘之⑫，既又請私，私於幄，加絰於顙而逃。使穿封戌爲陳公，曰：「城麇之役不諂。」侍飲酒於王，王曰：「城麇之役，女知寡人之及此，女其辟寡人乎？」對曰：「若知君之及此，臣必致死禮以息楚。」晉侯問於史趙曰：「陳其遂亡乎？」對曰：「未也。」公曰：「何故？」對曰：「陳顓頊之族也，歲在鶉火，是以卒滅，陳將如之。今在析木之津，猶將復由，且陳氏得政于齊，而後陳卒亡。自幕至于瞽瞍無違命，舜重之以明德，寘德於遂，遂世守之，及胡公不淫，故周賜之姓，使祀虞帝。臣聞盛德必百世祀，虞之世數未也，繼守將在齊，其兆既存矣。」

【今註】①梁嬰：本子尾的家宰。②子成、子工、子車：皆齊大夫。子成同子工是齊頃公的兒子。子車是齊頃公的孫子。③孺子：指着子良，子尾之子。④游服而逆之：換上游戲的衣服去迎接他。⑤無宇：是陳桓子的名字。⑥吾又寵秩之：我給他立宰來幫助他。⑦子盍謂之：你何不告訴他，叫他不要攻擊我。⑧惠不惠，茂不茂：這是周書康誥的一句話。意思說對於沒有恩惠的加恩惠，對於不勤勉的勸他勤勉。⑨遂和之如初：調和欒氏同商氏兩家。⑩孫吳：悼太子偃師的兒子惠公。⑪戴惡：宋大夫。⑫請寘之：不要管馬同玉。

【今譯】七月甲戌，齊國的子尾死了。子旗想要併管子尾的家政，丁丑殺掉子尾的家宰梁嬰。八月庚戌驅逐子成、子工、子車，全都逃奔到魯國來。子旗爲子良立了家宰。子良的家臣說：「子良已經長大了，你們想管着我們的家，就想兼併我們。」率領着軍隊將攻子旗。陳無宇素來跟子尾相善，也預備了軍隊去幫助他。有人去告訴子旗，子旗不相信，就有幾人來告訴他。將往子良家去的時候，又碰見好幾個人在路上告訴他，子旗就到陳家去了，陳無宇這時將要出來，聽見子旗來了，就趕緊回來換了便服來迎接他。子旗問陳無宇到那裏去，他回答說：「聽見子良要率領軍隊來攻打你，你聽見過嗎？」子旗說：「沒有聽見。」陳無宇說：「你應該趕緊率領軍隊，無宇也可以隨從你。」子旗說：「你爲什麼如此？他是一個小孩。我教誨他，尙怕不能成功，所以又爲他立家宰，我若去攻他，怎麼對得起先人呢？你爲什麼不對他說，使他不要攻擊我。康誥說過：『叫不惠的人，教給他恩惠，不能夠勉勵的使他勉勵。』康叔因此能夠行大政。」陳無宇叩頭說：「希望齊頃公同齊靈公加福給你，也希望你加惠給我。」遂使兩家和平如從前一樣。陳國公子招把罪狀全歸到公子過身上，把他殺掉。九月，楚國公子棄疾率領軍隊侍奉着悼太子偃師的兒子孫吳去圍了陳國，宋國大夫戴惡率軍隊會合他。冬十一月壬午，滅了陳國。陳侯喜歡的人袁克想着殺馬毀玉石以葬陳哀公，楚人將要殺他，他就請把馬同玉石擱到旁邊。後來又請私盡君臣的恩禮，在帳蓬裡加絰在頭上，然後逃走。派穿封戌做陳公，說：「城麇這件事你不巴結我。」他事奉着靈王喝酒，楚王說：「城麇那件事，你要早知道我能做王，你是不是會躲避我呢？」回答說：「要知道你來日會做王，我一定要殺你，以安定楚國。」晉侯問史趙說：「陳就這樣亡了嗎？」回答說：「沒有。」晉平公說：「爲什麼呢？」回答說：「陳國顓頊的族，顓頊是在鶉火那年滅了，陳也同他一樣。現在在析木之津，又將從新興起來。現在陳氏在齊國得掌政權，所以以後陳才亡國。由舜的先人幕起一直到舜的父親瞽瞍，他們沒有違了天命，後來舜加上明德，這個德性一直得到遂，遂輩輩的看守。到了胡公滿不荒淫，所以周給他姓，叫他祭奉舜。我聽見說盛德的人，必定有百世的祭祀，虞還沒有到這數目，接着興起的人將在齊國，這個預兆已經存在了。」

昭公九年（即公元前五百三十三年）

（一）經　九年春，叔弓會楚子于陳。

傳 九年春，叔弓、宋華亥、鄭游吉、衞趙黶會楚子于陳。

【今譯】九年春，叔弓、宋華亥、鄭游吉、衞趙黶和楚王會于陳國。

(二)

經 許遷于夷。

傳 二月庚申，楚公子弃疾遷許于夷，實城父①，取州來淮北之田②以益之。伍舉授許男田，然丹遷城父人於陳，以夷濮西田益之③，遷方城外人於許。

【今註】①夷，實城父：今安徽省渦陽縣西北有城父故城。②州來淮北之田：正義說「州來邑民，有田在淮北者，許國盡遷于夷，夷田少，故取以益之。」州來在安徽省鳳台縣治。③以夷濮西田益之：水經注：「夏肥水，上承河水，東南逕城父縣故城，春秋所謂夷田，在濮水西者也。」

【今譯】二月庚申，楚公子棄疾遷許到夷這地方，這就是城父，取州來淮北的田，以增加許的田地。伍舉授許男的田地，然丹遷城父人到陳國去，把濮西的田地增加，遷方城外的人到許國去。

(三)

傳 周甘人①與晉閻嘉爭閻田，晉梁丙、張趯率陰戎伐穎②，王使詹桓伯③辭於晉曰：「我自夏以后稷，魏、駘④、芮、岐、畢，吾西土也。及武王克商，蒲姑、商奄⑤，吾東土也，巴、濮、楚、鄧⑥，吾南土也，肅愼、燕亳⑦，吾北土也，吾何邇封之有？文武成康之建母弟以蕃屏周，亦其廢隊是爲，豈如弁髦而因以敝之。先王居檮杌于四裔，以禦螭魅，故允姓之姦居于瓜州⑧，伯父惠公歸自秦而誘以來，使偪我諸姬，入我郊甸，則戎焉取之。戎有中國，誰之咎也？后稷封殖天下，今戎制之，不亦難乎？伯父圖之。我在伯父，猶衣服之有冠冕，木水之有本源，民人之有謀主也，伯父若裂冠毀冕，拔本塞源，專弃謀主，雖戎狄其何有余一人？」叔向謂宣子曰：「文之伯也，豈能改物⑨？翼戴天子而加之以共。自文以來，世有衰德，而暴滅宗周，以宣示其侈，諸侯之貳，不亦宜乎？且王辭直，子其圖之。」宣子說，王有姻喪，使趙成如周弔，且致閻田與襚，反潁俘。王亦使賓滑⑩執甘大夫襄以說於晉，晉人禮而歸之。

【今註】①甘人：就是周甘大夫襄。②潁：周邑，在今河南省登封縣境。③詹桓伯：周大夫。④駘：武功縣志：「古郃城，在今縣南八里，后稷始封之國也。」⑤蒲姑、商奄：服虔曰：「蒲姑，齊也。商奄，魯也。」一統志說：在今山東博興縣東北十五里。商奄江永說在今山東省曲阜縣東二里。⑥巴、濮、楚、鄧：巴在今四川省重慶。濮在今湖北省石首縣。楚初居丹陽。鄧在今湖北省襄陽縣東北。⑦肅愼：在今吉林省。⑧瓜州：在今甘肅敦煌。⑨豈能改物：何能改正朔易服色麽？⑩賓滑：周大夫。

【今譯】周的甘人跟晉國的閻嘉爭奪閻田，晉國的梁丙、張趯率陰戎去伐潁的地方，周王叫詹桓伯到晉國去責讓說：「我自夏朝做后稷的官，魏、駘、芮、岐、畢是我的西土。到武王滅了商以後，蒲姑、商奄就是我的東方土地。巴、濮、楚、鄧是我的南方土地。肅愼、燕亳是我的北方土地。我有什麽近封的？文王、武王、成王、康王封建母弟是爲周室的屏障，也是恐怕後代會廢墜衰敗，他們就可共謀救助。豈能如童子加冠成禮之後就將始冠丢棄。先王叫壞的人住到四面，以抵抗壞人，所以允姓的姦人住到瓜州，伯父惠公從秦國回來引誘戎人過來，使戎人偪迫我的各姬姓，一直到王室的近處，否則戎人怎能取得周地？戎佔據中國，是誰的過錯？后稷當初封殖天下，現在反而成了戎人畜牧之地，這眞是我的難題。伯父還是細想想。我對於伯父等於衣服有帽子，木水有根源，人民有謀主，伯父你若毀掉帽子，棄掉根源，放棄謀主，那麼戎狄眼中更沒有我了。」叔向對韓起說：「文公稱霸的時候，豈能改正朔易服色？事奉天子更加恭敬。自文公以來，輩輩有衰微的德性，而毀掉天子，以宣示他的奢侈，諸侯有貳心，不也應當嗎？且王的文辭很有理，你還是要細想想。」韓起高興了，因爲周王有親戚的喪事，就叫趙成到周去弔恤，並且還把閻的田地同葬衣，以及潁的俘擄退回去，周王也叫大夫賓滑逮起甘大夫襄以對晉國解釋，晉國人禮遣他回來。

（四）

經 夏四月，陳災。

傳 夏四月陳災。鄭裨竈曰：「五年，陳將復封，封五十二年而遂亡。子產問其故，對曰：「陳水屬也①，火水妃也，而楚所相也②，今火出而火陳，逐楚而建陳也，妃以五成，故曰五年。歲及鶉火而後陳卒亡，楚克有之，天之道也，故曰五十二年。」

【今註】①陳水屬也：陳是顓頊的後人，所以說他屬於水。②而楚所相也：楚是祝融八姓，所以他管理水。

【今譯】夏四月，陳國有火災。鄭國裨竈說：「五年以後，陳將又被封，五十二年就完全滅亡。」子產問他什麼原故，回答說：「陳是屬於水，火是水的妃子，而楚國所管理的，現在心星出來，而陳國着火，這是驅逐楚國而從新建立陳國，妃是拿五來算，所以是五年。五次歲星到了鶉火，而後陳國就完全滅亡，楚國就完全佔有他，這也是合於天的道理，所以說是五十二年。」

（五）

傳 晉荀盈如齊逆女①，還，六月卒于戲陽②。殯于絳，未葬，晉侯飲酒樂，膳宰屠蒯趨入，請佐公使尊，許之。而遂酌以飲工③，曰：「女爲君耳，將司聰也。辰在子卯④，謂之疾日，君徹宴樂，學人舍業，爲疾故也。君之卿佐是謂股肱，股肱或虧，何痛如之？女弗聞而樂，是不聰也。」又飲外嬖嬖叔⑤曰：「女為君目，將司明也。服以旌禮⑥，禮以行事，事有其物，物有其容，今君之容，非其物也⑦，而女不見，是不明也。」亦自飲也，曰：「味以行氣，氣以實志，志以定言，言以出令。臣實司味⑧，二御失官，而君弗命，臣之罪也。」公說，徹酒。初，公欲廢知氏而立其外嬖，為是悛而止。秋八月，使荀躒⑨佐下軍以說焉。

【今註】①荀盈如齊逆女：他往齊國自迎接接他的夫人。②戲陽：衞地，一統志說「在今河南內黃縣北」，另據河南通志說：「在安陽縣東二十五里。」因為兩縣壤地相接近。③以飲工：工是樂師師曠，屠蒯使他飲酒。④辰在子卯：傳說紂在甲子這天死，夏桀在乙卯這天死，所以俗以為凶日。⑤外嬖嬖叔：外邑的嬖大夫，按禮記以為李調。⑥服以旌禮：衣服以表示禮。⑦非其物也：晉國有卿喪，而晉君飲酒奏樂，所以說非其物。⑧臣實司味：膳夫當然是掌管和味的。⑨荀躒：是荀盈的兒子。

【今譯】晉國荀盈到齊國去迎接他的夫人，回來六月就死在戲陽這地方。後來在絳這地方出殯，還沒有下葬。晉平公喝酒很樂，厨子頭目屠蒯進去了，請求斟酒佐飲，晉平公答應他了。他就酌酒給師曠喝，並且說：「你是君的耳朵，將管理君的耳聰。日子在子卯這天，叫做壞的日子，君取消了宴樂，學人全離開功課，為的疾日的關係。現在君的卿佐等於股肱一樣，股肱壞了，這是怎麼樣的痛苦，你不注意這件事，而反作樂，這是不聰明的。」又給晉平公的外嬖嬖叔飲酒說：「你是君的眼睛，等於管看事情。衣服是表示禮，禮為的辦事，事全有他的物類，物類有他的容貌，現在君的容貌不合於他的物類，而你看不見，這是目不明。」又自己喝了盃酒說：「味道是行氣的，氣味是安定志向，志向是安定言語，言語以發出命令，我實在是管味道的，他們兩人未盡到職責，而君不發令處分，這是我的罪過。」晉平公聽說很高興，徹除喝酒。最初，他想廢掉知氏，而立他外嬖的臣，因為這原故，就改變了。八月叫荀躒為下卿佐，用來解釋這件事。

（六）經秋仲孫貜如齊。

傳孟僖子如齊殷聘①，禮也。

【今註】①殷聘：自襄公二十年叔老聘齊至今已二十年，殷是盛大的意思。

【今譯】仲孫貜到齊國去，為的加以聘問，合於禮的。

（七）經冬築郎囿。

傳冬，築郎囿①，書時也，季平子欲其速成也。叔孫昭子曰：『詩曰：「經始勿亟，庶民子來②。」焉用速成，其以勦民③也。無囿猶可，無民其可乎？』

【今註】①郎囿：在曲阜縣近處，與郎臺相近。②經始勿亟，庶民子來：大雅靈臺詩的一句，意思是說雖非急於要成，可是人民自動的全來作。③勦民：勞苦人民。

【今譯】冬天，修築郎囿，這為的說是很合於時宜，季孫意如願意他趕緊成功。叔孫婼說：『詩經大雅說：「開始不要很快，庶民全都來了。」何必趕緊成功，專為他勞苦人民。沒有花園還可以，沒有人民可以嗎？』

昭公十年（即公元前五百三十二年）

（一）經十年，春王正月。

傳 十年春王正月，有星出乎婺女①，鄭裨竈言於子產曰：「七月戊子，晉君將死。今茲歲在顓頊之虛②，姜氏任氏實守其地，居其維首③，而有妖星焉，告邑姜也，邑姜晉之妣也。天以七紀，戊子逢公以登④，星斯於是乎出，吾是以譏之。」

【今註】①有星出于婺女：杜預說星是「客星」在婺女星中出現。②今茲歲在顓頊之虛：現在歲星行經玄枵，玄枵也名為顓頊之虛。③居其維首：客星在玄枵的首。④戊子逢公以登：逢公是商代諸侯，葬在齊國地方。

【今譯】十年，春王正月，有一個星在婺女星群中出現，鄭國裨竈對子產說：「晉國君七月戊子這天將死。今年歲星在玄枵，這個地方是由姜氏同任氏看守的，在他的開首，就有妖星，這是通知邑姜，邑姜是晉國的始妣。天上分為七紀，戊子這天逢公出來了，恰好星星也出來，我所以很譏笑這件事。」

（二）

經 齊欒施來奔。

傳 齊惠欒高氏①皆嗜酒，信內多怨②，彊於陳鮑而惡之。夏，有告陳桓子曰：「子旗、子良將攻陳鮑。」亦告鮑氏。桓子授甲而如鮑氏，遭子良醉而騁③，遂見文子④，則亦授甲矣。使視二子⑤，則皆將⑥飲酒。桓子曰：「彼雖不信，聞我授甲，則必逐我。及其飲酒也，先伐諸。」陳鮑方睦，遂伐欒高氏。子良曰：「先得公，陳鮑焉往？」遂伐虎門⑦。晏平仲端委立于虎門之外。四族⑧召之，無所往。其徒曰：「助陳鮑乎？」曰：「何善焉。」「助欒高乎？」曰：「庸愈乎？」「然則歸乎？」曰：「君伐焉歸？」公召之而後入。公卜使王黑以靈姑銔率⑨，吉，請斷三尺焉而用之。五月庚辰，戰于稷⑩，欒高敗，又敗諸莊。國人追之，又敗諸鹿門⑪，欒施高彊來奔。陳鮑分其室。晏子謂桓子必致諸公，讓德之主也，讓之謂懿德⑫。凡有血氣必有爭心，故利不可强，思義爲愈。義利之本也。蘊利生孽，姑使無蘊乎？可以滋長。桓子盡致諸公，而請老于莒。桓子召子山⑬，私具幄幕器用從者之衣屨，而反棘焉。⑭子商亦如之，而反其邑。子周亦如之，而與之夫于⑮。反子城、子公、公孫捷⑯而皆益其祿。凡公子公孫之無祿者，私分之邑，國之貧約孤寡者私與之粟。曰：「詩云：『陳錫載周⑰。』能施也。桓公是以霸。」公與桓子莒之旁邑，辭。穆孟姬⑱爲之請高唐，陳氏始大。

【今註】 ①齊惠欒高氏：按世本齊惠公有二子：子欒、子高，以後爲欒氏高氏。 ②信內多怨：信婦人的話而外多怨望。 ③遭子良醉而騁：恰遇見子良醉，陳桓子遂乘馬快走。 ④文子：就是鮑國。 ⑤二子：子旗、子良。 ⑥將飲酒：校勘記說：「石經、宋本、淳熙本、岳本、纂圖本、監本、毛本從作將是也。」今照改從之。 ⑦遂伐虎門：虎門是公宮的門。 ⑧四族：就是欒氏、高氏、陳氏、鮑氏。 ⑨公卜使王黑以靈姑銔率：王黑是齊大夫，靈姑銔是公所用旗名爲交龍形，音處。 ⑩稷：齊都城中祭后稷的地方，戰國時有稷下，當離此不遠。 ⑪鹿門：齊國都城城門名。 ⑫讓謂之懿德：按阮刊誤作「謂懿德」，今據四部叢刊宋本增補。 ⑬子山：子商的兒子，爲襄公三十一年所逐群公子中的一個。 ⑭而反棘焉：將他的封邑棘還給他，據山東通志說：「在臨淄縣西北境，有棘里亭。」 ⑮夫于：山東通志說：「今山東長山縣南三十里，有夫于村。」 ⑯子城、子公、公孫捷：子城，頃公的兒子；公孫捷，頃公的孫子。⑰陳錫載周：詩大雅的一句，意思是說文王能布大利於天下，並能行之周徧。⑱孟穆姬：景公的母親。

【今譯】齊國欒氏高氏全都很喜歡喝酒，很聽信女人的話，並且對外多怨恨，他比陳鮑兩氏有勢力而又恨他們。夏天，有人告訴陳無宇說：「子旗同子良將攻打陳鮑兩氏。」也告訴鮑氏如此說。陳無宇領着軍隊到鮑氏去，碰見子良喝醉了，就趕緊走開，去見鮑國，那知鮑國也已經預備軍隊了。叫人看子旗同子良，他們全將喝酒。陳無宇說：「他們所說的雖不可靠，但是聽見我們預備軍隊，則必定要打我們，不如乘着他們飲酒的時候先打他們。」陳鮑這時方很和睦，就打欒高氏。子良說：「先得到齊景公，陳鮑將要往那裡去。」於是就攻打虎門。晏嬰穿着朝服，立在虎門的外頭。欒、高、陳、鮑四族來叫他，全都不去。他的屬下說：「幫助陳鮑嗎？」回答說：「有什麼好處？」「幫助欒高嗎？」說：「也差不多少。」「那麼就回去嗎？」說：「公在這兒打仗，到那裡去呢？」公叫他進去，就進宮了。齊景公占卜，派齊大夫王黑拿着靈姑銔的旗子打仗，很吉祥，請把他斷了三尺再用。五月庚辰，在稷那地方打仗，欒高打敗，又在大車道上打，他又打敗。齊國人追逐他，又把他們打敗在鹿門城門，於是子旗和子良逃奔到魯國。陳鮑分了他的家產。晏嬰告訴陳無宇，必定要交給齊景公，讓是德行的主要，讓就是懿德。凡有血氣的必有爭心，所以好處不可以強取，想到義更好。義是利的本源。盲目求利是有害的，不要唯利是求吧，求利會滋長災害。陳無宇把他全交給景公，請歸老到莒這地方去。陳無宇叫子山來，給他各種器具，隨從人的衣服，把原封邑棘這地方還給他。對子商也是如此辦理，把原封邑還給他。對子周也如此，又給他夫于的地方。叫回子城、子公、公孫捷、全給他們增加奉祿。凡公子公孫沒有奉祿的，陳無宇偷着給他田地，國裡頭窮苦的，就給他粟。陳無宇說：『詩經大雅說：『周文王把大利普徧施給天下。』就因為文王能施捨的關係，齊桓公也就因能施捨稱了霸主。」齊景公給陳無宇莒旁邊的邑，他辭謝不受。景公的母親替他要請高唐這地方，陳氏才開始發展。

（三）經　秋七月，季孫意如、叔弓、仲孫貜帥師伐莒。

傳秋七月，平子伐莒，取郠①，獻俘，始用人於亳社。臧武仲在齊聞之曰：「周公其不饗魯祭乎？周公饗義，魯無義。詩曰：『德音孔昭，視民不佻②。』佻之謂甚矣，而壹用之③，將誰福哉？」

【今註】①郠：莒邑，彙纂說：「在今山東沂水縣東境。」②德音孔昭，視民不佻：這是詩經小雅中的詩句，意思是說他的德行聲譽很盛，必能厚愛人民。③而壹用之：將人民與畜牲同類用。

【今譯】秋天七月，季孫意如伐莒，佔據郠的地方，獻俘囚，用人來祭亳社。臧孫紇在齊國聽見說：「周公要不饗魯國祭祀了？周公是饗義，魯國沒義。詩經小雅說：『他的德行聲譽很盛，看見人民沒有不愛。』不愛就不成，而把人同畜牲一起用，將誰給他福祿呢？」

（四）經戊子，晉侯彪卒。

（五）經九月，叔孫婼如晉。

（六）經葬晉平公。

傳戊子，晉平公卒。鄭伯如晉，及河，晉人辭之，游吉遂如晉。九月，叔孫婼、齊國弱、宋華定、衞北宮喜、鄭罕虎、許人、曹人、莒人、邾人、薛人、杞人、小邾人如晉，葬平公也。鄭子皮將以幣行①。子產曰：「喪焉用幣？用幣必百兩②，百兩必千人，千人至將不行，不行必盡用之③，幾千人而國不亡？」子皮固請以行。既葬，諸侯之大夫欲因見新君。叔孫昭子曰：「非禮也。」弗聽，叔向辭之曰：「大夫之事畢矣，而又命孤，孤斬焉在衰絰之中，其以嘉服見，則喪禮未畢，其以喪服見，是重受弔也，大夫其若之何？」皆無辭以見。子皮盡用其幣，歸謂子羽曰：「非知之實難，將在行之。夫子知之矣，我則不足，書曰：『欲敗度，縱敗禮④。』我之謂矣。夫子知度與禮矣，我實縱欲而不能自克也。」昭子至自晉，大夫皆見，高彊見而退。昭子語諸大夫曰：「為人子不可不慎也哉。昔慶封亡，子尾多受邑，而稍致諸君，君以為忠而甚寵之。將死，疾于公宮⑤，輦而歸，君親推之⑥。其子不能任，是以在此。忠為令德，其子弗能任，罪猶及之，難不慎也。喪夫人之力，棄德曠宗，以及其身，不害乎？詩曰：『不自我先，不自我後⑦。』其是之謂乎。」

【今註】①鄭子皮將以幣行：見新君所用的贄幣。②百兩：載幣必須用車百輛。③不行必盡用之：若不能見新君，勢必將所帶費用用完。④欲敗度，縱敗禮：這是逸書中的一句，意思是私欲使法度敗壞，放縱使禮節敗壞。⑤疾于公宮：子尾在齊景公宮中有了病。⑥君親推之：阮刊本誤作「吾親推之」，今從四部叢刊本改正。⑦不自我先，不自我後：這是詩經小雅的一句詩，意思是不在我以前，也不在我以後。

【今譯】戊子這天，晉平公死了。鄭伯到晉國去，到了河邊，晉國人辭謝他。游吉就到晉國去了。九月，魯國叔孫婼、齊國弱、宋華定、衛北宮喜、鄭子皮、許人、曹人、莒人、邾人、薛人、杞人、小邾人都到晉國去給晉平公行葬禮。鄭國子皮將帶着貨幣去。子產說：「喪事何必用幣呢？用幣必定有一百輛車，一百輛車必定一千個人，一千個人到了將不得行見新君之禮，勢必將所帶費用用完。假使有幾次千人之行，國家那能不亡呢？」子皮一定要求帶着走。既而晉平公下葬以後，諸侯各大夫們，想着見新的君。叔孫婼說：「這不合於禮的。」大家全不聽。晉國的叔向辭謝說：「你們的事現在全完了，又想見我新君，而我新君還在居喪期中，假設穿着禮服來見，現在喪禮還沒有完；穿着喪服來見，等於再受弔。你們怎麼辦呢？」他們全沒法回答。子皮用盡了他的貨幣，回到鄭國告訴子羽說：「不是知道的難，實在是辦的難。子產已經知道了，我就不夠。逸書說：『私欲敗了法度，驕縱敗了禮節。』我就是如此，子產知道度跟禮，我實在驕縱欲望，而不能克制自己。」叔孫婼從晉國回來，大夫們全來見。子良一見就走了。叔孫婼告訴大夫們說：「做人的兒子不可以不謹愼。從前慶封敗亡了，子尾得的邑很多，慢慢的還給齊景公，齊君以爲他很忠心，很寵愛他。子尾將死時，是在公的宮中病了，把他用車推回去，齊景公親自推他。而他的兒子不能擔任，所以在魯國。忠是令德，他的兒子不能擔任，終於受罪，這是他不謹愼的緣故。丟掉他父親的力量，丟掉德行，而毀掉宗，連到他自己身上，這不是有害嗎？詩經說：『不在我以前，也不在我以後。』這是指着這件事說的。」

（七）

經 十有二月甲子，宋公成卒。

傳 冬十二月，宋平公卒。初，元公①惡寺人柳，欲殺之，及喪，柳熾炭于位，將至則去之。比葬，又有寵。

【今註】 ①元公：宋平公的太子佐。

【今譯】 冬十二月，宋平公死了。最初他的兒子元公，不喜歡寺人柳，想把他殺掉，至發生了喪事，寺人柳在他的位子燒炭暖地，等到元公來時，就去掉炭，等到下葬以後，就有了寵愛。

昭公十有一年（公元前五百三十一年）

（一）

經 春王二月叔弓如宋。

（二）經　葬宋平公。

傳　春王二月，叔弓如宋，葬平公也。

【今譯】十一年春王二月，叔弓到宋國去，爲的宋平公的葬禮。

（三）經　夏四月丁巳，楚子虔誘蔡侯般殺之于申，楚公子弃疾帥師圍蔡。

傳　景王問於萇弘曰：「今茲諸侯何實吉，何實凶？」對曰：「蔡凶，此蔡侯般弒其君之歲也，歲在豕韋，弗過此矣。楚將有之，然壅也①。歲及大梁，蔡復楚凶，天之道也。楚子在申，召蔡靈侯，靈侯將往，蔡大夫曰：『王貪而無信，唯蔡於感②，今幣重而言甘，誘我也，不如無往。』蔡侯不可。三月丙申，楚子伏甲而饗蔡侯於申，醉而執之。夏四月丁巳，殺之，刑其士七十人。公子弃疾帥師圍蔡。韓宣子問於叔向曰：「楚其克乎？」對曰：「克哉。蔡侯獲罪於其君③，而不能其民，天將假手於楚以斃之，何故不克？然肸聞之，不信以幸，不可再也。楚王奉孫吳以討於陳曰：『將定而國。』陳人聽命，而遂縣之。今又誘蔡而殺其君，以圍其國，雖幸而克，必受其咎，弗能久矣！桀克有緡以喪其國，紂克東夷而隕其身，楚小位下而亟暴於二王，能無咎乎？天之假助不善，非祚之也，厚其凶惡，而降之罰也。且譬之如天，其有五材而將用之，力盡而敝之，是以無拯，不可沒振④。」

【今註】①壅也：這是壅積壞事。②唯蔡於感：感通憾。就是他常恨蔡國。③蔡侯獲罪於其君：就是指着蔡侯曾經弒自己的父親而做君。④不可沒振：不可以再振興。

【今譯】周景王問周大夫萇弘說：「今年那個諸侯是吉，那個諸侯是凶。」他回答說：「蔡國凶，這就是蔡侯殺他君那一年，那一年歲星在豕韋，不能再過這一年了。楚國將佔據他，這是蔡侯累積壞事的後果。等到歲星到了大梁，蔡侯就將復國，那時楚國凶，這是天的道理。楚靈王在申這地方，召見蔡靈侯，蔡靈侯想去，蔡大夫們說：『楚王貪心而沒有信實，衹是恨蔡國，現在他的布幣很重而說的話很好聽，這是引誘我，不如不要去。』蔡侯不聽。三月丙申，楚王埋伏下軍隊，而饗宴蔡靈侯在申這地方，把他灌醉就逮捕起來。夏四月丁巳，把他殺了，同時殺了他的人七十個。派了公子棄疾去圍了蔡國都城。韓起問叔向說：「楚國能夠成功嗎？」回答說：「一定成功。蔡靈侯殺他的父親而自立，又不能施德於人民，上天想利用楚國來殺他，爲什麼不可以成功呢？但是我聽見說，用不信實幸而成功，可一而不可再。楚王奉孫吳去討伐陳國說：『我將安定你的國家。』陳人就聽從他的命令，楚國就把他變成縣。現在引誘蔡國，可是把他的君殺掉，又圍了他的都城，雖然幸而成功，必受到他的禍難，不能夠長久了！從前夏桀對有緡成功了，而丟掉他的國家，商紂對東夷成功了，而自己毀了他的身體，楚國較小，而位置較低下，但是他比桀紂兩個王全都壞，能夠沒有罪咎嗎？上天有時幫助不善的人，這不是使他可以長久，是增加他的凶惡，然後下降懲罰。譬如上天一樣，他有金、木、水、火、土五種材料，全可以用，等到力量盡的時候就毀了他，所以是沒有救的，壞了以後，沒有方法再重新振起來。」

（四）經五月甲申，夫人歸氏薨。

（五）經大蒐于比蒲。

傳 五月，齊歸薨①。大蒐于比蒲②，非禮也。

【今註】①齊歸：是昭公的母親。齊是謚號，歸是姓。②比蒲：卽魯國東門外的蒲圃。

【今譯】五月昭公的母親齊歸死了。魯國在比蒲這地方打獵，這也不是合禮的。

（六）經 仲孫貜會邾子盟于祲祥。

傳 孟僖子會邾莊公，盟于祲祥①脩好，禮也。泉丘②人有女，夢以其帷幕孟氏之廟，遂奔僖子，其僚從之。盟于清丘之社曰：「有子無相棄也。」僖子使助薳氏之簉③。反自祲祥，宿于薳氏，生懿子及南宮敬叔於泉丘人④，其僚無子，使字敬叔。

【今註】①祲祥：在今山東省滋陽縣境。②泉丘：在今山東省寧陽泗水間。③助薳氏之簉：幫助薳氏的副妾。副妾是第二等的妾。④生懿子及南宮敬叔於泉丘人：他討泉丘人生了孟懿子同南宮敬叔。杜預說似乎是雙生。

【今譯】仲孫貜同邾莊公在祲祥這地方盟會修好，這是合於禮的。泉丘人有個女子，夢見用她的帷帳來罩到孟氏的廟上，她就奔去找孟孫貜，她的鄰女跟她一同去，二女在清丘之社盟誓說：「有了兒子，誰也不能拋棄誰。」孟孫貜叫她們幫助他的副妾薳氏。從祲祥回來，就在薳氏那兒住着，泉丘女子生了孟懿子同南宮敬叔，她的鄰女沒有兒子，就叫她養着敬叔。

（七）傳 楚師在蔡，晉荀吳謂韓宣子曰：「不能救陳，又不能救蔡，物以無親，晉之不能，亦可知也。已爲盟主，而不恤亡國，將焉用之？」

【今譯】楚國軍隊在蔡國都城，晉國荀吳對韓起說：「不能夠救陳，又不能救蔡，對各種人事，全不親愛，晉國的無能力，也就可以知道，做盟主而不憐恤亡的國家，那有什麼用處呢？」

（八）經秋季孫意如，會晉韓起，齊國弱，宋華亥，衞北宮佗，鄭罕虎，曹人、杞人于厥憖。

傳秋，會于厥憖①，謀救蔡也。鄭子皮將行，子產曰：「行不遠，不能救蔡也。蔡小而不順，楚大而不德，天將棄蔡以壅楚，盈而罰之②，蔡必亡矣，且喪君而能守者鮮矣！三年王其有咎乎？美惡周必復，王惡周矣③。」晉人使狐父④請蔡于楚，弗許。

【今註】①厥憖：大事表說：「在今河南省新鄉縣境。」 ②盈而罰之：使楚的惡貫滿盈再來懲罰他。 ③王惡周矣：王的罪惡已經到歲星一周。 ④狐父：晉大夫。

【今譯】秋天，在厥憖會盟，這是打算救蔡國。鄭國子皮將去，子產說：「到蔡國的路並不遠，此去也不能救蔡國。蔡國小而不順從，楚國大而沒有道德。上天將丟掉蔡國，以增加楚國的壞事，楚國壞事滿了，上天就降給他懲罰。蔡必定亡了，並且丟掉了君而能守着國家，這是很少的，三年以後楚王恐怕將有災殃，美同惡祇能轉一個圈，楚王的惡已經轉一圈了。」晉國派他的大夫狐父請求釋放蔡國，楚國不答應。

（九）傳單子會韓宣子于戚，視下言徐，叔向曰：「單子其將死乎？朝有著定①，會有表，衣有禬，帶有結。會朝之言必聞于表著之位，所以昭事序也。視不過結禬之中，所以道容貌也。言以命之，容貌以明之，失則有闕。今單子爲王官伯而命事於會，視不登帶，言不過步，貌不道容而言不昭矣。不道不共，不昭不從，無守氣矣。」

【今註】①朝有著定：每上朝的時候，有一定的地位。

【今譯】周國的卿士單成公到戚這地方會見晉國的韓起，眼睛向下看而說話很慢。叔向就說：「單成公恐怕要死了。上朝的時候必有定次，開會時一定有表位，衣服上有領子，帶子上有結，朝會說的話必定是表位的地方能聽見，所以使人能夠明白事理。看東西不過領子同衣帶的中間，所以表示他的容貌。語言以表示命令，用容貌來說明，失掉就有闕失。現在單成公做周王的卿士，而來這裡開會，眼睛不在帶子以上，說的話使聽見的人不能超過一步，貌不能說明他的樣子，而言語不能使人聽見。不道就不恭，不使人聽見就不能服從，這已經沒有守體的神氣了。」

（十）經 九月己亥葬我小君齊歸。

傳 九月，葬齊歸，公不慼。晉士之送葬者歸以語史趙。史趙曰：「必爲魯郊①。」侍者曰：「何故？」曰：「歸姓也。不思親，祖不歸也。」叔向曰：「魯公室其卑乎？君有大喪，國不廢蒐，有三年之喪而無一日之慼，國不恤喪，不忌君也。君無慼容，不顧親也。國不忌君，君不顧親，能無卑乎？殆其失國。」

【今註】①必爲魯郊：必定在魯國的郊外。

【今譯】九月，葬齊歸，昭公不難過。晉國人來送葬的回去告訴史趙，史趙說：「昭公必定被趕出到郊野去。」旁邊人問：「這什麼原故？」史趙說：「他是歸姓之子，不想他的母親，祖先不會來保佑。」叔向說：「魯國的公室恐怕要卑下了？國君有大的喪事，而國家不廢除在比蒲的大蒐，有三年的喪事，而沒有一天的慼慼，國家不憐恤喪事，這是不怕魯君，國君沒有悲慼的容貌，是不管他的母親。國家不怕君，君不管他的母親，能不卑下嗎？恐怕要丟掉國家了。」

(十一)

經 冬十有一月丁酉楚師滅蔡，執蔡世子有以歸用之。

傳 冬十一月，楚子滅蔡，用隱大子于岡山①，申無宇曰：「不祥，五牲不相為用，況用諸侯乎？王必悔之。」

【今註】①用隱大子于岡山：把蔡靈公的太子，在岡山來用做祭祀。岡山是地名，方輿紀要說：「今河南上蔡縣東十五里有蔡岡，是為岡山。」隱太子是蔡侯廬的父親。

【今譯】冬十一月，楚王把蔡國滅掉，用隱太子在岡山祭祀，申無宇說：「這不祥，牛、羊、雞、犬、豕五牲不能互相使用，何況用諸侯呢？王將來必定後悔。」

(十二)

傳 十二月單成公卒。

【今譯】 十二月單成公死了。

(十三)

傳 楚子城陳，蔡不羹，①使棄疾為蔡公。王問於申無宇曰：「棄疾在蔡何如？」對曰：「擇子莫如父，擇臣莫如君。鄭莊公城櫟②而寘子元焉，使昭公不立。齊桓公城穀③而寘管仲焉，至于今賴之。臣聞五大不在邊，五細不在庭，親不在外，羈不在內。今棄疾在外，鄭丹在內④，君其少戒。」王曰：「國有大城何如？」對曰：「鄭京櫟實殺曼伯，宋蕭亳實殺子游⑤，齊渠丘實殺無知⑥，衞蒲戚實出獻公⑦。若由是觀之則害於國。末大必折，尾大不掉⑧，君所知也。」

【今註】①不羹：一統志說：「東不羹在河南舞陽縣西北，西不羹在襄城縣東南二十里，俗呼堯城。」②櫟：在今河南省禹縣。③縠：齊邑，今山東省東阿縣治。④鄭丹在內：在襄公十九年，鄭丹奔到楚國去。⑤宋蕭亳實殺子游：在魯莊公十二年時。⑥齊渠丘實殺無知：在魯莊公九年。⑦衞蒲戚實出獻公：蒲是甯殖的邑，戚是孫林父的邑。就把衞獻公驅逐出去，在魯襄公十四年。⑧末大必折，尾大不掉：末端要是太大了必定折斷，尾巴大了就沒法周旋。

【今譯】楚子大修陳蔡兩個不羹的城，派棄疾做蔡公。楚王就問申無宇說：「棄疾在蔡怎麼樣？」回答說：「選擇兒子莫如父親，選擇臣莫如君。鄭莊公修了櫟這個城，而把子元擱在那裡，就因此昭公不能立。齊桓公修穀這個城，而將管仲擺在那裡，到現在全仰仗着他。我聽見說五種大臣不能在邊疆上，五種小臣不能在朝庭裡邊，親不能在外面，逃來的人不能在裡面。現在棄疾在外面，鄭丹在裡面，你可以稍為戒備戒備了。」王又說：「國家有大城怎麼樣？」回答說：「鄭國的京櫟兩城，實在殺了曼伯，宋國的蕭亳兩城，實在殺了子游，齊國渠丘實在殺了無知，衞國蒲戚兩城，實在使獻公出奔，要由這裡看起來，大城就有害於國家。樹的末尾大必定斷，魚的尾大就沒有方法轉，這是亦所知道的。」

昭公十有二年（公元前五百三十年）

（一）經 春，齊高偃帥師納北燕伯于陽。

傳 齊高偃納北燕伯款于唐，因其衆也①。

【今註】①因其衆也：因為唐地衆人希望他回來。

【今譯】十二年春天，齊國的高偃把北燕伯款送回到唐，這是因爲唐地衆人希望他回來。

（二）

經 三月壬申，鄭伯嘉卒。

傳 三月，鄭簡公卒，將爲葬除①，及游氏之廟，將毀焉。子大叔使其除徒執用以立，而無庸毀，曰：「子產過女，而問何故不毀。乃曰：『不忍廟也。』諾，將毀矣。既如是，子產乃使辟之。司墓之室有當道者②，毀之則朝而塴③，弗毀則日中而塴，子大叔請毀之曰：「無若諸侯之賓何？」子產曰：「諸侯之賓能來會吾喪，豈憚日中？無損於賓而民不害，何故不爲？」遂弗毀，日中而葬。君子謂子產於是乎知禮，禮無毀人以自成也。

【今註】①將爲葬除：爲的下葬開除道路。②司墓之室有當道者：管墓地的人住的房子，有當着道路的。③毀之則朝而塴：要毀了這個房子，早晨就可以下棺材。

【今譯】三月，鄭簡公死了，將爲葬事而除道路，到了游氏的廟中，將把廟毀掉。游吉叫他們的人拿着毀廟用具站到那裡，但是不要將廟毀掉，就告訴他們說：「子產要來了，問你們爲什麼不毀廟，就說：『這是不忍毀這廟。』如果你們答應諾，那就要毀廟了。」既然這樣回答，子產就叫他們避開這裡。有一個管墳的房子，恰好擋着這個道路，要毀掉他，早晨就可以下棺材，要不毀就中午才能下棺材，游吉請求毀掉這個房屋，說：「不要使諸侯的客人因爲這個原故，而留得過久？」子產就說：「諸侯的客人可以來會同我們下葬，難道怕過了中午，既然對賓客沒有損失，對人民沒有害處，爲什麼不做呢？」於是就沒有毀，中午才下葬。君子說子產很知道禮，論禮是不要毀人以自己成全。

（三）

經　夏宋公使華定來聘。

傳　夏宋華定來聘，通嗣君也，享之，為賦蓼蕭①，弗知又不答賦。昭子曰：「必亡。宴語之不懷，寵光之不宣，令德之不知，同福之不受，將何以在？」

【今註】①蓼蕭：這是詩經小雅的一篇。

【今譯】夏天宋國華定來聘問，這是為的宋元公新即位的緣故。給他宴享，為他歌唱蓼蕭這篇詩，華定不懂，又不能回答賦詩。叔孫婼說：「他必定逃亡，對於宴會語言也不想，對於優待他也不宣揚，令德也不知道，同享天祿也不接受，他怎麼能夠存在呢？」

（四）

傳　齊侯、衞侯、鄭伯、如晉，朝嗣君也。

【今譯】齊侯、衞侯、鄭伯全到晉國，為朝晉昭公的緣故。

（五）

經　公如晉，至河乃復。

傳　公如晉，至河乃復。取鄆之役①，莒人愬于晉，晉有平公之喪，未之治也，故辭公，公子慭②遂如晉。晉侯享諸侯，子產相鄭伯，辭於享，請免喪而後聽命。晉人許之，禮也。晉侯以齊侯晏，中行穆子相，投壺，晉侯先。穆子曰：「有酒如淮，有肉如坻，寡君中此，為諸侯師。」中之。齊侯舉矢曰：「有酒如澠，有肉如陵，寡人中此，與君代興。」亦中之。伯瑕謂穆子曰：「子失辭，吾固師諸侯矣，壺何爲焉，其以中儁也。齊君弱吾君，歸弗來矣。」穆子曰：「吾軍帥彊禦，卒乘競勸，今猶古也，齊將何事？」公孫傁③趨進曰：「日旰君勤，可以出矣。」以齊侯出。

【今註】①取郠之役：在魯昭公十年。②公子慭：魯大夫。③公孫傁：齊大夫。

【今譯】魯昭公也到晉國，到了河邊上就回來了。因爲佔領郠這件事，莒國人到晉國指控魯國，晉國恰好有平公的喪事，所以沒法管這件事，就辭讓昭公不要去，魯大夫公子慭就到晉國去。晉昭公享宴諸侯，子產給鄭伯相禮，鄭伯辭掉享宴，因爲鄭簡公還沒有下葬，請求免喪之後再聽從晉國的命令，晉國人答應他，這是很合禮的。晉昭公宴齊侯，荀吳相禮，行投壺的禮節，晉侯先投壺，荀吳說：「有酒跟淮水一樣，跟坻山那麼多的肉，寡君要投壺中了，就做諸侯的師。」投壺果然中了。齊侯也舉起投壺的箭說：「有酒跟澠水那麼多，有肉如山陵，寡人投壺若中了，就跟你晉君代興。」也投中了。伯瑕對荀吳說：「你說錯話了，我已經做諸侯的老師了，壺有什麼用，以爲投中就奇怪嗎？齊國君看不起我們君，回去就不再來。」荀吳說：「我的軍隊很強盛，將士全都很努力，現在同古代一樣，齊國有什麼辦法呢？」齊大夫公孫傁跑進去說：「天色已晚，人君也勞累了，我們可以出去了。」就領着齊侯出去。

（六）經五月葬鄭簡公，楚殺其大夫成熊。

傳楚子謂成虎若敖之餘也，遂殺之，或譖成虎於楚子，成虎知之而不能行。書曰楚殺其大夫虎，懷寵也①。

【今註】①懷寵：他因爲懷念楚王的寵愛。

【今譯】楚子說成虎是若敖的餘黨，就把他殺掉了。有人對楚王說成虎的壞話，成虎已經知道，但是他不能走。春秋上寫着楚子殺他大夫成虎，這是因爲成虎懷念楚王的寵愛。

（七）傳 六月葬鄭簡公。

【今譯】六月葬鄭簡公。

（八）經 秋七月。

傳 晉荀吳僞會齊師者，假道於鮮虞①，遂入昔陽②。秋八月壬午，滅肥③，以肥子緜皐歸。

【今註】①鮮虞：友人陳槃先生說：「以昭十五年左傳：『晉荀吳帥師伐鮮虞。』晉語作：『中行穆子帥師伐狄。』荀吳卽中行穆子，彼云伐鮮虞，此云伐狄，是鮮虞狄類。」杜注似無誤。又錢大昕通鑑注，引姓譜云：「武王封箕子於朝鮮，支子仲食采於于，因以鮮于爲氏。是鮮虞與鮮于，是一非二矣。初封爲子姓國，其後晉滅子姓之鮮虞而封以姬姓，故曰先子姓，後姬姓耳。」（見春秋大事表譔異續編四）。②昔陽：程發軔先生說：此年之昔陽當以今河北省晉縣爲最確。③肥：彙纂說：「卽今河北藁城縣西南七里之肥累城是也。」

【今譯】晉荀吳假作會合齊國軍隊，在鮮虞借道，就攻入昔陽。秋天八月壬午，滅掉肥，逮着肥子緜皐回到晉國。

（九）傳 周原伯絞虐。其輿臣使曹逃①。冬十月壬申朔，原輿人逐絞而立公子跪尋②，絞奔郊③。

【今註】①使曹逃：叫他們一群的逃走。②跪尋：是絞的弟弟。③郊：周地。案方輿紀要說：「河南鞏縣西南五十八里，有鄩城。周鄩邑也。左傳昭公二十三年『王師晉師圍郊，郊鄩潰。』是年「絞奔郊」應卽此。」

【今譯】周國大夫原伯絞暴虐，他的衆臣就使大夥一起逃走。冬天十月壬申朔，原國的衆人驅逐了原伯絞，而立了他弟弟公子跪尋，絞就逃到郊這地方去了。

(十)

傳 甘簡公①無子，立其弟過。過將去成景之族②。成景之族賂劉獻公③。丙申，殺甘悼公④，而立成公之孫鰌。丁酉，殺獻太子之傅庾皮之子過，殺瑕辛于市，及宮嬖綽、王孫沒、劉州鳩、陰忌、老陽子⑤。

【今註】①甘簡公：周卿士。②成景之族：甘成公同甘景公全是甘過的祖先。③劉獻公：劉定公的兒子也是周卿士。④甘悼公：卽甘過。⑤瑕辛、宮嬖綽、王孫沒、劉州鳩、陰忌、老陽子：六人都是周大夫，全是甘悼公的黨羽。

【今譯】甘簡公沒有兒子，立了他的弟弟甘過。甘過想着去掉甘成公同甘景公的後人。甘成公同甘景公的後人就賄賂了劉獻公。丙申，殺了甘過，而立了成公的孫子甘鰌。丁酉，殺獻太子的師傅庾皮的兒子過，殺瑕辛在市上，同宮嬖綽、王孫沒、劉州鳩、陰忌、老陽子六人。

(十一)

經 冬十月公子慭出奔齊。

傳 季平子立而不禮於南蒯①，南蒯謂子仲②：「吾出季氏而歸其室於公，子更其位，我以費爲公臣。」子仲許之。南蒯語叔仲穆子③，且告之故。季悼子之卒也，叔孫昭子以再命爲卿。及平子伐莒克之，更受三命。叔仲子欲構二家，謂平子曰：「三命踰父兄，非禮也。」平子曰：「然。」故使昭子④。昭子曰：「叔孫氏有家禍，殺適立庶，故婼也及此。若因禍以斃之，則聞命矣。若不廢君命，則固有著矣⑤。」昭子朝而命吏曰：「婼將與季氏訟，書辭無頗。」季孫懼而歸罪於叔仲子，故叔仲小、南蒯、公子憖謀季氏，憖告公。而遂從公如晉，南蒯懼不克，以費叛如齊。子仲還及衞，聞亂逃，介而先，及郊，聞費叛，遂奔齊。南蒯之將叛也，其鄉人或知之，過之而歎，且言曰：「恤恤乎，湫乎攸乎，深思而淺謀，邇身而遠志，家臣而君圖，有人矣哉！」南蒯枚筮之，遇坤䷁之比䷇，曰：「黃裳元吉。」以爲大吉也。示子服惠伯曰：「即欲有事，何如？」惠伯曰：「吾嘗學此矣，忠信之事則可，不然必敗。外彊內溫，忠也。和以率貞，信也。故曰：『黃裳元吉。』黃中之色也，裳下之飾也，元善之長也。中不忠不得其色，下不共不得其飾，事不善不得其極。外內倡和爲忠，率事以信爲共，供養三德爲善，非此三者弗當。且夫易不可以占險，將何事也，且可飾乎？中美能黃，上美爲元，下美則裳，參成⑥可筮，猶有闕也，筮雖吉未也。」將適費，飲鄉人酒，鄉人或歌之曰：「我有圃生之杞乎？從我者子乎？去我者鄙乎？倍其隣者恥乎？已乎已乎！非吾黨之士乎？」平子欲使昭子逐叔仲小，小聞之不敢朝，昭子命吏謂小待政於朝，曰：「吾不爲怨府。」

【今註】 ①南蒯：南遺的兒子，是季孫氏費邑的宰。 ②子仲：公子慭。慭音（ㄧㄣˋ）。 ③叔仲穆子：叔仲帶的兒子叔仲小。 ④昭子：叔孫婼。 ⑤則固有著矣：現在已經有了明白的位置。 ⑥參成：三種全完備。

【今譯】 季孫意如立了以後，對南蒯不禮貌，南蒯對公子慭說：「我把季氏趕出去，而把他的家財歸到公家，你替代他的位置，我用費的地方，做公家的臣。」公子慭答應了。南蒯又對叔仲小說這件事，並且告訴他的原故，在季悼子死的時候，叔孫婼以再命令做卿。等到季孫意如伐了莒以後，打勝了仗，他更受到三命。叔仲小想着使季孫同叔孫兩家不和，就對季孫意如說：「三命超過父兄，這是不合禮的。」季孫意如說：「很對。」所以想使叔孫婼自己貶黜。叔孫婼就說：「叔孫氏有家禍，殺嫡而立了庶子，所以我就達到這個地位。要是因爲亂事而把我殺掉，那祇好聽從命令。要不廢君的命令，則已經有明白的地位。」叔孫婼上朝對吏說：「婼要跟季氏打官司，你們寫的不要有偏向。」季孫害怕了，就把說的話歸罪給叔仲小，所以叔仲小、南蒯、公子慭謀推翻季氏，公子慭告訴昭公，就同昭公到晉國去，南蒯怕不能成功把費的地方反叛了到齊國去。公子慭回來到了衞國，聽見亂了就逃走，派他的副使先回國，到了城外，聽見費已經反叛，就逃到齊國去。南蒯將反叛的時候，他的鄉人有的知道，過他的門口就嘆息，並且說：「憂愁啊！愁啊！憂啊！深的思想，而淺的計謀，身近而志向很遠，家臣而圖謀君國的事，現在眞有這個人啊！」南蒯占卜是何吉凶，遇見坤卦變到比卦，說：「黃裳元吉。」他以爲這很大的吉兆。就給子服惠伯看，說：「就想辦事情，怎麼樣？」子服惠伯說：「我曾研究這個卦，如果忠信的事情就可以成功，要不然必定失敗。外邊強盛而內裡溫和，這是忠。和平以循貞正，這是信。所以說：『黃裳元吉。』黃是中的顏色，裳是下邊的裝飾，元是善的長處。中要不忠實就不得到他的黃顏色，下邊不恭敬就不得到他的裝飾，事情不合禮就不得到他的極端。外內全都相和叫做忠，行事用信實叫做共，供養正直、剛克、柔克三德叫做善，不是這三件事，不能用這個卦。並且這個易卦不可以占險的事情，這是什麼事情呢，還可以裝飾嗎？中美能黃，上美能元，下美則變成裳，這三件事能夠完備，就可以占卦，現在尚有一點闕的地方，占卦雖然好，但是還沒有成功。

」南蒯想到費去，飲他的鄉下人的酒，鄉人有的唱歌說：「我的圃中生有杞，從我的人是你，去我的人就變成鄙陋，背他的親戚是羞恥，你要不改，就不是我們黨裡的人。」季孫意如想着使叔孫婼驅逐叔仲小，叔仲小聽見說了不敢上朝，叔孫婼命吏叫小到朝上等待，並且說：「我不要怨望聚集在我身上。」

(十二)

經　楚子伐徐。

傳　楚子狩于州來，次于潁尾①，使蕩侯、潘子、司馬督、囂尹午，陵尹喜②帥師圍徐，以懼吳，楚子次于乾谿③，以爲之援。雨雪，王皮冠、秦復陶④、翠被⑤、豹舄、執鞭以出，僕析父⑥從。右尹子革夕。王見之，去冠被舍鞭，與之語曰：「昔我先王熊繹⑦與呂級⑧王孫牟⑨燮父⑩禽父並事康王，四國皆有分，我獨無有。今吾使人於周，求鼎以爲分，王其與我乎？」對曰：「與君王哉，昔我先王熊繹辟在荊山⑪，篳路藍縷以處草莽，跋涉山林以事天子，唯是桃弧棘矢以共禦王事。齊王舅也，晉及魯衞王母弟也，楚是以無分，而彼皆有。今周與四國服事君王，將唯命是從，豈其愛鼎？」王曰：「昔我皇祖伯父昆吾⑫舊許是宅，今鄭人貪賴其田而不我與，我若求之，其與我乎？」對曰：「與君王哉。周不愛鼎，鄭敢愛田。」王曰：「昔諸侯遠我而畏晉，今我大城陳蔡不羹，賦皆千乘，子與有勞焉，諸侯其畏我乎？」對曰：「畏君王哉。是四國者⑬專足畏也，又加之以楚，敢不畏君王哉。」工尹路請曰：「君王命剝圭以爲鏚柲，敢請命。」王入視之，析父謂子革：「吾子楚國之望也，今與王言如響，國其若之何？」子革曰：「摩厲以須，王出，吾刃將斬矣。」王出復語，左史倚相趨過。王曰：「是良史也，子善視之，是能讀三墳五典八索九丘。」對曰：「臣嘗問焉，昔穆王欲肆其心，周行天下，將皆必有車轍馬跡焉。祭公謀父作祈招之詩以止王心，王是以獲沒於祇宮。臣問其詩而不知也，若問遠焉，其焉能知之？」王曰：「子能乎？」對曰：「能。其詩曰：『祈招之愔愔，式昭德音，思我王度，式如玉，式如金，形民之力，而無醉飽之心。』」王揖而入，饋不食，寢不寐，數日，不能自克，以及於難。仲尼曰：「古也有志，克己復禮，仁也。信善哉？楚靈王若能如是，豈其辱於乾谿？」

【今註】①潁尾：在今安徽正陽關北，爲壽縣鳳臺潁上三縣接界處。②蕩侯、潘子、司馬督、囂尹午、陵尹喜：五人都是楚大夫。③乾谿：在安徽亳縣東南七十里。④秦復陶：秦國所送羽毛做的衣服。⑤翠被：拿翠羽裝飾的被。⑥僕析父：楚大夫。⑦熊繹：楚國始封的君。⑧呂級：齊太公的兒子丁公。⑨王孫牟：衞康叔的兒子康伯。⑩燮父：晉國唐叔的兒子。⑪荆山：在湖北省南漳縣西。⑫昆吾：江永說先建國在濮陽。⑬四國者：陳蔡二個不羹。

【今譯】楚王冬天在州來地方打獵，兵馬宿於潁尾地方，順便差蕩侯、潘子、司馬督、囂尹午、陵尹喜領軍隊去圍徐國，借此恐嚇吳國。楚王自己駐紮在乾谿，做五大夫的後援。那時正當下雪，王戴了皮帽子，著了秦國送的羽衣，肩上再披了翠羽的霞帔，著了豹皮做的鞋子，執了馬鞭走出來，僕析父跟在後面。剛巧右尹子革將夜來見，王就見他，去掉皮帽翠披，丟掉鞭子，和他講談說：「從前我先王熊繹，和呂級王孫牟燮父禽父一同事奉周康王，後來四國都分着珍寶器皿，我國獨沒有。如今我差人到周朝去，要他的九鼎來做我的份兒，王肯給我麼？」

子革答說：「給君王的呢！從前我們先王熊繹僻處在荊山地方，坐了柴車，著了破衣服，開闢那草莽，跋涉這山川，去服事天子。只貢些桃弧棘矢給王抵抗那不祥的事。齊是王的母舅，晉和魯衞是王的母弟，楚國所以沒有份兒，他們是都有的。如今周朝和那四國，都來服事你君王了，專聽你君王的命令呢，難道還敢愛九鼎嗎？」靈王說：「從前我皇祖伯父叫昆吾，本是居在許地的，如今鄭人貪靠那許田的出產，不肯給我，我如果去要求，他肯給我的麼？」子革答說：「給君王的呢！周朝尚且不敢愛那九鼎，鄭國敢愛那田麼？」靈王說：「從前諸侯都遠離我，却怕着晉國，如今我築城在陳蔡不羹，兵車都有一千乘，就是你也有功勞的，諸侯能怕我麼？」子革答說：「怕你君王的呢！單是這陳、蔡、兩不羹四個國，已經夠怕的了；再加上個楚國，那敢不怕你君王呢？」說到這裏就有個工官叫路的，進來請問楚王說：「君王差我破了圭上的玉裝飾斧柄，敢問要怎麼做法？」王便進去看。析父就對子革說：「你是楚國有聲望的人，如今和王講話，好像應聲響，一味依着，國家要怎麼辦呢？」子革說：「磨快了我的刀口等待着王出來，我刀口便要斬下去了！」靈王出來，便再講話；剛巧左史名倚相的在庭中走過，王說：「這倒是個好的史官，你要好好看待他的！他能讀得三墳五典八索九丘這些古書呢！」子革答說：「曾經有一事問他過的，從前周穆王要暢快他的心願，周行天下，要想處處都有他的車馬轍跡。祭公謀父便作祈招一篇的詩，阻住王這心念，穆王因此才得善終於祇宮中。臣問他詩中怎樣說，他却不知道。如果再問他遠些的事，他那裏能知道呢？」王說：「你能知道麼？」子革答說：「能夠的。他的詩中說：『祈父掌管了甲兵，很能安和不迫，並能昭明周王的德音，使人民想念周王的法式器局，如金玉的堅重。又使周王用民力有個分寸，並沒有過求醉飽的心念。』」靈王聽了這話，就對子革作一個揖，走了進去，吃也不吃，睏也不睏的，接連有好幾天，但終究不能克制自己，所以後來仍遭了難。仲尼說：「從前書上有記過的：『能克制自己，歸到禮法上去，方是仁人。』這句話眞正好啊！楚王如果能夠這般，那裏還要受辱在乾谿那裏呢？」

(十三) 經 晉伐鮮虞。

傳 晉伐鮮虞，因肥之役也。

【今譯】 晉國討伐鮮虞，是因爲肥的戰役。

卷二十四　昭公四

昭公十有三年（公元前五百二十九年）

(一)
經 叔弓帥師圍費。

傳 春，叔弓圍費，弗克敗焉①。平子怒，令見費人執之以爲囚俘。冶區夫②曰：「非也。若見費人，寒者衣之，飢者食之，爲之令主而共其乏困，費來如歸，南氏亡矣，民將叛之，誰與居邑？若憚之以威，懼之以怒，民疾而叛爲之聚也，若諸侯皆然，費人無歸，不親南氏，將焉入矣！」平子從之，費人叛南氏。

【今註】①弗克敗焉：他沒有能成功，爲費人所敗。②冶區夫：魯大夫。

【今譯】十三年春，叔弓圍了費城，沒有能成功，爲費人所打敗，季孫意如就發怒，令看見費人就逮起來，做爲俘虜。魯大夫冶區夫說：「這不對，要是看見費人，沒有衣服的就給他衣服，沒有吃的人就給他吃飯，做費人的好主人，而供給他的乏困，費人全來這兒歸依你，南氏就亡了。人民將對他反叛，誰肯住在那裏？要是拿威嚴來使他害怕，拿惱怒來威嚇他，這使費人都害怕而叛，聚集到南氏那裏，要是諸侯全這樣辦，費人沒處可去，那麼他不同南氏親近，將到何處去呢？」季孫意如就聽從這話，費人對南氏反叛了。

（二）

[經] 夏四月楚公子比自晉歸于楚，弑其君虔于乾谿。楚公子弃疾殺公子比。

[傳] 楚子之爲令尹也，殺大司馬薳掩而取其室①，及即位，奪薳居田②，遷許而質許圍③，蔡洧有寵於王，王之滅蔡也，其父死焉④，王使與於守而行。申之會⑤，越大夫戮焉，王奪鬬韋龜中犫⑥，又奪成然⑦邑，而使爲郊尹，蔓成然故事蔡公，故薳氏之族。及薳居、許圍、蔡洧、蔓成然，皆王所不禮也，因羣喪職之族，啓越大夫常壽過作亂，圍固城克息舟⑧城而居之。觀起之死也，其子從在蔡事朝吳⑨，曰：「今不封蔡，蔡不封矣，我請試之。」以蔡公之命召子干、子晳，及郊而告之情⑩，强與之盟入襲蔡，蔡公將食，見之而逃。觀從使子干食⑪，坎用牲加書而速行⑫，己徇於蔡曰：「蔡公召二子將納之，與之盟而遣之矣，將師而從之⑬。」蔡人聚將執之⑭。辭曰：「失賊成軍，而殺余何益？」乃釋之。朝吳曰：「二三子若能死亡，則如違之⑮，以待所濟；若求安定，則如與之，以濟所欲且違上，何適而可？」衆曰：「與之。」乃奉蔡公，召二子而盟于鄧⑯，依陳蔡人以國。楚公子比、公子黑肱、公子弃疾、蔓成然、蔡朝吳帥陳蔡不羹許葉之師，因四族之徒⑰，以入楚，及郊，陳蔡欲爲名，故請爲武軍。蔡公知之，曰：「欲速，且役病矣，請藩而已。」乃藩爲軍。蔡公使須務牟與史猈⑱先入，因正僕人殺大子祿及公子罷敵⑲。公子比爲王，公子黑肱爲令尹，次于魚陂⑳。

公子弃疾爲司馬，先除王宮，使觀從從師于乾谿，而遂告之㉑，且曰：「先歸復所，後者劓。」師及訾梁㉒而潰。王聞羣公子之死也，自投于車下曰：「人之愛其子也，亦如余乎？」侍者曰：「甚焉！小人老而無子，知擠于溝壑矣。」王曰：「余殺人子多矣，能無及此乎？」右尹子革曰：「請待于郊，以聽國人。」王曰：「衆怒不可犯也！」曰：「若入於大都而乞師於諸侯。」王曰：「皆叛矣。」曰：「若亡於諸侯以聽大國之圖君也。」王曰：「大福不再，祇取辱焉。」然丹乃歸于楚。王沿夏將欲入鄢，芋尹無宇之子申亥曰：「吾父再奸王命，王弗誅，惠孰大焉。君不可忍，惠不可弃，吾其從王。」乃求王遇諸棘闈㉓以歸。夏五月癸亥，王縊于芋尹申亥氏，申亥以其二女殉而葬之。觀從謂子干曰：「不殺弃疾，雖得國猶受禍也。」子干曰：「余不忍也。」子玉㉔曰：「人將忍子，吾不忍俟也！」乃行，國每夜駭曰：「王入矣！」乙卯夜，弃疾使周走而呼曰：「王至矣！」國人大驚。使蔓成然走告子干子晳曰：「王至矣！國人殺君司馬，將來矣。君若早自圖也，可以無辱。衆怒如水火焉，不可爲謀。」又有呼而走至者曰：「衆至矣！」二子皆自殺。丙辰，弃疾即位，名曰熊居，葬子干于訾，實訾敖。殺囚衣之王服而流諸漢，乃取而葬之，以靖國人。使子旗㉕爲令尹。楚師還自徐，吳人敗諸豫章，獲其五帥㉖。平王封陳蔡，復遷邑㉗，致羣賂，施舍寬民，有罪舉職。召觀從，王曰：「唯爾所欲。」對曰：「臣之先佐開卜。」乃使為卜尹。使枝如子躬聘于鄭，且致犨櫟之田，事畢弗致。鄭人請曰：「聞諸道路，將命寡君以犨櫟，敢請命。」對曰：「臣未聞命。」既復，王問犨櫟，降服而對曰：「臣過失命，未之致也。」王執其手曰：「子毋勤，姑歸，不穀有事其告子也。」他年芊尹申亥以王柩告，乃改葬之。初，靈王卜曰：「余尚得天下。」不吉，投龜詬天而呼曰：「是區區者而不余畀，余必自取之。」民患王之無厭也，故從亂如歸。初，共王無冢適，有寵子五人，無適立焉，乃大有事于羣望，而祈曰：「請神擇於五人者使主社稷。」乃徧以璧見於羣望曰：「當璧而拜者，神所立也，誰敢違之。」既乃與巴姬㉘，密埋璧於大室之庭㉙，使五人齊而長入拜，㉚康王跨之，靈王肘加焉，子干，子晳皆遠之，平王弱，抱而入，再拜皆厭紐㉛。鬬韋龜屬成然焉，且曰：「弃禮違命，楚其危哉！」子干歸，韓宣子問於叔向曰：「子干其濟乎？」對曰：「難。」宣子曰：「同惡相求，如市賈焉，何難？」對曰：「無與同好，誰與同惡？取國有五難，有寵而無人，一也，有人而無主，二也。有主而無謀，三也。有謀而無民，四也。有民而無德，五也。子干在晉十三年矣，晉楚之從不聞達者，可謂無人。族盡親叛，可謂無主。無釁而動，可謂無謀。為羈終世，可謂無民。亡無愛徵，可謂無德。王虐而不忌，楚君子干涉五難以弒舊君，誰能濟之？有楚國者其弃疾乎？君陳蔡，城外屬焉。苛慝不作，盜賊伏隱，私欲不違，民無怨心，先神命之，國民信之。芈姓有亂，必季實立，楚之常也。獲神一也㉜。有民二也，令德三也，寵貴四也，居常五也㉝，有五利以去五難，誰能害之？子干之官則右尹也，數其貴寵則庶子也，以神所命則又遠之，其貴亡矣，其寵弃矣，民無懷焉，國無與焉，將何以立？」宣子曰：「齊桓晉文不亦是乎？」對曰：「齊桓，衞姬之子也，有寵於僖，有鮑叔牙、賓須無、隰朋以爲輔佐，有莒衞以爲外主，有國高以爲內主，從善如流，下善齊肅，不藏賄，不從欲，施舍不倦，求善不厭，是以有國，不亦宜乎？我先君文公，狐季姬之子也，有寵於獻，好學而不貳，生十七年，有士五人，有先大夫子餘、子犯以爲腹心，有魏犫賈佗以爲股肱，有齊、宋、秦、楚，以爲外主，有欒、郤、狐、先以爲內主，亡十九年，守志彌篤，惠懷弃民，民從而與之，獻無異親，民無異望㉞，天方相晉，將何以代文？此二君者異於子干。共有寵子㉟，國有奧主，無施於民，無援於外，去晉而不送，歸楚而不逆，何以冀國？」

【今註】①殺大司馬薳掩而取其室：這件事在襄公三十年。②奪薳居田：薳居是薳掩的本家，奪到薳居的田地。③許圍：許大夫。④王之滅蔡也，其父死焉：楚靈王滅蔡國在魯昭公十一年。蔡洧的父親被打死。⑤申之會：在魯昭公四年。⑥鬬韋龜中犫：鬬韋龜是令尹子文的玄孫。中犫：在今河南魯山。⑦成然：蔓成然。

⑧息州：在河南省息縣東北四十里有固城集。⑨朝吳：蔡大夫，聲子的兒子。⑩及郊而告之情：到了近郊才告訴實情，蔡公不知道這是計謀。⑪觀從使子干食：觀從叫子干在那裡吃飯。⑫坎用牲加書而速行：用牲穿地而祭，立下盟書，叫子干趕緊走。⑬將師而從之：將率領着軍隊來幫助他。⑭將執之：將把觀從逮起來。⑮則如違之：那麼就不遵守蔡公的命令。⑯鄧：在今河南省郾城縣東南。⑰四族之徒：薳氏、許圍、蔡洧、蔓成然的黨羽。⑱須務牟、史猈：全是楚大夫。⑲大子祿、公子罷敵：全是楚靈王的兒子。⑳魚陂：一統志說：「甘魚陂在湖北省鍾祥縣南。」㉑遂告之：告訴他們對靈王反叛。㉒訾梁：大事表說：「在河南信陽縣界，有訾梁。」㉓棘闈：案方輿紀要：「河南新野鄉，有棘水，經古棘陽城，至縣東南入濟水，轉入於漢。」又說：「棘水自新野縣東，而南流入於濟水，謂之爲力口，棘力聲相近，當爲棘口也。」案棘闈即棘水之口，與王沿夏入鄢之路爲便利。㉔子玉：觀從。㉕子旗：蔓成然。㉖五帥：指着蕩侯、藩子、司馬督、跐尹午、陵尹喜五人。㉗復遷邑：把昭公九年所遷的地方，全遷回去。㉘巴姬：共王的妾。㉙大室之庭：楚國祖廟中間的庭。㉚五人齊而長入拜：五個人齋戒論着長幼去拜。齊音義同齋。㉛再拜皆厭紐：兩次拜全都壓到玉的紐上。㉜獲神一也：當璧紐來拜。㉝居常五也：最小的。㉞獻無異親，民無異望：晉獻公的兒子九個人，這時祇剩下文公。㉟共有寵子：楚共王有寵愛的兒子楚平王。

【今譯】　楚王做令尹的時候，殺了大司馬薳掩，並且佔據他的家財，到了他即王位以後，又奪到薳居的田地，把許國遷居而把許大夫圍做人質，蔡洧爲靈王所寵愛，靈王滅蔡的時候，他的父親被打死，靈王到乾溪的時候，就叫蔡洧看守着國家。在申開會時，越大夫被責備了，靈王又奪掉鬬韋龜中犨的地方，又奪掉他的兒子成然的封邑，但使他做郊尹的官，蔓成然本來事奉蔡公，是薳氏的一族。到了薳居、許圍、蔡洧、蔓成然全是靈王所不禮愛的人，於是乘着沒有職位的各族，導致越大夫常壽過作亂，圍了固城，修了息舟這城而住在那裡。觀起死的時候，他的兒子觀從在蔡事奉以前蔡大夫朝吳，觀從說：「現在要不封蔡國，蔡國永遠不會被封，我請嘗試一下。」拿蔡公的命令叫子干同子晳等到了城外方告訴他們，蔡公並不知道這件事，強迫與他盟誓，進去攻擊蔡城，蔡公正要吃飯，見了他們就逃走了。觀從叫子干在那兒吃飯，自己用牲穿地而祭，立下盟書，叫子干趕緊走，觀從自己就告訴蔡人說：「蔡公叫了子干子晳來，就要把他們納到楚國，同他們盟誓以後，叫他們先走，然後蔡公領着軍隊隨他們去。」蔡國人聚在一塊將把觀從逮起來，他就說：「失掉子干同子晳，而蔡公又已成軍，把我殺了有什麼用處？」就放了他。朝吳說：「你們若能夠為靈王死亡，那就可不遵守蔡公命令，以看事的成敗，若是求着安定，就不如從着觀從，使蔡公能夠成功，並且違背了蔡公有什麼辦法呢？」大家說：「從着他。」就奉蔡公叫了子干、子晳到鄧的地方去盟誓，依靠着陳蔡的人成立國家。楚子干、子晳、公子棄疾、蔓成然、蔡朝吳率陳蔡不羹許葉的軍隊，用蘧氏、許圍、蔡洧、蔓成然四族的人民進入楚國，到了都城的郊外，陳蔡想為報仇的名義　請立了一個堡壘，蔡公聽見說：「應該做得快，並且很勞苦，祇搭個竹籬笆。」於是竹籬笆做武軍。蔡公派須務牟與史猈先進了都城，用僕人之長殺了太子祿同公子罷敵。子干做了王，子晳做令尹，暫住到魚陂這地方。公子棄疾做司馬，先來掃除王宮，派觀從到乾谿的軍隊告訴他們，並且說：「先回來的，仍舊做原官，後回來的就削去鼻子。」跟隨靈王的軍隊回到訾梁，就潰散了。他聽見群公子死了，自己從車上跳下來說：「旁人喜歡他的兒子，也跟我一樣嗎？」待從的人說：「比你還厲害啦！小人們老了沒有兒子，就明知道必定等於掉到濠溝裡死了。」靈王說：「我殺別人的兒子很多，能不落到現在這個地步嗎？」子革就說：「請等在城郊以外，看着貴族們歸到那一邊。」靈王說：「衆人全怒了，沒有方法了！」子革又說：「若進到大城而向諸侯請求軍隊。」靈王說：「大城全都反叛了。」子革說：「若逃到旁的國以聽大國的救你。」楚靈王說：「大福祇能有一次，不能再有，祇有等着羞辱了。」子革就回到楚國都城。靈王順着漢水想到鄢城去，芋尹無宇的兒子申亥說：「我的父親兩次違反了王的命令，王不殺他，這恩惠還有再大的嗎？君不可以忍辱，恩惠不可以拋棄，我還是隨從王吧！」就在棘圍遇見王同他回到家裡。夏五月癸亥，靈王在芋申亥家上吊，申亥把他兩個女兒做殉葬。觀從跟子干說：「要不殺棄疾，雖然得了國家，也等於受禍亂。」子干說：「我忍不下心去。」觀從說：「人能夠對你忍心，我不能夠等着。」就走了。楚國每天夜裡全以為王要來。乙卯夜裡，棄疾派人轉着圈走喊着說：「王來了。」貴族們全大驚。叫蔓成然去告訴子干、子晳說：「王來了，國人已經把棄疾殺掉，他們要來殺你們。你若早預備可以不被羞辱。衆人的惱怒跟水火一樣，沒法商量。」又有人喊着跑來說：「很多人來了！」子干、子晳全自殺。丙辰，棄疾就做了王，改名叫熊居，葬子干在訾這地方，稱他爲訾敖。殺了一個囚犯，給他穿上王的衣服漂到漢水裡，再撈起來下葬，讓人知道王已死，安定大家情緒。派蔓成然做令尹，楚國軍隊從徐回來，吳國人在豫章把他打敗，得到他的五個將領。平王重新封了陳蔡，恢復九年所遷的邑，並還回從前所許的賄賂，大施舍，赦除罪人，舉了所廢的官職。叫觀從來，平王說：「隨便你要什麼？」回答說：「我的祖上曾經幫助占卜。」就派他做卜尹。叫枝如子躬到鄭國聘問，並且返回犫櫟的田地，等到事情完了，他沒有送還田地。鄭人請求說：「聽見道路傳說，將拿犫櫟還給我們君，敢問怎麼回事？」枝如子躬說：「我沒聽見說過。」等到回來，平王問對犫櫟怎麼辦？他就降服回答說：「我忘了這個命令，並沒有給他們。」平王拿着他的手說：「你不要著急，先回家吧，以後有事我才告訴你。」另一年芋尹申亥拿靈王棺材所在告訴，就把他改葬了。最初時靈王占卜說：「我可以得天下吧！」卜兆不吉，把龜板丟掉衝着天大罵說：「這一點東西，全不給我，我必定自己拿。」人民對靈王的無厭很討厭，所以跟着作亂和回家一樣的高興。最初的時候，共王並沒有嫡長的兒子，有五個兒子全很寵愛，但不知道那個當立，就大祭祀各星辰山川，祈禱說：「請神在這五人裡頭，挑一人來掌管國家。」就拿着玉石去見星辰山川說：「在玉石上邊去拜的這個人，就是神願意立的，誰也不敢違背他。」後來就同他的妾巴姬秘密的把玉埋在祖廟的當中，使五個人吃過個齋，而依着次序去拜。康王跨過玉，靈王手臂加在玉上邊，子干、子晳全都很遠，平王最年輕，抱着他進去，兩次拜全壓到玉石的紐上頭。鬬韋龜聽見說了，就把他的兒子托給平王，並且說：「放棄立長的禮，違背當璧的天命，楚國恐怕很危險了！」子干回楚國，韓起問叔向說：「子干可以成功嗎？」回答說：「很難。」韓起說：「同對一件惡事相求，這等於作生意一樣，這有什麼難處？」叔向又回答說：「沒有他同好的人，誰又跟他同惡呢？取到一個國家有五種難處，有寵愛而沒有賢人，第一件事。有賢人而沒有內主，第二件事。有內主而沒有計謀是第三件事。有計謀而沒有民衆是第四件事。有民衆而沒有德行是第五件事。子干在晉國已經十三年了，晉楚隨從的人不聽見有達人，可以說是沒有人。族也沒有了，親戚全都跟他叛逆，可以說是沒有內主。沒有大的機會而舉動，可說是沒有計謀。終身在外國住着，可以說沒有民衆。逃亡而楚人沒有喜愛他，可以說沒有德行。楚靈王很暴虐，但是沒有什麽畏懼，楚君子干有五種難處，就算殺掉舊君，誰能夠幫助他？做楚國君的大概就是棄疾，做陳蔡兩國的君方城以外全歸他管。他沒有作過壞事，盜賊全都藏了，他不用各人的私欲，去違背民間的事情，人民沒有恨他的心，各種神全都命令他，人民全都信服他。羋姓每逢到亂事，最小的兒子必定立，這是楚國的常情。得到神的命令這是第一件。有人民信仰他是第二件。他沒有做壞政第三件。他的母親有寵第四件。所佔的地位照常第五件。有這五件利去掉了五件難，誰能夠害他？子干的官祇是右尹，論他的貴寵祇是庶子，以神的命令來說又很遠，他的貴重已經沒有了，他的寵愛也拋棄了，人民也沒有懷念他，國裡沒有內主，以什麼方法來立呢？」韓起答說：「齊桓公同晉文公不是也如此嗎？」叔向回答說：「齊桓是齊僖公的妾衞姬的兒子，爲僖公所寵愛，有鮑叔牙、賓須無、隰朋做他的輔佐，有莒國、衞國做他的外主，有國高做他的內主。他從善如流水，對於善事非常的嚴敬，清不好賄賂，儉不逞私欲，施舍不倦，求善不厭煩，所以有國家，這不是很應當的嗎？我們先君文公，是狐季姬的兒子，爲晉獻公所寵愛，好學而篤志，生了十七年，有士五個人，有先大夫趙衰、狐偃做他的腹心，有魏犨、賈佗給他做股肱，有齊、宋、秦、楚做他的外主，有欒、郤、狐、先做他的內主，逃亡了十九年，他的志向更堅定，晉惠公、晉懷公拋棄了人民，人民祇能跟着文公，獻公沒有旁的親屬，人民沒有旁的希望，天方相着晉國，將怎麼樣替代文公？這兩位君同子干不同，楚共王有寵愛的兒子，國內還有棄疾，而子干對人民沒有施舍，對外沒有援救，離開晉國沒有人歡送，回到楚國沒有人迎接，怎麼樣能夠想得到國家呢？」

(三)經 秋公會劉子、晉侯、齊侯、宋公、衞侯、鄭伯、曹伯、莒子、邾子、滕子、薛伯、杞伯、小邾子于平丘，八月甲戌，同盟于平丘，公不與盟，晉人執季孫意如以歸。

傳 晉成虒祁①，諸侯朝而歸者皆有貳心。爲取郠②，晉將以諸侯來討。叔向曰：「諸侯不可以不示威。」乃並徵會告于吳。秋，晉侯會吳子于良③，水道不可，吳子辭乃還。七月丙寅，治兵于邾南，甲車四千乘，羊舌鮒攝司馬，遂合諸侯于平丘④，子產子大叔相鄭伯以會，子產以幄幕九張行，子大叔以四十，既而悔之，每舍損焉，及會亦如之。次于衞地，叔鮒求貨於衞，淫芻蕘者，衞人使屠伯⑤饋叔向羹與一篋錦，曰：「諸侯事晉未敢攜貳，況衞在君之宇下，而敢有異志。芻蕘者異於他日，敢請之⑥。」叔向受羹反錦，曰：「晉有羊舌鮒者，瀆貨無厭，亦將及矣⑦，爲此役也，子若以君命賜之，其已。」客從之，未退而禁之。晉人將尋盟，齊人不可。晉侯使叔向告劉獻公曰：「抑齊人不盟，若之何？」對曰：「盟以底信，君苟有信，諸侯不貳，何患焉！告之以文辭，董之以武師，雖齊不許，君庸多矣。天子之老請帥王賦，元戎十乘以先啓行，遲速唯君。」叔向告于齊曰：「諸侯求盟已在此矣，今君弗利寡君以爲請。」對曰：「諸侯討貳，則有尋盟，若皆用命，何盟之尋？」叔向曰：「國家之敗，有事而無業，事則不經。有業而無禮，經則不序。有禮而無威，序則不共。有威而不昭，共則不明，不明弃共，百事不終，所由傾覆也。是故明王之制，使諸侯歲聘以志業，間朝以講禮，再朝而會以示威，再會而盟以顯昭明，志業於好，講禮於等，示威於衆，昭明於神，自古以來未之或失也，存亡之道恒由是興。晉禮主盟，懼有不治，奉承齊犧，而布諸君求終事也。君曰余必廢之，何齊之有？唯君圖之，寡君聞命矣。

」齊人懼對曰：「小國言之，大國制之，敢不聽從，既聞命矣，敬共以往，遲速唯君。」叔向曰：「諸侯有間矣，不可以不示衆。」八月辛未治兵，建而不旆。壬申，復旆之，諸侯畏之。邾人，莒人，愬于晉曰：「魯朝夕伐，我幾亡矣。我之不共，魯故之以⑧。」晉侯不見公，使叔向來辭曰：「諸侯將以甲戌盟，寡君知不得事君矣，請君無勤。」子服惠伯對曰：「君信蠻夷之訴⑨，以絕兄弟之國，弃周公之後，亦惟君，寡君聞命矣。」叔向曰：「寡君有甲車四千乘在，雖以無道行之，必可畏也，況其率道，其何敵之有？牛雖瘠，僨於豚上，其畏不死⑩，南蒯子仲之憂，其庸可弃乎？若奉晉之衆，用諸侯之師，因邾、莒、杞、鄫之怒，以討魯罪，間其二憂，何求而弗克？」魯人懼聽命。甲戌，同盟于平丘，齊服也。令諸侯日中造于除，癸酉退朝，子產命外僕速張於除，子大叔止之，使侍明日。及夕，子產聞其未張也，使速往乃無所張矣。及盟，子產爭承曰：「昔天子班貢，輕重以列，列尊貢重，周之制也，卑而貢重者，甸服也。鄭伯男也，而使從公侯之貢，懼弗給也，敢以為請，諸侯靖兵好以為事，行理之命，無月不至，貢之無藝，小國有闕，所以得罪也。諸侯脩盟，存小國也。貢獻無極，亡可待也。存亡之制，將在今矣。」自日中以爭，至于昏，晉人許之。既盟，子大叔咎之曰：「諸侯若討，其可瀆乎？」子產曰：「晉政多門，貳偷之不暇，何暇討？國不競亦陵，何國之為？」公不與盟，晉人執季孫意如，以幕蒙之，使狄人守之。司鐸射⑪懷錦奉壺飲冰以蒲伏焉，守者御之，乃與之錦而入。晉人以平子歸，子服湫從。子產歸未至，聞子皮卒，哭且曰：「吾已，無爲爲善矣，唯夫子知我。」仲尼謂子產於是行也，是以爲國基矣。詩曰：「樂只君子，邦家之基⑫。」子產君子之求樂者也。且曰合諸侯，藝貢事，禮也。

【今註】①虒祁：在昭公八年。②取鄆：在昭公十年。③良：方輿紀要說：「今江蘇邳縣北六十里有良城故城。」④平丘：衞地。長垣縣志說：「平邱城在今縣城西南五十里。」一統志同。⑤屠伯：衞大夫。⑥敢請之：叫他止住。⑦亦將及矣：他不久也將及禍。⑧魯故之以：因爲魯國的緣故。⑨君信蠻夷之訴：你聽信邾國同莒國的告訴。⑩牛雖瘠，僨於豚上，其畏不死：牛雖然很瘦，但是他若爬到豬的身上，也會把豬嚇死。⑪司鐸射：魯大夫。⑫樂只君子，邦家之基：詩經小雅的一句話。君子掌政權，這是邦家的基礎。

【今譯】晉國修虒祁的宮，諸侯朝晉回去的全有背離的心意。爲取鄆的地方，晉將率領着諸侯來討魯國。叔向說：「對諸侯不可以不示威。」並且預備開會告訴吳國。秋，晉侯同吳王在良這地方開會，水道不方便，吳人辭謝不來開會。七月丙寅，預備軍隊在邾國南邊，共有車四千輛，羊舌鮒攝司馬的官，就在平丘會合諸侯。子產、游吉爲鄭伯相禮來開會。子產做了帳蓬九個，游吉先做了四十個，後來又後悔了，每次住的地方，就去掉若干個，到了開會的時候，同子產數目相同。到了衞國的地方，羊舌鮒爲了對衞國求賄賂，放任芻蕘的人，衞人使他大夫屠伯送給叔向羹湯同一篋錦緞，並且說：「諸侯事奉晉國，沒有敢有貳心，何況衞國等於在晉國屋宇下，還敢有異心嗎？砍草的人同旁的天情形不同，請把他止住。」叔向受了羹湯，還回他的錦緞說：「晉國有羊舌鮒，想要賄賂，沒有厭心，他也將及於禍了，至於現在這件事，你若以君命來賞賜他，他也就可以止住了。」於是派去的人就照這樣辦沒有退回，羊舌鮒就禁止砍草的人。晉人想着重申從前的盟誓，齊人不贊成。晉侯派叔向告訴王卿士劉獻公說：「齊人不願意盟，怎麼辦？」劉獻公回答說：「盟是爲的得到信實，君苟有信實，諸侯沒有貳心，這還有什麼可怕的呢？用文辭來告訴他，並且用武力來督帥他，齊國就是不答應，你的功勞也很大。天子的大夫請率領王的軍隊，元戎十輛在先頭走，早晚全聽你的命令。」叔向告訴齊國說：「諸侯求盟已經在此地，你不贊成，但是寡君就要請求你。」齊國回答說：「諸侯討貳心的，方才有重申盟誓的擧動，若全都服從命令，有什麼盟可以重申呢？」叔向說：「國家的敗壞，在有事而沒有貢賦，事就不能有常，有貢賦而沒有禮，雖有常也不能按着次序。有禮而沒有威望，次序就不恭敬。有威望而不昭明，恭敬就不明顯。不明顯就棄了恭敬，百事全不能到底，就是所以顚覆的原故。所以明王的制度，使諸侯每歲來聘問，以表明他的志業。隔歲來朝貢以講求禮節，再朝貢就開會，以表示威嚴，再開會就盟誓，以顯示昭明，志業於好處，就是爲的聘問，講禮就是爲的朝貢，示威於衆人是爲的開會，昭明於神前爲的盟誓，自古代以來沒有變過，存亡的道理就是由這裡興起來的。晉國是諸侯的盟主，恐怕做不好，所以奉承了盟誓的犧牲，而告訴你，這是求把事辦完。你說我必須廢除他，這對齊國有什麼用處呢？希望你細想想。寡君祇有聽從你的命令。」齊人害怕了就回答說：「小國祇是這麼說，大國來制止，敢不聽從你的命令，既然命令如此，我們就恭敬的來，早晚全聽你。」叔向說：「諸侯有間隙可乘了，不可以不表示兵衆。」八月辛未這天，練習戰爭，把旗子設立了，而不加上他的游。壬申，又按上游，諸侯全害怕。邾人、莒人告訴晉國說：「魯國早晚侵伐我，我幾乎要亡國了。我的不能共晉國賦歲，這全是魯國的原故。」晉侯不見魯昭公，使叔向來辭謝魯昭公說：「諸侯將於甲戌盟誓，寡君知道不能事奉你，請你不要勤勞來開會。」子服惠伯對他說：「你信蠻夷的告訴，而絕兄弟國家的關係，捨棄周公的後人，也就聽你的。」叔向說：「寡君有甲車四千輛，就是以沒有道來行使他，也使人可怕，況他用道理來辦，誰能抵擋他呢？牛雖然瘦，倒在豬的身上，會把豬嚇死，南蒯子仲在魯國可憂慮，你們還能忘嗎？若用晉國的衆兵加上諸侯的軍隊，再用邾、莒、杞、鄫的怒氣，來討魯國的罪狀，乘着南蒯子仲的憂慮，求什麼還不能成功呢？」魯人害了怕，就聽從晉國的命令。甲戌，在平丘同盟，這是齊人服從了。令諸侯們日中到盟壇那裡去，癸酉，先朝晉國退下來，子產令僕人趕緊張開帷幕，游吉攔住他待明天再說。到了晚上，子產聽見說還沒有張帷幕，叫他趕緊去張，已經沒有張帷幕的地方了。到了盟誓時，子產對於貢賦的數目很有爭執，他說：「從前天子對於貢賦，輕重論着次序，地位高貢賦就重，這是周的制度，地位低下而貢賦重的是甸服。鄭伯是等於子男的爵位，而使他從着公侯的地位交納貢賦，恐怕沒有方法供給，我敢請求諸侯休息軍隊，彼此交好。而晉國使人來責求貢賦，每月都到鄭國。納的貢賦沒有法制，小國有闕乏，所以得於大國。諸侯舉行盟誓，爲的能使小國存在，貢獻無量，國家的滅亡立可實現。存亡的制度全在今天。」由中午爭起一直爭到夜晚，晉人祇好許他。既盟以後，游吉不以爲然說：「諸侯若來討伐，這豈可以容易的對付嗎？」子產說：「晉國的政治出自多門，貳心苟且之不暇，還能夠討伐我國嗎？國家要沒有競爭，就會衰弱下去，那還有什麼國家可講？」魯昭公不參加盟誓，晉人逮起了季孫意如，拿帳幕裹起來，使狄國人看守着他。魯大夫司鐸射身上藏着一塊錦緞，奉着水壺擱上冰偷着給季孫去喝，看守的人攔住他，就給他一塊錦就進去了。晉國人把季孫意如領到晉國去，子服湫隨着他。子產回鄭國，沒有到，聽見子皮死了，哭着並且說：「我已經沒有方法做善事了，祇有他知道我。」仲尼說子產這次去可以爲國家的根基。詩經說：「這個君子就是邦家的根基。」子產是君子求樂的人。並且說盟主會合諸侯，討論貢事，這合於禮的。

(四) 經 公至自會①。

【今譯】魯昭公從開會的地方回來。

【今註】①此經無傳。

(五) 傳 鮮虞人聞晉師之悉起也，而不警邊，且不脩備，晉荀吳自著雍以上軍侵鮮虞，及中人驅衝競①，大獲而歸。

【今註】①及中人驅衝競：方輿紀要說：「中山城在唐縣西北十三里，一名中人亭。」用全力把戰車往前衝進。

【今譯】鮮虞人聽見晉國的軍隊全出去，他就不警戒邊疆，而且不修理防備，晉國荀吳由著雍這地方，拿上軍侵略鮮虞，到了中人地方跟敵人用車衝突，得到敵人很多以後就回來。

（六）經 蔡侯廬歸于蔡，陳侯吳歸于陳。

傳 楚之滅蔡也，靈王遷許、胡、沈、道、房、申於荊焉，平王即位，既封陳蔡而皆復之，禮也。隱大子之子廬歸于蔡，禮也。悼大子之子吳歸于陳，禮也。

【今譯】楚國軍隊滅了蔡國的時候，楚靈王把許、胡、沈、道、房、申遷到楚國。平王即位以後，既而又封陳國同蔡國，把這些小國也回復了，這是合禮的。隱太子的兒子廬也回到蔡國，這也是合禮的。悼太子的兒子吳回到陳國，也是合禮的。

（七）經 冬十月葬蔡靈公。

傳 冬十月葬蔡靈公，禮也。

【今譯】冬天十月給蔡靈公行葬禮，這是合禮的。

（八）經 公如晉，至河乃復。

傳 公如晉，荀吳謂韓宣子曰：「請侯相朝，講舊好也。執其卿而朝其君，有不好焉，不如辭之。」乃使士景伯辭公于河。

【今譯】魯昭公到晉國，荀吳對韓起說：「請諸侯互相朝見，這是講舊的情好，把他的卿逮起來，而叫他君來朝見，這是很不好的，不如辭掉他。」就叫士景伯到黃河邊上辭謝昭公。

（九）經 吳滅州來。

傳 吳滅州來，令尹子期請伐吳，王弗許，曰：「吾未撫民人，未事鬼神，未修守備，未定國家，而用民力，敗不可悔。州來在吳猶在楚也，子姑待之。」

【今譯】吳人滅了州來，令尹子期請討伐吳國，楚平王不答應，說：「我還沒有安撫人民，沒有敬祀鬼神，守備全沒修整，國家也沒有安定，而祇用人民的力量，若失敗了，就後悔也來不及。州來屬於吳國等於屬於楚國，你姑且等一等再看。」

（十）

傳 季孫猶在晉，子服惠伯私於中行穆子曰：「魯事晉，何以不如夷之小國？魯兄弟也，土地猶大，所命能具，若爲夷弃之，使事齊楚，其何瘳於晉？親親與大，賞共罰否，所以爲盟主也，子其圖之。諺曰『臣一主二』吾豈無大國？」穆子告韓宣子，且曰：「楚滅陳蔡不能救，而爲夷執親，將焉用之？」乃歸季孫。惠伯曰：「寡君未知其罪，合諸侯而執其老，若猶有罪，死命可也。若曰無罪，而惠免之，諸侯不聞，是逃命也，何免之爲？請從君惠於會。」宣子患之，謂叔向曰：「子能歸季孫乎？」對曰：「不能，鮒也能。」乃使叔魚。叔魚見季孫曰：「昔鮒也得罪於晉君，自歸於魯君，微武子之賜，不至於今①，雖獲歸骨於晉，猶子則肉之，敢不盡情。歸子而不歸，鮒也聞諸吏將爲子除館於西河，其若之何？」且泣。平子懼先歸，惠伯待禮。

【今註】①武子之賜不至於今：武子是季平的祖父季孫宿。不至於活到今天。

【今譯】季孫意如還在晉國，子服惠伯私下對荀吳說：「魯國事奉晉國，爲什麼不像夷狄的小國邾莒呢？魯國是兄弟國，土地又很大，所受的命令全能做，若因爲夷人把魯國放棄了，使他事奉齊國或楚國，這對於晉國有什麼好處呢？親近親屬，接交大國，賞恭敬的，懲罰不恭敬的，所以能做盟主，你何不細想想。俗話說：『一臣必有二主』，我們豈沒有大國可以事奉？」荀吳告訴韓起這些話並且說：「楚國滅了陳蔡兩國，晉國不能去救，並且爲夷人逮起了兄弟國，這有什麼用處呢？」就叫季孫回魯國。子服惠伯說：「寡君不知道他犯了什麼罪，會合諸侯而把他的尊卿逮起來，若使魯國有罪，死到晉國的命令好了。若說無罪，而加恩惠把他赦免，諸侯全不知道，這是違反晉國的命令，這有什麼免罪可言？要是跟你到會裡去然後派他回魯國就好了。」韓起以這件事爲憂患，對叔向說：「你能使季孫回去嗎？」叔向說：「我不能，但是我的弟弟叔魚能夠。」就派叔魚。叔魚就見季孫說：「我從前得罪了晉君，跑到魯君那裡去，要不是你的祖父幫忙，不能夠到了今天，我現在雖然把骨骸歸到晉國，等於你使他生肉，我敢不用力使你回去嗎？你若不肯回去，我聽見吏人說將給你在西河整理一個房子，那怎麼辦呢？」並且他掉眼淚。季孫意如害怕了，就先回到魯國，子服惠服仍在晉國等着遣散的禮節。

昭公十四年（即公元前五百二十八年）

(一)經　十有四年春，意如至自晉。

傳　十四年春，意如至自晉，尊晉罪己也①。尊晉罪己，禮也。

【今註】①尊晉罪己也：尊敬晉國而自己以爲有罪。

【今譯】十四年春，季孫意如從晉國回來，春秋所以這樣寫，這是尊敬晉國而表示自己有過。這是很合於禮的。

(二)經　三月，曹伯滕卒①。

【今註】①有經無傳。

【今譯】　三月，曹伯滕死了。

（三）經夏四月①。

【今註】①此經無傳。

【今譯】夏天四月。

（四）經葬曹武公①。

【今註】①此經無傳。

【今譯】給曹武公下葬。

（五）傳南蒯之將叛也，盟費人。司徒老祁、慮癸①僞廢疾，使請於南蒯曰：「臣願受盟而疾興，若以君靈不死，請待間而盟。」許之。二子因民之欲叛也，請朝衆而盟，遂劫南蒯曰：「羣臣不忘其君②，畏子以及今，三年聽命矣。子若弗圖，費人不忍其君，將不能畏子矣。子何所不逞欲，請送子③。」請期五日④，遂奔齊。侍飲酒於景公，公曰：「叛夫！」對曰：「臣欲張公室也。」子韓晳⑤曰：「家臣而欲張公室，罪莫大焉。」司徒老祁，慮癸來歸費⑤，齊侯使鮑文子致之。

【今註】①司徒老祁、慮癸：正義引世族譜說：「司徒老祁爲一人，慮癸爲一人」。②其君：其君指季氏。③請送子：請子出奔。④請期五日：南蒯請五天以後再出奔。⑤子韓晳：齊大夫。⑥歸費：將費歸還給魯國。

【今譯】南蒯將反叛的時候，要同費人盟誓。司徒老祁和慮癸假裝有病說：「我很願意受盟，不過有病了，若以君的神靈，我得到不至於死，請等到稍爲好一點再盟會。」南蒯就答應他。他們兩人因爲人民想對季氏反叛，請朝見衆人再盟誓。

，就刼持南蒯說：「群臣不能忘了季孫，對你害怕一直到現在，三年工夫聽從你的命令。你若不管，費人也不忍害他的君，也就不怕你了。你什麼地方不能達到欲望，就請送你出奔。」南蒯請等五天，就逃到齊國去。同景公喝酒時，景公罵他說：「你這個叛夫。」他就說：「我是想着擴張公室。」齊大夫子韓晳說：「家臣而想着擴張公室，沒有再比這罪大的。」司徒老祁慮癸將費城歸還魯國，齊侯派鮑文子來護送。

（六）傳 夏，楚子使然丹簡上國①之兵於宗丘②，且撫其民，分貧振窮，長孤幼，養老疾，收介特③，救災患，宥孤寡，赦罪戾，詰姦慝，舉淹滯④，禮新敍舊，祿勳合親，任良物官。使屈罷簡東國之兵⑤於召陵，亦如之。好於邊疆，息民五年，而後用師，禮也。

【今註】 ①上國：指在楚國都的西方。 ②宗丘：楚地，彙纂說「在今湖北省秭歸縣境。」 ③收介特：介特是單身的人，使他們聚到一起。 ④舉淹滯：把有才德而未敍的敍官。 ⑤東國之兵：在楚國都東邊的軍隊。

【今譯】 夏，楚子使然丹訓練楚國西邊的軍隊在宗丘這地方，並且安撫他的人民，分給窮苦的人財貨，使孤幼的人成長，老病的人全得養，把單身的也收容去，救有災患的人，對於孤寡也寬免他的賦稅，赦掉有罪的人，嚴懲姦邪壞人，把有才德而沒做官的使他做官，對新人禮遇，把舊有的人加銓敍，有功勞的記在册上，把九族結合相親，任用好的人。使屈罷訓練楚國都城東邊的兵在召陵這地方，也同然丹一樣。使他們全都對四鄰很要好，使人民安息五年，然後用兵，這是很合於禮的。

（七）經 八月，莒子去疾卒。

傳 秋八月，莒著丘公卒，郊公①不慼，國人弗順，欲立著丘公之弟庚與②。蒲餘侯③惡公子意恢而善於庚與，郊公惡公子鐸而善於意恢。公子鐸因蒲餘侯而與之謀曰：「爾殺意恢，我出君而納庚與。」許之。

【今註】①郊公：著丘公的兒子。②庚與：就是莒共公。③蒲餘侯：莒大夫。

【今譯】秋天八月，莒國的著丘公死了，他的兒子郊公不難過，貴族們全不順從他，想立著丘公的弟弟庚與。莒大夫蒲餘侯不喜歡公子意恢，而對於庚與很要好，郊公不喜歡公子鐸而對於意恢很要好。公子鐸利用蒲餘侯而跟他計謀說：「你把意恢殺掉，我把莒君郊公驅逐出去而叫庚與回來。」答應他了。

（八）傳楚令尹子旗有德於王，不知度，與養氏比而求無厭，王患之。九月甲午，楚子殺鬬成然，而滅養氏之族，使鬬辛①居鄖，以無忘舊勳。

【今註】①鬬辛：子旗的兒子鄖公辛。

【今譯】楚國令尹子旗對楚平王很有幫助，但是不知道法度，跟養由基的後人聯絡而要求無限，楚平王很憂患。九月甲午，楚平王殺了鬬成然，而滅掉養氏的族人，叫鬬辛住在鄖的地方，以免忘了舊的勳勞。

（九）經冬，莒殺其公子意恢

傳冬十二月，蒲餘侯茲夫殺莒公子意恢，郊公奔齊。公子鐸逆庚與於齊，齊隰黨公子鉏送之，有賄田①。

【今註】①有賂田：莒國對齊國以田地為賄賂。

【今譯】冬十二月，蒲餘侯茲夫殺了公子意恢，郊公就逃到齊國去。公子鐸從齊國迎接庚與回來，齊國隰黨公子鉏來送他，莒國就以田地賄賂齊國。

（十）

傳晉邢侯①與雍子②爭鄐田③，久而無成。士景伯如楚，叔魚攝理④，韓宣子命斷舊獄，罪在雍子。雍子納其女於叔魚，叔魚蔽罪邢侯⑤。邢侯怒，殺叔魚雍子於朝。宣子問其罪於叔向。叔向曰：「三人同罪，施生戮死可也。雍子自知其罪，而賂以買直，鮒也鬻獄，邢侯專殺，其罪一也。己惡而掠美爲昏⑥，貪以敗官爲墨⑦，殺人不忌爲賊⑧，夏書曰：『昏墨賊殺』⑨，皐陶之刑也，請從之。」乃施邢侯而尸雍子與叔魚於市。仲尼曰：「叔向古之遺直也。治國制刑，不隱於親，三數叔魚之惡，不爲末減，由義也夫⑩，可謂直矣。平丘之會，數其賄也，以寬衞國，晉不爲暴，歸魯季孫，稱其詐也，以寬魯國，晉不爲虐；邢侯之獄，言其貪也，以正刑書，晉不爲頗。三言而除三惡，加三利，殺親益榮，猶義也夫。」

【今註】①邢侯：是楚申公巫臣的兒子。②雍子：楚國人。③鄐田：在今河南省修武縣。④叔魚攝理：叔魚代理士景伯的理官。⑤蔽罪邢侯：他斷邢侯有罪。⑥己惡而掠美爲昏：自身有罪惡，還掠取他人之美，就是昏亂。⑦貪以敗官爲墨：貪心敗壞官常叫作墨。⑧殺人不忌爲賊：殺人毫無忌憚叫做賊。⑨昏墨賊殺：這是一句逸書，意思是說昏墨賊三者皆應當處死刑。⑩由義也夫：王引之說：「曰義也夫當作由義也夫，與下之猶義也夫相呼應。」今照改。

【今譯】晉國邢侯跟雍子爭鄐這地方的田地，久而沒有成功。士景伯到楚國去，叔魚代理他職務，韓起叫他把舊的案子全弄清楚，這罪狀全在雍子身上。雍子把他女兒嫁給叔魚，叔魚就斷罪給邢侯，邢侯發怒，就把叔魚同雍子在朝上殺掉。韓起就問叔向如何定罪，叔向說：「三人的罪相同，殺活的定死的罪就可以了。雍子自己知道他的罪狀，用賄賂以買到勝訴，叔魚賣掉法律，邢侯專門殺人，這罪狀相等。自己有罪惡，還掠取他人之美，就是昏亂，貪汚敗壞官常這叫做墨，殺人不怕叫着賊，夏書上說：『昏、墨、賊，都該殺』這是皐陶的刑法，請遵從他。」就殺掉邢侯，而把雍子同叔魚的屍首陳列到市場上。仲尼說：「叔向有古人遺直的風氣，治理國家制有刑法，對於他弟弟不隱藏，三次數說叔魚的壞處沒有把他減少，這是由於義氣的關係，可以說是正直的。平丘會盟時，數說叔魚得到的賄賂，使衞國得以寬展，晉國對此不為暴虐；叫魯國季孫回去，用他的詐術使魯國寬展，晉國也對此不為虐。邢侯這件刑獄，說叔魚的貪心，以正刑法，晉國不為邪。三句話而除了三個壞事加了三個利，殺了他的親信，增加他的榮名，這全是由於義氣的關係。」

昭公十五年（公元前五百二十七年）

(一)經 春王正月吳子夷末卒①。

【今註】①此經無傳。

【今譯】十五年春天正月，吳王夷末死了。

(二)經 二月癸酉，有事于武宮，籥入，叔弓卒，去樂卒事。

傳 春，將禘于武公，戒百官。梓愼曰：「禘之日其有咎乎？吾見赤黑之祲，非祭祥也，喪氛也，其在涖事乎①？」二月癸酉禘，叔弓涖事，籥入而卒，去樂卒事，禮也。

【今註】①其在涖事乎：這要應在有關職務的人身上吧。

【今譯】春將在魯武公廟中祭祀，各官全在那裡齋戒。梓愼說：「禘祭那天，恐怕有壞的問題。我看見紅同黑的顏色，這不是祭祀的祥瑞，恐怕是有喪事的惡氣，恐怕是在執事的人上？」二月癸酉禘祭，叔弓來執事，執籥的樂工剛進去，叔弓就死了，於是去掉樂器，做完祭祀，這是很合於禮的。

(三)

經 夏，蔡朝吳出奔鄭。

傳 楚費無極害朝吳之在蔡也①，欲去之，乃謂之曰：「王唯信子，故處子於蔡。子亦長矣，而在下位，辱必求之，吾助子請②。」又謂其上之人③曰：「王唯信吳，故處諸蔡，二三子莫之如也。而在其上，不亦難乎？弗圖必及於難。」夏，蔡人逐朝吳，朝吳出奔鄭。王怒曰：「余唯信吳，故寘諸蔡，且微吳吾不及此，女何故去之？」無極對曰：「臣豈不欲吳，然而前知其爲人之異也④，吳在蔡，蔡必速飛，去吳所以翦其翼也。」

【今註】①費無極害朝吳之在蔡也：費無極不願意蔡大夫朝吳在蔡國。②吾助子請：我幫着你請求更大的位子。③又謂其上之人：又謂蔡人比朝吳高位的人。④然而前知其爲人之異也：我以前就知道朝吳這個人有權謀。

【今譯】楚國的費無極頗以朝吳在蔡國為恐懼，想把他去掉，就對他說：「因為王對你很信任，所以叫你住到蔡國，你現在很年長，而在很下的位子，這必要得到恥辱，我幫着你請求更上的位子。」又對蔡國人在上位的人說：「楚王唯獨信任朝吳，所以叫他住到蔡的地方，你們這些人沒有比他再好的。而位子在他的上邊，那不很難辦嗎？你們要不想辦法，必然遭到了禍難。」夏天，蔡國人驅逐朝吳出國，朝吳逃到鄭國。楚王發怒說：「我就是信任朝吳，所以使他住到蔡國，並且要不是朝吳，我不能達到目前的地位，你為什麼把他去掉？」費無極回答說：「我並不是想對朝吳不好，但是我知道他的權謀異常，朝吳在蔡國，蔡國必定能夠很快的飛騰起來，去掉朝吳等於去掉蔡國的翅膀。」

(四) 經 六月丁巳朔，日有食之①。

【今註】①此經無傳。

【今譯】六月丁巳朔，魯國有日蝕。

(五) 傳 六月乙丑，王大子壽卒①。

【今註】①大子壽：周景王的兒子。

【今譯】六月乙丑，周景王的太子壽死了。

(六) 傳 秋八月戊寅，王穆后崩①。

【今註】①穆后：太子壽的母親。

【今譯】秋八月戊寅，太子壽的母親穆后死了。

（七）

經 秋晉荀吳帥師伐鮮虞。

傳 晉荀吳帥師伐鮮虞，圍鼓①。鼓人或請以城叛，穆子弗許。左右曰：「師徒不勤，而可以獲城，何故不爲？」穆子曰：「吾聞諸叔向曰：『好惡不愆，民知所適，事無不濟。』或以吾城叛，吾所甚惡也。人以城來，吾獨何好焉？賞所甚惡，若所好何？若其弗賞，是失信也，何以庇民？力能則進，否則退，量力而行，吾不可以欲城而邇姦，所喪滋多。」使鼓人殺叛人而繕守備。圍鼓三月，鼓人或請降，使其民見。曰：「猶有食色，姑修而城。」軍吏曰：「獲城而弗取，勤民而頓兵，何以事君？」穆子曰：「吾以事君也，獲一邑而教民怠，將焉用邑？邑以賈怠，不如完舊，賈怠無卒，弃舊不祥，鼓人能事其君，我亦能事吾君，率義不爽，好惡不愆，城可獲而民知義所，有死命而無二心，不亦可乎？」鼓人告食竭力盡而後取之，克鼓而反，不戮一人，以鼓子䳫鞮歸②。

【今註】①鼓：案鼓爲祁姓子爵國，在今河北省晉縣。②以鼓子䳫鞮歸：鼓的君名字叫䳫鞮囘到晉國。

【今譯】晉國荀吳率領軍隊討伐鮮虞，圍了鼓這地方。鼓人有的請以他的城投降，荀吳不答應。他的隨從說：「軍隊不要費力，就可以得到城池，爲什麼不做呢？」荀吳說：「我聽過叔向說：『該好則好，該惡則惡，人民就知道往那裡去，事情沒有不成功的。』有人把我的城對敵人投降了，這也是我所反對的。人家拿城來，我爲什麼獨自高興呢？賞我們所不高興的事，那麼對於我們所喜歡的事怎麼辦？要是不賞他們，豈不失掉信用，怎麼樣能夠保護人民。力量能夠就往前進，不然就退，本着力量來做，我不能夠祇想要這個城而接近姦人，使丟掉的很多。」使鼓人殺掉他反叛的人，而再修城守備。圍鼓經過三個月，鼓人有的請降的，使他的人民來見。穆子說：「你們還有食色，並不缺糧，姑且修你們的城池。」軍吏就說：「得到城池而不拿，勤勞人民而把軍隊停頓，這方法怎能事奉晉君呢？」荀吳說：「我正是所以事君的方法，得到一個城，而教給人民怠惰，何必用這個城呢？用城來買到怠惰，不如保守舊邑。買到怠惰沒有完，丟掉舊邑的不吉祥，鼓人能夠事奉他的君，我也能夠事奉我的君，行着義沒有差，好惡全都沒有過份，城可以得到，而民知道道義的所在，可以死於君命而沒有兩心，這不也可以嗎？」後來鼓人告訴荀吳說食物全都吃完了，力量也用完了，然後方才佔領着鼓城，拿了鼓城回到晉國，沒有殺掉一個人，把鼓的君鳶鞮帶回到晉國。

（八）

經　冬，公如晉。

傳　冬公如晉，平丘之會故也①。

【今註】①平丘之會故也：因爲平丘會盟時，魯昭公不參與，季孫就被緝捕，後來又送同季孫，所以魯昭公往謝。

【今譯】冬天，魯昭公到晉國去，這是平丘的會盟的緣故。

（九）

傳　十二月，晉荀躒如周葬穆后，籍談爲介。既葬除喪，以文伯宴，樽以魯壺①。王曰：「伯氏！諸侯皆有以鎮撫王室，晉獨無有，何也？」文伯揖籍談。對曰：「諸侯之封也，皆受明器於王室，以鎮撫其社稷，故能薦彝器於王。晉居深山，戎狄之與鄰而遠於王室，王靈不及，拜戎不暇，其何以獻器？」王曰：「叔氏而忘諸乎？叔父唐叔，成王之母弟也，其反無分乎？密須之鼓與其大路，文所以大蒐也，闕鞏之甲②，武所以克商也。唐叔受之以處參虛，匡有戎狄，其後襄之二路，鏚鉞秬鬯③，彤弓虎賁，文公受之，以有南陽之田，撫征東夏④，非分而何？夫有勳而不廢，有績而載，奉之以土田，撫之以彝器，旌之以車服，明之以文章，子孫不忘，所謂福也。福祚之不登，叔父焉在⑤？且昔而高祖孫伯黶司晉之典籍⑥，以爲大政，故曰籍氏，及辛有之二子董之，晉於是乎有董史，女司典之後也，何故忘之？」籍談不能對。賓出，王曰：「籍父其無後乎？數典而忘其祖⑦。」籍談歸以告叔向，叔向曰：「王其不終乎？吾聞之所樂必卒焉，今王樂憂，若卒以憂，不可謂終。王一歲而有三年之喪二焉，於是乎以喪賓宴，又求彝器，樂憂甚矣，且非禮也。彝器之來，嘉功之由，非由喪也。三年之喪，雖貴遂服，禮也，王雖弗遂，宴樂以早，亦非禮也。禮，王之大經也，一動而失二禮⑧，無大經矣。言以考典，典以志經，忘經而多言舉典⑨，將焉用之？」

【今註】①魯壺：魯國所獻的壺樽。②密須之鼓闕鞏之甲：密須是姞姓國，爲周文王所伐，闕鞏也是一國名，他產生的盔甲。③鏚鉞秬鬯：鏚是斧頭，鉞是金斧頭，秬是黑黍所做，鬯是香酒。④撫征東夏：這事在僖公二十八年城濮之戰的時候。⑤福祚之不登，叔父焉在：晉國典籍若不記載福祚，焉在其爲叔父，叔父謂晉先公。⑥且昔而高祖孫伯黶，司晉之典籍：並且從前你的高祖孫伯黶管晉國的典籍。⑦數典而忘其祖：數說典故而忘了他祖父的事業。⑧一動而失二禮：一個舉動而失掉兩種禮節。⑨忘經而多言舉典：忘了經典而多說話。

【今譯】十二月，晉國荀躒到周都城去給穆后行葬禮，籍談做副使，既經下葬，除掉喪服以後，就對荀躒設宴，席上用魯國所獻的壺。周王說：「伯氏！諸侯全都有貢獻，來鎮撫王室，晉國唯獨沒有，這是什麼原故？」荀躒朝籍談作揖,使他回答,他就回答說:「諸侯受封的時候,皆受到分器於王室,以鎮撫他的國家,所以能夠貢獻彝器給王室。晉國住在深山裡,跟戎狄做鄰居,而對於王室很遠,王的寵靈達不到,為拜戎狄沒有時間,那怎麼樣貢獻彝器呢?」王就說:「叔氏你就忘了嗎?叔父唐叔是成王的母弟,而反倒沒有分器嗎?密須那個鼓跟那個大車,文王所以大蒐用他,闕鞏那個盔甲,武王是用他滅商的。唐叔得到住在參虛晉國的分野,匡正着戎狄,其後周襄王所賞晉文公兩個路車,還有斧鉞同香酒,紅色的弓同虎賁衞隊,晉文公並且得到有南陽的田地,專門管理東夏,這不是分器是什麼呢?有了功勳就不廢掉,有了功績就寫在簡策上,再加上賞給他的土田同彝器,並且有車服,用旌旗來表章,子孫永遠不忘,這就是所謂福。晉國典籍若不記載福祚,焉在其為叔父?並且從前你的高祖孫伯黶,管理晉國的典籍,以做大政治,所以你們的氏叫籍。後來辛有的兩個兒子又管晉國的歷史,這方才有董史。你是管理典籍的後人,你為什麼忘記呢?」籍談沒有方法回答。等到客人出去以後,王就說:「籍談恐怕不能有後人,數說典故,而忘掉他的祖業。」籍談回去便告訴叔向。叔向說:「王恐怕不能夠終,我聽見說所樂的事必死在那上頭,現在王對於憂很喜歡,他要死到憂傷,不可以說是終。王一年而死了王后同太子,這是三年之喪兩個,並且又宴賓客又求彝器,這是很喜歡憂,並且不合禮。彝器來是由於功勳,不是由於喪事。三年的喪,雖然貴為天子,也應當穿,這是照禮而行。王雖然不能穿,但是很早就宴樂,也不是合禮的。禮是王的大經論,一動而失掉兩種禮,沒有大經論了。說言語以考成典故,典故以記載經論,忘記經論而多言語舉典故,有什麼用呢?」

昭公十六年(公元前五百二十六年)

(一)傳 春王正月,公在晉,晉人止公,不書諱之也。

【今譯】春王正月,魯昭公在晉國,晉人不許他回來,不寫到春秋上,因為是避諱的緣故。

（二）經 齊侯伐徐。

（三）經 楚子誘戎蠻子殺之。

傳 齊侯伐徐，楚子聞蠻氏之亂也，與蠻子之無質也，使然丹誘戎蠻子嘉①殺之，遂取蠻氏，既而復立其子焉，禮也。二月丙申，齊師至于蒲隧②，徐人行成，徐子及郯人，莒人會齊侯盟于蒲隧，賂以甲父之鼎③。叔孫昭子曰：「諸侯之無伯害哉！齊君之無道也，與師而伐遠方，會之有成而還，莫之亢也，無伯也夫！詩曰：『宗周既滅，靡所止戾，正大夫離居，莫知我肄④？』其是之謂乎？」

【今註】 ①戎蠻子嘉：戎蠻王的名字嘉。 ②蒲隧：彙纂說：「在今安徽省泗縣西北。」 ③甲父之鼎：甲父是古代國名，他那裡所產的鼎。 ④宗周既滅，靡所止戾，正大夫離居，其知我肄：這是詩經小雅的詩。意思是說西周既然被滅了，世亂不知那裡去，執政的大夫也離心分居，沒有懷念人民的。

【今譯】 齊侯伐徐，楚王聽見蠻氏的亂，同蠻子的沒有信實，使然丹引誘戎蠻子嘉把他殺掉，就佔領了蠻氏，不久以後又立了他的兒子，這是很合於禮的。二月丙申，齊國的軍隊達到徐國的蒲隧這地方。徐人要求和平，徐子同郯人、莒人同齊侯在蒲隧盟會，用甲父之鼎來賄賂齊侯。叔孫婼說：「諸侯沒有霸主，對小國害處不淺，齊君沒有道理，率領着軍隊去伐遠處的地方，開會以後成功就回去了，沒有人能抵抗，這豈不是沒有霸主的原故。詩經說過：『宗周既然被滅了，就沒有安定的時候，執政的大夫們離心分居，沒有念及我們勞苦的人們？』就是指着現在。」

（四）傳二月，晉韓起聘于鄭，鄭伯享之，子產戒曰：「苟有位於朝，無有不共恪。」孔張①後至，立於客間，執政禦之②，適客後，又禦之，適縣間③，客從而笑之。事畢，富子④諫曰：「夫大國之人不可不愼也，幾爲之笑而不陵我。我皆有禮，夫猶鄙我。國而無禮，何以求榮，孔張失位，吾子之恥也。」子產怒曰：「發命之不衷，出令之不信，刑之頗類，獄之放紛，會朝之不敬，使命之不聽，取陵於大國，罷民而無功，罪及而弗知，僑之恥也。孔張，君之昆孫，子孔之後也，執政之嗣也，爲嗣大夫，承命以使周於諸侯，國人所尊，諸侯所知，立於朝而祀於家，有祿於國，有賦於軍，喪祭有職，受脤歸脤，其祭在廟，已有著位，在位數世，世守其業，而忘其所，僑焉得恥之？辟邪之人而皆及執政，是先王無刑罰也，子寧以他規我⑤」。

【今註】①孔張：子孔的孫子。②執政禦之：掌位的人阻止着他。③適縣間：到了樂器那部份。④富子：鄭大夫。⑤子寧以他規我：希望你拿旁的事來規正我。

【今譯】二月，晉國韓起到鄭國聘問，鄭伯宴享他。子產戒備他們管事的人說：「假設有地位在朝廷的人，沒有不恭敬的。」孔張最後來了，立到客人中間，管事的人止着他，他就跑到客人後，又止着他，就到了樂器的中間，客人就笑他。等到事情完畢以後，鄭大夫富子諫子產說：「大國的人，不可以不愼重，幾度爲他們所笑並且欺負我。我已經很有禮貌，對方尚且賤視我。國家沒有禮，怎麼樣求光榮呢？孔張丟了他的位子，這是你的羞恥。」子產發怒說：「發命令不當，出命令也不信實，刑罰有偏頗，刑獄也紛亂，朝會也不敬，下命令而下邊不聽，受大國的欺陵，人民勞苦而沒有功勞，罪來了而不知道，這是我的恥辱。至於孔張，我們寡君哥哥的孫子，子孔的後人，當過執政的人的後人，做了大夫，受命令到各國去，徧在諸侯各國，他是國人所尊敬，諸侯也全知道，在朝廷上立着而在家中祭祀，在國家有祿位，在軍隊中有出兵，喪事祭祀時有職位，君祭祀時送他祭肉，他有祭祀時就送祭肉給君，他的祭祀在廟中，已經有固定的位子，他已經有好幾代在位，每代守他的事業，而忘了他的地位，我怎麼能夠羞恥呢？不好的人全都連及執政，這是先王沒有刑罰的用處，你爲什麼不拿旁的事情規正我呢？」

（五）

傳 宣子有環，其一在鄭商①，宣子謁諸鄭伯，子產弗與，曰：「非官府之守器也，寡君不知。」子大叔子羽謂子產曰：「韓子亦無幾求②，晉國亦未可以貳，晉國韓子不可偷也。若屬有讒人交鬭其間，鬼神而助之以興其凶怒，悔之何及？吾子何愛於一環，其以取憎於大國也，盍求而與之。」子產曰：「吾非偷晉而有二心，將終事之，是以弗與，忠信故也。僑聞君子非無賄之難，立而無令名之患。僑聞爲國非不能事大字小之難，無禮以定其位之患。夫大國之人令於小國，而皆獲其求，將何以給之？一共一否，爲罪滋大。大國之求，無禮以斥之，何饜之有？吾且爲鄙邑，則失位矣。若韓子奉命以使，而求玉焉？貪淫甚矣，獨非罪乎？出一玉以起二罪，吾又失位，韓子成貪，將焉用之？且吾以玉賈罪，不亦銳乎③？」韓子買諸賈人，既成賈矣，商人曰：「必告君大夫。」韓子請諸子產曰：「日起請夫環，執政弗義，弗敢復也。今買諸商人，商人曰必以聞，敢以爲請。」子產對曰：「昔我先君桓公與商人皆出自周，庸次比耦④，以艾殺此地，斬之蓬蒿藜藋而共處之，世有盟誓以相信也，曰：『爾無我叛，我無强賈，毋或匄奪，爾有利市寶賄，我勿與知。』恃此質誓，故能相保，以至于今。今吾子以好來辱，而謂敝邑强奪商人，是教敝邑背盟誓也，毋乃不可乎？吾子得玉，而失諸侯，必不爲也。若大國令而共無藝⑤，鄭敝邑也，亦弗爲也。僑若獻玉，不知所成，敢私布之。」韓子辭玉曰：「起不敏，敢求玉以徼二罪⑥，敢辭之。」

【今註】①其一在鄭商：一對的另外一個玉環在鄭國的商人手中。②韓子亦無幾求：意思是說韓起並沒有甚多要求。③不亦銳乎：那不是太細小嗎？④庸次比耦：合在一塊土地互相耕種。⑤若大國令而共無藝：假設大國命令，要我們無限制的供給。⑥敢求玉以徼二罪：因爲求玉而得到兩種罪名。

【今譯】韓起有壹隻玉環，還有一隻在鄭國商人那裡，韓起想取來成爲一雙，所以來請求鄭伯。子產却不肯給他，說：「這不是官庫中保管的東西，寡君不知道。」游吉、子羽對子產說：「韓起的要求，也沒有多少，對晉國也不可以有兩條心呢！晉國的韓起是不可以薄待他的。倘若恰正遇見有說壞話的人，從中挑撥，再加鬼神助虐，弄出一種凶惡的仇恨來，那時後悔也來不及了？你爲什麼要愛那隻玉環？難道是要討沒趣在大國麼？何不去求來送給韓起。」子產說：「我不是看輕晉國有了兩條心，正是要想始終服事他，所以不給他的，這全是忠心誠信的緣故啊！僑聽說君子不是無賄的爲難，立在官位中，倒是沒有好名聲覺得憂患。僑又聽說治理國家，不是不能服事大國，愛惜小國的爲難，倒是沒有禮法安定他名位覺得憂患。他們大國的人，吩咐了小國，如果要求都能獲得，那末將來用什麼東西供給他呢？今日來求供給他們，後日來求便不供給他，那末得罪大國越加大了。大國的要求若出於無禮的，應當要拒絕他們。如果唯命是聽，他們那裡有什麼饜足，只怕我國倒要做他們的邊地了，這不是失掉自己的位置，不成了國家嘛？若韓起果眞奉了君命作使臣，却是私下來求玉環，這是貪淫極了，他難道獨沒有罪麼？拿出一隻玉環來，興起兩種罪惡，我國又失了位置，韓起却成了貪淫，有什麼好處呢？況且我拿玉去買罪受，那不是太細小了麼？」韓起便向商人處去買，已經講定價錢了，商人說：「這事却定要告明君大夫的。」韓起便再請託子產說：「前幾天我起來要那玉環，執政以爲不相宜，所以也不敢再求了。如今自向商人購買，商人說定要告訴執政的，所以再敢來請求。」子產回答說：「從前我先君桓公，和商人都從周朝畿內東遷的。彼此相從耕種，剷除此地的荒穢，斬掉此地的蓬蒿藜藋，一同居住，世代有約言，大家信守的，約詞上說：『你不可背叛我，我也不來硬買你的東西，不要有什麼討的奪的，你有利市的寶器，我也不來詢問的。』靠了這個信誓，所以能夠大家相保，直到現在，如今你以好意辱臨敝邑，却要使敝邑强奪商人的寶器，這是教敝邑違背盟誓了，不是不可以的麼？你因得了玉環，却失掉諸侯，想來也一定不做的。如果大國有了吩咐，我們儘是供給，沒有限制，那末我們鄭國就好像是你晉國的邊鄙了，我們却也不肯做的。僑如果獻了玉實在不知成個什麼東西，不敢不把私意告訴你。」韓起便辭那玉說：「起實在沒有才學，怎敢因求玉而招兩種罪呢？我敢辭謝這塊玉。」

(六)

傳 夏四月，鄭六卿餞宣子於郊，宣子曰：「二三君子請皆賦，起亦以知鄭志。」子齹①賦野有蔓草②，宣子曰：「孺子善哉！吾有望矣。」子產賦鄭之羔裘③，宣子曰：「起不堪也。」子大叔賦褰裳④，宣子曰：「起在此，敢勤子至於他人乎？」子大叔拜。宣子曰：「善哉！子之言是。不有是事，其能終乎？」子游賦風雨⑤，子旗賦有女同車⑥，子柳賦蘀兮⑦，宣子喜曰：「鄭其庶乎？二三君子以君命貺起，賦不出鄭志⑧，皆昵燕好也。二三君子數世之主也，可以無懼矣。」宣子皆獻馬焉，而賦我將⑨

。子產拜，使五卿皆拜曰：「吾子靖亂，敢不拜德。」宣子私覲於子產以玉與馬曰：「子命起舍夫玉，是賜我玉而免吾死也，敢藉手以拜。」

【今註】①子齹：子皮的兒子。②野有蔓草：詩經鄭風的一篇。③鄭之羔裘：因爲詩經中間有兩篇羔裘，一種屬於唐風，一種屬於鄭風。④褰裳：詩經鄭風的一篇，中間一句話說：「子不我思，豈無他人？」⑤子游賦風雨：子游是駟帶的兒子，風雨是鄭風的一篇。⑥子旗賦有女同車：子旗是公孫段的兒子，有女同車是鄭風的一篇。⑦子柳賦蘀兮：子柳是印段的兒子，蘀兮也是鄭風的一篇。⑧賦不出鄭志：所賦的詩沒有超過鄭風的意見。⑨我將：是詩頌的一篇。

【今譯】夏四月，鄭國的六卿，享宴韓起在郊外，韓起說：「你們幾位全都請歌唱詩，使我知道鄭國的志向。」子齹賦野有蔓草這篇詩。韓起就說：「小孩子很好，我有希望了。」子產就歌唱鄭風中的羔裘詩。韓起說：「我不能夠接受這篇詩。」游吉歌唱褰裳這篇詩。韓起說：「起在這裡，敢使你去求他人嗎？」游吉拜謝。韓起說：「很好，你賦這篇詩很對。不是如此的話，晉鄭二國能始終親善嗎？」子游歌唱風雨這篇詩，子旗賦有女同車這篇詩，子柳賦蘀兮這篇詩，韓起高興的說：「鄭國正可以往興盛方面，你們以君令來賞賜我，所歌唱的詩全都沒有出鄭風以外，用以表示親好。你們幾位全都可以幾輩子掌政權，可以不怕了。」韓起每人獻給他一匹馬，而歌唱我將這篇詩。子產拜謝，叫五個卿全都拜，說：「你能安靖四方，敢不拜謝你的恩德。」韓起後來又私見子產，贈給他玉和馬說：「你叫我不要玉，這是把玉賞給我，而使我免了死罪，敢不用玉馬來拜謝。」

（七）

經　夏，公至自晉。

傳　公至自晉，子服昭伯語季平子曰：「晉之公室其將遂卑矣，君幼弱，六卿彊而奢傲，將因是以習，習實爲常，能無卑乎？」平子曰：「爾幼，惡識國①？」

【今註】①爾幼惡識國：你年輕，怎麼能懂得國家的事情。

【今譯】昭公從晉國回來，子服昭伯告訴季孫意如說：「晉國的公室，恐怕將衰弱了，晉君又弱，六個卿强而奢侈驕傲，將習慣如此，慢慢變成常的事情，能不衰弱嗎？」季孫意如說：「你一個小孩子，怎麼能夠懂得國家的事呢？」

（八）

經 秋八月己亥，晉侯夷卒。

傳 秋八月，晉昭公卒。

【今譯】秋天八月，晉昭公死了。

（九）

經 九月大雩。

傳 九月大雩，旱也。鄭大旱，使屠擊、祝款、豎柎①，有事於桑山②，斬其木，不雨。子產曰：「有事於山，蓺山林也③，而斬其木，其罪大矣。」奪之官邑。

【今註】①屠擊、祝款、豎柎：三個人全是鄭大夫。②桑山：在今河南新鄭縣西。③蓺山林也：養護林木。

【今譯】九月魯國求雨，因爲旱的緣故。鄭國旱災，派鄭大夫屠擊、祝款、豎柎在祭桑山，拔掉他的樹，也不下雨，子產說：「祭祀山，是爲保護林木，使他繁殖，而拔掉樹，這罪過很大。」就奪掉他們三人的官邑。

（十）

經 季孫意如如晉。

(十一)經冬十月葬晉昭公。

傳冬十月，季平子如晉，葬昭公。平子曰：「子服回之言猶信，子服氏有子哉①！」

【今註】①子服氏有子哉：子服氏家裡有很好的兒子。

【今譯】冬十月，季孫意如到晉國去，給晉昭公行葬禮。季孫意如說：「子服昭伯的話很可靠，子服氏很有賢良的兒子。」

昭公十七年（公元前五百二十五年）

(一)經春小邾子來朝。

傳春，小邾穆公來朝，公與之燕，季平子賦采叔①，穆公賦菁菁者莪②。昭子曰：「不有以國，其能久乎？」

【今註】①采叔：詩經小雅的一篇。②菁菁者莪：詩經小雅的一篇。

【今譯】春天，小邾穆公來魯國朝見，昭公給他燕席，季孫意如就歌唱采叔這篇詩，穆公就歌唱菁菁者莪這篇。叔孫婼說：「他應對有禮，有國一定能夠長久。」

(二)經夏六月甲戌朔，日有食之。

傳夏六月甲戌朔，日有食之，祝史請所用幣。昭子曰：「日有食之，天子不舉，伐鼓於社，諸侯用幣於社，伐鼓於朝，禮也。」平子禦之①，曰：「止也。唯正月朔慝未作，日有食之，於是乎有伐鼓用幣，禮也。其餘則否。」大史曰：「在此月也②，日過分而未至③，三辰有災④，於是乎百官降物，君不擧，辟移時，樂奏鼓，祝用幣，史用辭。故夏書曰：『辰不集于房，瞽奏鼓，嗇夫馳，庶人走。』此月朔之謂也。當夏四月是謂孟夏。」平子弗從。昭子退曰：「夫子將有異志，不君君矣⑤。」

【今註】①平子禦之：季平子禁止他們這樣做。②在此月也：就是指着這個月。③日過分而未至：過了春分尙沒有到夏至。④三辰有災：三辰是日月星，有了災害。⑤不君君矣：這是他不願意承認魯君是他的君。

【今譯】夏六月甲戌朔，魯國有日蝕，祝史請用何種的幣？叔孫婼說：「遇見日蝕時，天子不用盛饌，在社神上敲鼓，諸侯在社神上用幣，在朝庭上敲鼓，這是照禮的。」季孫意如不以爲然，說：「不要這麼說，唯獨正月朔陰氣未作，有日蝕時，方才敲鼓用幣，這是照禮的。其餘不這樣作。」大史說：「就是在這個月。等到太陽過了春分而沒有到了夏至，日月星三辰有了災害，就百官全穿着素衣服，君不盛宴，在日蝕時，避開住的正寢，樂工敲鼓，祝史在社神上用幣，史官用文辭以自責。所以夏書上說：『日月不安于他的地方，樂師就敲鼓，嗇夫就跑，庶人就走路。』這是指着這月的初一。當夏曆四月就叫做孟夏。」季孫意如還不聽從。叔孫婼退下去說：「這個人將有不好的志向，他不以魯君爲君了。」

(三)經秋，郯子來朝。

傳秋，郯子來朝，公與之宴，昭子問焉，曰：「少皡氏鳥名官①，何故也？」郯子曰：

「吾祖也，我知之。昔者黃帝氏以雲紀②，故爲雲師而雲名。炎帝氏以火紀③，故爲火師而火名。共工氏以水紀④，故爲水師而水名。大皞氏以龍紀⑤，故爲龍師而龍名。我高祖少皞摯之立也，鳳鳥適至，故紀於鳥，爲鳥師而鳥名。鳳鳥氏歷正也⑥，玄鳥氏司分者也⑦，伯趙氏司至者也⑧，青鳥氏司啓者也⑨，丹鳥氏司閉者也⑩，祝鳩氏司徒也⑪，鴡鳩氏司馬也⑫，鳲鳩氏司空也⑬，爽鳩氏司寇也⑭，鶻鳩氏司事也⑮，五鳩鳩民者也。五雉爲五工正，利器用，正度量，夷民者也，九扈爲九農正，扈民無淫者也。自顓頊以來不能紀遠，乃紀於近，爲民師而命以民事，則不能故也。」仲尼聞之，見於郯子而學之，既而告人曰：「吾聞之天子失官，學在四夷，猶信⑯。」

【今註】①少皞氏鳥名官：少皞氏拿鳥做他的官名。②昔者黃帝氏以雲紀：在從前黃帝是拿雲來紀事。③炎帝氏以火紀：炎帝氏是拿火來紀事。④共工氏以水紀：共工氏拿水來紀事。⑤大皞氏以龍紀：大皞氏用龍來紀官。⑥鳳鳥氏歷正也：鳳鳥氏是管歷法的。⑦玄鳥氏司分者也：玄鳥氏是管春分到秋分的。⑧伯趙氏司至者也：伯趙就是俗人所稱的伯勞鳥，他是管夏至到冬至。⑨青鳥氏司啓者：青鳥氏是管立春到立夏。⑩丹鳥氏司閉者也：丹鳥氏是管立秋到立冬。⑪祝鳩氏司徒也：祝鳩氏這鳥等於司徒官。⑫鴡鳩氏司馬也：鴡鳩氏這鳥等於司馬。⑬鳲鳩氏司空也：鳲鳩氏等於司空。⑭爽鳩氏司寇也：爽鳩氏就是鷹，等於司寇的官。⑮鶻鳩氏司事也：鶻鳩氏等於司事的官。⑯天子失官，學在四夷，猶信：天子的官不修其職，就到四夷去學，這是很信實的。

【今譯】 秋天，郯子來魯國上朝，昭公跟他吃飯，叔孫婼就問他，說：「少皞氏用鳥爲官名，這是什麼原因？」郯子說：「這是我的祖先，所以我知道。從前黃帝是用雲來紀事，所以他的官名全用雲。炎帝用火來紀事，他的官名全用火。共工氏用水來紀事，他的官名全用水。大皞用龍來紀事，他的官名全用龍，我的高祖少皞摯即位時，鳳鳥恰好來了，所以以鳥紀事，官名全都用鳥。鳳鳥氏是歷正之官，玄鳥氏管春分秋分，伯趙氏管夏至冬至，青鳥氏管立春到立夏，丹鳥氏管立秋到立冬，祝鳩氏是司徒，鴡鳩氏是司馬，鳲鳩氏是司空，爽鳩氏是司寇，鶻鳩氏是司事，五鳩是治理人民的。五種雉鳥，等於五個工正，是爲的使器用便利，正度量尺寸，使人民和平。九扈做九農正，使安置人民不淫亂。自從顓頊以來沒有方法紀遠的事，就紀近事，官名全與民事有關，因爲他也不能夠遠看。」仲尼聽見說，見了郯子同他學習，後來就告訴人說：「我聽說天子的官不修其職，就從四夷去學，這話是可信的。」

(四)

經 八月晉荀吳帥師滅陸渾之戎。

傳 晉侯使屠蒯如周，請有事於雒與三塗①。萇弘謂劉子曰：「客容猛，非祭也，其伐戎乎？陸渾氏甚睦於楚，必是故也，君其備之。」乃警戎備。九月丁卯，晉荀吳帥師涉自棘津②，使祭史先用牲于雒，陸渾人弗知，師從之。庚午，遂滅陸渾，數之以其貳於楚也。陸渾子奔楚，其衆奔甘鹿③，周大獲。宣子夢文公攜荀吳而授之陸渾，故使穆子帥師獻俘于文宮。

【今註】 ①雒與三塗：雒是雒水，三塗是山名，在河南省嵩縣。 ②棘津：江永說：「晉荀吳伐陸渾之戎，雖欲使陸渾人不知，亦不應如此迂廻，且九月丁卯渡棘津，庚午遂滅陸渾，相距三日，豈能如此神速。彙纂所引恐誤。服虔云，『棘津猶孟津也。』似近之。」 ③甘鹿：方輿紀要說：「河南宜陽縣東南五十里，有鹿歸山，在陸渾故城西北。」

【今譯】晉侯叫屠蒯到周去，請祭祀雒水同三塗。萇弘對劉子說：「客人的容貌很猛勇，這不是祭祀，恐怕是伐陸渾的戎？陸渾的戎現在對楚國很和睦，必定是這個原故，你何不防備着！」就戒備了。九月丁卯，晉國荀吳率領着軍隊從棘津渡過黃河，使祭史先用牲祭祀雒水，陸渾人不明白，晉軍就進攻陸渾。庚午這天，把陸渾滅了，數說他爲什麼跟楚國相和。陸渾子逃到楚國去，他的衆人逃奔到甘鹿這地方，周國得到他的人民很多。韓起夢見晉文公拉着荀吳，交給他陸渾，所以使荀吳到晉文公廟中獻俘。

（五）經 冬有星孛于大辰。

傳 冬，有星孛于大辰西，及漢。申須曰①：「彗所以除舊布新也，天事恒象，今除於火，火出必布焉，諸侯其有火災乎？」梓愼曰：「往年吾見之，是其徵也。火出而見，今茲火出而章，必火入而伏，其居火也久矣，其與不然乎②？火出於夏爲三月，於商爲四月，於周爲五月，夏數得天。若火作，其四國當之。在宋、衞、陳、鄭乎？宋，大辰之虛也。陳，大皞之虛也。鄭，祝融之虛也。皆火房也。星孛天漢，漢水祥也。衞顓頊之虛也，故爲帝丘，其星爲大水，水火之牡也。其以丙子若壬午作乎？水火所以合也。若火入而伏，必以壬午，不過其見之月。」鄭裨竈言於子產曰：「宋衞陳鄭將同日火，若我用瓘斝玉瓚③，鄭必不火。」子產弗與。

【今註】①申須：魯大夫。 ②其與不然乎：意思說是必然。 ③瓘斝玉瓚：這是玉的杯，瓚是勺玉做的。

【今譯】冬天有彗星出現在大辰的西邊，東邊一直達到天漢。魯大夫申須說：「彗星是所以除去舊的來換新的，天道時常以象徵來給人看，現在除去是心星，心星出來火就散布爲災，諸侯恐怕有火災了？」梓愼說：「從前我看見過，這是他的象徵。心星出來而發現，現在心星出來而顯出，必定是心星進入而火也沒有了，他經過二年已經很久了，這是必然的事，火出在夏正爲三月，在商正是四月，在周正是五月，夏的數目合於天時。要是火發生，恐怕四國全有關係。這就恐怕是宋、衞、陳、鄭嗎？宋是大辰的分野；陳是大皞的分野；鄭是祝融的分野，都是火所住的房舍。這個彗星到了天漢，天漢是水的祥瑞。衞國是顓頊的分野，所以稱爲帝丘，他的心星就是大水，水是火的雄，恐怕發作在丙子那天或者壬午那天，這兩天是水火相合的那天。若火同去而藏起來必在壬午，不能超過他所發現的那月。」鄭國裨竈告訴子產說：「宋、衞、陳、鄭四國將同一天着火，我要用珪玉同玉的爵杯，同玉的勺子禳求，鄭必定不會火。」但是子產不相信，不肯答應他用。

（六）

經 楚人及吳戰于長岸。

傳 吳伐楚，陽匄①爲令尹，卜戰不吉。司馬子魚②，曰：「我得上流，何故不吉？且楚故司馬令龜，我請改卜。」令曰：「魴也以其屬死之，楚師繼之，尚大克之。」吉。戰于長岸③，子魚先死，楚師繼之，大敗吳師，獲其乘舟餘皇④，使隨人與後至者守之，環而塹之及泉，盈其隧炭，陳以待命。吳公子光⑤請於其衆曰：「喪先王之乘舟，豈唯光之罪，衆亦有焉。請藉取之以救死。」衆許之。使長鬣者三人潛伏於舟側曰：「我呼餘皇則對。」師夜從之，三呼皆迭對，楚人從而殺之。楚師亂，吳人大敗之，取餘皇以歸。

【今註】①陽匄：是穆王的曾孫就是令尹子瑕。②司馬子魚：是公子魴。③長岸：楚地。彙纂說：「今安徽省當塗縣西南三十里，有西梁山，與東梁山夾江相對，如門之闕，亦曰天門山。郡國志：天門山，一名峨眉山，春秋楚獲吳乘舟餘皇處也。」④餘皇：船的名字。⑤吳公子光：他是吳王諸樊的兒子。

【今譯】吳國伐楚國，陽匄做令尹，占卜打仗不吉祥，司馬子魚就說：「我是站着上游地方，爲什麼不吉祥？並且楚國舊的辦法，司馬命令龜來占卜，我請改卜。」就令龜說：「我將用我的屬下來戰死，楚國軍隊接着來打，必定能夠戰勝。」得到吉兆，就在長岸這地方作戰，子魚先戰死，楚國軍隊接着他，大打敗了吳國軍隊，捕獲他的大船餘皇，使隨從與後到的人守着它，圍着它挖了一條溝深到泉水，隨着它的出入口，擺上陣，等候命令。吳國公子光對衆人請求說：「丟掉先王所用的乘舟，豈祇是光的罪狀，衆人全都有。請求用方法把舟拿回來，以救我們的死罪。」衆人全答應他。使長鬍子三個人，偸着爬上船的旁邊，說：「我喊餘皇就趕緊回答。」吳軍夜裡跟着他們，喊了三次全都回答，楚國人就把他們殺掉。楚國軍隊就亂了，吳國人把他們大敗了，把餘皇的船拿回去。

卷二十五 昭公五

昭公十八年（公元前五百二十四年）

（一）傳春王二月乙卯，周毛得殺毛伯過①而代之。萇弘曰：「毛得必亡，是昆吾稔之日也，侈故之以②。而毛得以濟侈於王都，不亡何待？」

【今註】①毛伯過：周大夫。他同毛得同一族。②是昆吾稔之日也，侈故之以：這是昆吾死的那個日子，因為他太奢侈的原故。

【今譯】十八年春王二月乙卯，周國的毛得殺了周大夫毛伯過而替代了他。萇弘說：「毛得必定要滅亡，這是昆吾死的那天，他是因為太奢侈。而毛得居然成功，這在王的都城中如此奢侈，不滅亡要等什麼呢？」

（二）經三月曹伯須卒。

傳三月曹平公卒。

【今譯】三月，曹平公死了。

（三）經夏五月壬午，宋、衞、陳、鄭災。

傳夏五月，火始昏見①，丙子風。梓愼曰：「是謂融風，火之始也，七日其火作乎？」

戊寅風甚，壬午大甚，宋、衞、陳、鄭皆火，梓愼登大庭氏之庫②以望之，曰：「宋、衞、陳、鄭也。」數日皆來告火。裨竈曰：「不用吾言，鄭又將火③。」鄭人請用之，子產不可。子大叔曰：「寶以保民也，若有火，國幾亡，可以救亡，子何愛焉？」子產曰：「天道遠，人道邇，非所及也，何以知之？竈焉知天道？是亦多言矣，豈不或信。」遂不與，亦不復火。鄭之未災也，里析④告子產曰：「將有大祥，民震動，國幾亡，吾身泯焉弗良及也。國遷其可乎？」子產曰：「雖可，吾不足以定遷矣。」及火，里析死矣，未葬，子產使輿三十人遷其柩。火作，子產辭晋公子公孫于東門⑤，使司寇出新客，禁舊客勿出於宮，使子寬，子上巡羣屏攝至于大宮⑥，使公孫登徙大龜⑦，使祝史徙主祏於周廟告於先君⑧，使府人庫人各儆其事，商成公儆司宮⑨，出舊宮人寘諸火所不及⑩，司馬司寇列居火道，行火所焮⑪，城下之人伍列登城，明日使野司寇各保其徵⑫，郊人助祝史，除於國北⑬，禳火于玄冥回祿⑭，祈于四鄘⑮，書焚室而寬其征與之材，三日哭，國不市，使行人告於諸侯。宋、衞皆如是，陳不救火，許不弔災，君子是以知陳許之先亡也。

【今註】①火始昏見：在晚上心星出現。②大庭氏之庫：大庭古國名，在魯城內，魯於其處作庫高顯，故登以望氣。③不用吾言，鄭又將火：不用我的話，鄭國又將有火災。④里析：鄭大夫。⑤辭晉公子公孫于東門：晉國人新來的尚未進入各都城就不讓他們進來，免除他們知道着火的事情。⑥子寬，子上巡羣屏攝至于大宮

：子寬、子上都是鄭大夫。把祭祀的位子遷到祖廟裡。⑦公孫登徙大龜：派開卜的大夫公孫登把占卜用的大龜遷走。⑧使祝史徙主祏於周廟告於先君：叫祝同史把神主的石函遷到周厲王廟中，昭告於先君。⑨商成公儆司宮：商成公是鄭大夫警戒太監們。⑩出舊宮人寘諸火所不及：把從前宮中的女子把她們擺到火燒不到的地方。⑪行火所焮：把火烤着的地方，全去掉。⑫明日使野司寇各保其徵：野司寇是縣士。明日使縣士各保護他徵役的人。⑬郊人助祝史除於國北：郊人幫助祝史，在國都的北方去掃除。⑭禳火于玄冥回祿：玄冥是水神，回祿是火神，對他們祭祀。⑮祈于四鄘：在各城門祭祀。

【今譯】夏天五月，心星在夜晚出現，丙子刮風。梓愼說：「這叫做融風，是火的開始，經過七天以後，火恐怕就要着起來。」戊寅風刮得更厲害，壬午，很厲害，宋、衞、陳、鄭四國全着起火，梓愼上到大庭氏的庫去遠望，說：「這是宋、衞、陳、鄭四國。」經過幾天以後，他們全派來告訴魯國說他們着火了。裨竈說：「你們要不用我的話，鄭國又要着火。」鄭國人要求聽他的話。子產仍舊不以爲然。游吉說：「寶器是保護人民的，要着火，鄭國就幾乎完了，可以用寶物來救亡，你又何必愛惜它呢？」子產說：「天道是很遠的，人道是很近，這連不到一塊，怎麼樣能知道呢？竈怎麼能知道天道？他是常常喜歡說話，豈不有時碰上。」就不給他，鄭國也不再着火。鄭國在沒着火以前，鄭大夫里析告訴子產說：「將有大的變化，人民全被震動，國幾乎而亡，但是我那時已經死了，不能趕上。遷徙國都或者可以有辦法。」子產說：「雖然可以，但我沒有方法定規怎麼遷。」到了着火時，里析已經死了，還沒有下葬，子產就派了三十個人，把他棺材搬走。火發了以後，子產派人把晉國的公子公孫新來的人在東城門那裡擱住他們，不要進來，派司寇叫新來聘問的不要進來，禁止舊的客人不要出去。派鄭大夫子寬、子上巡視各祭祀位置一直到祖廟中，使管理占卜的公孫登把大龜遷走，派祝史搬了成神主的石函到周厲王的廟中，並且敬告各先君，使府人庫人各儆戒他的事務，鄭大夫商成公儆告太監的頭目，把從前先君的宮女擺到火所燒不到的地方，司馬司寇排在火所經過的道路，並且把火所燒着的地方也救護，城下邊的人排着隊伍登到城上，着火的明天，使各縣士保護他所徵發的工人，郊外的人幫助祝史，在國都的北方掃除，並且到水神玄冥，火神回祿去祭禳，還祭都城的四門，將所燒的房子記錄，並寬免他的賦稅，給他建築的材料，國裏三日哭，全國市場都不開，使行人官到各諸侯去告訴。宋、衞全都如此，陳不救火，許國不弔別人的災，君子所以知道陳國同許國是先要亡國。

（四）

經　六月邾人入鄅。

傳　六月鄅①人藉稻，邾人襲鄅，鄅人將閉門，邾人羊羅攝其首焉②，遂入之，盡俘以歸。鄅子曰：「余無歸矣！」從帑於邾。邾莊公反鄅夫人而舍其女。

【今註】　①鄅：妘姓國，一統志：「今山東臨沂縣，城北十五里，有開陽城。」　②攝其首焉：就把他的腦袋斬下來。

【今譯】　六月，鄅人藉稻，邾人將襲擊鄅，鄅人將關上城門，邾人羊羅把鄅人關門的斬下他的腦袋就進入鄅國，把他們做成俘虜，就回去了。鄅子說：「我沒法回去了」。就隨着他的妻女到邾國去，邾莊公退還鄅夫人而留下他的女兒。

（五）

經　秋，葬曹平公。

傳　秋，葬曹平公，往者見周原伯魯①焉，與之語不說學。歸以語閔子馬，閔子馬曰：「周其亂乎！夫必多有是說而後及其大人，大人患失而惑，又曰可以無學，無學不害。不害而不學，則苟而可②，於是乎下陵上替，能無亂乎？夫學殖也，不學將落，原氏其亡乎？」

【今註】①原伯魯：周大夫。②則苟而可：因爲沒有害處，心裡就苟且。

【今譯】秋天給曹平公下葬，魯人去參加葬禮的，看見周國的大夫原伯魯，跟他談話中，知道他不喜歡讀書，回到魯國告訴閔子馬，閔子馬說：「周恐怕將有亂事發生了，一定是有很多人如此說法，所以傳給他們在位的人，有政權的人恐怕有學問而不能得到道理，於是更惑亂他的意志，又說可以不要學問，沒有學問也沒有害處。沒有害處而不學問，就變成苟且，下位的人侮慢上位的人，上位的人又廢棄其職守，國家能沒有亂嗎？學問等於使苗的生長，不學苗將荒落，原氏恐怕要完了。」

（六）

傳 七月，鄭子產爲火故，大爲社，祓禳於四方，振除火災，禮也。乃簡兵大蒐，將爲蒐除①，子大叔之廟在道南，其寢在道北，其庭小，過期三日，使除徒陳於道南廟北，曰：「子產過女而命速除，乃毀於而鄉。」子產朝，過而怒之，除者南毀。子產及衝使從者止之曰：「毀於北方。」火之作也，子產授兵登陴。子大叔曰：「晉無乃討乎？」子產曰：「吾聞之，小國忘守則危，況有災乎？國之不可小，有備故也。」既晉之邊吏讓鄭曰：「鄭國有災，晉君大夫不敢寧居，卜筮走望，不愛牲玉，鄭之有災，寡君之憂也。今執事撊然授兵登陴，將以誰罪？邊人恐懼，不敢不告。」子產對曰：「若吾子之言，敝邑之災，君之憂也。敝邑失政，天降之災，又懼讒慝之間謀之，以啓貪人，荐爲敝邑不利，以重君之憂。幸而不亡，猶可說也，不幸而亡，君雖憂之，亦無及也。鄭有他竟，望走在晉，既事晉矣，其敢有二心？」

【今註】①將爲蒐除：因爲治兵於廟所以把廟外的地，必須擴充。

【今譯】七月，鄭國子產因爲着火的緣故，就大治社神廟，四方全都祓除不祥，去掉火災，這是很合禮的。就治兵大蒐，因爲廟的地方太小，所以想擴大他。游吉的廟在道的南方，他的寢在道北方，他的庭很小。過了子產規定的工期三天，游吉使工作的人員，在道南廟北那兒工作，就說子產若過來這兒叫你趕緊辦，就向你們的方向去毀。子產上朝去了，路過這裡看見不毀就發了怒，工作的人從南方毀。子產到了那裡，就派他隨從的人，叫他們不要從南方毀，而從北方毀。當初火開始發作時，子產拿着兵器上到城上。游吉就說：「晉國是不是疑心鄭國已經反叛了，要來討伐我。」子產說：「我聽見說過，小的國家忘記了守衞，就發生危險，何況我國有火災呢？國家不可以被輕視，就是因爲有防備的原故。」後來晉國的邊吏責讓鄭國說：「鄭國有災害，晉國的君同大夫，全不敢安居，占卜並且走着望着鄭國。不敢愛惜犧牲同玉幣，鄭國有災害，是寡君的憂慮。現在你們居然敢仗着兵器登到城上，這是誰的罪狀？邊人害怕了不敢不告訴你。」子產回答說：「誠如你這句話，我們國的災害，也是你的憂慮。我們國家政治不修明，天降災害給他，又恐怕有人說壞話，開啓有貪念的人，重爲我們國家不利，以加重你的憂慮。幸而鄭國不亡，猶可解說，若不幸而亡，你們雖然加憂慮，也來不及了。鄭國雖然有旁的鄰居，每每瞻望晉國，既然已經事奉晉國，還敢有兩種心嗎？」

（七）經冬許遷于白羽。

傳楚左尹王子勝言於楚子曰：「許於鄭仇敵也，而居楚地，以不禮於鄭，晉鄭方睦，鄭若伐許而晉助之，楚喪地矣。君盍遷許，許不專於楚，鄭方有令政①。許曰：『余舊國也。』鄭曰：『余俘邑也②。』葉在楚國，方城外之蔽也。土不可易，國不可小③，許不可俘，讎不可啓，君其圖之？」楚子說。冬，楚子使王子勝遷許於析，實白羽④

也。

【今註】①鄭方有令政：鄭國現在有很好的政治。②余俘邑也：鄭國說許國是他所捕獲的地方。③國不可小：這是指着鄭國。④析實白羽：一統志說：「析縣故城在河南內鄉縣西北，春秋時，楚白羽地。」

【今譯】楚國的左尹王子勝對楚王說：「許對於鄭國是仇敵，而又住到楚國地方，對於鄭國不禮貌，晉國同鄭國很和好，鄭若討伐許國，而晉幫助他，楚國就丟掉地方。你何不遷許國，使許國不專心事奉楚國，鄭國現在有好的政治。許國說：『我是舊的國家。』鄭國也說：『這是我俘擄的城邑。』葉在楚國是方城外的障蔽。土地不可以輕，國不可以小，許不可以做俘邑，讎敵不可以開啓，你不如細想想。」楚平王聽了這話高興，冬天派王子勝遷許到析這地方，實在就是白羽。

昭公十九年（公元前五百二十三年）

(一)傳十九年春，楚工尹赤遷陰于下陰①，令尹子瑕城郟②。叔孫昭子曰：「楚不在諸侯矣，其僅自完也，以持其世而已。」

【今註】①楚工尹赤遷陰于下陰：工尹楚官名，名赤，陰楚地，紀要說：「湖北光化縣西，漢水北（西）岸，古陰縣城，春秋曰下陰」大約是由陰戎而得到這種名稱。②郟：彙纂說在今河南省郟縣。

【今譯】十九年春天，楚國的工尹赤把陰遷到下陰去，令尹子瑕修築郟這個城。叔孫婼說：「楚國的目的不在鎮撫諸侯，僅在自己守自己，以過了這一輩子。」

（二）傳楚子之在蔡①也，郹陽②封人之女奔之，生大子建。及即位，使伍奢③爲之師，費無極爲少師，無寵焉，欲譖諸王曰：「建可室矣。」王爲之聘於秦，無極與逆，勸王娶之。正月，楚夫人嬴氏至自秦。

【今註】①楚子之在蔡：正義說：「賈逵云：『楚子在蔡爲公時也。』杜以楚子十一年爲蔡公，十三年而即位，生子唯一二歲耳，未堪立師傅也。至今七年，未得云『建可室矣』，故疑爲大夫時聘蔡也。」　②郹陽：蔡邑，彙纂說：「在今河南新蔡縣境。」　③伍奢：伍舉的兒子，伍員的父親。

【今譯】楚王在蔡國時，郹陽的封人的女兒逃到楚王那裡去，生了大子建。到了即位以後，使伍奢給他做師傅，費無極做少師，但是不得到寵愛，就告訴王說：「可以爲太子建娶妻。」楚平王就替他到秦國聘了一個女子，費無極參加迎接，他又勸着平王自己娶她。正月，楚國夫人嬴氏從秦國來到楚國。

（三）經十有九年春，宋公伐邾。

傳郳夫人，宋向戌之女也，故向寧①乞師。二月，宋公伐邾圍蟲②，三月取之，乃盡歸郳俘。

【今註】①向寧：向戌的兒子。　②蟲：邾邑，彙纂說：「今山東濟寧縣境。」

【今譯】郳國夫人，是宋國向戌的女兒，所以向寧請出軍隊去討伐邾國。二月，宋公伐邾國，圍了蟲這地方，三月把他佔領了，邾國就把郳國的俘擄全都送還。

（四）經 夏五月戊辰，許世子止弒其君買。

傳 夏，許悼公瘧。五月戊辰，飲大子止之藥卒，大子奔晉。書曰弒其君。君子曰：「盡心力以事君，舍藥物可也。」

【今譯】夏天，許國悼公發瘧疾。五月戊辰，喝了太子止的藥就死了，太子逃到晉國去。春秋上寫着許國世子止把他的君買弒掉。君子說：「竭盡心力去事奉君上，不必管到藥物就可以了。」

（五）經 己卯，地震①。

【今註】①此經無傳。

【今譯】己卯，魯國地震。

（六）傳 邾人、郳人、徐人會宋公，乙亥，同盟于蟲。楚子爲舟師以伐濮①，費無極言於楚子曰：「晉之伯也，邇於諸夏，而楚辟陋，故弗能與爭。若大城父城②而寘大子焉，以通北方，王收南方，是得天下也。」王說從之，故大子建居于城父。令尹子瑕聘于秦，拜夫人也。

【今註】①濮：在今湖北石首縣境。②父城：江永說「城父應作父城」。王先謙漢書註說「父城在寶豐縣東四十里。」

【今譯】邾人、郳人、徐人同宋公相會，乙亥，在蟲這地方同盟會。楚平王做舟船去伐濮這地方，費無極對楚平王說：「晉國成霸主，近於中原各國，而楚國的地方很僻遠，所以很難同晉國相爭。若修父城這個城很結實，而把太子擺在那裡，太子可以與北方相通，王就專收南方，這就可以得到全天下。」平王很喜歡就聽了他話，所以太子建住到父城。令尹子瑕到秦國聘問，這是爲的拜謝夫人。

（七）經　秋，齊高發帥師伐莒。

傳　秋，齊高發帥師伐莒，莒子奔紀鄣，使孫書①伐之。初，莒有婦人，莒子殺其夫，已爲嫠婦，及老託於紀鄣，紡焉，以度而去之。及師至則投諸外，或獻諸子占，子占使師夜縋而登，登者六十人，縋絕，師鼓譟，城上之人亦譟，莒共公懼，啓西門而出。七月丙子，齊師入紀。

【今註】　①孫書：陳無宇的兒子，字子占。

【今譯】　秋天，齊國高發率軍隊去討伐莒國，莒子就逃到紀鄣那兒去，就派陳書去伐他。最初的時候，莒國有個女人，他的丈夫被莒子殺掉，她就變成寡婦，等到老時，她就住到紀鄣，織成麻繩，以城高爲度，然後藏起來。到了軍隊來了，就扔到外頭，有人把這繩子交給陳書，陳書叫軍隊夜裡沿着這繩子登到城上，已經上了六十個人，繩子就斷了，軍隊大聲喊譟，城上的人也大聲喊譟，莒共公害了怕，就開了西門逃出，七月丙子，齊國軍隊就進入紀國都城。

（八）經　冬，葬許悼公①。

【今註】　①此經無傳。

【今譯】　冬天，給許悼公下葬。

（九）

傳 是歲也，鄭駟偃卒。子游①娶於晉大夫，生絲弱②，其父兄立子瑕③。子產憎其爲人也，且以爲不順，弗許亦弗止，駟氏聳④。他日絲以告其舅。冬，晉人使以幣如鄭問駟乞之立，故駟氏懼，駟乞欲逃，子產弗遣，請龜以卜，亦弗予。大夫謀對，子產不待而對客曰：「鄭國不天，寡君之二三臣札瘥夭昏⑤，今又喪我先大夫偃，其子幼弱，其一二父兄懼隊宗主，私族於謀而立長親，寡君與其二三老曰：『抑天實剝亂是，吾何知焉？』諺曰：『無過亂門。』民有亂兵猶憚過之，而況敢知天之所亂？今大夫將問其故，抑寡君實不敢知，其誰實知之？平丘之會⑥，君尋舊盟曰：『無或失職。』若寡君之二三臣，其即世者，晉大夫而專制其位，是晉之縣鄙也，何國之爲？」辭客幣而報其使，晉人舍之。

【今註】①子游：就是駟偃。②生絲弱：他的兒子駟絲甚年輕。③子瑕：就是駟偃的叔叔駟乞。④聳：深爲害怕。⑤札瘥夭昏：賈逵說：「大死曰札，小疫曰瘥，短折曰夭，未名曰昏。」⑥平丘之會：在魯昭公十三年。

【今譯】這一年，鄭國的駟偃死了。他曾經在晉大夫家中娶妻，生絲而年幼，他的父兄們就立了駟偃的叔叔駟乞。子產對他這人很討厭，並且以爲不合理，不答應他立，也不反對。於是駟氏全害了怕。另一天，駟絲告訴他的舅舅，他舅舅是晉國人。冬天，晉國派人拿着幣到鄭國問駟乞爲什麼立，所以駟氏更害怕，駟乞要想逃走，子產不答應他，請求龜甲來占卜，子產也不給他，大夫們正商量怎麼樣回晉國的話，子產也不等候就回答客人說：「

鄭國沒有得到天的降福，我們寡君及二三臣有的是死了，有的是得了病，現在又喪失先大夫駟偃，他的兒子很幼弱，他的父兄們恐怕失掉宗族，就偷着在族中商量而立了年長的，我們的寡君跟他二三個臣子說：『天實在叫他們亂，我又怎麼能夠知道呢？』俗話說：『不要經過亂的人家。』人民對於有兵亂的人還怕過他家，那裏能知道天爲什麼叫他亂；現在大夫問的原故，我們寡君實在不敢知道，誰又能知道呢？在平丘會盟時，晉君重申舊的盟誓說：『不要隨便失墮你的職守。』要是我們君的二三個臣子，有死了的，晉國的大夫全都管他的位子，那麼，鄭國就等於晉國的小縣，那還成了什麼國家呢？」於是辭謝客人的幣，而派人去回答晉國的使臣，晉國人祇好不管了。

(十)

傳 楚人城州來。沈尹戌①曰：「楚人必敗。昔吳滅州來，子旗請伐之。王曰：『吾未撫吾民。』今亦如之。而城州來以挑吳，能無敗乎？」侍者曰：「王施舍不倦，息民五年，可謂撫之矣。」戌曰：「吾聞撫民者節用於內而樹德於外，民樂其性而無寇讎。今宮室無量，民人日駭，勞罷死轉②，忘寢與食，非撫之也。」

【今註】①沈尹戌：楚莊王的曾孫，葉公諸梁的父親。　②勞罷死轉：勞苦疲倦，兼有死亡遷徙的苦處。

【今譯】楚國人修了州來的城。沈尹戌說：「楚人必定要失敗。從前吳人滅掉州來，子旗請求去伐他，王就說：『我還沒有安撫我的人民。』現在也跟這情形一樣。而把州來城修好，爲的來挑撥吳國，這還能夠不失敗嗎？」左右的人說：「王不倦的施舍，已經休息人民五年，可以說已經安撫人民了。」沈尹戌說：「我聽見安撫人民的人，必定在內部節用，而在外面樹立德行，人民安樂他的生活，而並沒有寇讎。現在宮室很多，人民天天害怕，做的很勞苦，而四面遷徙，忘掉吃飯同睡覺，這不是安撫他。」

(十一)

傳 鄭大水，龍鬬于時門之外洧淵①，國人請爲禜焉，子產弗許曰：「我鬬，龍不我覿也。龍鬬我獨何覿焉？禳之則彼其室也。吾無求於龍，龍亦無求於我。」乃止也。

【今註】①時門之外洧淵：時門是鄭都城的門，又方輿紀要說：「洧水經密縣東北，入新鄭縣境，會溱水，爲雙洎河，即洧淵也。」

【今譯】鄭國發大水，在都城的城門外洧淵的水中，龍在那裡爭鬬。鄭國的貴族請求給他們祈禳，子產不答應說：「我們打仗時，龍看不見我們。龍鬬我們又怎麼能看見？要來禳求他，淵水是龍所應當住的地方。我們對龍沒有求，龍也沒有求於我。」於是就停止了。

（十二）傳 令尹子瑕言蹶由①於楚子曰：「彼何罪？諺所謂室於怒市於色者，楚之謂矣。舍前之忿可也。」乃歸蹶由。

【今註】①蹶由：他是吳王的弟弟，魯昭公五年爲楚靈王所擒。②所謂室於怒市於色者：等於在室家中發怒而表現於市上的人。

【今譯】楚國令尹子瑕對楚王說到吳王的弟弟蹶由說：「他有什麼罪呢？俗話所說因爲在屋裡發怒，而在市面上生氣，這就是指着楚國說的。捨掉從前的憤怒可以了。」就把蹶由送還吳國。

昭公二十年（公元前五百二十二年）

（一）經 春王正月。

傳 春王二月己丑，日南至。梓愼望氛，曰：「今茲宋有亂，國幾亡，三年而後弭。蔡有大喪。」叔孫昭子曰：「然則戴桓也①，汏侈無禮已甚，亂所在也。」

【今註】①然則戴桓也：那就是戴族同桓族兩族。

【今譯】二十年春王二月，己丑，日南至。梓愼望氣說：「今年宋國有亂，國幾乎亡了，三年而後安定，蔡國將有大喪事。」叔孫婼說：「宋國亂恐怕就是戴、桓兩族，他驕傲奢侈無禮的很厲害，這就是亂的所在。」

（二）經夏，曹公孫會自鄸①出奔宋②。

【今註】①鄸：山東通志說：「在今山東菏澤縣西北三里。」　②此經無傳。

【今譯】夏天，曹公孫會自鄸逃到宋國去。

（三）傳費無極言於楚子曰：「建與伍奢將以方城之外叛，自以爲猶宋、鄭也，齊、晋又交輔之，將以害楚，其事集矣。」王信之，問伍奢。伍奢對曰：「君一過多矣①，何信於讒？」王執伍奢。使城父司馬奮揚殺大子，未至，而使遣之。三月，大子建奔宋。王召奮揚，奮揚使城父人②執己以至。王曰：「言出於余口，入於爾耳，誰告建也？」對曰：「臣告之。君王命臣曰：『事建如事余。』臣不佞，不能苟貳，奉初以還③，不忍後命，故遣之，既而悔之，亦無及已。」王曰：「而敢來何也？」對曰：「使而失命，召而不來，是再奸也，逃無所入。」王曰：「歸，從政如他日。」無極曰：「奢之子材，若在吳，必憂楚國，盍以免其父召之，彼仁必來，不然將爲患。」王使召之曰：「來，吾免而父。」棠君尚④謂其弟員曰：「爾適吳，我將歸死。吾知不逮⑤，我能死，爾能報。聞免父之命，不可以莫之奔也，親戚爲戮，不可以莫之報也。奔死免父，孝也。度功而行，仁也。擇任而往，知也。知死不辟，勇也。父不可弃，名不可廢⑥，爾其勉之，相從爲愈⑦。」伍尚歸，奢聞員不來，曰：「楚君大夫其旰食乎？」楚人皆殺之。員如吳，言伐楚之利於州于⑧，公子光⑨曰：「是宗爲戮，而欲反其讎，不可從也。」員曰：「彼將有他志，余姑爲之求士而鄙以待之。」乃見鱄設諸⑩焉，而耕於鄙。

【今註】①君一過多矣：一過是指着納太子建的夫人。　②城父人：是大夫。　③奉初以還：自從奉了初次的命令來辦。　④棠君尚：伍奢的長子伍尚。　⑤吾知不逮：我的知識不如你。　⑥名不可廢：兄弟二人不可俱死，俱死則名廢。　⑦相從爲愈：比較在一塊更好。　⑧州于：是吳王僚。　⑨公子光：是吳王闔廬。　⑩鱄設諸：是個勇士。

【今譯】楚大夫費無極對楚平王說：「太子建和伍奢，將要佔據了方城以外的地方造反了，他自以爲宛如宋鄭一般，齊晉兩國又互相扶助他，將要來危害楚國，他的各事已經齊集了。」平王聽信了他，便喊伍奢來問，伍奢回答說：「你君做了一次錯事已經多了，爲什麼又相信讒言呢？」平王惱羞成怒，便拘禁了伍奢，派城父的司馬叫奮揚的去殺太子。奮揚還沒有到城父，就派人趕先去通知太子，叫他逃去。三月中，太子建逃往宋國去。平王便又喊奮揚來問，奮揚派城父人拘執了自己，來到平王面前。平王說：「說話出在我的口中，進入你的耳管裡，沒有第三人知道，到底是那個告訴他的？」奮揚回答說：「臣告訴他的，從前君王吩咐臣說：『服事建，要像服事我一樣。』臣沒有才能，不能忽然間便懷了鬼胎，只知聽初次的吩咐同他交往，不捨得依後來的吩咐，所以叫他逃去的，後來懊悔，卻也來不及了。」平王說：「你還敢來見我，爲什麼呢？」奮揚回答說：「既然奉使出去失誤了君命，聽得召喊卻再不來，這是再犯罪了。況且就是想逃，也沒有地方可去。」平王說：「回去罷！幹你的公事，要像從前一樣！」無極又說：「奢的兒子很有材幹，若留他在吳國，將來定要做楚國的禍害。何不託名寬赦他們的父親，去喊他回來呢？他們愛他父親，一定回來的，否則恐怕要爲後患！」王便派人去喊說：「來了，我便饒你們的父親。」棠邑大夫伍尚是奢的長子，他便對他的兄弟員說：「你到吳國去，我是要回去死難的，我的聰明不及你，我是能夠死難的，你是能夠報仇的。聽得赦免父親的命令，不可以沒有人趕去的，至親骨肉無故被殺了，不可以沒有人報復的。趕去死求赦免父親，這便是孝，量了能幹的事去幹，這便是仁，選擇能夠擔任的去做，這便是智，明知要死，卻不逃避，這便是勇。父親不可丟掉，我們二人也不可俱死，你務必勉力做去，比較跟了一同去死總要好些。」後來伍尚回去了，奢聽說員不來，就說：「楚國的君王大夫，恐怕要欲食而不遑了！」楚人便都把他父子二人殺死。員既到了吳國，在吳王僚前說伐楚的利益。公子光說：「這是他的宗族被殺，要想報他的仇，是不可依他的。」伍員說：「他大概另有他的心事，我姑且代他找個勇士，自己在邊境上等候他，緩緩的來！」便引見了鱄設諸，自己卻耕田在邊境上。

（四）傳　宋元公無信，多私而惡華向。華定，華亥與向寧謀曰：「亡愈於死，先諸？」華亥僞有疾以誘羣公子，公子問之則執之。夏六月丙申，殺公子寅，公子御戎，公子朱，公子固，公孫援，公孫丁，拘向勝，向行於其廩①。公如華氏請焉，弗許。遂劫之②。癸卯，取大子欒與母弟辰，公子地③以爲質。公亦取華亥之子無慼，向寧之子羅，華定之子啓，與華氏盟以爲質。

【今註】①公子寅，公子御戎，公子朱，公子固，公孫援，公孫丁，拘向勝，向行於其廩：這八個人全是宋公的黨羽。②遂劫之：就劫持宋公。③大子欒母弟辰公子地：太子欒是宋景公。母弟辰同公子地都是元公的弟弟。

【今譯】宋元公沒有信實，多私慾，而不喜歡華向。華定華亥同向寧計謀說：「逃亡豈不比死強，我們先作亂吧！」華亥假裝有病，來引誘群公子，公子有來問他的病的，必將他逮起來。夏六月丙申，殺公子寅、公子御戎、公子朱、公子固、公孫援、公孫丁，拘捕向勝，向行在他的堆稻穀的屋子裏。宋元公到華氏去請求，不答應。反把元公劫持起來。癸卯，拿太子欒同他弟弟辰，公子地做人質；宋元公也拿到華亥的兒子無慼，向寧的兒子羅，華定的兒子啓，跟華氏盟誓，用他們爲人質。

（五）

經 秋盜殺衞侯之兄縶。

傳 衞公孟縶狎齊豹①，奪之司寇與鄄②，有役則反之，無則取之。公孟惡北宮喜、褚師圃，欲去之，公子朝通于襄夫人宣姜③，懼而欲以作亂，故齊豹、北宮喜、褚師圃、公子朝作亂。初，齊豹見④宗魯於公孟，爲驂乘焉，將作亂而謂之曰：「公孟之不善，子所知也，勿與乘，吾將殺之。」對曰：「吾由子事公孟，子假吾名焉⑤，故不吾遠也。雖其不善，吾亦知之，抑以利故不能去，是吾過也。今聞難而逃，是僭子也⑥。子行事乎，吾將死之，以周事子⑦，而歸死於公孟，其可也。」丙辰，衞侯在平壽⑧，公孟有事於蓋獲之門外⑨。齊子氏帷於門外而伏甲焉，使祝鼃寘戈於車薪以當門，使一乘從公孟以出，使華齊御公孟，宗魯驂乘。及閎中，齊氏用戈擊公孟，宗魯以背蔽之，斷肱以中公孟之肩，皆殺之。公聞亂，乘驅自閱門入，慶比御公，公南楚驂乘⑩，使華寅乘貳車⑪，及公宮，鴻駵魋駟乘于公，公載寶以出。褚師子申遇公于馬路之衢，遂從⑫，過齊氏，使華寅肉袒執蓋以當其闕，齊氏射公，中南楚之背，公遂出，寅閉郭門，踰而從公，公如死鳥⑬。析朱鉏⑭宵從竇出，徒行從公。齊侯使公孫青⑮聘于衞，既出聞衞亂，使請所聘。公曰：「猶在竟內，則衞君也。乃將事焉。」遂從諸死鳥，請將事，辭曰：「亡人不佞，失守社稷，越在草莽，吾子無所辱君命。」賓曰：「寡君命下臣於朝曰：『阿下執事⑯。』臣不敢貳。」主人曰：「君若惠顧先君之好，昭臨敝邑，鎭撫其社稷，則有宗祧在。」乃止。衞侯固請見之，不獲命，以其良馬見，爲未致使故也，衞侯以爲乘馬。賓將掫⑰，主人辭曰：「亡人之憂，不可以及吾子。草莽之中，不足以辱從者，敢辭。」賓曰：「寡君之下臣，君之牧圉也。若不獲扞外役，是不有寡君也。臣懼不免於戾，請以除死。」親執鐸終夕與於燎⑱。齊氏之宰渠子召北宮子，北宮氏之宰不與聞，謀殺渠子，遂伐齊氏滅之。丁巳晦，公入與北宮喜盟于彭水⑲之上。秋七月戊午朔，遂盟國人。八月辛亥，公子朝、褚師圃、子玉霄、子高魴出奔晋。閏月戊辰，殺宣姜。衞侯賜北宮喜謚曰貞子，賜析朱鉏謚曰成子。而以齊氏之墓予之。衞侯告寧于齊，且言子石⑳。齊侯將飮酒，徧賜大夫曰：「二三子之教也。」苑何忌㉑辭曰：「與於青之賞，必及于其罰。在康誥曰：『父子兄弟，罪不相及。』況在羣臣，臣敢貪君賜以干先王。」琴張㉒聞宗魯死，將往弔之，仲尼曰：「齊豹之盜，而孟縶之賊，女何弔焉？君子不食姦，不受亂，不爲利疚於回，不以回待人，不蓋不義，不犯非禮。」

【今註】①衞公孟縶狎齊豹：公孟縶是靈公的哥哥，齊豹是齊惡的兒子，做衞國的司寇。②鄄：衞地，在今山東濮縣。③宣姜：是靈公的嫡母。④見：給介紹。⑤子假吾名焉：這是借着我的名字，爲的使公孟可以親近我。⑥僭子也：使你的話不足信。⑦以周事子：可以完全侍奉你。意謂不泄其密。⑧平壽：在今河北省濮陽縣。⑨蓋獲之門外：蓋獲，衞之郭門。⑩公南楚驂乘：公南楚也坐車上。⑪貳車：衞侯的副車。⑫遂從：就跟着公一同去。⑬死鳥：在今河北省濮陽東南門外。⑭析朱鉏：黑背的孫子。⑮公孫青：齊頃公的孫子。⑯阿下執事：比照衞國的臣下。⑰賓將掫：賓客將在夜裡看守。⑱親執鐸終夕與於燎：他就拿着鈴鐺一夜的工夫點着火以備守衞。⑲彭水：釋地說：「彭水在戚西，首受河，北出東轉，仍注于河，蓋河水在戚西之枝津也。」⑳且言子石：子石是公孫青，說他很有禮貌。㉑苑何忌：齊大夫。㉒琴張：孔子的弟子名叫琴牢，號子開。

【今譯】衞國的公孟縶輕視齊豹，奪掉他的司寇官跟鄄的封邑，有工作就把這地方交還給他，使他任勞，沒有時就拿回來。公孟很不喜歡北宮喜同褚師圃，想要去掉他們。公子朝與襄夫人宣姜相通，害了怕也想作亂。所以齊豹、北宮喜、褚師圃同公子朝作亂。最早的時候，齊豹介紹宗魯給公孟，做公孟的驂乘。將作亂就對他說：「公孟的人不好，你素來所知道，你不要跟他一同坐車，我將殺掉他。」宗魯回答說：「我是因爲你的關係而事奉公孟，你說我的名氣很好，所以他很親近我。雖然他不好，我知道，因爲利害的關係，我不能離開他，這是我的過錯。現在聽說有禍難，我就逃走，這事使你失掉信用。你就行你的事情吧！我將盡死，以能完全事奉你，我回到公孟那裡去死，這也可以吧！」丙辰，衞侯在平壽，公孟在衞都城的郭門外去祭祀。齊豹的家人在郭門外設上帷帳而藏着軍隊，使祝龜擺一支槍在一輛車的薪木上，以擋着門，並派一輛車隨着公孟出來，使華齊給公孟駕車，宗魯也坐在車上，到了城門的中間，齊豹的黨羽用槍來打公孟，宗魯用後背來擋着，斷了胳臂肘，又傷了公孟的肩肘，把他兩人全殺掉。衛侯聽見亂，坐車從閱門進入，慶比給公駕着車，公南楚也坐到車上，使華寅乘副車，到了公的宮殿，鴻駵魋又第四個人坐到公的車上，衛侯把他的寶物擱到車上逃出。褚師子申遇見衛侯在馬路的寬街上，就跟着公逃出，經過齊豹家裡，使華寅赤了背拿着蓋，在空缺處保護公，齊豹家人射衛侯，射中南楚的背，公就逃出來，華寅關上郭的門，就跳過牆，仍舊追隨衛侯，衛侯逃到死鳥去。析朱鉏夜裡從水門出去，步行跟着衛侯。齊侯派公孫青到衛國聘問，已經出了齊國，就聽見衛國亂了，再問齊侯怎麼樣聘問法。齊侯說：「若他仍在衛國境內，他仍舊是衛國的君，就可以行聘禮。」於是就跟到死鳥，請執行禮節，衛侯辭謝說：「我沒有才能，丟掉國家，現在逃亡的中間，你不要羞辱你的君命。」客人回答說：「寡君告訴下臣在朝庭上說：『你要遵守像衛國的臣下一樣。』我不敢違背。」主人就說：「你要是顧及先君的舊好，光昭着我們國家，安撫他的社稷，則宗廟仍舊在。」於是就不行聘禮。衛侯想同公孫青相見，公孫青辭謝不得，就拿他的好馬來見，這是因爲沒有行禮的關係，衛侯就以這馬做他騎的馬。客人將守夜，主人辭謝說：「這是亡人的憂愁，不能夠連到你。我是在草莽的中間，不能麻煩你們來守夜，我們不敢當。」賓客又說：「我是寡君的下臣，等於你的放牛馬的人。我若不能得到給你服外邊的工作，這好像不跟寡君相親愛了。我很怕不免於罪戾，請以此除死罪。」親自拿着鐸一夜的功夫在火燎的旁邊守夜。齊豹的宰渠子召北宮喜，北宮喜的宰不報告北宮喜，就把渠子殺掉，盡滅了齊豹家人。丁巳晦，衛侯進國跟北宮喜在彭水盟誓。七月戊午朔，遂盟各貴族。八月辛亥，公子朝、褚師圃、子玉霄、子高魴全逃到晉國去。閏月戊辰，殺掉宣姜。衛侯賞給北宮喜的諡號叫貞子，也賞析朱鉏叫成子。而把齊豹的墓田全給他。衛侯派人到齊國告訴衛國已經安寧，且誇張公孫青的有禮。這時齊侯正要飲酒，因此就徧賜諸大夫說：「這是你們大家敎給他的。」苑何忌辭謝說：「我們分享了公孫青的賞，必定也要分享他的罰。康誥說過：『父子兄弟罪惡全不相及。』況且在羣臣們，我很怕貪圖你的賞賜，以干擾先王。」孔子弟子琴張聽見宗魯死了，就想往弔他，仲尼就說：「齊豹的盜行而孟縶的賊亂，都是宗魯促成，你爲什麼去弔呢？君子不吃姦人的食物，不受禍亂，不爲有利，就存在邪處不去，不以邪對待旁人，不掩蓋不義的事，不做無禮的行爲。」

（六）

經 冬十月宋華亥向寧華定出奔陳。

傳 宋華向之亂，公子城①，公孫忌，樂舍②，司馬彊，向宜、向鄭③楚建④，郳甲⑤出奔鄭，其徒與華氏戰于鬼閻⑥，敗子城⑦，子城適晉。華亥與其妻必盥而食所質公子者，而後食。公與夫人每日必適華氏，食公子，而後歸。華亥患之，欲歸公子。向寧曰：「唯不信故質其子，若又歸之，死無日矣。」公請於華費遂⑧，將攻華氏，對曰：「臣不敢愛死，無乃求去憂而滋長乎？臣是以懼，敢不聽命。」公曰：「子死亡有命，余不忍其訽⑨。」冬十月，公殺華向之質而攻之。戊辰，華向奔陳，華登⑩奔吳。向寧欲殺大子，華亥曰：「干君而出，又殺其子，其誰納我？且歸之有庸⑪。」使少司寇牼以歸⑫，曰：「子之齒長矣，不能事人，以三公子爲質必免。」公子既入，華牼將自門行，公遽見之，執其手曰：「余知而無罪也，入復而所⑬。」

【今註】①公子城：宋平公的兒子。②樂舍：樂喜的孫子。③向宜、向鄭：全是向戌的兒子。④楚建：楚平王的太子逃亡在宋國。⑤郳甲：小邾穆公的兒子。⑥鬼閻：寰宇記說：「今河南西華縣東北三十里有閻倉亭。」⑦敗子城：子城爲華氏所敗。⑧華費遂：大司馬華氏同族。⑨訽：恥辱。⑩華登：華費遂的兒子。⑪且歸之有庸：可以有功勞。⑫使少司寇牼以歸：少司寇牼把三個兒子全歸還給宋公。⑬入復而所：就回到你所做的官那裡去。

【今譯】 宋國華向作亂的時候，公子城、公孫忌、樂舍、司馬彊、向戌的兒子向宜同向鄭，楚平王的兒子太子建，小邾的太子郳甲全都逃到鄭國去，這八個人的部下跟華氏在鬼閻這地方打仗，把子城打敗了，子城逃到晉國。華亥跟他的夫人必定洗手後方給做人質的公子飲食，然後自己再吃。宋公跟夫人每天必到華氏家裡，給公子們吃飯，然後才回來。華亥頗以這事爲患，就想把公子們送回。向寧說：「因爲宋公不可信，所以把他的兒子做人質，要是把他們送回，我們的死就在眼前了。」宋公向華費遂請求，將派軍隊攻打華氏，他回答說：「我不敢怕死，恐怕這是想去掉憂慮而憂慮更深？我所以害怕，敢不聽從你的命令。」公就說：「我子死亡全都有命，我不能忍受這種恥辱。」冬天十月，宋公殺了華向的人質而攻打他。戊辰這天，華向奔到陳國，華登奔到吳國。向寧想殺太子，華亥說：「得罪了君逃出去，又殺他的兒子，誰還敢叫我們回國呢？並且把他們送回去是有功勞的。」叫少司寇牼把宋元公的三公子全送回去說：「你的年紀大，不能事奉旁人，把三公子送回，可使他們相信我們不會背叛，我們必能免禍。」公子既進到宮門，華牼想逃走，宋公趕緊去看他，拿着他的手說：「我知道你是沒有罪的，仍舊回到你的原職位罷。」

（七）

傳 齊侯疥遂痁①，期而不瘳，諸侯之賓問疾者多在②。梁丘據與裔款③言於公曰：「吾事鬼神豐於先君有加矣，今君疾病爲諸侯憂，是祝史之罪也。諸侯不知，其謂我不敬。君盍誅於祝固史嚚④以辭賓。」公說，告晏子。晏子曰：「日宋之盟⑤，屈建問范會之德於趙武。趙武曰：『夫子之家事治，言於晉國，竭情無私，其祝史祭祀，陳信不愧，其家事無猜，其祝史不祈⑥。』建以語康王，康王曰：『神人無怨，宜夫子之光輔五君⑦以爲諸侯主也。』」公曰：「據與款謂寡人能事鬼神，故欲誅于祝史，子稱是語何故？」對曰：「若有德之君，外內不廢，上下無怨，動無違事，其祝史薦信無愧心矣。是以鬼神用饗，國受其福，祝史與焉。其所以蕃祉老壽者，爲信君使也，其言忠信於鬼神。其適遇淫君，外內頗邪，上下怨疾，動作辟違，從欲厭私，高臺深池，撞鍾舞女，斬刈民力，輸掠其聚⑧，以成其違，不恤後人，暴虐淫從，肆行非度，無所還忌⑨，不思謗讟，不憚鬼神，神怒民痛，無悛於心，其祝史薦信是言罪也⑩。其蓋失數美，是矯誣也。進退無辭，則虛以求媚⑪，是以鬼神不饗其國以禍之，祝史與焉。所以夭昏孤疾者，爲暴君使也，其言僭嫚於鬼神。」公曰：「然則若之何？」對曰：「不可爲也⑫！山林之木，衡鹿守之，澤之萑蒲，舟鮫守之，藪之薪蒸，虞候守之，海之鹽蜃，祈望守之，縣鄙之人，入從其政，偪介之關，暴征其私，承嗣大夫，强易其賄，布常無藝⑬，徵斂無度，宮室日更，淫樂不違，內寵之妾，肆奪於市，外寵之臣，僭令於鄙，私欲養求，不給則應⑭，民人苦病，夫婦皆詛，祝有益也，詛亦有損，聊攝⑮以東，姑尤⑯以西，其爲人也多矣，雖其善祝，豈能勝億兆人之詛？君若欲誅於祝史，修德而後可。」公說，使有司寬政毀關，去禁薄，斂己責。

【今註】①齊侯疥遂痁：疥是兩日一發的瘧疾，痁是每天一發的瘧疾。②多在：很多諸侯派來問病的，全在齊國首都。③梁丘據裔欵：這兩人全是受齊景公寵愛的大夫。④祝固史嚚：祝是太祝名叫固，史嚚是太史叫嚚。⑤日宋之盟：以前在宋盟誓時。這事在魯襄公二十七年。⑥其祝史不祈：他的祝史沒有什麼祈禱。⑦

五君：是晉國的文、襄、靈、成、景五公。⑧輸掠其聚：奪到人民藏的東西。⑨無所還忌：等於沒有什麼顧慮。⑩是言罪也：這是實說君的罪狀。⑪虛以求媚：作謊話對於神求到好處。⑫不可爲也：殺祝史也不能有辦法。⑬布常無藝：政治全不按法律。⑭不給則應：若不給他，則說他有罪。⑮聊攝：續山東考古錄說：「古攝邑故城在博平縣西南三十許里，又名郭城。」⑯姑、尤：水道提綱說：「大姑河源出黃縣東南之盧山，南流經萊陽縣西境，又西南流至劉家莊，有小姑河，自西北來會，南流至膠州（膠縣）入海。」

【今譯】齊景公由於最初是兩日一患的瘧疾，遂變成每天一發的瘧疾，長時間不好，諸侯派來問病的，多在齊國都城。梁丘據同裔欵同齊景公說：「我們事奉鬼神，比從前的君豐富得多。現在你病得厲害，使諸侯全都憂慮，這是祝史的罪過，諸侯不明白，也說我們不恭敬，你何不殺掉祝固史嚚，以辭謝賓客呢？」齊景公很高興，就告訴了晏嬰，晏嬰囘答說：「從前在宋這地方盟誓時，楚國的屈建問晉國的趙武，士會的德行倒底怎麼樣。趙武說：『他的家事很能治理，在晉國說話，毫沒有私情，他的祝史祭祀，所說的禱告，也沒有愧色，他家裡事不被人家猜疑，他的祝史對於鬼神也沒有什麼祈禱。』屈建拿這話告訴楚康王，康王說：『神人全沒有怨恨，所以他能夠輔佐文、襄、靈、成、景五公，做諸侯的主謀。』」齊景公說：「據同欵說我能夠事奉鬼神，所以想着殺祝史，你告訴我這段話有什麼原故呢？」囘答說：「要是有德行的人君，國內國外，事無不舉，上下沒有怨色，舉動全沒有錯誤，所以他的祝史對鬼神就沒有羞愧的心。鬼神很受到享賜，全國受到鬼神所賜的福，祝史在內。所以能夠發展老壽的原因，就是因爲信君所派的使臣，他說的話全可靠；假設遇見淫君，對國內國外全都不正當，上下的人全都怨恨，他的動作全不合理。用私欲以饜足私情，高的臺深的池，敲着鍾，女人歌舞，漸漸削弱人民的力量，奪取人民的錢財，以成他不正當的事情，不憐恤後人，暴虐從淫，專做不合理的事，更無所顧忌，也不怕人譭謗，也不怕鬼神，神也憤怒，人民痛苦，全無動他的心，他的祝史要說實在的話，等於說他的罪，他掩蓋而數說他的好處，這是說謊話。進退沒有話說，則說謊話，以求神來降福，所以鬼神也不願意受他國的享賜，降下禍亂，祝史也在其中。爲什麼他們常疾病，就是爲的顯暴君的使臣的錯誤，他們所說的話使鬼神不高興。」公說：「那怎麼辦呢？」回答說：「這不是殺祝史所能辦理得好，山林上的木頭，衡鹿的官來看守，水澤的草，舟鮫的官來看守，窪地的薪木，虞候的官來看守，海中的鹽同蜃物，祈望的官來看守，可見這些財利，全歸公所有，人民不能得到，鄉下人進城後，就受許多政令約束，而鄰近的關口，又奪他的私物，歷任的大夫常得到賄賂，辦理政治，也不遵守法律，徵收錢財，沒有數目，官室常常變更，淫樂常常不去，內寵的妾在市面上爭奪，外寵的臣子在邊鄙上假傳命令，私欲常常去求，不給就判他罪，人民全以為病，夫婦們全都詛咒，禱告是有益處，詛咒也有損害，從聊攝往東邊，到姑尤的西邊，詛咒的人很多，就是祝史能夠禱告，豈能勝很多人的詛咒呢？你要想殺祝史，修德行就可以了。」齊景公高興了，使官吏們寬大政權，毀掉各處的關，去除禁止的事。把欠的錢財全部取消。

（八）經 十有一月辛卯，蔡侯盧卒①。

【今註】①此經無傳。

【今譯】十一月辛卯蔡侯盧死了。

（九）傳 十二月，齊侯田于沛①，招虞人②以弓，不進，公使執之。辭曰：「昔我先君之田也，旃③以招大夫，弓以招士，皮冠以招虞人，臣不見皮冠，故不敢進。」乃舍之。仲尼曰：「守道不如守官，君子韙之。」齊侯至自田，晏子侍于遄臺，子猶④馳而造焉。公曰：「唯據與我和夫！」晏子對曰：「據亦同也，焉得為和！」公曰：「和與同異乎？」對曰：「異，和如羹焉，水火醯醢鹽梅以烹魚肉，燀之以薪，宰夫和之，齊之以味，濟其不及，以洩其過，君子食之，以平其心。君臣亦然。君所謂可，而有否焉，臣獻其否，以成其可。君所謂否，而有可焉，臣獻其可，以去其否。是以政平而不干，民無爭心。故詩曰：『亦有和羹，旣戒旣平，鬷嘏無言，時靡有爭⑤。』先王之濟五味，和五聲也，以平其心，成其政也。聲亦如味，一氣，二體⑥，三類⑦，四物⑧，五聲⑨，六律⑩，七音⑪，八風⑫，九歌⑬，以相成也。清濁、大小、短長、疾徐、哀樂、剛柔、遲速、高下、出入、周疏以相濟也。君子聽之以平其心，心平德和。故詩曰：『德音不瑕⑭。』今據不然，君所謂可，據亦曰可。君所謂否，據亦曰否。若以水濟水，誰能食之？若琴瑟之專壹，誰能聽之？同之不可也如是！」飲酒樂，公曰：「古而無死，其樂若何？」晏子對曰：「古而無死，則古之樂也，君何得焉？昔爽鳩氏⑮始居此地，季萴⑯因之，有逢伯陵⑰因之，蒲姑氏⑱因之，而後大公因之。古者無死，爽鳩氏之樂，非君所願也。」

【今註】①沛：左通補釋引劉熙曰：「水草相半曰沛（見後漢書崔駰傳注）沛卽莊八年之貝丘，蓋地多水草，故常田獵於此。」貝丘在山東省博興縣東南。②虞人：是管山澤的官名。③旍：旌旗。④子猶：就是梁丘據。⑤亦有和羹，旣戒旣平，鬷嘏無言，時靡有爭：這是詩經商頌一句詩，意思是說旣然已經有了和羹，就能禁戒，且能平和，總起大政來，皆同和羹一樣不會有爭端。⑥二體：舞裡分爲文武。⑦三類：風雅頌。⑧四物：用四方的物件。⑨五聲：宮商角徵羽。⑩六律：黃鍾大蔟姑洗蕤賓夷則無射。⑪七音：宮商角徵羽加上變宮變徵。⑫八風：八方的風。⑬九歌：六府就是金木水火土穀加上三事正德利用厚生。⑭德音不瑕：詩經豳風的一句語，意思說心內和平則聲譽不會有瑕疵。⑮爽鳩氏：是在山東，他是少皞的司寇。⑯季萴：虞夏的諸侯接代爽鳩氏的。⑰逢伯陵：殷的諸侯姜姓。⑱蒲姑氏：殷周間的諸侯。

【今譯】　十二月，齊侯到沛這地方去打獵，用弓來招虞人，他不來，齊景公就把他逮起來。虞人辭謝說：「從前我們先君打獵時用旃招大夫，用弓招士，用皮冠招虞人，我看不見皮冠，所以不敢來。」就放了他。仲尼說：「守道理，不如守官制，君子很以爲然。」齊侯從打獵回來，晏子侍立在遄臺上，適值梁丘據也奔跑着來了。齊侯說：「只有梁丘據同我和氣！」晏子答說：「據也不過是同着君意罷了！那裏能夠算得和氣呢？」公說：「和氣與同意異樣的嗎？」晏子答說：「異樣的，和氣是像羹湯一樣的，以水火醋醬梅汁等，烹調起魚肉來，用柴燒他，廚夫把他調和着，使各味能均勻，加他不夠的，減他有餘的，然後君子吃了，方纔可以平着心呢？君臣也是這般的，君所謂可的，卻也有不可的在內，臣該貢獻那不可的，做成君以爲可的；君所謂不可的，卻也有可的在內，臣該貢獻那可的，去掉君以爲不可的。這樣一來，政治纔可平和不互相抵觸，人民方纔沒有爭心。所以詩經上說：『也有像調和羹湯一樣的，既然小心弄調勻了，那末方能總攬行政的大綱，也沒有話說了，自然上下沒有爭執了。』先王的湊成五味，調和五聲，都是所以平他的心，成功他的政治。聲音也像調味一樣，像激動的一種氣，文武的兩種體裁，風雅頌的三類。四方採用的四種原料，宮商角徵羽的五種發音，陰陽的六種律呂，宮商角徵羽變宮變徵的七種音階，八方來的八種風，六府三事的九種歌，都是要合攏來纔成功的。又像淸濁，大小，短長，疾徐，哀樂，剛柔，遲速，高下，出入，周疏，也是要互相調劑的。君子聽了，和平着他的心意，心意既平，道德自然和順無瑕了。所以詩經上說：『德音沒有瑕疵的。』如今梁丘據卻並不是這樣作的，君所說可以的，據也說可以；君所說不可以的，據也說不可以；好像拿水去補救水，那個能夠吃他？又好像琴瑟只有單音是一種聲音，那個能夠聽他？一味同意的不可成事，竟像這般呢！」齊侯飮酒很歡樂，又對晏子道：「從古到今，倘若沒有死這一事，那末這歡樂還不知要怎樣呢？」晏子答說：「從古到今，倘若沒有死，那末也不過一逕是古時的快樂，你君那裏會得到。從前是爽鳩氏起初住在這地方的，季萴繼承他的基業，逢伯陵又繼承季萴的基業，蒲姑氏又繼承逢伯陵的基業，然後姜太公又繼承蒲姑的基業，古時候如果沒有死，那末這是爽鳩氏的快樂，怕不是你君情願的呢？」

（十）傳鄭子產有疾，謂子大叔曰：「我死，子必爲政，唯有德者能以寬服民，其次莫如猛。夫火烈民望而畏之，故鮮死焉，水懦弱民狎而翫之，則多死焉，故寬難。」疾數月而卒。大叔爲政，不忍猛而寬。鄭國多盜，取人於萑苻之澤①。大叔悔之曰：「吾早從夫子不及此。」興徒兵以攻萑苻之盜，盡殺之，盜少止。仲尼曰：「善哉，政寬則民慢，慢則糾之以猛，猛則民殘，殘則施之以寬。寬以濟猛，猛以濟寬，政是以和。詩曰：『民亦勞止，汔可小康，惠此中國，以綏四方②。』施之以寬也。『毋從詭隨，以謹無良，式遏寇虐，慘不畏明③。』糾之以猛也。『柔遠能邇，以定我王④。』平之以和也。又曰：『不競不絿，不剛不柔，布政優優，百祿是遒⑤。』和之至也。」及子產卒，仲尼聞之出涕曰：「古之遺愛也。」

【今註】①萑苻之澤：水經注渠水篇：「役人又逕中牟澤，即鄭太叔攻萑苻之盜于是澤。」②民亦勞止，汔可小康，惠此中國，以綏四方：這是詩經大雅一句詩，意思是人民已經很勞苦了，應該叫他稍微休息，加恩惠在中國，以使四方安靜。③毋從詭隨，以謹無良，式遏寇虐，慘不畏明：不要跟從壞人，要謹愼不善良的人，這樣可以阻住寇虐的人，他是對法度不害怕的。④柔遠能邇，以定我王：安定遠處的，就能使近處安定，這是可以使王室安定。⑤不競不絿，不剛不柔，布政優優，百祿是遒：這是詩經商頌一句詩，意思說不競爭也不急性，不剛也不柔，行使政治就可以和平，百祿全可以聚在一塊。

【今譯】鄭大夫子產有了病，對游吉說：「我死了以後你定要當政權的，只有德行的人，方纔能夠拿寬道來服從人民；次一等的，還是嚴厲爲妙，講到那火是猛烈得很的，人民望了怕他，因此少有死在那裏的。水是懦弱的，人民看輕了他，就去玩弄他，因此死在那裏的就很多。所以寬大治民，倒是很難的。」病了幾個月，子產果然死了。太叔便當了政權，不忍用猛，卻用寬道，鄭國就此多了盜賊，卻在萑苻之澤中奪財取物。游吉懊悔說：「我早聽了子產的話，就不至於這般了。」便起兵去攻打萑苻的盜賊通統殺死了，盜賊方纔少許止一些。仲尼說：「好呀！政治寬了，人民就要輕慢，輕慢了，再用嚴厲來糾正他；嚴厲了，人民就要傷殘；傷殘了，再用寬來慰撫他，能夠用寬容來救濟嚴厲，用嚴厲來救濟寬容，政治所以就和平了。詩經上說：『人民對於苛政，也勞苦到極點了，他們便可稍些安息了，給好處在這中國，藉此安寧着四方。』這就是施行寬政的意思啊！『不可跟着沒有正心的人，要留意沒有良心的人，藉此遏住强暴不怕王法的人。』這是用嚴厲的方法糾正他的說法啊！『安慰遠地的人，以使近地的依戀着，藉此安定王室。』這就是平治他用和的說法啊！又說：『不要太强；不要太急；不要太硬；不要太軟；發布的政治要和平，百祿自然會集來。』這是和平到極頂的意思啊！」等到子產死掉以後，仲尼聽到這個消息便淌眼淚說：「這是古時留下的仁愛人啊！」

昭公二十有一年（公元前五百二十一年）

（一）傳春，天王將鑄無射①，伶州鳩②曰：「王其以心疾死乎！夫樂天子之職也，夫音樂之輿也，而鐘音之器也，天子省風以作樂，器以鐘之③，輿以行之④，小者不窕⑤，大者不槬⑥，則和於物，物和則嘉成。故和聲入於耳而藏於心，心億則樂⑦，窕則不咸

⑧，槬則不容⑨，心是以感，感實生疾。今鐘槬矣，王心弗堪，其能久乎？」

【今註】①天王將鑄無射：周景王叫鑄一個鐘，因爲合於律的無射，所以叫這鐘爲無射。射音亦。②伶州鳩：伶是樂官，州鳩是他的名字。伶也作泠。③器以鐘之：用器來聚音節。④輿以行之：樂用音來行走。⑤小者不窕：小了就不能滿。⑥大者不槬：槬音（ㄏㄨㄚˋ）是橫大的意思。⑦心億則樂：心裡安寧就高興。⑧窕則不咸：太小就不能滿足人心。⑨槬者不容：橫大使心裡不能容納。

【今譯】昭公二十一年，春天，周景王將鑄一個鐘，叫做無射。伶州鳩說：「王恐怕將以心病來死！音樂是天子所職掌，音是樂的車輛，而鐘是音的器皿，天子因風俗以作音樂，而器皿來聚音，用音來行走樂，小的就細而不滿，大的就橫大難進去，和到物件上，物和就樂成。所以和聲進入耳朵，再藏到心裏，心能安寧就樂，小的不能充滿人心，大則心不能容納他，心就發生了感動，感就生了疾病，現在鐘太大了，王的心受不了，尚能長久嗎？」

（二）

經三月，葬蔡平公。

傳三月，葬蔡平公，蔡大子朱失位，位在卑①。大夫送葬者歸見昭子，昭子問蔡故。以告。昭子歎曰：「蔡其亡乎！若不亡，是君也必不終。詩曰：『不解于位，民之攸塈②。』今蔡侯始即位而適卑，身將從之。」

【今註】①位在卑：因爲以長幼來分先後，所以他不能在太子的地位。②不解于位，民之攸塈：詩經大雅一句詩。要他在他的位子上不懈怠，人民就能夠休息。

【今譯】三月，葬蔡平公，蔡太子朱失掉了位子，位子很低賤。魯國大夫們去送葬的回來，見到叔孫婼，叔孫婼問蔡國的情形，他們就告訴了他。叔孫婼嘆息說：「蔡恐怕要亡了，要是蔡國不亡，這位君必不能終他的事。詩詩經大雅說過：『在位而不懈怠，人民就能安息了。』現在蔡侯剛卽位，而變成了卑賤，他的身體將隨着往卑賤走。」

(三)

經 夏，晉侯使士鞅來聘。

傳 夏，晉士鞅來聘，叔孫爲政。季孫欲惡諸晉，使有司以齊鮑國歸費之禮爲士鞅①，士鞅怒曰：「鮑國之位下，其國小，而使鞅從其牢禮，是卑敝邑也，將復諸寡君。」魯人恐，加四牢焉，爲十一牢。

【今註】①使有司以齊鮑國歸費之禮爲士鞅：叫官吏們用齊國的鮑國還歸魯國費的禮節，給士鞅一樣。這件事在昭公十四年，魯人祇給鮑國七牢。

【今譯】夏，晉士鞅來魯國聘問，叔孫婼恰好當政權。季孫意如想使晉國恨叔孫婼，叫官吏們用齊國鮑國歸費的禮式，爲士鞅行禮，士鞅大怒說：「鮑國的位子很下，他的國家又比晉國小，而使我從款待他七牢的典禮，這是賤待我們晉國，我要去告訴我們晉君。」魯人害怕，再加上四牢，成了十一牢。

(四)

經 宋華亥、向寧、華定自陳入于宋南里以叛。

傳 宋華費遂生華貙、華多僚、華登，貙爲少司馬，多僚爲御士，與貙相惡，乃譖諸公曰：「貙將納亡人①。」亟言之。公曰：「司馬②以吾故亡其良子③，死亡有命，吾不可以再亡之。」對曰：「君若愛司馬，則如亡④，死如可逃，何遠之有？」公懼使侍人召司馬之侍人宜僚飲之酒，而使告司馬⑤。司馬歎曰：「必多僚也，吾有讒子而弗能殺，吾又不死，抑君有命，可若何？」乃與公謀逐華貙，將使田孟諸而遣之。公飲之酒，厚酬之，賜及從者，司馬亦如之。張匄尤之⑥曰：「必有故。」使子皮⑦承宜僚以劍而訊之，宜僚盡以告，張匄欲殺多僚。子皮曰：「司馬老矣，登之謂甚⑧，吾又重之，不如亡也。」五月丙申，子皮將見司馬而行，則遇多僚御司馬而朝，張匄不勝其怒，遂與子皮、臼任、鄭翩殺多僚，劫司馬以叛，而召亡人。壬寅，華向入，樂大心、豐愆、華牼禦諸橫⑨，華氏居盧門⑩，以南里⑪叛。六月庚午，宋城舊鄘及桑林之門⑫而守之。

【今註】①亡人：指華亥等。②司馬：指華費遂。③良子：指華登。他逃亡到吳國去。④君若愛司馬，則如亡：你若眞正喜歡大司馬，就不如逃走，失掉國家。⑤而使告司馬：告訴司馬使他驅逐華貙。⑥張匄尤之：張匄是華貙的臣子，他尤以公所賞的重爲怪。⑦子皮：華貙。⑧登之謂甚：華登的逃亡甚傷司馬的心。⑨橫：方輿紀要說：「橫城在今河南商邱縣西南。」⑩盧門：杜注說：「盧門東城南門，正東門名揚門。」⑪南里：在今商邱縣城東南。⑫舊鄘，桑林之門：舊鄘在今河南商邱縣。桑林之門是宋城門。

【今譯】宋國華費遂生了華貙、華多僚、華登，貙做少司馬的官，多僚做宋公駕車的，但是他跟華貙不相合，就在宋公面前說華貙的壞話，說：「他將使華亥等返回宋國。」屢次的說。宋公就說：「大司馬因爲我的原故，丟掉他的好的兒子，死亡本來由天命，我不可以使他再逃亡。」回答說：「君若愛大司馬，就不如你逃亡。如果出亡可以免死，又何必怕遠呢？」宋公害怕了，叫他左右人召司馬的侍人宜僚，給他酒喝，並且使他告訴大司馬驅逐華貙。大司馬嘆息說：「一定是多僚說壞話的原故，我有一個壞的兒子，而不能殺他，我又不能死，而君有這種命令，這怎麼辦呢？」就同宋公商量，驅逐華貙，使他到孟諸去打獵，就使他逃亡。宋公給他酒喝，並給他布幣很多，賞賜給他隨從的人，大司馬也如此賞賜。華貙的臣下張匄甚以這種賞賜爲怪，就說：「這必有原因。」使華貙用寶劍加到宜僚的背後來訊問他，宜僚把他們的計劃全都告訴他。張匄想殺華多僚。華貙說：「司馬已經很老，華登的逃亡已甚傷司馬的心，我現在又使他傷心，不如逃走吧！」五月丙申，華貙想着見司馬以後就逃亡，恰好遇見華多僚給司馬駕車到朝裏去，張匄不勝惱怒，就同華貙、臼任、鄭翩殺了華多僚。强迫着司馬反叛，而召華亥等人回國。壬寅，華亥、向寧回來，樂大心、豐愆、華牼在橫這地方來抵抗。華氏住在盧門，以南里反叛了。六月庚午，宋國把舊的城牆同桑林的城門重行修好，派軍隊來看守。

(五)經 秋七月壬午朔，日有食之。

(六)經 八月乙亥，叔輒卒。

傳 秋七月壬午朔，日有食之。公問於梓愼曰：「是何物也？禍福何爲？」對曰：「二至二分①，日有食之不爲災。日月之行也，分同道也，至相過也。其他月則爲災，陽不克也，故常爲水。」於是叔輒哭日食，昭子曰：「子叔將死，非所哭也。」八月，叔輒卒。

【今註】①二至二分：二至是冬至夏至，二分是春分秋分。

【今譯】秋天七月，壬午朔，魯國有日蝕。昭公問梓愼說：「這是一件什麼事情？是禍還是福？」回答說：「冬至夏至同春分秋分遇見日蝕，這不成災害。碰見春分秋分時，日夜相等，所以他們就是同道，冬至夏至這是長短到極點，所以他們互相的經過，其它的月分就會作災，這是陽不能勝利，所以常成水災。」這時間叔輒爲日蝕而哭，叔孫婼說：「他將死，日蝕不應當哭的。」八月，叔輒就死了。

（七）傳 冬十月，華登以吳師救華氏。齊烏枝鳴①戍宋，廚人濮②曰：「軍志有之，先人有奪人之心，後人有待其衰，盍及其勞且未定也，伐諸？若入而固，則華氏衆矣，悔無及也。」從之。丙寅，齊師、宋師敗吳師于鴻口③，獲其二帥公子苦雂，偃州員④，華登帥其餘⑤，以敗宋師。公欲出⑥，廚人濮曰：「吾小人可藉死，而不能送亡，君請待之。」乃徇曰：「揚徽者公徒也⑦。」衆從之。公自楊門⑧見之，下而巡之曰：「國亡君死，二三子之恥也，豈專孤之罪也。」齊烏枝鳴曰：「用少莫如齊致死，齊致死莫如去備⑨，彼多兵矣，請皆用劍。」從之。華氏北⑩，復即之，廚人濮以裳裹首而荷以走曰：「得華登矣！」遂敗華氏于新里⑪。翟僂新居于新里，既戰說甲于公而歸，華妵居于公里亦如之。十一月癸未，公子城以晉師至，曹翰胡⑫會晉荀吳，齊苑何忌⑬，衞公子朝⑭，救宋，丙戌，與華氏戰于赭丘⑮，鄭翩⑯願爲鸛，其御願爲鵝⑰，子祿⑱御公子城，莊堇爲右，干犨御呂封人華豹⑲，張匄爲右，相遇，城還。華豹曰：「城也。」城怒而反之⑳，將注，豹則關矣，曰：「平公之靈，尚輔相余！」豹射出其間。將注，則又關矣！曰：「不狎鄙㉑。」抽矢㉒，城射之殪㉓。張匄抽殳而下，射之折股，扶伏而擊之，折軫㉔，又射之死。干犨請一矢，城曰：「余言汝於君。

」對曰：「不死伍乘，軍之大刑也。干刑而從子，君焉用之？子速諸！」乃射之殪㉕，大敗華氏，圍諸南里。華亥搏膺而呼見華貙曰：「吾為欒氏矣！」貙曰：「子無我迋，不幸而後亡。」使華登如楚乞師，華貙以車十五乘，徒七十人，犯師而出。食於睢上，哭而送之，乃復入㉖。楚薳越帥師將逆華氏，大宰犯諫曰：「諸侯唯宋事其君，今又爭國，釋君而臣是助，無乃不可乎？」王曰：「而告我也後！既許之矣。」

【今註】①烏枝鳴：齊大夫。 ②厨人濮：宋國厨邑大夫名叫濮。 ③鴻口：方輿紀要說：「商邱縣東有鴻口亭，即昭公二十一年，齊師敗吳師處。」 ④公子苦雂，偃州員：兩人都是吳國大夫。 ⑤其餘：吳國的餘師。 ⑥公欲出：宋公想着要出奔。 ⑦揚徽者公徒也：把旗子揮着，就是公的軍隊。 ⑧楊門：宋都城的東門。 ⑨備：長的兵器。 ⑩北：等於敗。 ⑪新里：在商邱縣西。 ⑫曹翰胡：曹大夫。 ⑬苑何忌：齊大夫。 ⑭公子朝：本是衛國大夫，前年出奔晉，現在回到衛國。 ⑮赭丘：江永說：「華氏以南里叛，南里在宋城內，救宋之師，戰于赭丘，其地蓋近宋都，長平之赭邱，在陳鄭之間，去宋遠，同名耳，非其地。」 ⑯鄭翩：華氏黨。 ⑰鸛、鵝：全是陣的名字。 ⑱子祿：向宜。 ⑲呂封人華豹：是華氏黨羽。 ⑳城怒而反之：公子城惱怒回來打仗。 ㉑不狎鄙：你不讓我與你更迭互射，這是很鄙陋。 ㉒抽矢：華豹止住不再射。 ㉓城射之殪：公子城射他，華豹就死了。 ㉔折軫：折公子城車上的軫木。 ㉕乃射之殪：就射他，干犨就死了。 ㉖乃復入：返入南里。

【今譯】 多天十月，華登用吳國的軍隊，來救華氏。齊國的烏枝鳴來宋國戍守，宋國厨邑大夫名叫濮的說：「軍志有句話：先下手就有奪人的心，後下手祇好等待他的衰敗，何不乘着他路上的勞苦，並且沒有安定，來討伐他，若進來而固守，則華氏人很多，後悔恐怕來不及了。」就聽了他的話。丙寅齊國軍隊同宋國軍隊打敗了吳國軍隊在鴻口這地方，捕獲他的兩個統帥，公子苦雂和偃州員。華登帥領吳國剩下的軍隊，打敗了宋國軍隊。宋公打算出奔，厨人濮說：「我們小人可以藉此死在禍難裡，而不能夠送君出亡，請你等一等再說。」他就到各方面去喊叫說：「拿着旗子的是宋公的軍隊。」大家全聽從他的話。宋公從楊門看見國人全揮舞旗子，下來看着他們說：「國家要亡了，人君也死了，這是你們大家的恥辱，豈止是我一個人的罪狀！」齊國大夫烏枝鳴說：「用少數的人不如一起死戰，一起死戰，不如去掉長的兵器，他們的軍隊很多，我們全用劍吧！」聽了他的話，華氏就被打敗了，又追他們，厨人濮用一件衣服裹着人頭，挑着他走，大喊着說：「得到華登了！」就將華氏在新里打敗。翟僂新住在新里，既然打仗以後，他就到宋公那裏脫下甲胄就囘來，華妵住在公里也跟他一樣。十一月癸未，公子城領着晉國軍隊來了，曹翰胡會合晉國荀吳，齊國苑何忌，衞國公子朝來救宋國，丙戌這天，跟華氏在赭丘打仗，鄭翩願擺鸛陣，他的駕車的願用鵞陣，向宜給公子城駕車，莊菫作戎右，干犨給呂封人華豹駕車，張匄做戎右，遇到一起，公子城囘來，華豹喊說：「這是公子城。」公子城大怒就返囘來打仗，將射箭，華豹已開了弓，說：「平公的福靈，應當保護我。」華豹射的箭，出在向宜同公子城的中間，公子城想再射，華豹又拉開弓。公子城說：「不讓我與你更迭互射，是鄙陋。」華豹就止住不射，公子城發出箭，華豹就死了。張匄抽掉殳下了車，公子城射出箭，傷了他的腿股，蒲伏再去打，毀掉公子城的車軫，公子城又射，張匄就死了。干犨請求一箭而死，公子城說：「我對宋公去說。」干犨囘答說：「同乘共伍，不一起戰死，這是軍隊裡必須用大刑罰的，干犯了刑罰而跟你去，對君有什麼用呢？你何不趕緊射死我！」就射他一箭，干犨也死了。大打敗了華氏，圍了南里。華亥拍着胸脯，呼喊着見華貙說：「我變成了晉欒氏了！」華貙說：「你不要嚇唬我，不幸而打敗，也不過逃亡而已。」派華登到楚國求軍隊，華貙用車十五輛，步兵七十個人，犯着宋公的軍隊，出去送華登。在睢河上吃飯，哭泣着去送他，然後又囘到南里。楚國薳越帥領着軍隊，將迎接華氏，大宰犯諫楚王說：「諸侯裡頭，唯祇宋國事奉他的君很好，現在他們又爭國政，犯了君而幫助臣，似乎是不可以的。」王說：「你告訴我已經晚了，我已答應他們了。」

（八）經冬蔡侯朱出奔楚。

傳蔡侯朱出奔楚，費無極取貨於東國①，而謂蔡人曰：「朱不用命於楚，君王將立東國，若不先從王欲，楚必圍蔡。」蔡人懼，出朱而立東國。朱愬于楚，楚子將討蔡。無極曰：「平侯與楚有盟，故封。其子②有二心，故廢之。靈王殺隱大子，其子與君同惡，德君必甚，又使立之，不亦可乎？且廢置在君，蔡無他矣。」

【今註】①東國：隱太子的兒子，平侯廬的弟弟，蔡侯朱的叔叔。②其子：指蔡侯朱。

【今譯】蔡侯朱逃到楚國去了，費無極對東國要了很多錢財，他對蔡人說：「朱不聽從楚國的命令，楚王將立東國，要不先服從王的命令，楚國必定包圍蔡都城。」蔡人害怕了，驅逐朱出去，而立了東國。蔡侯朱到楚國告訴，楚王將討蔡國。費無極說：「蔡平侯跟楚國有盟誓，所以封了他，他的兒子蔡侯朱對他不忠，所以把他廢掉。楚靈王殺了隱太子，他的兒子同你同好惡，必以君為好，又立了他不也可以嗎？並且廢立權柄在楚國，蔡國當然沒有旁的用心。」

（九）經公如晉，至河乃復。

傳公如晉，及河。鼓叛晉，晉將伐鮮虞，故辭公。

【今譯】昭公到晉國去，到了黃河邊上，恰好遇見鼓國對晉國反叛，晉國將伐鮮虞，所以對魯昭公辭謝。

昭公二十有二年（公元前五百二十年）

（一）經春，齊侯伐莒。

傳春王二月，甲子，齊北郭啓①帥師伐莒，莒子將戰，苑羊牧之②諫曰：「齊帥賤，其求不多，不如下之，大國不可怒也。」弗聽，敗齊師于壽餘③。齊侯伐莒，莒子行成，司馬竈④如莒涖盟，莒子如齊涖盟。盟于稷門之外，莒於是乎大惡其君。

【今註】①北郭啓：齊大夫。②苑羊牧之：莒大夫。③壽餘：大事表說：「在今山東省安邱縣境。」④司馬竈：齊大夫。

【今譯】昭公二十二年春王二月甲子，齊大夫北郭啓率領軍隊討伐莒國，莒子將作戰，莒大夫苑羊牧之諫說：「齊國的統帥很賤，他的要求必定不多，不如我們降下，大國不可以使他發怒。」不聽從，在壽餘這地方打敗了齊國軍隊。齊侯因爲生氣，又討伐莒國，莒子要求和平，齊大夫司馬竈到莒國參加盟會，莒子到齊國去盟會，在稷門的外面會盟，莒國人因此就對他的君大怨恨。

（二）

經宋華亥、向寧、華定自宋南里出奔楚。

傳楚薳越使告于宋曰：「寡君聞君有不令之臣爲君憂，無寧以爲宗羞①，寡君請受而戮之。」對曰：「孤不佞，不能媚於父兄，以爲君憂，拜命之辱。抑君臣日戰，君曰余必臣是助，亦唯命。人有言曰，唯亂門之無過，君若惠保敝邑，無亢不衷②，以獎亂人，孤之望也，唯君圖之。」楚人患之。諸侯之戍謀曰：「若華氏知困而致死，楚恥無功而疾戰，非吾利也，不如出之以爲楚功，其亦能無爲也已。救宋而除其害，又何求？」乃固請出之，宋人從之。己巳，宋華亥、向寧、華定、華貙、華登、皇奄、傷省、臧士平出奔楚。宋公使公孫忌爲大司馬③，邊卬④爲大司徒，樂祁⑤爲司馬，仲幾⑥爲左師，樂大心⑦爲右師，樂輓⑧爲大司寇，以靖國人。

【今註】①無寧以爲宗羞：寧可做華氏宗廟的羞恥。②無亢不衷：不保護不忠正的人。③公孫忌爲大司馬：替代華費遂。④邊卬：宋平公的曾孫，替代華定。⑤樂祁：子罕的孫子。⑥仲幾：仲左的孫子替代向寧。⑦樂大心：替代華亥。⑧樂輓：子罕的孫子。

【今譯】楚國薳越派人去告訴宋國說：「寡君聽人說你有一個不好的臣，使你憂愁，並且爲宗廟的羞恥，寡君願意把他們拿去殺戮。」回答說：「我不好，不能對於父兄們獻媚，因此使君也憂慮，拜謝你派來人命令。但是君臣天天打仗，你說我祇是幫着臣子，那麼我們祇好聽命。人常說的，不要在禍亂的門口經過，你要保護敝邑，不保護不正的人，以獎勸亂人，這是我所希望的，請你再想一想。」這種話楚人很以爲患。諸侯的戍兵計謀說：「要是華氏知道無生路而去拚死命，楚國以沒有功勞爲羞辱，而趕快的打仗，這全不合我們的利益，不如使華氏他們出去，以作爲楚國的功勞，華氏大約也不能再爲宋國的禍患。這樣救宋國而除掉他的禍害，那還有何要求呢？」就堅決請求讓華氏向氏離去，宋國人就答應他們。己巳，宋國華亥、向寧、華定、華貙、華登、皇奄、傷省、臧士平逃奔到楚國。宋公派公孫忌替代華費遂作大司馬，邊卬替代華定做大司徒，樂祁做司馬，仲幾替代向寧做左師，樂大心代華亥做右師，樂輓做大司寇，以安定宋國人民。

（三）

經 大蒐于昌間①。

【今註】①此經無傳。

【今譯】魯國在昌間大蒐。

（四）

經　夏四月乙丑天王崩。

傳　王子朝賓起①有寵於景王，王與賓孟說之，欲立之。劉獻公之庶子伯蚠事單穆公②，惡賓孟之爲人也，願殺之，又惡王子朝之言，以爲亂，願去之。賓孟適郊，見雄雞，自斷其尾，問之侍者，曰：「自憚其犧也③。」遽歸告王，且曰：「雞其憚爲人用乎？人異於是。犧者實用人，人犧實難，己犧何害④？」王弗應。夏四月，王田北山⑤，使公卿皆從，將殺單子、劉子⑥。王有心疾，乙丑崩于榮錡氏⑦。戊辰，劉子摯卒，無子，單子立劉蚠。五月庚辰，見王⑧，遂攻賓起殺之，盟羣王子于單氏。

【今註】①王子朝賓起：王子朝是景王的長庶子。賓起王子朝的師傅。②單穆公：是單旗。③自憚其犧也：他是怕做祭宗廟的犧牲。④己犧何害：拿自己親屬做犧牲有什麼害處。意思是使王寵愛王子朝，使他能得立爲王。⑤北山：洛陽的北芒。⑥單子、劉子：因爲他們兩人不願意立子朝，所以想乘田獵殺他們。⑦榮錡氏：杜預注：「河南鞏縣有榮錡澗。」⑧見王：見王猛。

【今譯】王子朝賓起被周景王所寵愛，王告訴賓起說想立王子朝爲太子。劉獻公的庶子劉蚠事奉單旗，他很反對賓起的做人，願意把他殺掉，又很不喜歡王子朝的話，以爲可以作亂，願意去掉他。賓起到郊外去，看見雄雞，自己去掉牠的尾巴，問侍從的人，侍從的人說：「這是他不願意作祭宗廟的犧牲。」回去就告訴王說：「雞恐怕不願意爲人所用？人就與這不同。做犧牲實在要用人，用疏遠的人做犧牲實在很難，用自己親屬做犧牲有什麼害處呢？」周景王不回答他。夏四月，王到北芒山去打獵，使公卿們都隨着去，將把單子、劉子殺掉。王有心病，乙丑死在榮錡氏家中。戊辰這天，劉子摯死了，他沒有兒子，單子就立了他的庶子劉蚠。五月庚辰，使他見王猛，就攻打賓起，並殺了他，同各王子在單氏盟誓。

（五）傳 晉之取鼓也，既獻①，而反鼓子焉，又叛於鮮虞②。六月，荀吳略東陽，使師僞糴者，負甲以息於昔陽④之門外，遂襲鼓滅之，以鼓子鳶鞮歸，使涉佗⑤守之。

【今註】①既獻：獻給宗廟。 ②又叛於鮮虞：又叛了晉國改屬鮮虞。 ③東陽：自朝歌以北至中山爲東陽，即今自河南淇縣，北至河北正定。 ④昔陽：鼓國之地，見昭公十二年昔陽及肥。 ⑤涉佗：是晉大夫。

【今譯】晉國佔據了鼓那地方以後，既然把鼓子獻到晉國的宗廟，又將他送還鼓國，後來他又對晉國反叛，而改屬於鮮虞。六月，荀吳經略東陽，使軍隊假裝着買糧食的人，背負着甲冑，在昔陽的門外去休息，就偷襲了鼓國，把他滅掉，把鼓子鳶鞮帶回到魯國，使晉國大夫涉佗看守鼓這地方。

（六）經 六月，叔鞅如京師，葬景王，王室亂。

（七）經 劉子、單子以王猛居于皇。

（八）經 秋劉子、單子以王猛入于王城。

（九）經 冬十月王子猛卒。

傳 丁巳，葬景王。王子朝因舊官百工①之喪職秩者，與靈景之族以作亂，帥郊要餞②之甲，以逐劉子③。壬戌，劉子奔揚，單子逆悼王④于莊宮以歸。王子還⑤夜取王以如莊宮。癸亥，單子出。王子還與召莊公謀⑥，曰：「不殺單旗不捷，與之重盟必來，背盟而克者多矣。」從之。樊頃子⑦曰：「非言也，必不克。」遂奉王以追單子⑧。及領

⑨，大盟而復，殺摯荒以說。劉子如劉，單子亡，乙丑，奔于平時⑩，羣王子追之，單子殺還、姑、發、弱、鬷、延、定、稠⑪，子朝奔京。丙寅伐之，京人奔山，劉子入于王城。辛未，鞏簡公敗績于京。乙亥，甘平公⑫亦敗焉。叔鞅至自京師，言王室之亂也。閔馬父曰：「子朝必不克，其所與者，天所廢也。」單子欲告急於晉。秋七月戊寅，以王如平時，遂如圃車⑬，次于皇⑭，劉子如劉，單子使王子處⑮守于王城，盟百工于平宮。辛卯，鄩肸⑯伐皇，大敗，獲鄩肸，壬辰，焚諸王城之市⑰。八月辛酉，司徒醜以王師敗績于前城⑱，百工叛。己巳，伐單氏之宮，敗焉⑲。庚午，反伐之⑳。辛未，伐東圉㉑。冬十月丁巳，晉籍談、荀躒帥九州之戎，及焦瑕溫原之師，以納王于王城。庚申，單子劉蚠以王師敗績于郊。前城㉒人敗陸渾于社㉓。十一月乙酉，王子猛㉔卒，不成喪也。己丑，敬王㉕即位，館于子旅氏㉖。

【今註】①百工：卽百官。②郊要餞：方輿紀要說：「鄩城在鞏縣西南五十八里，周鄩邑也，郊與鄩蓋相近。要卽青要山。」是前稱近鄩之郊爲東郊，此稱近要之郊爲西郊，與餞同在澠池新安之間，不必株守紀要之說。③劉子：卽劉蚠。④悼王：王子猛。⑤王子還：是子朝黨羽。⑥召莊公：召伯奐，子朝黨羽。⑦樊頃子：樊齊是單劉的黨羽。⑧遂奉王以追單子：王子還就同悼王去追單子。⑨領：周地。應在今偃師洛陽附近。⑩平時：在偃師鞏縣之間。⑪還、姑、發、弱、鬷、延、定、稠：這八個人全是周靈王同周景王的後人，乘着戰役單子把他們殺掉。⑫鞏簡公，甘平公：這二人全是周卿士。皆爲王子朝所敗。⑬圃車：周地，江永說當近鞏縣之皇。⑭皇：方輿紀要說：「訾城在今鞏縣西南四十里，黃亭在訾城北三里，有皇水，春秋昭二十二年，劉子單子以王子猛居于皇，卽黃亭也。」 ⑮王子處：是王子猛的黨羽。 ⑯鄩肸：王子朝的黨羽。 ⑰焚諸王城之市：將鄩肸燒在王城的市場上。 ⑱前城：王子朝所佔領的地方。 ⑲敗焉：百工爲單氏所敗。 ⑳反伐之：單氏反伐百工。 ㉑東圉：彙纂說：「周地有東圉西圉，東圉卽圉鄉，在洛陽東南。」是百工所在地。 ㉒前城：水經注說：「伊水自新城，又北逕前城西，卽昭公二十二年，晉箕遺濟師取前城者也。」 ㉓社：注疏說：「在今河南鞏縣西北。」 ㉔王子猛：卽悼王。 ㉕敬王：王子猛的母弟王子匄。 ㉖子旅氏：是周大夫。

【今譯】丁巳，給周景王下葬。王子朝利用舊的百官丟掉職務的人，同周靈王周景王的子孫來興起亂事，率領着郊、要、餞三個地方的軍隊，把劉蚠驅逐出去，壬戌，劉蚠逃到揚這地方，單子就從莊王的廟裏，把悼王接回來。王子朝的黨羽王子還夜裡又把悼王送到莊王的廟裏去。癸亥，單子就出奔。王子還就跟召莊公商量說：「不把單旗殺掉，就不能成功，跟他立重要的盟誓，他必定來，背了盟誓而成功的人甚多。」召莊公聽了他的話。單劉黨的樊齊說：「這不成句話，必定不能成功。」王子還就奉着悼王去追單子，到了領這地方，就加上重的盟誓，方才回來，把摯荒殺了，以作解說。劉蚠就逃回他的封邑劉去，單子就逃亡出外，乙丑，他逃到平畤。各公子追趕他，單子就在亂中殺掉八個王子，還、姑、發、弱、鬷、延、定、稠。子朝因爲他的黨羽死了不少，就逃到京去，丙寅單子伐京，京人逃到山裡，劉蚠再進入王城。辛未，周卿士鞏簡公伐京失敗。乙亥，甘平公也失敗了。魯國的叔鞅從周回到魯國，他說明王室的混亂。魯大夫閔馬父說：「子朝必定不能成功，跟着他一同的人，全都是天所不要的。」單子想着到晉國去告訴周室的危急。秋天七月，戊寅，使悼王到平畤，接着到了圃車，又住到皇這地方，劉蚠回到劉，單子叫王子處守住王城，同百官們在平王廟中會盟。辛卯，子朝的黨羽鄩肸去伐皇，他大失敗，將鄩肸捕獲，壬辰，把他在王城的市中燒掉。八月辛酉，悼王的司徒名叫醜，用王的軍隊去打前城，失敗了，因此，百官全都反叛。己巳這天，百官討伐單氏，也失敗了。庚午這天，單氏反過來討伐百官，辛未，伐百官所在的地方東圉。冬十月丁巳，晉國的籍談，荀躒率領着陸渾的戎人，同晉國焦瑕溫原的軍隊護送悼王進入王城。庚申，單子、劉蚠率領着王師在郊這地方，爲子朝的黨羽所敗。歸子朝所管的前城人也在社這地方把陸渾人打敗。十一月乙酉，悼王死了，喪事沒能夠按禮舉行。己丑，敬王即位，住到周大夫子旅氏家中。

（十）**經** 十有二月，癸酉朔，日有食之①。

【今註】①此經無傳。

【今譯】十二月癸酉朔，魯國有日蝕。

（十一）**傳** 十二月庚戌，晉籍談、荀躒、賈辛、司馬督帥師軍于陰①，于侯氏②，于谿泉③，次于社④，王師軍于氾⑤、于解⑥，次于任人⑦。閏月，晉箕遺、樂徵、右行詭濟師取前城，軍其東南，王師軍于京楚⑧，辛丑，伐京⑨，毀其西南。

【今註】①陰：江永疑即平陰，在今孟津縣東一里。晉籍談軍隊所駐。 ②侯氏：周地。故城在今偃師縣南四十五里。」 ③谿泉：在今鞏縣西南。 ④社：司馬督軍隊所駐。 ⑤氾：江永說：「古音凡，今音祀，今河南氾水縣，與鞏縣相接，一稱西氾。」 ⑥解：彙纂引後漢書郡國志說：「大解城在今洛陽縣南，小解城在縣西南。」 ⑦任人：任和仍古通用，其地在洛陽，或爲仍叔采邑。 ⑧京楚：在今洛陽之西南。 ⑨京：周地，在河南省洛陽縣西南。

【今譯】十二月庚戌，晉國的籍談率領着軍隊在陰的地方，荀躒率領軍隊駐在侯氏，賈辛率領軍隊駐在谿泉，司馬督率軍隊駐在社，王的軍隊駐到氾這地方，解同任人各地。閏月，晉國箕遺、樂徵、右行詭的軍隊渡過洛水，佔領了前城，軍隊在他的東南，王的軍隊駐到京楚的中間，辛丑這天，討伐京的地方，毀了他的西南。

卷二十六　昭公六

昭公二十有三年（公元前五百一十九年）

（一）經　晉人圍郊。

傳　春王正月壬寅朔，二師①圍郊。癸卯，郊、鄩②潰。丁未，晉師在平陰③，王師在澤邑④，王使告間。庚戌還⑤。

【今註】①二師：指王師同晉師。②鄩：在鞏縣西南五十八里。③平陰：在今河南省孟津縣東一里。④澤邑：澤卽翟泉，在漢洛陽城西北隅。⑤庚戌還：晉師回去。

【今譯】春王正月壬寅初一，周王的軍隊同晉國的軍隊圍了郊這地方。癸卯這天，郊同鄩全都潰散。丁未這天，晉國軍隊在平陰，周王軍隊在澤邑，周王告訴晉國子朝失敗，庚戌這天，晉國軍隊就回國了。

（二）經　叔孫婼如晉。

（三）經　晉人執我行人叔孫婼。

傳　邾人城翼①，還將自離姑②。公孫鉏曰：「魯將御我。」欲自武城還，循山而南。徐鉏、丘弱、茅地③，曰：「道下，遇雨將不出，是不歸也。」遂自離姑，武城人塞其前，斷其後之木而弗殊，邾師過之，乃推而蹷之，遂取邾師，獲鉏弱地。邾人愬于晉，晉人來討。叔孫婼如晉，晉人執之。書曰：「晉人執我行人叔孫婼。」言使人也。晉人使與邾大夫坐④，叔孫曰：「列國之卿當小國之君，固周制也。邾又夷也，寡君之命介子服回在，請使當之，不敢廢周制故也。」乃不果坐。韓宣子使邾人取其衆，將以叔孫與之，叔孫聞之，去衆與兵而朝。士彌牟謂韓宣子曰：「子弗良圖，而以叔孫與其讎，叔孫必死之。魯亡叔孫，必亡邾。邾君亡國，將焉歸？子雖悔之何及？所謂盟主，討違命也，若皆相執，焉用盟主？」乃弗與，使各居一館⑤。士伯聽其辭而愬諸宣子，乃皆執之。士伯御叔孫，從者四人，過邾館，以如吏。先歸邾子。士伯曰：「以芻蕘之難，從者之病，將館子於都⑥。」叔孫旦而立期焉⑦，乃館諸箕⑧，舍子服昭伯於他邑。范獻子求貨於叔孫，使請冠焉⑨，取其冠法而與之兩冠曰：「盡矣。」爲叔孫故，申豐以貨如晉。叔孫曰：「見我，吾告女所行貨。」見而不出。吏人之與叔孫居於箕者請其吠狗，弗與。及將歸，殺而與之食之。叔孫所館者，雖一日必葺其牆屋，去之如始至。

【今註】①翼：山東通志說：「在今山東鄒縣東北費縣界。」②離姑：方輿紀要說：「在今山東費縣西南九十里，故武城之南。」③徐鉏、丘弱、茅地：三人皆邾大夫。④坐：坐在那裏爭辯。⑤使各居一館：使叔孫郡與子服囘不同住在一處。 ⑥都：是指着別都，即是箕這地方。 ⑦叔孫旦而立期焉：叔孫早晨立在那裏聽候命令，一直到第二天早晨。 ⑧箕：在今山西蒲縣東北。 ⑨請冠焉：以請求帽子爲理由。

【今譯】邾國人修了翼這城，將從離姑這地方囘來，邾太夫公孫鉏說：「魯國將抵抗我。」打算從武城囘來，順着山往南走，邾大夫徐鉏、丘弱、茅地說：「這個道路很低下，遇見天下雨，將過不去，就不能囘去了。」就從離姑，經過武城囘來，武城人以軍隊堵在前面，而把後面的樹切斷，但是沒有完全切斷，邾國軍隊過來，武城人就把未切斷的樹推倒，而捕獲邾國軍隊，並逮住鉏、弱、茅地三個大夫。邾人告訴晉國，晉國人來討伐魯國。恰好叔孫婼到晉國去，晉國人就把他逮起來。春秋上寫着：「晉人把我的行人叔孫婼逮起來。」這意思表示他是使人。晉國人使叔孫婼同邾大夫一起坐下來爭訟，叔孫婼說：「列國的卿等於小國的君的地位，這是周朝的制度。邾國又是等於夷的，寡君所派的副使子服囘也在晉國，請他與邾人爭訟，這是因爲我不敢廢除周國制度的原故。」於是就沒有辦法使魯國同邾國爭訟。韓起使邾國人聚合衆人，想把叔孫婼交給他們。叔孫婼聽見說了，去掉他的侍從同兵刄，到晉國上朝。士景伯對韓起說：「你不好好的計劃，而把叔孫婼給了他的仇敵，叔孫必定拚死命，魯國若丟掉叔孫，必使邾國滅亡。邾君若沒有國了，他現在在晉國，將囘到那裏去呢？你雖然後悔也來不及了。我們所謂盟主，是討伐違了命令的人，若全可以捕獲對方，那盟主有什麼用呢？」就不將叔孫婼給邾國人，使他同子服囘各住在一個館舍。士景伯聽他們兩人的訴說而告訴韓起，就把他們倆人全逮起來。士景伯給叔孫婼駕着車，跟着四個人，經過邾國的館舍，到打官司那裏去。先派邾子囘邾國。士景伯說：「因爲草料的困難，隨從人的疾病，將使你住在晉國的別都。」叔孫婼從早晨起來一直立到第二天早晨等待晉國命令，就使他住到箕這地方，而使子服囘住到另一處。士鞅想對叔孫婼請求貨幣，假設以請求帽子爲名，叔孫婼假作不懂，取來他冠的模子，然後給他兩頂帽子說：「沒有了。」因爲叔孫婼的原故，魯大夫申豐運了貨幣到晉國去。叔孫婼說：「來見我，我告訴你怎麼樣送貨幣」。見了他，就不讓他出來。晉國的官吏跟叔孫婼一同住在箕這地方的人，請求叔孫婼所養的狗，他不肯給。後來將要囘來時，把他的狗殺了給他們吃。叔孫婼所住的地方，雖然一天，必修整他的牆屋，走了以後，牆屋的新跟他剛來時一樣。

（四）經 癸丑叔鞅卒①。

【今註】①此經無傳。

【今譯】癸丑，叔鞅死了。

（五）傳 夏四月，乙酉，單子取訾①，劉子取牆人直人②。六月壬午，王子朝入于尹③。癸未，尹圉誘劉佗殺之④。丙戌，單子從阪道，劉子從尹道⑤伐尹，單子先至而敗，劉子還。己丑，召伯奐、南宮極⑥以成周人戍尹。庚寅，單子、劉子、樊齊以王如劉。甲午，王子朝入于王城，次于左巷⑦。秋七月戊申，鄩羅⑧納諸莊宮。尹辛敗劉師于唐⑨。丙辰，又敗諸鄩。甲子，尹辛取西闈⑩。丙寅攻蒯⑪，蒯潰。

【今註】①訾：河南通志說：「東訾城，在鞏縣西南四十里，即昭公二十三年，單子取訾是也」。②牆人直人：今河南新安縣東北，有白牆村，疑是牆人。直人應在牆之附近。③尹：尹氏邑，以尹谿尹谷得名，然則尹邑在宜陽嗎？④尹圉誘劉佗殺之：尹圉是尹文公，劉佗是劉蚠的族人。⑤阪道尹道：案單子居洛水之北，劉子居洛水之南，疑阪道在北，尹道在南，師行爲便，均在今洛陽及宜陽之間。⑥召伯奐、南宮極：二人皆周卿士。⑦左巷：在漢河南縣東北，今洛陽縣西。⑧鄩羅：是周大夫，鄩肸的兒子。⑨唐：一統志說：「今洛陽縣東，有唐聚」。⑩西闈：在今洛陽縣西南。⑪蒯：一統志說：「今洛陽縣西南十四里，有蒯鄉。」

【今譯】夏四月乙酉，單旗取了訾這地方，劉蚠取了牆人，直人兩個地方。六月壬午，王子朝入到尹這地方。癸未，尹圉誘劉佗把他殺了。丙戌，單旗從阪道，劉蚠從尹道討伐尹邑，單旗先到，而失敗了，劉蚠就回去了。己丑，召伯奐同南宮極用成周人來戍守尹這地方。庚寅，單旗、劉蚠、樊齊將周敬王送到劉蚠之地，甲午，王子朝進到王城，住到左巷。秋七月戊申，鄩羅把王子朝送到莊王廟裏。尹辛把劉蚠的軍隊在唐這地方打敗了，丙辰又在鄩這地方打敗他。甲子，尹辛佔領了西闈。丙寅，尹辛攻蒯這地方，蒯潰散。

(六) 經 夏六月蔡侯東國卒于楚①。

【今註】①此經無傳。

【今譯】夏六月，蔡侯東國在楚國死了。

(七) 經 秋七月莒子庚輿來奔。

傳 莒子庚輿虐而好劍，苟鑄劍必試諸人，國人患之。又將叛齊，烏存①帥國人以逐之。庚輿將出，聞烏存執殳②而立於道左，懼將止死。苑羊牧之曰：「君過之，烏存以力聞可矣，何必以弒君成名。」遂來奔。齊人納郊公③。

【今註】①烏存：莒大夫。②殳：音殊，兵器，長丈二無刃。③郊公：著丘公的兒子。

【今譯】莒子庚輿暴虐而喜歡舞劍，鑄了新劍必定拿人來試驗，貴族們都很以他爲患。他又將對齊國反叛，莒大夫烏存率領貴族們來驅逐他。庚輿將出去，聽見烏存拿着長殳立在道路旁邊，他害怕了，就預備死在那裏。苑羊牧之說：「你就路過那裏好了，烏存有力量傳於全國，這已經可以了，何必再以弒君來成名。」就逃到魯國，齊人就使郊公回國。

(八) 經 戊辰，吳敗頓、胡、沈、蔡、陳、許之師于雞父。胡子髡沈子逞滅，獲陳夏齧。

傳 吳人伐州來，楚薳越帥師，及諸侯之師，奔命救州來，吳人禦諸鍾離，子瑕①卒，楚師熸②。吳公子光曰：「諸侯從於楚者衆，而皆小國也，畏楚而不獲已，是以來。吾聞之曰：『作事威克其愛③，雖小必濟。』胡沈之君幼而狂，陳大夫齧壯而頑，頓與許蔡疾楚政，楚令尹死，其師熸，帥賤多寵，政令不壹，七國④同役而不同心，帥賤而不能整，無大威命，楚可敗也。若分師先以犯胡、沈與陳，必先奔，三國敗，諸侯之師乃搖心矣。諸侯乖亂，楚必大奔，請先者去備薄威⑤，後者敦陳整旅⑥。」吳子從之。戊辰晦戰于雞父⑦。吳子以罪人三千先犯胡沈與陳，三國爭之，吳爲三軍以繫於後，中軍從王，光帥右，掩餘⑧帥左，吳之罪人或奔或止，三國亂，吳師擊之，三國敗，獲胡沈之君及陳大夫。舍胡、沈之囚使奔許與蔡、頓曰：「吾君死矣。」師譟而從之，三國⑨奔，楚師大奔。書曰：「胡子髡沈子逞滅，獲陳夏齧。」君臣之辭⑩也。不言戰，楚未陳也。

【今註】①子瑕：就是令尹。②楚師熸：熸音（ㄐㄧㄢ）。楚師士氣低落。③作事威克其愛：作事情威嚴勝於愛護。④七國：楚、頓、胡、沈、蔡、陳、許。⑤去備薄威：去了完備的軍器，不顯威嚴。表示軍隊的不整齊。⑥後者敦陳整旅：在後面要厚集部隊，嚴整戰陣。⑦雞父：一統志說：「安豐故城在河南固始縣東，雞備城在固始縣東。」⑧掩餘：吳王壽夢的兒子。⑨三國：指許、蔡、頓。⑩君臣之辭也：意在分別君與臣的不同。阮刊作「君臣之亂也」今據四部叢刊影宋本改正。

【今譯】吳人伐楚國的州來，楚大夫薳越領了軍隊和諸侯的軍隊，趕緊去救州來。吳人抵抗他在鍾離地方。令尹叫子瑕的死在軍中，楚國的士氣，便完全被熄滅了，吳公子光說：「諸侯跟從楚國的很多，但都是小國，是怕楚國，不得已纔跟他來的。我聽說作事能威嚴勝過愛護，那末雖是細小，也一定能成功的。現在胡沈的國君，年紀既輕，又是個狂人；陳大夫齧年紀雖壯，却又是個頑鈍的人，頓和許蔡，都厭惡着楚國的政治，楚令尹既然死掉，楚軍的氣勢一定就熄滅了，他的主帥既卑賤，又多寵用的人，號令不能統一的。七國同一戰事，却不能同心，主帥又卑賤不能整頓，沒有大的威嚴，楚國軍隊是可以打敗的。如果分兵先去侵犯胡沈和陳國，他們定然先逃走的。三國既敗以後，其餘諸侯的兵，便自然搖動了心志了，諸侯既然混亂了，楚國一定要大逃的。請把在軍前的丟掉戰備，減薄了威武可以去騙他們。在軍後的却要厚集隊伍，嚴整步伐預備對待他。」吳王便依從他的計劃。戊辰這天是晦日，吳楚大戰在雞父那裏。吳子拿罪犯三千多人先去侵犯胡沈和陳國，三國見囚徒不習戰事，便來搶捉，吳國却排成三軍在後面；中軍跟了吳王，光領了右面的，掩餘領了左面的。吳國的罪犯，有的逃走，有的停留，三國因爲搶捉，所以鬧亂了。吳國軍隊便趁勢攻擊，三國就敗北下去，捉住胡沈的君，和陳大夫，又放掉胡沈的囚虜，叫他們逃到許和蔡頓的兵中說：「我的君王已死了！」吳軍便喊殺進攻，那三國也就逃走。楚師便大逃。春秋經上記說：「胡子髡、沈子逞被滅掉，捉住陳國的夏齧。」這是分別君臣的說法。因爲君可說滅，臣只可說捉，不說戰爭，因爲楚國還沒有排成陣式。

(九)經 天王，居于狄泉尹氏立王子朝。

(十)經 八月乙未地震。

傳 八月丁酉，南宮極震。萇弘謂劉文公曰：「君其勉之，先君①之力可濟也。周之亡也，其三川震，今西王②之大臣亦震，天弃之矣。東王③必大克。」

【今註】①先君：指劉獻公。②西王：子朝在王城，所以稱西王。③東王：敬王居狄泉在王城的東邊故稱東王。

【今譯】八月丁酉，南宮極被地震死。萇弘對劉蚠說：「你要努力，你的父親的力量可以幫助。西周亡的時候，他的左近涇、渭、洛三個川全被震動。現在西王子朝的大臣也被震死。東王敬王必定能得大勝。」

(十一) 傳 楚大子建之母在郹①，召吳人而啓之。冬十月甲申，吳大子諸樊②入郹，取楚夫人與其寶器以歸，楚司馬薳越追之不及，將死，衆曰：「請遂伐吳以徼之。」薳越曰：「再敗君師，死且有罪，亡君夫人，不可以莫之死也。」乃縊於薳澨③。

【今註】①郹：在今河南省新蔡縣境。②諸樊：吳王僚的太子。③薳澨：彙纂說：「在今湖北京山縣境」。

【今譯】楚國太子建的母親在郹這地方宣召吳國人來。冬天十月甲申，吳王僚的太子諸樊攻進郹，奪了楚夫人跟她的寶物回到吳國。楚國的司馬薳越來追他，趕不上，他將死，大家說：「請你就動軍隊討伐吳國，以看我們誰能勝負」。薳越說：「我兩次使君的軍隊打失敗了，我就是死了也有罪。現在丢掉君的夫人，不可以不死。」就在薳澨地方上了吊。

(十二) 經 冬公如晉，至河有疾乃復。

傳 公爲叔孫故如晉，及河有疾而復。

【今譯】魯昭公因爲叔孫婼的原故到晉國去，到黃河邊上，他有了病就回來。

(十三) 傳 楚囊瓦①爲令尹，城郢，沈尹戌曰：「子常必亡，郢苟不能衞，城無益也。古者天子守在四夷，天子卑，守在諸侯②，諸侯守在四鄰，諸侯卑，守在四竟。愼其四竟，結其四援，民狎其野，三務成功③，民無內憂，而又無外懼，國焉用城？今吳是懼而城於郢，守已小矣，卑之不獲，能無亡乎？昔梁伯溝其公宮而民潰，民弃其上，不亡何待？夫正其疆場，脩其土田，險其走集，親其民人，明其伍候，信其鄰國，愼其官守，守其交禮，不僭不貪，不懦不耆，完其守備，以待不虞，又何畏矣。詩曰：『無念爾祖，聿脩厥德④。』無亦監乎？若敖蚡冒，至于武文，土不過同，愼其四竟，猶不城郢，今土數圻，而郢是城，不亦難乎？」

【今註】①囊瓦：令尹字子常。②天子卑，守在諸侯：天子政治衰危就以諸侯爲守衛。③三務成功：春夏秋三時的事務全都成功。④無念爾祖，聿脩厥德：詩經大雅一句詩，意思是說想念你的祖先，修整他的德性。

【今譯】楚囊瓦做令尹，他想修楚國都城郢，沈尹戌說：「他必定要亡了，郢假設不能保衛，修城也沒有用。古代的天子，是以四夷爲守備，天子衰危就以諸侯爲守衛，諸侯是拿四鄰做守衛。諸侯衰危就以他的四邊境爲守衛。愼重他四方的邊境，結交他的四鄰以爲援助，人民對田野全很安靜習慣，春夏秋三時的事務全成功，人民也沒有內憂，而又沒有外患，國家何必用修城？現在很怕吳國，而修郢的城，這守衛已經很小了，連守四境也辦不到，能夠不亡嗎？從前梁伯把他宮的四面修城溝，而人民就潰亂，人民全都拋棄他的上邊，這不亡還等什麼？現在把他四界全都整齊，修理他的田土，把邊境的保壘也修好，親愛他的人民，使他的人民全有部伍，相爲候望，與他的鄰國有信實，對官守謹愼，守交結的典禮，不驕傲也不貪圖，不弱也不強，完備他的守衛，以等待不測的事情，又何必怕呢？詩經大雅說：『細想念你的祖先，修整你的德性』。這不也是拿他做榜樣嗎？從前若敖蚡冒以至於楚武王楚文王，土不過一百里，謹愼保衞他的四境，尚不修郢城，現在已經幾千里，而要修郢的城，這不也是困難嗎？」

昭公二十有四年（公元前五百一十八年）

（一）傳　春王正月辛丑，召簡公、南宮嚚以甘桓公①見王子朝，劉子謂萇弘曰：「甘氏又往矣。」對曰：「何害！同德度義②。大誓曰：『紂有億兆夷人，亦有離德。余有亂臣十人，同心同德。』此周所以興也。君其務德，無患無人。」戊午，王子朝入于鄔③。

【今註】①召簡公，南宮嚚，甘桓公：召簡公是召莊公的兒子，南宮嚚是南宮極的兒子，甘桓公是甘平公的兒子。②同德度義：同心同德就能計劃同義的事情，子朝不能如此，所以對我們沒有害處。③鄔：今河南省偃師縣西南。

【今譯】春王正月辛丑，召簡公同南宮嚚把甘桓公見王子朝，劉蚠對萇弘說：「甘氏又到王子朝那兒去了。」回答說：「這有什麼害處，同德的人方才能夠討論義禮，子朝他們不能如此。太誓說：『紂有億兆夷人，也有離心離德。周武王自稱，我有治亂的臣十個人，同心同德。』這就是周所以興起的原故。你務必修理德性，不怕缺少人才。」戊午，王子朝來到了鄔這地方。

（二）經　春王三月丙戌，仲孫貜卒①。

【今註】①此經無傳。

【今譯】春王三月丙戌，仲孫貜死了。

（三）經　婼至自晉。

【傳】晉士彌牟逆叔孫于箕，叔孫使梁其踁①待于門內，曰：「余左顧而欬，乃殺之，右顧而笑，乃止。」叔孫見士伯。士伯曰：「寡君以爲盟主之故，是以久子②，不腆敝邑之禮，將致諸從者，使彌牟逆吾子。」叔孫受禮而歸。二月，婼至自晉，尊晉也。

【今註】①梁其踁：叔孫氏的家臣。②是以久子：久使你住在晉國。

【今譯】晉國士景伯到箕這地方去迎接叔孫婼，叔孫婼叫梁其踁在門裏邊等着，對他說：「我要往左看而咳嗽，你就把他殺了，右看而笑就不要殺他。」叔孫婼見士景伯。士景伯說：「寡君因爲做盟主的原故，所以使你久住在這裏，我國有不豐厚的禮物，將送給你隨從的人，使我來迎接你。」叔孫婼受到禮物就回國。二月，叔孫婼從晉國回來，這是表示尊重晉國。

（四）【傳】三月庚戌，晉侯使士景伯涖問周故①，士伯立于乾祭②而問於介衆，晉人乃辭王子朝，不納其使。

【今註】①周故：意思是問子朝同敬王誰有理。②乾祭：在今洛陽縣西北，是王城的北門。

【今譯】三月庚戌，晉侯派士景伯去到周問子朝同敬王的曲直，士伯立到王城的北門，而問很多的衆人，晉人就辭謝王子朝，不接見他的來使。

（五）【經】夏五月乙未朔，日有食之。

【傳】夏五月乙未朔，日有食之。梓愼曰：「將水。」昭子曰：「旱也。日過分而陽猶不克，克必甚，能無旱乎？陽不克莫，將積聚也。」

【今譯】夏五月乙未初一，魯國有日蝕。梓愼說：「將有水災。」叔孫婼說：「這是旱災，已經過了春分，而陽氣因爲不能勝陰，這種失敗一定很厲害，能沒有旱災嗎？陽氣莫然不動，這就是將聚積旱災」。

（六）傳 六月壬申，王子朝之師攻瑕及杏①，皆潰。鄭伯如晉，子大叔相，見范獻子。獻子曰：「若王室何？」對曰：「老夫其國家不能恤，敢及王室。抑人亦有言曰：『嫠不恤其緯②，而憂宗周之隕，爲將及焉。』今王室實蠢蠢焉，吾小國懼矣，然大國之憂也，吾儕何知焉，吾子其早圖之。詩曰：『缾之罄矣，惟罍之恥③。』王室之不寧，晋之恥也。」獻子懼而與宣子圖之，乃徵會於諸侯，期以明年。

【今註】①瑕、杏：都是敬王的邑。在洛陽東北。②嫠不恤其緯：嫠是寡婦，也不憐恤他的緯線少。③缾之罄矣，惟罍之恥：詩經小雅的一句詩，意思是罍比缾大，缾裏的容物沒有了，罍也以爲羞恥。

【今譯】六月壬申，王子朝的軍隊攻敬王的瑕及杏，全都潰亂。鄭伯到晉國去，游吉相禮，見到士鞅，士鞅就說：「對於王室怎麼辦？」游吉回答說：「我對鄭國全沒有方法，何敢談到王室。但是有人說：『寡婦不管他的緯線，而憂愁宗周的毀掉，因爲恐怕毀掉就連着他自己』。現在王室很蠢動，我們小國很害怕，但是這是大國應該憂懼的，我們有什麼辦法？你們應該早點想辦法。詩經小雅說：『小瓶乾的時候，這也是大罍的羞恥』。王室的不安寧，是晉國的羞恥。」士鞅害怕了，就同韓起去研究，就徵求諸侯開會，定到明年。

（七）經 秋八月，大雩。

傳 秋八月大雩，旱也。

【今譯】　秋八月，魯國行求雨典禮，因爲旱的原故。

（八）經丁酉，杞伯郁釐卒①。

【今註】　①此經無傳。

【今譯】　丁酉，杞伯郁釐死了。

（九）傳冬十月癸酉，王子朝用成周之寶珪于河。甲戌，津人得諸河上。陰不佞①以溫人南侵，拘得玉者，取其玉將賣之，則爲石，王定而獻之，與之東訾②。

【今註】　①陰不佞：是周敬王的大夫。　②東訾：彙纂引後漢書志說：「鞏有東訾，今名訾城在鞏縣西南四十里，俗名訾店」。

【今譯】　冬十月癸酉，王子朝用成周的寶珪來祭河神。甲戌這天，河邊的人得到這寶珪在河上面。敬王的大夫陰不佞用晉國溫的軍隊向南侵略，捕獲拿着玉這個人，奪到這玉想賣掉，原來不是玉石，敬王安定了，得玉的人就把眞玉獻給敬王，敬王高興了，就給他東訾這塊田。

（十）經冬，吳滅巢。

傳楚子爲舟師以略吳疆，沈尹戌曰：「此行也，楚必亡邑。不撫民而勞之，吳不動而速之，吳踵楚①而疆埸無備，邑能無亡乎？」越大夫胥犴勞王於豫章之汭②，越公子倉，歸王乘舟，倉及壽夢③帥師從王，王及圉陽④而還。吳人踵楚，而邊人不備，遂滅巢及鍾離而還。沈尹戌曰：「亡郢之始，於此在矣。王壹動而亡二姓之帥⑤，幾如是而不及郢？詩曰：『誰生厲階，至今爲梗⑥。』其王之謂乎？」

【今註】①吳踵楚：吳國追隨楚國的踵跡。②豫章之汭：在今江西省湖口縣。③壽夢：越大夫。④圉陽：圉陽應與巢爲近，巢近巢湖，疑在今無爲縣東北百里之裕溪河口。⑤二姓之帥：指着守巢同守鍾離的大夫。⑥誰生厲階，至今爲梗：這是詩經大雅的一句詩。意思是說誰把壞的階道造成，一直到現在還有病。

【今譯】楚王作了舟師，以侵略吳國的疆界，沈尹戌說：「這個行動，楚國必定丟掉一塊邑。不安撫人民而使他勞苦，吳不動兵而使他快動兵，吳國要追隨楚國的踵跡前來，而楚國全無預備，能夠不亡失邑嗎？」越大夫胥犴慰勞楚王在豫章的水邊上，越國公子倉送給楚王乘坐的船，倉同越大夫壽夢，率着軍隊，隨從楚王，王到達圉陽就回來。吳人跟着楚人的踵跡，而楚人不防備，吳人就滅了楚國的巢同鍾離，而後回去。沈尹戌說：「楚國都城郢的滅亡，就由這兒開始。楚王動壹次，而丟了巢同鍾離看守的大夫，那怎麼會不到楚都城郢呢？詩經大雅說：『誰把壞的階道造成，到現在全有病』。這恐怕是指着楚王說的」。

昭公二十有五年（公元前五百一十七年）

（一）經　春，叔孫婼如宋。

傳　春，叔孫婼聘于宋，桐門右師①見之，語卑宋大夫，而賤司城氏②。昭子告其人曰：「右師其亡乎！君子貴其身，而後能及人，是以有禮。今夫子卑其大夫而賤其宗，是賤其身也，能有禮乎？無禮必亡。」宋公享昭子賦新宮③，昭子賦車轄④。明日宴，飲酒樂，宋公使昭子右坐，語相泣也。樂祁佐，退而告人曰：「今茲君與叔孫其皆死乎！吾聞之哀樂而樂哀⑤，皆喪心也。心之精爽，是謂魂魄。魂魄去之，何以能久？」

【今註】①桐門右師：就是樂大心，住在宋都城的桐門。②司城氏：樂氏的大宗。③新宮：這是一首逸詩。④車轄：這是詩經小雅的一篇。⑤哀樂而樂哀：可樂的事而哭泣，可哀的事而高興。

【今譯】春天，叔孫婼到宋國聘問，樂大心見了他，談話中，樂大心對於宋大夫們甚爲卑視，而看他的大宗司城氏爲賤。叔孫婼告訴他侍從的人說：「樂大心恐怕要逃亡了！君子們要以他的身爲貴，然後可以推及旁人，所以有禮。現在樂大心卑視他的大夫們，而賤視他的大宗，等於賤視他自己，這能夠有禮嗎？沒有禮必定要逃亡」。宋公請叔孫婼吃飯，吃飯的時候，宋公令人歌唱新宮這篇詩，叔孫婼就歌唱車轄這篇詩。明天又宴會，飲酒很樂，宋公使叔孫婼坐近他，互相的談話，就互相的哭。樂祁佐助宴禮，退下來就告訴人說：「今年恐怕君跟叔孫婼全將死了。我聽見說過應當樂的時候而哀痛，應當哀痛時而高興，這全是喪心的舉動。心的靈爽處，就叫做魂魄，魂魄離開他，他們怎麼能夠長久呢？」

（二）

傳 季公若之姊爲小邾夫人，生宋元夫人①，生子以妻季平子。昭子如宋聘，且逆之。公若從②，謂曹氏③勿與，魯將逐之。曹氏告公，公告樂祁。樂祁曰：「與之。如是魯君必出，政在季氏三世矣④，魯君喪政四公矣⑤，無民而能逞其志者，未之有也。國君是以鎮撫其民，詩曰：『人之云亡，心之憂矣⑥。』魯君失民矣，焉得逞其志？靖以待命猶可，動必憂。」

【今註】 ①宋元夫人：宋元公的夫人，是魯國季平子的外姊。 ②公若從：公若隨從叔孫婼。 ③曹氏：即宋元夫人。 ④政在季氏三世矣：政權已經在季孫氏三代。這指著季文子，季武子，季平子。 ⑤魯君喪政四公矣：魯居丢掉政權已經四個君，這是指着魯宣公，成公，襄公，昭公。 ⑥人之云亡，心之憂矣：詩經大雅一句詩，失去人民，憂患必定來。

【今譯】 季公若的姊姊做小邾國君的夫人，生了宋元公的夫人，她生了女兒嫁給季平子。叔孫婼到宋國去聘問，並且迎接她。公若跟着去聘問，對宋元夫人說不要給他，魯國將驅逐季孫意如。宋元夫人就對宋公說，宋公就告訴樂祁。樂祁說：「給了他吧，要這樣的辦，魯昭公必定被驅逐出去，政權在季氏已經三代了，魯君丢掉政權，自宣公以後，至今已經四個國君了，沒有人民而能達到他的願望的，自古未曾有。做人君必定要能鎭撫他的人民，詩經大雅說：『失去民衆，憂患就要來』。魯君已經丢掉人民，怎能夠達到他的欲望？要安靖的等到天命，仍就可以，要動作必定來了憂愁」。

(三)經 夏，叔詣會晉趙鞅、宋樂大心、衞北宮喜、鄭游吉、曹人、邾人、滕人、薛人，小邾人于黃父。

傳 夏，會于黃父①，謀王室也。趙簡子令諸侯之大夫輸王粟，具戍人曰：「明年將納王。」子大叔見趙簡子，簡子問揖讓周旋之禮焉。對曰：「是儀也，非禮也。」簡子曰：「敢問何謂禮？」對曰：「吉也聞諸先大夫子產曰：『夫禮，天之經也，地之義也，民之行也。天地之經，而民實則之。則天之明②，因地之性③，生其六氣④，用其五行⑤，氣爲五味⑥，發爲五色⑦，章爲五聲⑧，淫則昏亂，民失其性，是故爲禮以奉之。爲六畜⑨，五牲⑩，三犧⑪以奉五味。爲九文⑫，六采⑬，五章以奉五色⑭，爲九歌，八風、七音、六律以奉五聲，爲君臣上下以則地義，爲夫婦外內以經二物⑮，爲父子、兄弟、姑姊、甥舅，昏媾，姻亞以象天明⑯，爲政事、庸力、行務以從四時，爲刑罰威獄使民畏忌，以類其震曜殺戮，爲溫慈惠和以效天之生殖長育，民有好惡喜怒哀樂生于六氣⑰，是故審則宜類，以制六志⑱，哀有哭泣，樂有歌舞，喜有施舍，怒有戰鬭。喜生於好，怒生於惡，是故審行信令，行禍賞罰，以制死生。生好物也，死惡物也。好物樂也，惡物哀也，哀樂不失，乃能協于天地之性，是以長久。」簡子曰：「甚哉禮之大也！」對曰：「禮，上下之紀，天地之經緯也，民之所以生也，是以先王尚之。故人之能自曲直以赴禮者，謂之成人，大，不亦宜乎？」簡子曰：「鞅也請終身守此言也。」宋樂大心曰：「我不輸粟，我於周爲客，若之何使客？」晉士伯曰：「自踐土以來，宋何役之不會，而何盟之不同？曰同恤王室，子焉得辟之？子奉君命以會大事，而宋背盟，無乃不可乎？」右師⑲不敢對，受牒而退。士伯告簡子曰：「宋右師必亡，奉君命以使，而欲背盟，以干盟主，無不祥大焉。」

【今註】①黃父：晉地，一名黑壤，在今山西省沁水縣西南五十里。②則天之明：日月星辰是天的光明。③因地之性：高下剛柔是地的性。④生其六氣：指着陰陽風雨晦明而言。⑤用其五行：指金木水火土。⑥氣爲五味：指酸鹹辣苦甜。⑦發爲五色：指青黃紅白黑。⑧章爲五聲：指宮商角徵羽。⑨六畜：馬牛羊雞犬豕。⑩五牲：麇、鹿、麏、狼、兔。⑪三犧：祭天地宗廟所用的犧牲。⑫九文：即山、龍、華、蟲、藻、火、粉、米、黼黻。⑬六采：雜用天地四方的顏色即青同白，赤同黑，玄同黃。⑭五章以奉五色：青同赤叫文，赤同白叫做章，白與黑謂之黼，黑與青謂之黻。⑮二物：夫同婦分治內外，稱爲二物。⑯以象天明：表示跟天象一樣。⑰六氣：這全是稟於陰陽風雨晦明的氣。⑱六志：好、惡、喜、怒、哀、樂。⑲右師：就是樂大心。

【今譯】夏天，在黃父會盟，爲的計謀王室。趙鞅令諸侯的大夫們給王預備食糧，並預備戍守的人，說：「明天將使王回到王城」。游吉見到趙鞅，趙鞅問揖讓進退的禮節。游吉回答說：「這是儀祝，不是禮節。」趙鞅說：「什麼叫做禮呢？」他回答說：「我聽見先大夫子產說過：『禮是天的經，地的義，人民的行事，天地的經常，而人民以他爲法則。因爲有日月星辰就尊重天的明，因爲有高下剛柔就尊重地的性，生了陰陽風雨晦明的六氣，用金木水火土的五行，氣變成了酸鹹苦辣甜的五味，發作爲青黃赤白黑五種顏色，並變爲宮商角徵羽的五聲，淫亂就昏亂，人民丟掉他的本性，所以制定禮以崇奉本性。做爲馬牛羊雞犬豕六種畜牲，更爲麇鹿麏狼兔五牲，還有祭天地宗廟的三種犧牲，敬奉五味。變爲山龍華蟲藻火粉米黼黻等九文，還有六種采色，五種文章以敬奉五種采色，作成九歌八風七音六律以事奉五聲，作爲君臣上下，以仿效地義，作爲夫婦外內爲兩種事物，作爲父子，兄弟，姑姊，甥舅，昏媾，姻亞以表現天明，爲政事，庸力，行務以尊從四季的禮，爲刑罰威獄使人民害怕用以表示他的震曜殺戮，作爲溫慈惠和以仿效天的生殖長育，人民有好惡喜怒哀樂，這全是從六氣生出來的，所以能夠分別類項，以隨着好惡喜怒哀樂，哀有哭泣，歡樂有歌舞，喜歡有施舍，發怒有戰鬥。喜是由好生出來的，怒是由惡生出來的，所以審行爲，信號令，有禍福賞罰，以制定人民死生。生是好的事，死是不好的事，好的事是樂，壞事是哀，哀樂不失掉，就能合於天地的性，所以能夠長久。」趙鞅說：「禮的大有這麼厲害。」回答說：「禮是上下的綱紀，天地的經緯，民之所以生，所以先王很尊尚他。所以人能夠按着禮做的，叫做成人，大不也是應當的嗎？」趙鞅說：「我將終身遵守這句語」。宋國樂大心說：「我不送食糧，我在周是客人，爲什麼能使喚客人呢？」士景伯說：「自從踐土盟會以來，宋國那個會不參加，那個盟誓不加入？我們是以共同服恤王室爲目的，你怎麼能夠躲開呢？你受了君命來參加大事情，而宋國背棄盟誓，這不是不可以嗎？」樂大心不能夠回答，接受了供王室人粟數字的文件就退下。士景伯告訴趙鞅說：「宋國樂大心必定要逃亡，受着君命來出使，而欲背棄盟約，來干犯盟主，沒有再比這個不祥的。」

（四）

經 有鸜鵒來巢。

傳 有鸜鵒來巢①，書所無也，師己②曰：「異哉，吾聞文成之世③，童謠有之曰：『鸜之鵒之，公出辱之。鸜鵒之羽，公在外野，往饋之馬。鸜鵒跦跦，公在乾侯，徵褰與襦。鸜鵒之巢，遠哉遙遙，稠父喪勞，宋父以驕④。鸜鵒鸜鵒，往歌來哭⑤。』童謠有是，今鸜鵒來巢，其將及乎。」

【今註】 ①鸜谷來巢：鸜鵒是鳥名。來魯國做一個窩。②師己：魯大夫。③文成之世：阮刊十三經注疏本誤作文武之世，今據唐石經及四部叢刊影宋本，改作文成之世，即魯文公同魯成公的時代。④稠父喪勞，宋父以驕：稠父即昭公，死在國外，宋父是定公，代立爲魯君，所以說以驕。⑤往歌來哭：昭公活着逃出，所以說是往歌，死到外邊回來，所以說是來哭。

【今譯】 有鸜鵒鳥來魯國做一個窩，此鳥爲魯國所無，所以春秋加以記載。師己說：「這很怪的事，我聽說魯文公魯成公的時代，童謠中說：『鸜之鵒之，公若出去，就被羞辱。鸜鵒鳥振羽而飛，公在野地裏，去送給他一匹馬。鸜鵒鳥在那跳躍，公在乾侯地方久了，要褲子跟衣服，鸜鵒鳥的巢遠看很遙遠，稠父死在國外，宋父代立可以驕傲。鸜鵒鸜鵒啊，出去歌唱，回來就哭。』童謠既然如此，現在鸜鵒鳥來巢，恐怕禍將來了。」

（五）經 秋七月上辛大雩，季辛又雩。

傳 秋，書再雩，旱甚也①。

【今註】①旱甚也：因爲旱得非常厲害的原故。

【今譯】秋天，竹簡上寫着再次求雨典禮，這是旱得很厲害。

（六）經 九月己亥，公孫于齊，次于陽州，齊侯唁公于野井。

（七）經 冬十月戊辰叔孫婼卒。

傳 初，季公鳥①娶妻於齊鮑文子，生甲。公鳥死，季公亥②與公思展與公鳥之臣申夜姑相其室，及季姒③與饔人檀通，而懼，乃使其妾抶己以示秦遄之妻④曰：「公若欲使余，余不可而抶余。」又訴於公甫⑤曰：「展與夜姑將要余⑥。」秦姬以告公之⑦，公之與公甫告平子。平子拘展於卞而執夜姑，將殺之。公若泣而哀之曰：「殺是，是余殺也。」將爲之請，平子使豎勿內。日中不得請，有司逆命，公之使速殺之，故公若怨平子。季郈之雞鬬⑧，季氏介其雞⑨，郈氏爲之金距⑩。平子怒，益宮於郈氏，且讓之，故郈昭伯亦怨平子。臧昭伯⑪之從弟會，爲讒於臧氏而逃於季氏，臧氏執旃，平子怒，拘臧氏老。將禘於襄公，萬者二人⑫，其衆萬於季氏。臧孫曰：「此之謂不能庸先君之廟。」大夫遂怨平子。公若獻弓於公爲⑬，且與之出射於外而謀去季氏。公爲告公果、公賁⑭，公果、公賁使侍人僚柤告公，公寢，將以戈擊之，乃走。公曰：「

執之。」亦無命也。懼而不出，數月不見，公不怒。又使言，公執戈以懼之，乃走。又使言，公曰：「非小人之所及也⑮。」公果自言，公以告臧孫，臧孫以難⑯。告郈孫，郈孫以可勸。告子家懿伯⑰，懿伯曰：「讒人以君徼幸，事若不克，君受其名，不可爲也。舍民數世以求克事，不可必也。且政在焉，其難圖也。」公退之，辭曰：「臣與聞命矣。言若洩，臣不獲死。」乃館於公。叔孫昭子如闞⑱，公居於長府⑲。九月戊戌，伐季氏，殺公之于門，遂入之。平子登臺而請曰：「君不察臣之罪，使有司討臣以干戈，臣請待於沂上以察罪。」弗許，請囚于費，弗許，請以五乘亡，弗許。子家子曰：「君其許之，政自之出久矣，隱民多取食焉⑳，爲之徒者衆矣。日入慝作㉑，弗可知也。衆怒不可蓄也。蓄而弗治將蘊，蘊蓄民將生心，生心同求將合㉒，君必悔之。」弗聽。郈孫曰：「必殺之。」公使郈孫逆孟懿子㉓，叔孫氏之司馬鬷戾言於其衆曰：「若之何？」莫對。又曰：「我家臣也，不敢知國，凡有季氏與無於我孰利？」皆曰：「無季氏，是無叔孫氏也。」鬷戾曰：「然則救諸！」帥徒以往，陷西北隅以入，公徒釋甲執冰而踞，遂逐之㉔。孟氏使登西北隅以望，季氏見叔孫氏之旌，以告，孟氏執郈昭伯，殺之于南門之西，遂伐公徒。子家子曰：「諸臣僞劫君者，而負罪以出，君止。意如之事君也，不敢不改。」公曰：「余不忍也。」與臧孫如墓謀，遂行。己亥，公孫于齊，次于陽州㉕，齊侯將唁公于平陰㉖，公先至于野井㉗。齊侯曰：「寡人之罪也。」使有司待于平陰，為近故也。書曰：「公孫于齊，次于陽州，齊侯唁公于野井。」禮也。將求於人則先下之，禮之善物也。齊侯曰：「自莒疆以西，請致千社，以待君命。寡人將帥敝賦以從執事，唯命是聽。君之憂，寡人之憂也。」公喜。子家子曰：「天祿不再，天若胙君，不過周公，以魯足矣，失魯而以千社為臣，誰與之立？且齊君無信，不如早之晉。」弗從。臧昭伯率從者將盟，載書曰：「戮力壹心，好惡同之，信罪之有無㉘，繾綣從公，無通外內。」以公命示子家子，子家子曰：「如此吾不可以盟。羈也不佞，不能與二三子同心，而以為皆有罪㉙，或欲通外內，且欲去君，二三子好亡而惡定，焉可同也？陷君於難，罪孰大焉？通外內而去君，君將速入，弗通何為？而何守焉？」乃不與盟。昭子自闞歸，見平子。平子稽顙曰：「子若我何？」昭子曰：「人誰不死，子以逐君成名，子孫不忘，不亦傷乎？將若之何？」平子曰：「苟使意如得改事君，所謂生死而肉骨也。」昭子從公于齊，與公言，子家子命適公館者執之。公與昭子言於幄內曰：「將安眾而納公㉚。

」公徒將殺昭子，伏諸道，左師展告公，公使昭子自鑄歸。平子有異志㉛，冬十月辛酉，昭子齊於其寢，使祝宗祈死。戊辰卒。左師展㉜將以公乘馬而歸，公徒執之。

【今註】①季公鳥：是季平子的庶叔父。②季公亥：是季公鳥的弟弟，卽公若。③季姒：季公鳥的妻子。④秦遄之妻：秦遄是魯大夫。他的夫人是公鳥的妹妹秦姬。⑤公甫：季平子的弟弟。⑥展與夜姑將要余：展是公思展，夜姑是申夜姑，將對我有非禮舉動。⑦公之：季平子的弟弟。⑧季郈之雞鬬：季孫氏跟郈昭伯兩家住得很近，所養的雞互相鬬。⑨季氏介其雞：季氏給他的雞穿上盔甲。⑩郈氏爲之金距：金距是用銅作的雞爪。⑪昭伯：臧爲的兒子。⑫萬者二人：行萬舞的禮祇有兩個人。⑬公爲：昭公的兒子，公子務人。⑭公賁、公果：皆是公爲的弟弟。⑮非小人之所及也：這不是小人所能管的，意思稱僚相爲小人。⑯臧孫以難：臧孫覺得困難。⑰子家懿伯：子家羈，魯莊公的玄孫。⑱闞：今山東汶縣西南三十五里。⑲長府：官府名。⑳隱民多取食焉：窮困的人民都依靠着季孫氏來吃飯。㉑日入慝作：等着天黑了姦人將羣起幫助季氏。㉒生心同求將合：生心以後就同季氏聯合對魯君反叛。㉓孟懿子：仲孫何忌。㉔遂逐之：就逐公徒。㉕陽州：彙纂說：「在今山東省東平縣東北境。」㉖平陰：在今河南省孟津縣東一里。㉗野井：續山東考古錄說：「在長淸縣豐齊鎭東北，玉符水東岸。」㉘信罪之有無：表明是否有罪，在魯國不走者有罪，隨從昭公出奔的無罪。㉙以爲皆有罪：隨從者陷害昭公，居留者驅逐昭公都有罪。㉚將安衆而納公：將安靖衆人使昭公回去。㉛平子有異志：季平子不願意使昭公回來。㉜左師展：魯大夫。

【今譯】最早的時候，季公鳥從齊國的鮑文子娶了一個妻，生了兒子叫甲。後來公鳥死了，他的弟弟季公亥與公思展同公鳥的家臣申夜姑，管他的產業，後來季公鳥的妻季姒同她的厨子檀私通，害怕了，就使他的妾打她自己，而給公鳥的妹妹秦姬看，說：「公亥想非禮我，我不聽從，他就打我。」又告訴季孫意如的弟弟公甫說：「公思展與申夜姑將以非禮要求我。」秦姬告訴季孫意如另一個弟弟公之，公之與公甫告訴季孫意如。季孫意如就在卞的地方拘捕了公思展，又逮着夜姑，將殺他。季公亥哭着哀求說：「殺了夜姑，就等於殺了我。」將去告訴季孫意如，而季孫意如使他的傭人，不准他們進來。到了中午，還不得請求，派去殺夜姑的官吏不願接受命令，公之告訴他趕緊將他殺掉。所以季公亥對季孫意如很怨恨。季孫氏同郈孫氏住得很相近，他們的雞也常打架，季孫氏給雞穿上甲，郈孫氏給他雞帶上銅爪子。季孫意如就生氣了，他又想把房子擴充，佔據了郈氏的土地，並且責讓他，所以郈昭伯也怨恨季孫意如。臧昭伯的從弟臧會，與臧氏不歡而逃到季氏家中，臧氏前來逮他，季孫意如也發怒，把臧氏使者拘捕了。將在襄公廟行禘祭禮，萬舞的祇有兩個人，其餘的人全在季孫氏家裏萬舞。臧孫說：「這就所謂不能用禮在先君廟中。」大夫們對於季孫意如全有怨言，季公亥獻弓給昭公的兒子公爲，並且同他到郊外去射箭，並且研究去掉季孫氏，公爲將這件事告訴他弟弟公果，公賁，公果公賁叫昭公的侍人僚柤告訴昭公，那時候，昭公方寢，將拿槍來打他，他就逃走了。昭公雖然嘴裏說把他逮起來，但是也沒有命令，僚柤害怕，不敢出來，幾個月的功夫也不見面，昭公也不發怒。公果、公賁又派他去說，昭公拿着槍嚇唬他，就逃走了。又叫他說，昭公說：「這不是僚柤小人所能說的。」公果自己去說，昭公告訴臧孫，臧孫回答說這件事很難達到。告訴郈孫，郈孫勸他可以這樣辦。告訴子家羈，子家羈說：「他們這種壞人，拿你來徼幸，事情若不能成功，你受到惡名，這不可以這樣做。丟了人民已經好幾代了，還想成功，這是不可以必然的。並且政權在他的手裏，這件事很難解。」昭公叫他走開。他辭謝說：「我已經聽見命令了。若把話洩漏，我就得不到好死」。就住到公的家裏。這時，叔孫婼到闞去，昭公住到長府的官署中，九月戊戌，攻打季氏，在門口殺掉公之，遂進了他的門。季孫意如登到台上請求說：「君不察我的罪狀，使官吏們用軍隊來討伐我，我請到沂水上去等候你察明罪狀。」昭公不答應，又請求在費這地方囚禁，也不允許，請用五乘的車逃亡，也不允許。子家羈說：「你不如允許他，政權久已歸他管理，窮困的人民全到他那裏去吃飯，他的黨徒很多，等到太陽落了，奸人全都起來，那時的情勢，現在不可能知道。季氏人很衆多，他們的忿怒也不可使他留在心中。留着而不加化解，將積在一塊，積雜在一塊，人民必將生異心，生了異心，同季孫氏一同想反叛的人必將合在一塊，那時你一定後悔的。」昭公不聽。郈孫氏說：「必定把他殺掉。」昭公使郈孫迎接仲孫何忌，叔孫氏的司馬鬷戾對叔孫氏的家衆說：「怎麼辦呢？」沒有人回答。又說：「我祇是家臣，不敢知道國家政權，凡有季孫氏或沒有季孫氏，那一種對我們有利？」全部回答說：「沒有季孫氏，就等於沒有叔孫氏啊！」鬷戾聽見就說：「那麼我們就去救他吧！」率他的軍隊去救，從昭公圍着的軍的西北角上陷了進去，昭公的軍隊全解除甲冑，踞坐在箭筩上休息，就把昭公軍隊驅逐走了。孟孫氏派人上到西北角上去向裏看，季氏見到叔孫氏的旌旗，告訴給孟孫氏，孟孫氏就把郈昭伯在南門的西邊殺掉，遂伐昭公的軍隊。子家羈說：「羣臣假作劫持君，並且負罪逃去，君也就可以不必出去了。意如對於君的事奉，不敢不更改。」昭公說：「我不忍這樣做。」跟臧孫到魯君的墳地計謀，就出走了。己亥這天，昭公就逃到齊國，到了陽州這地方，齊侯將弔唁昭公在平陰。昭公先到野井去。齊侯說：「這是我的過錯。」使他的官吏在平陰等待，爲的是近的原故。春秋上寫着說：「公孫于齊，次于陽州，齊侯唁公于野井。」這是合於禮的。將求人家，必先降下，這是合乎禮的善事。齊侯說：「自莒國彊界的西邊，我送給你千社，等着你的命令。我將率領我的軍隊隨從着你，唯從你的命令是聽。你的憂愁，也是寡人的憂愁。」昭公很高興。子家羈說：「天的降祿不能再有，天若給你國家，不能超過周公，魯國就夠了，丢掉魯國而拿到千社做人家的臣屬，誰跟你立在一塊呢？並且齊君沒有信實，不如早到晉國去。」昭公不聽。臧昭伯率領隨從的人，將共同盟誓，盟書上說：「盡力壹心，好惡全相同，表明自己有罪無罪，不離開魯公，不要通內外的話。」拿昭公的命令給子家羈看，子家羈說：「這個樣子我不可以加入盟誓，我不好，不能同你們同心，而全以爲有罪，或者有人想通外內的話，並且想離開魯君，你們是喜歡逃亡，而不喜歡安定，這怎麼能夠相同，把君陷在禍難裏，這罪沒有再大的，通外內的話而離開君，君可以早回國，爲什麼不通呢？又何必看守着君呢？」就不加入盟誓。叔孫婼從闞回來，見了季孫意如。季孫意如叩頭說：「你對我怎辦呢？」叔孫婼說：「誰能不死，你以前逐君出了名，子孫全不能忘記，這不也是可憐的嗎？我又對你有什麼辦法？」季孫意如說：「假設使我改樣子事奉君，這就是所謂使死者復生而使白骨長出肉來。」叔孫婼到齊國去看昭公，跟公談話，子家羈把所去的人全都逮起來。昭公跟叔孫婼在帳子裏說：「將回去安衆人，而使昭公回國。」公的徒衆將殺叔孫婼，在道旁埋伏，左師展告訴昭公，昭公叫叔孫婼改從鑄回國。季孫意如改了主意，冬十月辛酉，叔孫婼在他寢室裏齋戒，使他的祝宗要求天准他死，戊辰就死了。左師展想和昭公乘馬回國，昭公徒衆把他逮捕起來。

（八）傳 壬申，尹文公涉于鞏，焚東訾，弗克。

【今譯】壬申，子朝黨尹文公在鞏這地方渡過洛水，燒敬王的邑東訾，但是沒能夠成功。

（九）經 十有一月己亥，宋公佐卒于曲棘。

傳 十一月，宋元公將爲公故如晉，夢大子欒即位於廟，己與平公①服而相之。旦召六卿，公曰：「寡人不佞，不能事父兄，以爲二三子憂，寡人之罪也。若以羣子之靈，獲保首領以歿，唯是楄柎所以藉幹者，請無及先君。」仲幾對曰：「君若以社稷之故私降暱宴，羣臣弗敢知。若夫宋國之法，死生之度，先君有命矣，羣臣以死守之，弗敢失隊。臣之失職，常刑不赦，臣不忍其死，君命祇辱。」宋公遂行，己亥卒于曲棘②。

【今註】①平公：元公的父親。　②曲棘：方輿紀要說：「外黃城在今河南杞縣東北六十里。」

【今譯】十一月，宋元公將爲魯昭公的緣故到晉國去，夢見太子欒在廟裏卽位，他自己跟他父親平公穿着君服給他相禮。早晨就召見了宋國的六卿，宋元公就對他們說：「我沒有本領，不能夠事奉本家的父兄，使你們大家發愁，這是寡人的罪狀，要是藉着你們諸位的靈爽，能夠病死，但是棺中擺骨頭的床，不要比同先君那麼好。」仲幾同答說：「你要是因為國家的緣故，將音樂飲食的事情減下，我們大家就不敢批評。要是講宋國的法律，死生的制度，先君已經有命令，羣臣拚命來看守，不敢失落。為人臣的丟掉職守，常刑也不能赦免，我不是怕死，但是君的命令我也不能遵從。」宋公就走了，己亥這天，到了曲棘就死了。

（十）經 十有二月齊侯取鄆。

傳 十二月庚辰，齊侯圍鄆①。

【今註】 ①鄆：魯地。此為西鄆，在今山東鄆城縣。

【今譯】 十二月庚辰，齊侯圍了魯國鄆這地方。

（十一）傳 初，臧昭伯如晉，臧會竊其寶龜僂句①，以卜為信與僭②，僭吉。臧氏老將如晉問，會請往。昭伯問家故，盡對，及內子與母弟叔孫，則不對，再三問不對。歸及郊，會逆，問又如初。至次於外而察之，皆無之，執而戮之，逸奔郈，郈魴假使為賈正③焉。計於季氏，臧氏使五人以戈楯伏諸桐汝之閭，會出逐之，反奔，執諸季氏中門之外。平子怒曰：「何故以兵入吾門？」拘臧氏老。季臧有惡，及昭伯從公，平子立臧會。會曰：「僂句不余欺也。」

【今註】 ①僂句：龜所出的地名。 ②僭：不信。 ③賈正：管貨物的官。

【今譯】 最早的時候，臧昭伯到晉國去，臧會把他的僂句寶龜偷走，去占卜，信實同不信實，那一種吉祥，不信很吉祥。臧氏家老將到晉國去問昭伯的起居，臧會就要求替他去。昭伯問他家裏的事，全都回答，問到他的夫人同母弟叔孫，就不回答，再三的問，仍舊不回答。昭伯回來到了郊外，臧會去迎接他，仍舊問他，他又不回答。後來回到家，停留在家門外考察，全都沒有這回事，想把他逮起來殺了，他就逃到郈的地方，郈使他做管市面上的官吏，後來他又送計簿到季孫氏家中，臧氏派了五個人，拿着槍同楯牌，埋伏到桐汝這個里的門口，等會出來，就追逐他，他就奔回到季氏家中，臧氏就把他在季氏中門的外面逮捕着。季孫意如生氣說：「爲什麼拿兵器到我家中？」就把臧氏家老拘捕了。季氏臧氏相怨惡，到了臧昭伯隨着魯昭公逃走，季孫意如就立了臧會。臧會就說：「僂句龜眞的不欺騙我。」

(十二)傳 楚子使薳射城州屈，復茄人①焉，城丘皇，遷訾人②焉，使熊相禖郭巢，季然郭卷③。子大叔聞之曰：「楚王將死矣，使民不安其土，民必憂，憂將及王，弗能久矣。」

【今註】 ①茄人：疑在懷遠縣境。 ②訾：在今河南信陽縣西北。 ③卷：方輿紀要說：「河南葉縣西南有卷城」。

【今譯】 楚平王叫薳射修州屈這個城，使茄人回去住，修丘皇這個城，使訾人回去住，使熊相禖修巢城的外郭，季然修卷城的外郭。游吉聽見了就說：「楚平王將死了，使人民在土地上不能安居，人民必定憂愁，這愁將到了王，必不能長久了。」

昭公二十有六年（公元前五百一十六年）

(一)傳 春王正月庚申，齊侯取鄆。

【今譯】二十六年春王正月庚申，齊侯佔據了鄆城。

（二）經 葬宋元公。

傳 葬宋元公如先君，禮也。

【今譯】宋國舉行宋元公的葬禮，與宋國先君的葬禮相同，這是合於禮的。

（三）經 三月公至自齊，居于鄆。

（四）經 夏，公圍成。

傳 三月，公至自齊處于鄆，言魯地也。夏，齊侯將納公，命無受魯貨。申豐從女賈，以幣錦二兩①，縛一如瑱②，適齊師，謂子猶之人高齮：「能貨子猶，爲高氏後，粟五千庾③。」高齮以錦示子猶，子猶欲之。齮曰：「魯人買之，百兩一布，以道之不通，先入幣財。」子猶受之，言於齊侯曰：「羣臣不盡力于魯君者，非不能事君也，然據有異焉④。宋元公爲魯君如晉，卒於曲棘。叔孫昭子求納其君，無疾而死。不知天之弃魯耶？抑魯君有罪於鬼神，故及此也。君若待于曲棘，使羣臣從魯君以卜焉，若可，師有濟也，君而繼之，茲無敵矣。若其無成，君無辱焉。」齊侯從之，使公子鉏⑤帥師從公。成大夫公孫朝謂平子曰：「有都以衞國也，請我受師。」許之，請納質，弗許，曰：「信女足矣！」告於齊師曰：「孟氏魯之敝室也，用成已甚，弗能忍也，請息肩于齊。」齊師圍成。成人伐齊師之飲馬于淄者曰：「將以厭衆。」魯成備而後告曰：「不勝衆⑥。」師及齊師戰于炊鼻⑦，齊子淵捷從洩聲子⑧，射之中楯瓦⑨，繇朐汰輈七入者三寸⑩，聲子射其馬斬鞅殪，改駕，人以爲鬷戾也⑪而助之。子車⑫曰：「齊人也。」將擊子車，子車射之殪。其御曰：「又之。」子車曰：「衆可懼也。而不可怒也。」子囊帶從野洩叱之⑬，洩曰：「軍無私怒，報乃私也，將亢子。」又叱之⑭，亦叱之⑮。冉豎⑯射陳武子中手，失弓而罵⑰。以告平子曰：「有君子白皙，鬒鬚眉，甚口⑱。」平子曰：「必子彊⑲也，無乃亢諸！」對曰：「謂之君子，何敢亢之。」林雍羞爲顏鳴右，下⑳，苑何忌㉑取其耳，顏鳴去之。苑子之御曰：「視下顧㉒。」苑子剬林雍，斷其足，鑋㉓而乘於他車以歸。顏鳴三入齊師，呼曰：「林雍乘。」

【今註】①以幣錦二兩：錦作的幣兩匹。②縛一如瑱：瑱是充耳。卷得如充耳大小，容易藏在懷中。③能貨子猶，爲高氏後，粟五千庾：子猶即梁丘據。若能把此貨送給梁丘據，當爲你請求作高氏的後人，並且另外送給粟五千庾。④然據有異焉：我梁丘據也很以爲古怪。⑤公子鉏：齊大夫。⑥不勝衆：意思告訴齊國說成邑不肯投降，我沒有力量抵抗成的人多。⑦炊鼻：當在今山東省寧陽縣境。⑧洩聲子：魯大夫。⑨射之中楯瓦：射他中到籐牌的上面。⑩繇朐汰輈匕入者三寸：經過車的轅上面，箭頭射進籐牌上三寸。⑪人以爲鬷戾也：人是魯人。以爲是叔孫氏的司馬鬷戾。⑫子車：即淵捷。⑬子囊帶從野洩叱之：子囊帶是齊大夫，野洩即聲子。⑭又叱之：又罵他。⑮亦叱之：野洩也回聲罵囊帶。⑯冉豎：季孫氏的家臣。⑰失弓而罵：武子丟掉弓就罵。⑱有君子白皙，鬒鬚眉，甚口：有一個人皮膚甚白，鬚眉全很濃，甚口是嘴很大。⑲子彊：就是陳武子的號。⑳林雍羞爲顏鳴右，下：林雍做顏鳴的車右以爲羞恥，所以下車來打仗。㉑苑何忌：是齊大夫。㉒視下顧：眼看着下邊，意思是說斬他的脚。㉓鑋：音（ㄑㄧㄥˋ）。用一條腿跳。

【今譯】三月，魯昭公從齊國囘來，住在鄆這地方，這種說法，是表示這是魯國的地方。夏天，齊侯將使昭公囘到魯國的都城，命令不要受季孫氏的貨幣。季孫氏的家臣申豐隨着女賈，拿着錦幣兩匹，綣小如同一耳塞子，到齊國軍隊裏，對梁丘據的家臣高齮說：「你若能夠把這個錦送給梁丘據，就爲你請求立你爲高氏的後人，並送你糧食五千庾。」高齮把這匹錦給梁丘據看，梁丘據很想着要，高齮就說：「魯人買這種，一百匹爲數量，因爲道路的不通，先拿這些來。」梁丘據接受了，對齊侯說：「群臣對魯君的不盡力，不是不能對你君事奉，但是我覺得奇怪。宋元公因爲魯君的緣故到晉國去，死在曲棘這地方，叔孫婼使魯昭公囘國，沒病就死了。不知道是天不要魯國，或者是魯昭公對鬼神有罪，所以到了這步田地。你若在曲棘等候，使群臣們隨從着魯君去占卜，若可以打勝仗，你就繼續着前進。要不然，你又何必管這件事呢？」齊侯聽他的話。就派了公子鉏率領着軍隊，隨從着魯昭公。成邑的大夫公孫朝對季孫意如說：「有都邑是爲的保護國家的，請讓我抵抗齊國軍隊。」答應他，請納人質，季孫意如不答應，說：「信你的話就夠了。」公孫朝使詐告訴齊國軍隊說：「孟孫氏是魯國的壞人家，他使用成邑的人力物力已經很厲害，我們不能忍受，請到齊國來休息。」齊國軍隊就圍了成邑。成邑的人去討伐在淄這地方給馬喝水的齊國軍隊，騙他們說：「假裝討伐，使成人不知我們已降。」魯國成邑預備好了然後對齊軍說：「成的人不肯降，我也沒方法能勝他們。」季孫氏的軍隊及齊軍在炊鼻這地方打仗，齊大夫淵捷跟從魯大夫聲子，用箭來射他，中了他的楯牌上，經過他的車軸箭射入楯牌上三寸深，聲子射他的馬，斷了鞅，馬死了，換了一輛車，魯人們以爲是叔孫的司馬鬷戾而幫助他，淵捷說：「齊國人啊！」將射淵捷，淵捷射他，他死了。淵捷的趕車人說：「再射旁人。」淵捷說：「可以使衆人害怕，但不可使他發怒。」齊大夫子囊帶追着聲子罵他，聲子說：「軍隊裏沒有私怒，要報復你，就是私心，將抵抗你。」囊帶又罵他，聲子也囘罵他。季氏家臣冉豎射齊國的陳武子傷了他的手，武子丟掉弓就罵他。冉豎告訴季孫意如說：「有位君子，皮膚很白，鬚眉皆甚濃，大嘴。」季孫意如說：「這必定是陳武子，何不抵抗他。」回答說：「已經稱他做君子了，何敢再抵抗他。」林雍做顏鳴的車右，以為羞恥，就下車來作戰，苑何忌割下林雍的耳朵，顏鳴看見了就躲開了，苑何忌趕車人說：「你不往下看。」苑何忌就把林雍的腳斬斷了，他一條腿跳着，坐了旁的車子回去了。顏鳴三次進入齊國軍隊，大喊說：「林雍上來坐吧！」

（五）傳 四月，單子如晉告急。五月戊午，劉人敗王城之師于尸氏①。戊辰，王城人劉人戰于施谷②，劉師敗績。

【今註】①尸氏：方輿紀要說：「尸氏在今河南偃師縣西三十里，郎子朝據王城，劉人則王城之師於尸氏是也。」②施谷：方輿紀要說：「大谷關在洛陽縣東南大谷口。自偃師鞏縣至轘轅山，置有入關云。又潁陽在今登封偃師伊川三縣交界處。

【今譯】四月，單旗到晉國去告急。五月戊午，劉蚠的軍隊敗王子朝的軍隊在尸氏這裏。戊辰，王城的人同劉蚠的人在施谷打仗，劉蚠的軍隊打敗了。

（六）經 秋，公會齊侯、莒子、邾子、杞伯盟于鄟陵。

傳 秋，盟于鄟陵①，謀納公也。

【今註】①鄟陵：在今沂水東北七十里，東鄆之東北。

【今譯】秋天，在鄟陵盟會，這是齊侯想使魯昭公回魯國都城。

（七）經 公至自會居于鄆①。

【今註】①此經無傳。

【今譯】 魯昭公從開會回來，住到鄆城。

（八）傳 七月己巳，劉子以王出。庚午，次于渠①。王城人焚劉。丙子，王宿于褚氏②。丁丑，王次于萑谷③。庚辰，王入于胥靡④。辛巳，王次于滑⑤。晉知躒趙鞅帥師納王，使汝寬⑥守闕塞⑦。

【今註】 ①渠：彙纂說：「即周陽渠，在王城東北，開渠引洛水，名曰陽渠。在今河南洛陽縣。劉澄之永初記：言城西有陽渠，周公制之是也。亦謂之九曲瀆。」 ②褚氏：今洛陽縣東南，有褚氏聚。 ③萑谷：彙纂說：「後漢書孫堅進軍大谷，距洛九十里，其谷連亘至潁陽縣，何進設八關，大谷其一也。周之施谷，萑谷，其支徑耳。」 ④胥靡：彙纂說：「今河南偃師縣東四十里，有胥靡城。」 ⑤滑：原本鄭地，後入周，在河南偃師縣。 ⑥汝寬：晉大夫。 ⑦闕塞：河南府志說：「闕塞山一稱伊闕，一作闕塞，在今洛陽城西南二十五里，山之東有香山，西有龍門山。」

【今譯】 七月己巳，劉盆領着敬王逃出。庚午，到渠這地方。王城的人把劉盆的封邑燒掉。丙子，敬王就住到褚氏。丁丑，敬王住到萑谷。庚辰，敬王進到胥靡。辛巳，王到了滑這地方。晉國知躒，趙鞅率領軍隊，使王回國，叫汝寬守在闕塞這地方。

（九）經 九月庚申，楚子居卒。

傳 九月楚平王卒。令尹子常欲立子西①，曰：「大子壬②弱，其母非適也。王子建實聘之。子西長而好善，立長則順，建善則治，王順國治，可不務乎？」子西怒曰：「是亂國而惡君王也，國有外援③，不可瀆也。王有適嗣，不可亂也。敗親速讎，亂嗣不祥，我受其名，賂吾以天下，吾滋不從也，楚國何爲？必殺令尹。」令尹懼，乃立昭王。

【今註】①子西：平王的長庶子。　②大子壬：楚昭王。　③外援：指秦國。

【今譯】九月，楚平王死了。令尹子常想立平王的長庶子子西爲楚王，他說：「太子壬太年輕，他的母親也不是嫡夫人。太子建先聘了他。子西年長而喜歡善行，立了長子是很順的，建了善行則能夠治，王立了很順，國家能治理，這不可以辦嗎？」子西發怒說：「這是亂國家而壞君王的名譽，國家有秦國作外援，不可以怠慢他，王有嫡的後人不可以亂，使親人失敗，而使敵人來得快，亂了嗣人是不祥瑞的，我不受這種惡名，把天下來賄賂我，我更不可聽從，我要楚國幹嗎？必定殺掉令尹。」令尹害怕，就立了昭王。

（十）經　冬十月天王入于成周，尹氏、召伯、毛伯以王子朝奔楚。

傳　冬十月丙申，王起師于滑。辛丑在郊①，遂次于尸。十一月辛酉，晉師克鞏，召伯盈逐王子朝②，王子朝及召氏之族，毛伯得，尹氏固，南宮嚚奉周之典籍以奔楚，陰忌奔莒以叛③，召伯逆王于尸，及劉子單子盟，遂軍圉澤，次于隄上④。癸酉，王入于成周。甲戌，盟于襄宮⑤，晉師成公般⑥戍周而還。十二月癸未，王入于莊宮⑦。王子朝使告于諸侯曰：「昔武王克殷，成王靖四方，康王息民，並建母弟以蕃屏周，亦曰吾無專享文武之功，且爲後人之迷敗傾覆，而溺入于難，則振救之。至于夷王，王愆于厥身⑧，諸侯莫不並走其望，以祈王身。至于厲王，王心戾虐，萬民弗忍，居王于彘，諸侯釋位以間王政，宣王有志而後效官。至于幽王，天不弔周，王昏不若，用愆厥位⑨，攜王⑩奸命，諸侯替之，而建王嗣，用遷郟鄏。則是兄弟之能用力於王室也。至于惠王，天不靖周，生頹禍心，施于叔帶，惠襄辟難，越去王都，則有晉鄭，咸黜不端，以綏定王家，則是兄弟之能率先王之命也。在定王六年，秦人降妖⑪曰：『周其有頿王，亦克能脩其職，諸侯服享，二世共職⑫，王室其有間王位，諸侯不圖，而受其亂災。』至于靈王，生而有頿，王甚神聖，無惡於諸侯，靈王景王⑬克終其世。今王室亂，單旗、劉狄⑭剝亂天下，壹行不若，謂先王何常之有，唯余心所命，其誰敢討之。帥羣不弔之人，以行亂于王室，侵欲無厭，規求無度，貫瀆鬼神，慢弃刑法，倍奸齊盟，傲很威儀，矯誣先王。晉爲不道，是攝是贊，思肆其罔極。茲不穀震盪播越，竄在荆蠻，未有攸底。若我一二兄弟甥舅獎順天法，無助狡猾，以從先王之命，毋速天罰，赦圖不穀⑮，則所願也，敢盡布其腹心，及先王之經，而諸侯實深圖之。昔先王之命曰：『王后無適，則擇立長，年鈞以德，德鈞以卜，王不立愛，公卿無私，古之制也。』穆后及大子壽早夭即世，單劉贊私立少，以間先王，亦唯伯仲叔季圖之。

「閔馬父聞子朝之辭曰：「文辭以行禮也，子朝干景之命，遠晉之大，以專其志，無禮甚矣，文辭何爲？」」

【今註】①郊：在今河南省鞏縣西南。②召伯盈逐王子朝：召伯盈本來是子朝一黨，因爲晉國軍隊已經攻下鞏這地方，所以他就知道子朝不能成功，就驅逐王子朝而改迎接敬王。③陰忌奔莒以叛：陰忌是子朝一黨，逃奔到莒地對敬王反叛。莒在今河南伊川縣南。④隄上：應在圉澤附近。⑤襄宮：周襄王的廟。⑥成公般：晉大夫。⑦莊宮：周莊王的廟在王城。⑧王愆于厥身：愆是身有惡疾。⑨用愆厥位：王昏迷不順，所以失掉他的位子。⑩攜王：是幽王的少子伯服。⑪秦人降妖：秦人降下妖言。⑫二世共職：指着靈王同景王都謹於職守。⑬靈王景王：景王是靈王的兒子。⑭劉狄：就是劉蚠。⑮赦圖不穀：赦我的憂慮而救我的患難。不穀，君王自稱。

【今譯】多天十月丙申，周敬王在滑這地方發起軍隊，辛丑，到了王子朝所佔領郊的地方，接着到了尸這地方。十一月辛酉，晉國軍隊克了鞏縣，召伯盈本是王子朝的黨羽，現在看見晉國軍隊佔領了鞏，知道王子朝不能成功，就把他驅逐出走，而迎接周敬王回來。王子朝同召氏的族人毛伯得、尹氏固、南宮嚚拿着周的典籍逃到楚國去，王子朝的黨羽陰忌逃到莒的地方反叛了，召伯盈就去迎接敬王在尸這地方，並同劉蚠單旗盟誓，在圉澤整頓軍隊，並且到了隄上。癸酉，敬王進入成周。甲戌這天，在襄王的廟裏盟誓，晉國軍隊留下晉大夫成公般戍守周國就回到晉國去了。十二月癸未，敬王進入了王城莊王的廟裏。王子朝叫人告訴諸侯們說：「從前武王勝了殷國，成王安定四方，康王安息人民，他們全都封建母弟，做周室的屏蕃，並且說我不要專享受文王武王的成功。並且爲後人的迷敗傾覆到了困難時，就去拯救。到了夷王，王的身體惡疾，諸侯們沒有一個不去禱告他的神，以保障王的身體。到了他的兒子厲王，王的心很戾虐，人民忍受不了，叫王住到彘這地方，諸侯們各離開他的位置，以保護王的政治，宣王年長有志向以後，然後才交還政權，到了他兒子幽王，天不保佑周國，王昏迷的沒有辦法，就失掉他的王位，他的少子伯服，奸了天命，諸侯把他廢了，而重新把平王找同來，就東遷到洛陽，這可以證明兄弟們能用力保護王室。到了惠王，天不安靖周室，生了王子頹藏有禍心，禍連叔帶。惠王同襄王躲避禍難，離開王都城，就有晉國同鄭國全都幫助黜去不端正的人，用以安定王室，這就是兄弟各國能夠尊重先王的命令。在定王六年，秦人降下妖言說：『周將來有個有鬍子的王，也能夠修明他的職務，諸侯全聽從他，靈王景王二世都謹於職守，王室裏恐怕有人妄想求得王位，諸侯不明白，而受他的亂災。』到了靈王，生的時候就有鬍子，他很神聖，對諸侯們沒有做壞事，靈王景王都能善終的去世。現在王室混亂，單旗同劉蚠亂了天下，專行不順的事，他們說先王有什麼常法，應該照我心裏所想的，誰還能夠討伐我呢？率着一群不好的人，在王室裏行亂，追求欲望永遠沒有厭足的時候，所求也沒有限制，變化鬼神的典章，慢棄了刑法，背叛了王室，傲慢了威儀，說周景王的壞話，晉國不道德，就幫助他，不知到那裏爲止。現在我受到遷徙，逃到楚國，不知到什麼程度，若是我一二兄弟甥舅國家，順着天法，不幫助狡猾，尊從着天命，不至於得到天的處罰，赦去我的憂愁，而救我的患難，這就是我所願意的，敢對你們宣布我心裏所想的，同先王的經常，希望你們細想想。從前先王的命令說：『王后沒有嫡子，就立年長的，年紀若相同就以德性來論，德行若相同，就用占卜，王也不立愛的兒子，公卿們全沒有私心，這是古代的制度。』穆后及太子壽都死了，單旗劉蚠用私心立年輕的，以違背先王的常制，也請諸侯們細想想。」魯國的閔馬父聽見子朝所說的話，就說：「文辭是用來行禮的，子朝違背周景王的命令，遠了晉國的大權，專門用他的思想，他的無禮太厲害了，文辭有什麼用呢？」

(十一)**傳**齊有彗星，齊侯使禳之。晏子曰：「無益也，祇取誣焉。天道不謟①，不貳其命，若之何禳之？且天之有彗也，以除穢也，君無穢德，又何禳焉？若德之穢，禳之何損？詩曰：『惟此文王，小心翼翼，昭事上帝，聿懷多福，厥德不回，以受方國②。』君無違德，方國將至，何患於彗？詩曰：『我無所監，夏后及商，用亂之故，民卒流亡

③。』若德回亂，民將流亡，祝史之爲，無能補也。」公說乃止。齊侯與晏子坐于路寢，公歎曰：「美哉室，其誰有此乎？」晏子曰：「敢問何謂也？」公曰：「吾以爲在德。」對曰：「如君之言，其陳氏乎！陳氏雖無大德，而有施於民，豆、區、釜、鍾之數，其取之公也薄④，其施之民也厚⑤。公厚歛焉，陳氏厚施焉，民歸之矣。詩曰：『雖無德與女，式歌且舞⑥。』陳氏之施，民歌舞之矣，後世若少惰，陳氏而不亡，則國其國也已。」公曰：「善哉，是可若何？」對曰：「唯禮可以已之。在禮，家施不及國，民不遷，農不移，工賈不變，士不濫，官不滔，大夫不收公利。」公曰：「善哉！我不能矣。吾今而後知禮之可以爲國也。」對曰：「禮之可以爲國也久矣，與天地並⑦。君令，臣共、父慈、子孝、兄愛、弟敬、夫和、妻柔、姑慈、婦聽，禮也。君令而不違，臣共而不貳，父慈而教，子孝而箴，兄愛而友，弟敬而順，夫和而義，妻柔而正，姑慈而從，婦聽而婉，禮之善物也。」公曰：「善哉！寡人今而後聞此，禮之上也。」對曰：「先王所稟於天地，以爲其民也，是以先王上之⑧。」

【今註】　①天道不諂：天道是不可以被疑惑的。　②惟此文王，小心翼翼，昭事上帝，聿懷多福，厥德不回，以受方國：這是詩經大雅的一句詩，意思是說周文王能小心的恭敬，事奉上帝，專門爲的得到多福，不違背德性，所以四方的邦國全都歸順他。　③我無所監，夏后及商，用亂之故，民卒流亡：這是一首逸詩，意思是說我所監戒的是夏朝同商朝，因爲亂的原故，人民全都逃亡。④其取之公也薄：他是以公量來收取。⑤其施之民也厚：指着陳氏用私量來借貸。⑥雖無德與女，式歌且舞：這是詩經小雅的一句詩，意思說雖沒有德性給你，但是能叫你高興的，歌唱並舞蹈。⑦與天地並：禮同天地並立。⑧是以先王上之：所以先王全以禮爲最上。

【今譯】齊國有彗星出現，齊侯派人舉行禳祭，去除災害，晏子說：「這沒有用，祇是欺騙人的，天道是不使人疑惑的，天命不能有兩種，爲什麼還去除禳他。並且天上有彗星，是爲除去穢氣，你沒有穢的德行，又何必去禳除呢？如果你有穢德，舉行禳祭禱告也沒有什麼好處。詩經大雅說：『這位文王，非常小心的來事奉上帝，以得到很多的福氣，他沒有違德之行，就可以得到四方國家的來歸。』你若沒有違德之行，方國全要來歸你，又何必怕彗星呢？逸詩中說過：『我所以爲監戒的，是在夏同商，因爲亂的原故，人民全都散了。』要是違德亂行，人民將逃亡，祝史的禱告，沒有用處。」齊侯高興了就不禳除。齊侯同晏嬰坐到路寢上，公歎着說：「這屋子很美麗，誰將有這屋子？」晏嬰說：「請問這句話怎麼講？」公說：「我以爲在德。」回答說：「若照你所說，恐怕是陳氏所有；陳氏雖沒有大德性，但對人民很有施捨，豆、區、釜鍾的數目，他取人民很少，而施捨給人民很多，你上的稅很多，陳氏施捨的很多，人民全歸到他那兒去了。詩經小雅說：『雖然沒有德行給你們，你們也能很高興的載歌且舞。』陳氏的施與，人民已對他歌舞，你的後代若稍懈惰，陳氏而不逃亡，那麼國家就是他的國家了。」公就說：「這很對，那麼怎麼辦呢？」回答說：「唯獨禮可以勝他。論禮，大夫之家的施捨，不會施給國家，人民也不會搬家，農人不會改職業，工人商人不變化，士人不失掉職掌，官不怠慢，大夫們不私占公家的利益。」齊侯說：「這很好，但是我不能夠。今後我方才知道禮可以守國家。」晏嬰說：「禮的守國已經很久了，他跟天地並立。君下令，臣恭敬，父慈，兒子孝，兄愛弟，弟敬兄，丈夫和順，妻柔和，婆婆慈悲，兒婦們聽從，這全是合於禮的。君下令而不違背，臣恭敬而沒有二心，父親慈祥而教訓兒子，兒子孝順而諫箴父親的過失，哥哥親愛而友，弟弟恭敬而順從，丈夫和順而合義，妻子柔和而合於正，婆婆慈悲而不自專，兒婦聽從而婉順，這全是禮的善事。」齊侯說：「這是很好的，寡人現在才知道，這是禮的最上。」晏嬰說：「這是先王受到天地，而保護他的人民，所以先王以禮爲最上。」

卷二十七　昭公七

昭公二十有七年（公元前五百一十五年）

（一）經公如齊。公至自齊居于鄆。

傳春，公如齊。公至自齊，處于鄆，言在外也①。

【今註】①言在外也：意思表示在魯國都城以外。

【今譯】二十七年春，魯昭公到齊國去。後又從齊國回來，居住在西鄆，意思是說他不在魯國都城裏。

（二）經夏，四月吳弒其君僚。

傳吳子欲因楚喪而伐之，使公子掩餘、公子燭庸①帥師圍潛②，使延州來季子聘于上國，遂聘于晉以觀諸侯。楚莠尹然，工尹麇③，帥師救潛，左司馬沈尹戌帥都君子與王馬之屬以濟師④，與吳師遇于窮⑤，令尹子常以舟師及沙汭⑥而還，左尹郤宛工尹壽帥師至于潛，吳師不能退⑦。吳公子光曰：「此時也，弗可失也。」告鱄設諸曰：「上國有言曰：『不索何獲？』我王嗣也⑧，吾欲求之，事若克，季子雖至，不吾廢也。」鱄設諸曰：「王可弒也，母老子弱，是無若我何⑨。」光曰：「我爾身也！」夏四月，光伏甲於堀室而享王，王使甲坐於道及其門⑩，門階戶席皆王親也，夾之以鈹⑪，羞者獻體，改服於門外，執羞者坐行⑫而入，執鈹者夾承之，及體以相授也。光僞足疾入于堀室。鱄設諸寘劍於魚中以進，抽劍刺王，鈹交於胷，遂弒王。闔廬⑬以其子爲卿。季子至曰：「苟先君無廢祀，民人無廢主，社稷有奉，國家無傾，乃吾君也。吾誰敢怨？哀死事生，以待天命。非我生亂，立者從之，先人之道也。」復命哭墓⑭，復位而待。吳公子掩餘奔徐，公子燭庸奔鍾吾⑮，楚師聞吳亂而還。

【今註】　①公子掩餘、公子燭庸：他們兩人全是吳王僚的母弟。　②潛：彙纂說：「今安徽霍山縣東北三十里有灊城。」　③莠尹然、工尹麇：莠尹同工尹皆是楚國的官名，然同麇是他們兩人的名字。　④都君子與王馬之屬以濟師：都君子是都邑中的士人，王馬之屬是楚王的養馬官吏，使他們增加入軍隊。　⑤窮：一統志說：「在霍邱縣西。」　⑥沙汭：水道提綱則以沙河上承潁汝諸水，至正陽關入淮，則以潁口爲沙汭。　⑦吳師不能退：楚國軍隊强，所以吳國軍隊沒法退下去。　⑧我王嗣也：公子光是吳王諸樊的兒子，所以他說我是王繼嗣的人。　⑨是無若我何：因爲鱄設諸的母親甚老，兒子很年輕，使我怎麼辦呢？　⑩王使甲坐於道及其門：王使軍隊坐在道邊一直到門口。　⑪夾之以鈹：鈹等於劍。兩邊的人拿着劍來夾着他。　⑫坐行：拿膝蓋走。　⑬闔廬：即公子光。　⑭復命哭墓：到吳王僚的墓上哭，表示他已經回報使命。　⑮鍾吾：一統志說：「今江蘇宿遷縣西北六十里有司吾城」。

【今譯】　吳王要想趁楚平王的喪事，去伐楚國。使公子掩餘，公子燭庸，領了軍隊去圍住了潛，差延州來季子，聘問中央各國，順便聘問晉國，去觀察諸侯的強弱。楚國的莠尹然、工尹麇領軍隊去救潛，左司馬沈尹戌領了都邑的士人，和楚王養馬的官屬，增添了楚國軍隊，和吳國兵相遇於窮這地方。令尹子常用水兵行到沙水邊便回去。左尹郤宛、工尹壽領軍隊到潛這地方；吳師夾住中間，不能退却。吳公子光說：「此刻是可以弑王的時候了，弗可以再失機會的。」告訴鱄設諸說：「中原有句話說：『不去找尋，那裏能夠得到？』我是王的嫡嗣，我定要求得王位的。事情若能成就，季札雖來，也不會廢掉我的。」鱄設諸說：「王倒容易弑的，不過我母親已老，兒子還小，這眞沒法，叫我怎麼辦呢？」光說：「我就是你的身子，你的母子我自然應該養他們的。」夏天四月中，光伏甲士在地屋中請王宴會，王差甲士坐在道旁，直到光的門首，當門當階的，主戶主席的，都是王親信的人。又拿短劍兩面夾護着，凡獻食的人定要解了衣，在門外換了衣服，纔得進去。拿小菜的，要跪着走進，拿短劍的又兩人夾着他，把劍接近他的身體，然後纔可呈獻給王，公子光却假裝害了脚病，躲入地屋中，鱄設諸就放把劍在魚腹中獻進去，正抽劍刺那王，兩邊的劍便加交在鱄設諸胸前，便弑掉了王。闔廬後來把他的兒子做了卿。季札既回吳國說：「如果先君沒有廢祀的禍，人民沒有廢主的憂愁，社稷有人奉承，國家沒有傾覆的災難，這便是我的君主，我怎敢怨誰？我不過哀傷死的，服事生的，等候天命罷了。這又不是自我發生的亂子，立了誰就從誰，這是先人起的頭呢。」便復使命在王僚的墓傍，痛哭了一場，纔還他本來的官位，等待王的命令。吳公子掩餘逃到徐國去，公子燭庸逃到鍾吾去。楚師聽得吳國起了亂子，便退師回去。

（三）

經 楚殺其大夫郤宛。

傳 郤宛直而和①，國人說之。鄢將師爲右領②，與費無極比而惡之③，令尹子常賄而信讒，無極譖郤宛焉，謂子常曰：「子惡④欲飲酒。」又謂子惡：「令尹欲飲酒於子氏。」子惡曰：「我賤人也，不足以辱令尹。令尹將必來辱，爲惠已甚，吾無以酬之，若何？」無極曰：「令尹好甲兵，子出之，吾擇焉。」取五甲五兵曰：「寘諸門，令尹至必觀之，而從以酬之⑤。」及饗日帷諸門左⑥。無極謂令尹曰：「吾幾禍子。子惡將為子不利，甲在門矣，子必無往。且此役也⑦，吳可以得志，子惡取賂焉而還，又誤羣帥，使退其師曰：『乘亂不祥。』吳乘我喪，我乘其亂，不亦可乎？」令尹使視郤氏，則有甲焉，不往。召鄢將師而告之⑧，將師退，遂令攻郤氏且爇之。子惡聞之，遂自殺也。國人弗爇，令曰：「不爇郤氏，與之同罪。」或取一編菅焉，或取一秉秆焉⑨，國人投之，遂弗爇也，令尹炮之，盡滅郤氏之族黨，殺陽令終與其弟完及佗與晉陳⑩及其子弟。晉陳之族呼於國曰：「鄢氏、費氏自以為王，專禍楚國，弱寡王室，蒙王與令尹以自利也，令尹盡信之矣。國將如何？」令尹病之。

【今註】①直而和：以直道事奉楚王，對於同事全用和順。②右領：官名。③比而惡之：聯合而恨郤宛。④子惡：就是郤宛。⑤從以酬之：就這樣來酬報他？⑥帷諸門左：將軍器擱到門左的帷帳中。⑦且此役也：這是指春天救潛的戰役。⑧召鄢將師而告之：叫鄢將師來而告訴他，郤宛門口有甲兵想害令尹。⑨或取一編菅焉，或取一秉秆焉：有的拿着一束柴，有的拿着一把草。⑩晉陳：楚大夫，郤氏的一黨。

【今譯】楚左尹郤宛既然正直又和氣，國人很歡迎他。鄢將師做了右領的官，却和費無極結黨厭惡那郤宛。令尹子常又喜歡私賄，相信壞話的，無極便去講郤宛的短處。有一天，對子常說：「郤宛要請你喝酒呢？」一面又對郤宛道：「令尹要在你家中喝酒呢？」郤宛說：「我是賤人啊！夠不上屈令尹的駕，令尹如果一定要來屈臨，那是光榮極了，只我沒有什麼可以酬報他，怎麼樣呢？」無極說：「令尹是喜歡甲兵的，你只把甲兵搬些出來，讓我替你選擇一下。」便取了五副鐵甲衣，和五種兵器，對郤宛說：「放他在門首，令尹到了，定要看他的，便可這樣酬報他。」到了宴會那一天，便張起帷帳在門的左邊。把鐵甲衣兵器放在那中間。無極便一面又對令尹說：「我幾乎害了你，郤宛將要不利於你呢？鐵甲衣已擺在門前了，你定然不可去的。並且救潛那囘戰爭，吳國是可以敗得的，只因爲郤宛得了私賄，便退了囘來，又迷惑許多將官，使他們退兵，說：『趁人家的亂子，是不吉利的。』你想吳國也是趁我有喪事的，我趁了他有亂子，不也是可以的麼？」令尹便差人到郤氏去查看，果然有鐵甲衣陳設着在門前，便不去，喊了鄢將師來告訴他，將師退下去，便發令攻打郤氏，並且放火燒他。郤宛聽得這消息，竟把自己殺死。國人却知道他寃枉，不肯去燒他的房屋。因下令說：「不肯燒郤氏的，和他同罪！」於是有的拿了一束柴，有的拿了一把稻草，國人都丢在那裏便走，燒也燒不起來。令尹便燒死那郤宛，完全滅掉郤氏的宗族戚黨，殺死陽令終和他的弟完及佗，還有他的同黨晉陳，以及他的子弟。於是晉陳的族人，在國中大呼說：「鄢氏費氏，自以爲就是王了，專權害着楚國，使王室寡弱起來，欺瞞了王和令尹，專謀自私自利，連令尹也完全相信他們了，國家怎麼得了？」令尹因此就厭惡他們。

（四）

經 秋晉士鞅、宋樂祁犂、衞北宮喜、曹人、邾人、滕人會于扈。

傳 秋會于扈①，令城成周②且謀納公也。宋衞皆利納公，固請之。范獻子取貨於季孫，謂司城子梁與北宮貞子③曰：「季孫未知其罪而君伐之，請囚請亡，於是乎不獲。君又弗克，而自出也，夫豈無備，而能出君乎？季氏之復④，天救之也，休公徒之怒，而啓叔孫氏之心，不然，豈其伐人而說甲執冰以游。叔孫氏懼禍之濫，而自同於季氏，天之道也。魯君守齊三年而無成，季氏甚得其民，淮夷與之。有十年之備，有齊楚之援，有天之贊，有民之助，有堅守之心，有列國之權而弗敢宣⑤也，事君如在國，故鞅以爲難。二子皆圖國者也，而欲納魯君，鞅之願也，請從二子以圍魯，無成死之。」二子懼皆辭，乃辭小國，而以難復⑥。孟懿子陽虎⑦伐鄆，鄆人將戰，子家子曰：「天命不慆久矣⑧，使君亡者必此衆也。天既禍之而自福也，不亦難乎？猶有鬼神此必敗也。嗚呼！爲無望也夫，其死於此乎。」公使子家子如晉，公徒敗于且知⑨。

【今註】①扈：鄭地。在今河南省原武縣西北。②令城周：城字原作成，誤，今改作城。③司城子梁、北宮貞子：司城子梁即宋國樂祁，北宮貞子是衞國北宮喜。④復：安定。⑤宣：用。⑥而以難復：以魯昭公回國甚爲困難，回復晉君。⑦陽虎：季孫氏的家臣。⑧天命不慆久矣：天命不可以疑惑已經很久了。⑨且知：續山東考古錄說：「且知：在鄆城東。」

【今譯】秋天，在扈這地方開會，爲的使諸侯修周都城，並且計謀使魯昭公回都城。宋國同衞國全以爲使魯昭公回國有利，堅決的請求晉國。士鞅受到季孫的賄賂，對宋國的樂祁同衞國的北宮喜說：「季孫不知道他的罪狀，而魯君就討伐他，季孫請求囚禁，請求逃亡，全不獲准。魯君也沒有打勝仗而自己逃出來，季孫氏毫無預備，就能使君出亡嗎？季孫氏的安定是爲天所救助，使公的黨徒怒氣止息，而使叔孫氏發生同心，要不如此，豈有伐人而脫下甲胄，拿着箭筒來游逛。叔孫氏很怕禍亂更大了，因此就同季氏同心，這是天的道理，魯君守在齊國三年的工夫，毫無成就。季孫氏很得到人民的愛護，連淮夷全都跟他相連。有十年的預備，有齊國楚國的援助，有天的贊許，有人民的幫助，有堅守的心，有國君的權利，而不敢宣佈，事奉魯君如在國內一樣，所以我以爲這件事很難。你們二位全是想圖謀國家的人，你們想使魯君回國，這是我的願望，請隨從着兩位，以圍魯國都城，若不成功，我們就死。」樂祁同北宮喜害怕了，就辭退想納昭公回魯的各小國，而以難叫魯君回國告訴晉君。仲孫何忌同季孫氏的家臣陽虎，討伐鄆，鄆人想打仗，子家羈說：「天命對魯君已經毫不懷疑，使你逃亡的必是這般人。

天既然降災禍，而自以爲福氣，這不也很難嗎？假設尙有鬼神，這必定要失敗的。哎呀！沒有希望了，你一定死在這裏。」魯昭公派子家羈到晉國去，昭公的黨徒在且知這地方失敗了。

（五）經 冬十月曹伯午卒①。

【今註】①此經無傳。

【今譯】冬天十月曹伯午死了。

（六）經 邾快來奔①。

【今註】①此經無傳。

【今譯】邾國的大夫邾快逃到魯國來。

（七）傳 楚郤宛之難，國言未已，進胙者莫不謗令尹。沈尹戌言於子常曰：「夫左尹與中廄尹①莫知其罪，而子殺之，以興謗讟，至于今不已，戌也惑之。仁者殺人以掩謗，猶弗爲也。今吾子殺人以興謗而弗圖，不亦異乎！夫無極，楚之讒人也，民莫不知。去朝吳②，出蔡侯朱③，喪大子建，殺連尹奢④，屏王之耳目，使不聰明，不然，平王之溫惠共儉有過成莊，無不及焉，所以不獲諸侯，邇無極也⑤。今又殺三不辜以興大謗⑥，幾及子矣。子而不圖，將焉用之？夫鄢將師矯子之命以滅三族，國之良也，而不愆位⑦，吳新有君⑧，疆埸日駭，楚國若有大事，子其危哉？知者除讒以自安也，今子愛讒以自危也，甚矣其惑也！」子常曰：「是瓦之罪，敢不良圖。」九月己未，子常殺費無極與鄢將師，盡滅其族，以說于國，謗言乃止。

【今註】①左尹與中廐尹：左尹是郤宛，中廐尹是陽令終。②去朝吳：在魯昭公十五年。③出蔡侯朱：在魯昭公二十一年。④喪太子建殺連尹奢：在魯昭公二十年。⑤邇無極也：阮刊本作「邇無及也」，今據四部叢刊影宋本校正。⑥殺三不辜以興大謗：三不辜指郤氏，陽氏，晉陳氏。以興了大的怨恨。⑦而不愆位：他們在職位上並沒有過錯。⑧吳新有君：吳國新立了闔廬。

【今譯】楚子常殺郤宛以後，貴族們一直談論着不歇，凡進祭肉祝福的人，沒有一個不毀謗令尹的。沈尹戌便對子常說：「左尹郤宛和中廐尹陽令終並沒有那個知道他們犯什麼罪，你却把他殺了，因而興起了許多毀謗怨恨你的話來，直到現在還沒有停歇，我戌倒很疑心這事呢，慈善的人以殺人來遮蓋那不好聽的話兒，還不肯做的。現在你倒殺了人興起那不好聽的話兒來，還不肯早些打算，這不是很詫異的麼？那個無極是楚國挑撥是非的壞人，百姓沒一個不知道他。趕掉朝吳，攆出蔡侯朱，喪失太子建，殺掉連尹伍奢，塞住平王的耳目，使他不聰明；否則像平王這麼的溫良慈惠，恭敬節儉，只有勝過成王及莊王，沒有不及他們的地方。他所以會得不到諸侯的心服，只因是親近了無極的緣故。如今又殺死三個無罪的人，興起了大謗，怕就要害到你了！你還不早些打算，究竟要這挑撥是非的壞人，做什麼呢？那個鄢將師假造了你的命令，滅那郤氏陽氏晉陳氏三族，這三人都是楚國的好人哩！在職位中又並沒有甚麼差處，究竟爲什麼要殺他？現在吳國新立了君，邊界上天天有緊急消息傳來，楚國如果一朝起了兵事，那末大衆的心不向着你，看你到那時眞危險極了！聰明的人，總是除掉挑撥是非的人，使得自身安靜的。現在你反而愛那挑撥是非的人，使得自身危險，唉！厲害呀！這種可疑的事！」子常說：「這都是我瓦的罪，那敢不好好打算呢？」九月己未那天，子常便殺掉費無極和鄢將師，完全滅了他的族人，討國人的好，於是說難聽的話方纔從此停止。

（八）傳 冬，公如齊，齊侯請饗之①。子家子曰：「朝夕立於其朝，又何饗焉？其飲酒也。」乃飲酒，使宰獻而請安②。子仲③之子曰重，爲齊侯夫人，曰請使重見，子家子乃以君出。十二月，晋籍秦④致諸侯之戍于周，魯人辭以難。

【今註】①齊侯請饗之：齊侯請設宴饗的禮。 ②使宰獻而請安：諸侯宴大夫的禮，使宰爲主人獻酒，使齊侯退而自安。 ③子仲：是魯公子憖。 ④籍秦：籍談的兒子。

【今譯】冬天，魯昭公到齊國都城，齊侯要宴饗他。子家羈說：「早晚全立到他的朝庭上，還有什麼饗宴的，這不過是喝酒而已。」就喝酒，叫宰獻酒，而齊侯自請安息。公子憖的女兒叫重的，嫁給齊侯做夫人，叫她來見魯昭公，子家羈就叫魯昭公躲避出去。十二月，晉國籍秦叫諸侯的戍兵到周都城去，魯國辭謝說有禍難。

（九）經 公如齊，公至自齊居于鄆①。

【今註】①此經無傳。

【今譯】魯昭公到齊國，又從齊國回來，居住在鄆。

昭公二十有八年（公元前五百一十四年）

（一）經 春王三月，葬曹悼公①。

【今註】①此經無傳。

【今譯】春王三月，葬曹悼公。

（二）經 公如晉，次于乾侯。

傳 春，公如晉，將如乾侯①。子家子曰：「有求於人，而即其安，人孰矜之？其造於竟②。」弗聽。使請逆於晉，晉人曰：「天禍魯國，君淹恤在外，君亦不使一个③辱在寡人，而即安於甥舅，其亦使逆君④。」使公復于竟而後逆之⑤。

【今註】①乾侯：一統志說：「今河北成安縣東南，有斥邱故城，即春秋乾侯。」②其造於竟：到了邊境上等候晉國的命令。③一个：一個使臣。④其亦使逆君：叫齊國來迎接你。⑤而後逆之：派乾侯人去迎接他。

【今譯】魯昭公到晉國去，將到乾侯這地方。子家羈說：「對人要求，而先到乾侯去安適，誰能夠可憐他，應該到他邊境上聽候命令。」昭公不聽。派人到晉國要求迎接他，晉人說：「天降禍給魯國，魯君留在外國，也不派一個人來告訴我，而在甥舅的國家安適，我將使齊國迎接你。」使魯昭公回到晉國邊境上，再令乾侯的人去迎接他。

（三）經 夏四月丙戌鄭伯寧卒①。

【今註】①此經無傳。

【今譯】夏四月丙戌，鄭伯寧死了。

（四）傳 晉祁勝與鄔臧通室①，祁盈②將執之，訪於司馬叔游③。叔游曰：「鄭書有之：『惡直醜正，實蓄有徒④。』無道立矣，子懼不免。詩曰：『民之多辟，無自立辟⑤。』姑已若何⑥？」盈曰：「祁氏私有討，國何有焉？」遂執之。祁勝賂荀躒，荀躒爲之言於晉侯。晉侯執祁盈。祁盈之臣曰：「鈞將皆死，憖⑦使吾君聞勝與臧之死也以爲快。」乃殺之。夏六月，晉殺祁盈及楊食我⑧，食我，祁盈之黨也，而助亂，故殺之，遂滅祁氏，羊舌氏。初，叔向欲娶於申公巫臣氏⑨，其母欲娶其黨。叔向曰：「吾母多而庶鮮⑩，吾懲舅氏矣。」其母曰：「子靈之妻殺三夫⑪一君⑫一子⑬而亡一國兩卿⑭矣，可無懲乎？吾聞之甚美必有甚惡。是鄭穆少妃姚子之子，子貉⑮之妹也，子貉早死無後，而天鍾美於是，將必以是大有敗也。昔有仍氏生女黰黑⑯，而甚美，光可以鑑，名曰玄妻⑰，樂正后夔取之，生伯封，實有豕心，貪惏無饜，忿纇無期⑱，謂之封豕。有窮后羿滅之，夔是以不祀。且三代之亡，共子之廢，皆是物也。女何以爲哉？夫有尤物，足以移人，苟非德義，則必有禍。」叔向懼，不敢取。平公強使取之，生伯石。伯石始生，子容之母走謁諸姑曰：「長叔姒生男。」姑視之，及堂，聞其聲而還曰：「是豺狼之聲也。狼子野心，非是莫喪羊舌氏矣。」遂弗視。

【今註】①祁勝與鄔臧通室：祁勝同鄔臧全都是祁盈的家臣，他們互相交換妻子。②祁盈：祁午的兒子。③司馬叔游：司馬侯的兒子。④惡直醜正，實蕃有徒：恨直爽的人同正直的人，這種人很多。⑤民之多辟，無自立辟：這是詩經大雅的一句詩。意思說人民多乖辟時，不要自己立法條。⑥姑已若何：姑且止住如何。⑦

慭：發語的音。⑧楊食我：楊是叔向的邑，食我是叔向的兒子。⑨申公巫臣氏：夏姬的女兒。⑩吾母多而庶鮮：我庶母很多而庶弟很少。⑪子靈之妻殺三夫：夏姬殺了三個丈夫，指着陳國御叔，楚國連尹襄老，同申公巫臣。⑫一君：陳靈公。⑬一子：夏徵舒。⑭兩卿：孔寧、儀行父。⑮子貉：卽鄭靈公。⑯昔有仍氏生女黰黑：從前有仍氏生了一個女兒頭髮很黑且好看。⑰玄妻：因爲頭髮黑的原故。⑱貪惏無饜，忿纇無期：貪心沒有足夠的時候，脾氣壞得沒有止境。

【今譯】晉大夫祁盈的家臣祁勝和鄔臧，要好得竟交換了妻室。祁盈要去拘拿他，先商酌於司馬叔游那裏。叔游說：「鄭書上有的：『害正直的人，實在很多』現在無道的一派人正得了勢，你怕免不掉災禍了！詩經上說：『人民多了邪辟的，不要獨自立起規矩來。』我看姑且停了一會子怎樣？」祁盈說：「這是祁氏私家應有的處罰，於國家有什麼關係呢？」便把他們拘拿起來，祁勝暗中却使賄賂，荀躒便替他在晉侯面前說情，晉侯因祁盈擅出私刑，便拘禁了他。祁盈的家臣說：「同是要死的了，寧可使我主子聽得勝和臧的死，做箇暢快呢？」便把勝臧二人殺死。夏天六月中。晉國便殺祁盈及楊食我。食我是祁盈的黨羽，因爲他幫着鬧亂子，所以殺死他；便滅掉祁氏和羊舌氏。從前叔向要想娶申公巫臣氏的女兒，他的母親要他娶母黨方面的人。叔向說：「我庶母很多，庶弟却很少，我受夠舅家性兒狹小的累了。」叔向的母親說：「子靈的妻子，害死了陳御叔，楚襄老，申公巫臣，三個丈夫；一個君陳靈公；一個兒子夏徵舒；而且滅亡了一個陳國；又害得孔寧、儀行父兩個卿棄位出奔，可不令人害怕麼？我聽得很美麗的人，必定有很惡毒的性質。她是鄭穆公的少妃姚子的女兒，子貉的妹子，子貉早死了，沒有後代，天却聚了美在她一人的身上，這必定是要靠她做個大破敗的，從前有仍氏生一個女兒，頭髮烏黑，相貌又好，她皮膚頭髮的光，都可以照見人形，所以取名叫做玄妻。舜的典樂之長夔娶了她做妻，生了一個兒子叫伯封，實在是有猪那般的性子，貪得沒有饜足，凶狠得沒有分寸，大家便叫他「封豕」，後來是給有窮國的君羿滅掉的，夔就因此絕了祀。況且夏商周三代的滅亡，和晉太子申生的廢立，都是爲了這種女禍。你爲什麼要她呢？天地間有了異常好的東西，能夠移得動人的心，如果不是有德義的得了他，一定有禍害的。」叔向聽了母親的話，害怕的很就不敢娶她。平公却硬使叔向娶她，生了個伯石。伯石初生的時候，子容的母親，趕去告許他婆婆說：「大叔家的孀子，生了一男孩子呢？」婆婆便前去觀看，走到廳堂上，聽見了聲音，便縮回來說：「這是豺狼的聲音！狼子野心，不是這東西，沒有那個能滅亡羊舌氏的了！」便不去看他。

（五）經六月葬鄭定公①。

【今註】①此經無傳。

【今譯】六月給鄭定公行葬禮。

（六）經秋七月癸巳滕子寧卒①。

【今註】①此經無傳。

【今譯】秋七月，癸巳滕子寧死了。

（七）傳秋，晉韓宣子卒，魏獻子①爲政，分祁氏之田以爲七縣②，分羊舌氏之田以爲三縣③司馬彌牟爲鄔④大夫，賈辛爲祁⑤大夫，司馬烏爲平陵⑥大夫，魏戊爲梗陽⑦大夫，知徐吾爲塗水⑧大夫，韓固爲馬首⑨大夫，孟丙爲盂⑩大夫，樂霄爲銅鞮⑪大夫，趙朝爲平陽⑫大夫，僚安爲楊氏⑬大夫。謂賈辛司馬烏爲有力於王室⑭，故舉之，謂知徐吾趙朝韓固魏戊餘子之不失職，能守業者也。其四人⑮者皆受縣而後見於魏子，以賢舉也。魏子謂成鱄⑯：「吾與戊也縣，人其以我爲黨乎？」對曰：「何也？戊之爲人也，遠不忘君，近不偪同⑰，居利思義，在約思純⑱，有守心而無淫行，雖與之縣，不亦可乎？昔武王克商，光有天下，其兄弟之國者十有五人，姬姓之國者四十人，皆舉親也。夫舉無他，唯善所在，親疏一也。詩曰：『唯此文王，帝度其心，莫其德音，其德克明，克明克類，克長克君。王此大國，克順克比，比于文王，其德靡悔，旣受帝祉，施于孫子⑲。』心能制義曰度，德正應和曰莫⑳，照臨四方曰明，勤施無私曰類㉑，敎誨不倦曰長㉒，賞慶刑威曰君，慈和徧服曰順，擇善而從之曰比，經緯天地曰文，九德不愆，作事無悔，故襲天祿，子孫賴之。主之擧也，近文德矣，所及其遠哉。」賈辛將適其縣，見於魏子，魏子曰：「辛來，昔叔向適鄭，鬷蔑惡㉓欲觀叔向，從使之收器者㉔，而往立於堂下，一言而善。叔向將飲酒，聞之曰：『必鬷明也。』下執其手以上曰：『昔賈大夫惡，娶妻而美，三年不言不笑，御以如臯㉕，射雉獲之，其妻始笑而言。賈大夫曰：「才之不可以已，我不能射，女遂不言不笑夫。」今子少不颺，子若無言，吾幾失子矣，言不可以已也如是。』遂如故知。今女有力於王室，吾是以擧女，行乎，敬之哉，毋墮乃力！」仲尼聞魏子之擧也，以為義，曰：「近不失親㉖，遠不失擧㉗，可謂義矣。」又聞其命賈辛也，以為忠。「詩曰：『永言配命，自求多福㉘。』忠也。魏子之擧也義，其命也忠，其長有後於晉國乎。」

【今註】①魏獻子：魏舒。②七縣：鄔、祁、平陵、梗陽、塗水、馬首、盂。③三縣：銅鞮、平陽、楊氏。④鄔：一統志說：「鄔城在今山西介休縣東北二十七里，今爲鄔城店，鄔一作鄥。」⑤祁：元和志說：「祁城在今山西省，祁縣東南五里。」⑥平陵：一統志說：「大陵故城，在今山西文水縣東北二十五里。」⑦梗陽：一統志說：「梗陽故城，在今山西清遠縣南關。」⑧塗水：一統志說：「塗水故城在今山西榆次縣西南二十里。」⑨馬首：元和志說：「馬首故城在今山西壽陽縣東南十五里。」⑩盂：紀要說：「今山西陽曲縣東北八十里有大盂城。」⑪銅鞮：紀要說：「在今山西沁縣南十里，有銅鞮故城。」⑫平陽：一統志說：「平陽故城在今山西臨汾縣西南。」⑬楊氏：一統志說：「楊城在今山西洪洞縣東南十五里。」⑭謂賈辛、司馬烏爲有力於王室：他說賈辛同司馬烏對周王室有貢獻。⑮四人：指司馬彌牟，孟丙、樂霄、僚安。⑯成鱄：晉大夫。⑰近不偪同：論近處說，他對於同僚們也不偪迫。⑱在約思純：在貧乏時也沒有狂濫的心。⑲唯此文王，帝度其心，莫其德音，其德克明，克明克類，克長克君，王此大國，克順克比，比于文王，其德靡悔，既受帝祉，施于孫子：這是詩經大雅的幾句詩，意思是說這位文王，上帝知道他的心有軌度，他的美名傳播四方，他的德性能夠明白，也能夠臻於善良，也能作君長，在這大國做王，能使人民順從親附。人民都親附文王修德而沒有遺憾。他既受了上帝的福祉，一直連到他的孫子。⑳德正應和曰莫：這是莫然的清靜。㉑勤施無私曰類：施捨而沒有私心，叫做類。㉒教誨不倦曰長：教誨旁人不疲倦叫做長。㉓貜蔑惡：貜蔑長得像貌很醜。㉔從使之收器者：他隨從着收食器的人。㉕御以如皐：給他妻趕着車到皐澤這地方。㉖近不失親：指魏戊。㉗遠不失舉：遠處也不丟掉舉賢人。㉘永言配命，自求多福：這是詩經大雅的一句詩，意思說永久配合天命，自然可以得到很多的福祿。

【今譯】秋，晉國韓起死了，魏舒當政權，把祁氏的田地分成七縣，分羊舌氏的田作成三縣，司馬彌牟做鄔大夫，賈辛做祁大夫，司馬烏做平陵大夫，魏戊做梗陽大夫，知徐吾做塗水大夫，韓固做馬首大夫，孟丙做盂大夫，樂霄做銅鞮大夫，趙朝做平陽大夫，僚安做楊氏大夫。他說賈辛司馬烏是對周王室出過力，所以舉他。又說知徐吾、趙朝、韓固、魏戊皆是卿的庶子，不丟掉職守，能夠看守他的事業的人。其餘的四個人都受到縣而後見魏舒，這是因爲他們有賢才而被推舉。魏舒對成鱄說：「我把一個縣給魏戊，人是不是說我有黨派的？」回答說：「爲什麼？戊這個人，遠處不忘記人君，近處不偪迫同事，遇利時想到義禮，在貧乏時也沒有狂濫的心，有守的心而沒有淫亂的行爲，就是給了他一個縣，不也是可以嗎？從前武王戰勝商以後，有了天下，共封了兄弟國家十五個人，姬姓的國家四十個人，都是舉的親屬，推舉這件事，沒有旁的方法，祇有推舉好的，親屬同疏遠全都一樣。詩經大雅說：『這位文王，上帝知道他的心有軌度，他的美名傳播四方，他的德性也很能夠光明，能夠光明，也能臻於善良，也能做長上，也能做君王。做大國的王，能夠使人民順從親附。人民都親附文王，修德而沒有遺憾。他既然受到上帝的福祉，連着他的孫子。』心能制裁義禮叫做度，德性正直應和叫做莫，照臨四方叫做明，施捨沒有私心叫做類，教誨人民不倦怠叫做長，慶賞刑罰威嚴叫做君，慈和使天下全服叫做順，挑選善事使他相從叫做比，經緯天地叫做文，九種德性全沒有過失，作事沒悔吝，所以能夠世襲天祿，子孫全仰賴他，你這種推舉，近於文德，所達到的很遠了。」賈辛將要到祁縣去了，去看魏舒。魏舒說：「辛你來，從前叔向到鄭國去，鬷蔑容貌很醜，想看叔向，便跟了收拾食器的一同前去，立在堂下面，忽然說了一句話却是很合道理的。叔向正是要喝酒，聽得這句話，便說：『這一定是鬷蔑。』就走下堂去，攙了他的手上來說：『從前賈大夫相貌很醜，娶了個妻却很美貌。只是過了三年一直不說不笑，後來替他趕了車子到江邊去，射一隻野雞，射得了，他的妻子方纔言笑起來。賈大夫說：「才幹眞是不能沒有，倘我不能射，你便一輩子不說不笑了麼？」如今你年紀輕，面貌又顯不出來，你如果沒有那句話兒，我幾乎錯過你了。說話不能不說，竟有這般呢！』便和他像舊相識一樣。如今你有功勞在王室中，我所以舉你的，你快去罷，留心些啊！不要敗壞你前日的功勞！」仲尼聽了魏子的薦舉，以爲是合於事宜的，因說：「近的不錯過親族，遠的不錯掉應該薦的人，可說是合宜了！」又聽得他吩咐賈辛的話，以爲是有忠心的。就說：「詩經上說『常久能配得天命，自然能有許多福氣。』就是說的忠啊！魏子的薦舉既合宜，他的吩咐又忠心，他能長有後代在晉國了！」

（八）經 冬，葬滕悼公①。

【今註】①此經無傳。

【今譯】冬天，給滕悼公下葬。

（九）傳 冬，梗陽人有獄，魏戊不能斷，以獄上①，其大宗賂以女樂②，魏子將受之，魏戊謂閻沒女寬③曰：「主以不賄聞於諸侯，若受梗陽人，賄莫甚焉！吾子必諫。」皆許諾，退朝待於庭④，饋入召之⑤，比置三歎。既食使坐，魏子曰：「吾聞諸伯叔，諺曰：『唯食忘憂。』吾子置食之間，三歎何也？」同辭而對曰：「或賜二小人酒，不夕食。饋之始至，恐其不足，是以歎。中置自咎曰：豈將軍食之，而有不足，是以再歎。及饋之畢，願以小人之腹，爲君子之心，屬厭而已⑥。」獻子辭梗陽人。

【今註】①獄上：把獄辭上給魏舒。②其大宗賂以女樂：打官司的大宗送給魏舒女樂。③閻沒、女寬：這二人全是魏舒的屬大夫。④退朝待於庭：魏舒從晉君朝上退下來，閻沒同女寬就等待魏舒停仕。⑤饋入召之：送上飯來，魏舒就叫他們兩人來吃飯。⑥屬厭而已：祇是爲的吃飽就滿足了。

【今譯】冬天，梗陽人有訟事，梗陽大夫魏戊不能判斷曲直，把這起案子呈上魏舒。爭訟的大宗，把一部女樂送給魏舒，魏舒快要受他的了。魏戊對閻沒女寬說：「魏子是拿不受私賄有名於諸侯的，如果受了梗陽人的樂，便是私賄沒有再厲害的了，你們應當去規諫的。」都允許了。那時魏子快要退朝，二人便等候在魏子家內的庭中，後來飯菜既送進，魏子便招二人去同吃，等吃完放着，共總連嘆了三聲，既吃完了，又吩咐他們暫坐。魏子說：

「我聽見我伯叔說的，俗語說：『只有吃東西，可以忘掉憂愁。』你們完了一頓食的中間，連嘆三聲，是爲什麼呢？」二人同聲回答說：「有人賜給兩個小人的酒，不等夜便吃，食物初送上的時候，只恐怕他不夠飽，所以嘆一聲；吃到一半的時候，自己責備說：難道將軍請他吃，還會有不夠嗎？所以再嘆一聲；等到食物上完了，却情願拿小人的肚子，做君子的心，只求恰夠便好了！」獻子聽了這話，被他感悟着，就辭去梗陽人的私賄。

昭公二十有九年（公元前五百一十三年）

（一）經春，公至自乾侯居于鄆，齊侯使高張來唁公。

（二）經公如晉次于乾侯。

傳春，公至自乾侯，處于鄆，齊侯使高張來唁公，稱主君①。子家子曰：「齊卑君矣，君祇辱焉。」公如乾侯②。

【今註】①稱主君：照例君稱大夫曰主君。②乾侯：晉地。在今河北省成安縣東南。

【今譯】春天，魯昭公從乾侯回來，居住在鄆，齊侯派高張來向魯昭公問候起居，稱他爲主君。這是等於君對大夫的稱謂。子家羈說：「齊國對你很瞧不起，這祇得到羞辱。」魯昭公因此又到乾侯。

（三）傳三月己卯，京師殺召伯盈、尹氏固，及原伯魯之子①。尹固之復也，有婦人遇之周郊，尤之曰：「處則勸人爲禍，行則數日而反，是夫也，其過三歲乎？」夏五月庚寅，王子趙車入于鄻②以叛，陰不佞敗之。

【今註】①召伯盈，尹氏固，原伯魯之子：這全是王子朝的黨羽。②王子趙車入于鄻：王子趙車是王子朝的黨羽。鄻在今河南省宜陽縣附近。

【今譯】三月己卯，周都城殺了召伯盈，同尹氏固，原伯魯的兒子，這全是子朝的黨羽。在前三年的時候，尹固同王子朝全逃到楚國去，後來尹固又逃回來，周國的一個女人，在都城的郊外碰見他，責備他說：「住在這裏就勸人作禍害，逃走了，幾天又回來，這個人，還能過了三年嗎？」夏五月庚寅，王子趙車逃到鄻去反叛，陰不佞把他打敗了。

（四）經 夏四月庚子叔詣卒①。

【今註】①此經無傳。

【今譯】夏四月庚子叔詣死了。

（五）傳 平子每歲賈馬①，具從者之衣屨而歸之于乾侯，公執歸馬者賣之②，乃不歸馬。衞侯來獻其乘馬曰啓服③，塹而死④，公將爲之櫝。子家子曰：「從者病矣，請以食之。」乃以幃裹之。公賜公衍羔裘，使獻龍輔⑤於齊侯，遂入羔裘，齊侯喜，與之陽穀⑥。公衍公爲之生也，其母偕出⑦，公衍先生，公爲之母曰：「相與偕出，請相與偕告。」三日公爲生，其母先以告，公爲爲兄，公私喜於陽穀，而思於魯曰：「務人⑧爲此禍也，且後生而爲兄，其誣也久矣！」乃黜之，而以公衍爲大子。

【今註】①賈馬：就是買馬。②公執歸馬者賣之：公把歸馬的人逮起來而把他的馬賣掉。③啓服：馬的名字。④塹而死：掉到一個溝裏死了。⑤龍輔：玉名。⑥陽穀：今山東省陽穀縣五十里有陽穀舊城。⑦其母偕出：他們兩人的母親，一同到產房。⑧務人：公爲的名字。

【今譯】季孫意如每年買了馬匹，便預備了魯昭公隨從的人員的衣服同鞋送到乾侯去。魯昭公把送馬的人逮起來，並且把他的馬賣掉。於是季孫意如不再送馬了。衞侯來送給昭公騎的馬叫啓服，掉到溝裏死了，昭公將爲它做棺材。子家羈說：「隨從的人都病了，不如給他們吃了。」就用蓆帘包起來。昭公賜公衍羊皮皮襖，叫他獻龍輔玉給齊侯，公衍同時把羔裘送給齊侯，齊侯很高興就把陽穀的地方給他。公衍同公爲出生的時候，他們的母親一同到產房，公衍先生，公爲的母親說：「我們一同出來的，應當一起告訴生子。」三天以後，公爲生了，公爲的母親先去告訴昭公，公爲就做了哥哥。魯昭公很喜歡陽穀這塊地，因此想到魯國說：「這個禍亂是公爲所做的，並且後生而做哥哥，他的誣害已經甚久了！」就把他降下去，把公衍立爲太子。

（六）

經　秋七月。

傳　秋，龍見于絳郊，魏獻子問於蔡墨①，曰：「吾聞之，蟲莫知於龍，以其不生得也，謂之知，信乎？」對曰：「人實不知，非龍實知。古者畜龍，故國有豢龍氏，有御龍氏②。」獻子曰：「是二氏者，吾亦聞之，而不知其故③，是何謂也？」對曰：「昔有飂叔安④，有裔子曰董父⑤，實甚好龍，能求其耆欲以飲食之，龍多歸之，乃擾畜龍以服事帝舜，帝賜之姓曰董，氏曰豢龍，封諸鬷川⑥，鬷夷氏其後也，故帝舜氏世有畜龍。及有夏孔甲擾于有帝⑦，帝賜之乘龍，河漢各二，各有雌雄。孔甲不能食，而未獲豢龍氏。有陶唐氏既衰，其後有劉累⑧，學擾龍于豢龍氏，以事孔甲，能飲食之。夏后嘉之，賜氏曰御龍，以更豕韋之後⑨，龍一雌死，潛醢以食夏后，夏后饗之，既而使求之，懼而遷于魯縣⑩，范氏其後也。」獻子曰：「今何故無之？」對曰：「夫物，物有其官，官脩其方，朝夕思之。一日失職，則死及之。失官不食，官宿其業，其物乃至，若泯弃之，物乃坻伏，鬱湮不育⑪。故有五行之官，是謂五官，實列受氏姓，封爲上公，祀爲貴神，社稷五祀，是尊是奉。木正曰句芒⑫，火正曰祝融⑬金正曰蓐收⑭，水正曰玄冥⑮，土正曰后土⑯。龍水物也，水官弃矣，故龍不生得。不然，周易有之。在乾☰之姤☴⑰曰：『潛龍勿用。』其同人☲⑱曰：『見龍在田。』其大有☲⑲曰：『飛龍在天。』其夬☱曰：『亢龍有悔。』其坤☷曰：『見羣龍無首，吉。』坤之剝☶曰：『龍戰于野。』若不朝夕見，誰能物之？」獻子曰：「社稷五祀，誰氏之五官也？」對曰：「少皞氏有四叔，曰重曰該，曰脩曰熙，實能金木及水，使重爲句芒，該爲蓐收，脩及熙爲玄冥，世不失職，遂濟窮桑⑳，此其三祀也。顓頊氏有子曰犂，爲祝融，共工氏有子曰句龍，爲后土，此其二祀也。后土爲社，稷田正也，有烈山氏之子曰柱爲稷，自夏以上祀之，周弃亦爲稷，自商以來祀之。」

【今註】①蔡墨：晉大夫。　②有豢龍氏，有御龍氏：豢是養，御是駕御。　③而不知其故：石經、宋本等書「

而」下皆有「不」字，今照增。④鬷叔安：鬷是古國名，在今河南唐縣南，叔安是君名。⑤董父：是他的後人姓董。⑥鬷川：按方輿紀要說「董澤在今山西聞喜縣東北三十五里，一名董氏陂，又名豢龍池，即舜封董氏豢龍之所。」疑即鬷川。⑦及有夏孔甲擾于有帝：孔甲是少康以後第九代的君，他能順從上帝的命令。⑧劉累：堯時的人名。⑨以更豕韋之後：以替代彭姓的豕韋的後人。⑩魯縣：一統志說：「今河南魯山縣治，即魯陽故城。」⑪鬱湮不育：滯留而不生長。⑫木正曰句芒：句芒做木正的官。⑬火正曰祝融：祝融做火正的官。⑭金正曰蓐收：蓐收做金正的官。⑮水正曰玄冥：玄冥做水正的官。⑯土正曰后土：后土做土正的。⑰在乾䷀之姤䷫：從乾卦變到姤卦。⑱其同人䷌：同人卦。⑲其大有䷍：大有卦。⑳窮桑：山東通志說：「窮桑城在曲阜縣城北。」

【今譯】秋天，龍出現在晉國都城絳的郊外，魏舒問蔡墨說：「我聽說，蟲子裏，沒有再比龍更智慧的，因爲他不能夠活着得到，說他有智慧，這可靠嗎？」回答說：「人實在沒有智慧，不是龍有智慧。古時候的人養龍，所以國家有豢龍氏同御龍氏。」魏舒說：「這兩個氏，我也常聽說過，但是也不知道他的原故，不知道應該怎麼解釋？」回答說：「從前有一個鬷叔安，他的後人有一個叫董父，很喜歡龍，能求到龍的嗜好，來給它吃喝，龍很多都跑到他那兒去，他就馴養龍以服事帝舜，帝舜賜給他的姓叫董，這就是豢龍氏，封在鬷川這地方，鬷夷氏就是他的後人，所以帝舜的時候輩輩有畜龍。到了夏朝，孔甲能夠順着天命，上帝賞給他騎的龍，河水漢水各有二個，並且雌雄各一。孔甲不會豢養龍，因此他沒有得到豢龍氏。陶唐氏衰危以後，他的後人，有劉累，學養龍到豢龍氏那裏，以事奉孔甲，能夠給龍飲食。夏后就很高興，賜給他一個姓叫御龍氏，以代理豕韋的後人，籠裏一個雌龍死了，劉累就偷偷把他作成醬肉，給孔甲吃了，後來孔甲叫他找這個龍，劉累害怕，就遷到魯縣，范氏就是他的後人。」魏舒說：「現在爲什麼沒有龍？」回答說：「每件事物，各有他的官來管，官者能夠修整他的方法，早晚全研究。一天失掉職物，就牽連到死。沒有官就不享受俸祿，官也安穩他的事業，如此，這件東西就會來，若把他毀棄了，物就隱藏，停止不生育，所以有五行的官，叫做五官，他們全有氏姓，爵位等於上公，死了就祭祀等於貴神，社稷五祀，是被尊重而敬奉的。木正叫做句芒，火正叫做祝融，金正叫做蓐收，水正叫做玄冥，土正叫做后土。龍是水中的動物，水官已不存在，所以龍不能活着得到。否則，周易裏常見過，在乾卦變到姤卦裏邊說：『潛龍不要用。』他的同人卦說：『見龍在田。』大有卦說：『飛龍在天。』夬卦說：『亢龍有悔。』坤卦說：『見羣龍無首，吉。』坤卦變到剝卦說：『龍戰于野。』若不早晚看見，誰能夠描寫這件物？」魏舒說：「社稷五祀，全都是誰的官？」回答說：「少皞氏有四位叔，叫重，叫該，叫脩，叫熙，他們全懂金木同水，就派重爲句芒，該爲蓐收，脩同熙做玄冥，代代不丟掉職守，遂使少皞氏成功，這就是三種祭祀。顓頊氏有一個兒子叫犂，他做祝融，共工氏有一個兒子叫句龍做后土，這又是兩種祭祀。后土就是社，稷是管田地的，烈山氏的兒子叫做柱爲稷，自夏朝以上全祭祀他，周弃也叫做稷，自從商以後來祭祀他。」

（七）經 冬十月鄆潰①。

【今註】①此經無傳。

【今譯】冬天十月鄆自己逃潰了。

（八）傳 冬，晋趙鞅、荀寅帥師城汝濱①，遂賦晋國一鼓鐵，以鑄刑鼎，著范宣子所爲刑書焉。仲尼曰：「晋其亡乎！失其度矣。夫晋國將守唐叔之所受法度以經緯其民，卿大夫以序守之，民是以能尊其貴，貴是以能守其業，貴賤不愆，所謂度也。文公是以作執秩之官，爲被廬之法，以爲盟主。今弃是度也，而爲刑鼎，民在鼎矣，何以尊貴，貴何業之守？貴賤無序，何以爲國？且夫宣子之刑，夷之蒐也，晋國之亂制也，若之何以爲法？」蔡史墨②曰：「范氏中行氏其亡乎，中行寅爲下卿而干上令，擅作刑器以爲國法，是法姦也。又加范氏焉，易之亡也。其及趙氏，趙孟與焉，然不得已，若德可以免。」

【今註】①汝濱：一統志說：「陸渾今河南嵩縣，汝水源出魯陽縣之大盂山，與嵩縣爲近。」②蔡史墨：卽蔡墨。

【今譯】冬天，晉國趙鞅，荀寅率領着軍隊修汝濱這個城，就使晉國出一鼓鐵，鑄成刑鼎，就刻上士匄所著的刑書。仲尼就說：「晉恐怕要亡了，丟掉他的制度了。晉國應該接受唐叔所定的法度，以治理他的人民，卿大夫們按着位次來守唐叔的法度，人民因此能夠尊重他的貴人，貴人們也因此能夠守住他的事業，貴賤不變，就是所謂制度。晉文公所以做執秩的官，立了被廬的法律，所以做了盟主。現在把這制度全毀，而做刑鼎，人民全以鼎爲貴，何以尊重貴人，貴有什麼職業可守？貴賤全沒有次序，怎麼樣成國家呢？並且士匄這個刑典，是出在夷的大蒐，這是晉國的亂制度，如何能給他做成法律。」史墨說：「范氏中行氏恐怕將亡了，中行寅做下卿而干犯上邊的命令，造作刑鼎爲國家的法律，這是以姦爲法。又加上范氏亡得更快。又連上趙氏，因爲當時趙孟也參加，但他是不得已而從之，他有德行還可以免禍。」

昭公三十年（公元前五百一十二年）

（一）經　春王正月，公在乾侯。

傳　春王正月，公在乾侯，不先書鄆與乾侯，非公，且徵過也①。

【今註】①非公，且徵過也：說公不合理，且證明他的錯誤。

【今譯】三十年春天，魯昭公在乾侯，春秋上不寫鄆同乾侯，這是以公爲錯誤，並且證明他的過錯。

（二）經　夏六月庚辰晉侯去疾卒。

（三）經　秋八月，葬晉頃公。

傳　夏，六月，晉頃公卒。秋八月葬，鄭游吉弔且送葬。魏獻子使士景伯詰之曰：「悼公之喪，子西弔，子蟜送葬①，今吾子無貳何故？」對曰：「諸侯所以歸晉君，禮也。禮也者，小事大，大字小之謂。事大在共其時命②，字小在恤其所無③，以敝邑居大國之間，共其職貢與其備御，不虞之患，豈忘共命。先王之制，諸侯之喪，士弔，大夫送葬，唯嘉好聘享三軍之事，於是乎使卿。晉之喪事，敝邑之間，先君有所助執紼④矣，若其不間，雖士大夫有所不獲數矣。大國之惠，亦慶其加⑤，而不討其乏，明底其情，取備而已，以爲禮也。靈王之喪，我先君簡公在楚，我先大夫印段實往，敝邑之少卿⑥也，王吏不討，恤所無也。今大夫曰：『女盍從舊。』舊有豐有省，不知所從。從其豐則寡君幼弱，是以不共，從其省則吉在此矣。唯大夫圖之。」晉人不能詰。

【今註】①子西弔，子蟜送葬：這件事在魯襄公十五年。②事大在共其時命：事奉大國在隨時受他臨時的命令

③字小在恤其所無：憐恤小國在供給他所沒有的。④執紼：拉着棺材前面的繩索，爲的送葬。⑤大國之惠，亦慶其加：大國的恩惠，對於他能增加典禮，也很高興。⑥少卿：年少的卿。

【今譯】夏天六月，晉頃公死了。秋天八月下葬，鄭國游吉來弔並且送葬。魏舒派士景伯來問他說：「悼公的喪事時，子西來弔喪，子蟜來送葬，現在你沒有副使，是什麼原故？」回答說：「諸侯所以歸於晉君，是禮的關係。禮是指着小國事奉大國，大國扶養小國。事奉大國是對他隨時的命令全都恭敬。扶養小國在憐恤他所沒有的，我們在大國中間供給他的職責，還有預備臨時的事情，那敢忘了奉行命令。照先王的制度，諸侯的喪禮，士去弔，大夫送葬，祇有慶賀訪問以及軍事方才派卿，晉國的喪事，如果遇見我們閒暇的時候，先君也曾來執紼，要是沒有閒暇時，雖然士大夫，也不能完全講禮數。大國的恩惠，對於他有增加時，很高興，也不討伐他的缺禮，這祇是明白其實情，以取備成禮而已。周靈王的葬事，我先君簡公恰好在楚國，我先大夫年輕的卿印段實在到周都城去，王的官吏也不以爲不好，因爲憐恤我們所沒有的。現在你大夫說：『你何不照舊呢？』論起舊的，有豐盛有簡省，不知道從那一種。論其豐盛的，寡君幼弱所以沒有辦法；要從簡省，我游吉在這兒。請大夫細想想。」晉人沒有辦法責問。

（四）

經　冬十有二月，吳滅徐，徐子章羽奔楚。

傳　吳子使徐人執掩餘，使鍾吾人執燭庸，二公子奔楚。楚子大封而定其徙①，使監馬尹大心逆吳公子使居養②，莠尹然左司馬沈尹戌城之③，取於城父與胡田以與之，將以害吳也。子西諫曰：「吳光新得國，而親其民，視民如子，辛苦同之，將用之也。若好吳邊疆，使柔服焉，猶懼其至，吾又疆其讎以重怒之，無乃不可乎？吳，周之胄裔也，而弃在海濱，不與姬通，今而始大，比于諸華，光又甚文，將自同於先王④，不知天將以爲虐乎？使翦喪吳國而封大異姓乎？其抑亦將卒以祚吳乎？其終不遠矣。我盍姑億⑤吾鬼神，而寧吾族姓，以待其歸，將焉用自播揚焉。」王弗聽。吳子怒，冬十二月，吳子執鍾吳子，遂伐徐，防山以水之⑥。己卯，滅徐，徐子章禹斷其髮，攜其夫人以逆吳子，吳子唁而送之，使其邇臣從之，遂奔楚。楚沈尹戌帥師救徐，弗及，遂城夷⑦，使徐子處之。吳子問于伍員曰：「初而言伐楚⑧，余知其可也，而恐其使余往也！又惡人之有余之功也。今余將自有之矣，伐楚何如！」對曰：「楚執政衆而乖。莫適任患，若爲三師以肄焉，一師至，彼必皆出，彼出則歸，彼歸則出，楚必道敝。亟肄以罷之，多方以誤之，既罷而後以三軍繼之，必大克之。」闔廬從之，楚於是乎始病。

【今註】①楚子大封而定其徒：楚王給他很多土田，並規定他們的住處。②養：彙纂說：「今河南沈邱縣東有養城。」③城之：築城牆。④先王：指着太王王季。⑤億：等於安定。⑥防山以水之：壅徐國的山，使他出水以灌徐都城。⑦夷：即城父，今安徽省亳縣東南，渦陽縣西北。⑧初而言伐楚：你最初說伐楚國。在魯昭公二十年。

【今譯】吳王差徐人捉拿掩餘，差鍾吾人捉拿燭庸，二公子聞知了消息，就逃奔到楚國去。楚王便大大封給他們土田，使他定居，差監馬尹叫大心的，迎接吳公子們，使居住在養那裏；差莠尹然左司馬沈尹戌替他們修城池，又取城父和胡田給他們，爲的是要想害吳國。子西諫說：「吳公子光新近獲得了吳國，親愛他的人民，看待人民像兒子一般，辛苦也大家同受，將來正要利用他們呢？如果和吳國的邊疆上能要好些，使他們軟服了我，還怕他侵伐我，現在我却又加強了他的仇敵，重重的惹怒他，怕是不可以的罷？吳國是周朝的後代，却丟棄在海邊上，不和姓姬的各國相通連，直到現在方強大起來，可同中原各國相彷彿。光又甚文雅，也許他會同太王王季一樣興盛起來！不知道天是將要使吳爲虐呢？還是要消滅了吳國，把土地封大異姓呢？還是終究要降福在吳國呢？他的分曉怕並不久遠了，我們何不姑且安定我的祖宗，穩定我的子孫，慢慢等待他的歸結；爲什麼先要自己這麼虛張聲勢呢？」王不聽他的話。吳王果然大怒，冬天十二月中，吳王捉住鍾吾子，便又去伐徐國，防塞了山，使水灌那徐國都城。己卯那天，滅掉徐國；徐子章禹便翦斷頭髮帶了他的夫人一同去迎接吳王。吳王安慰他一番，便送他出境去，使他親信的臣子跟着，便逃到楚國去。楚沈尹戌正領着兵要來救徐國，却已經來不及了，便築城在夷這地方，使徐子住在那裏。吳王問伍員說：「從前你說去伐楚國，我原知道是可以的，不過我恐怕他要差我前去；又厭惡他人搶了我的功勞去。如今我將要自己得這功勞了，去伐楚國你看怎麼樣？」子胥回答說：「楚國執政的大臣，又是多，又是乖張，沒有一個擔當國家患難的。如果我們用三支兵去突襲，一支兵到了，他們一定便都出來，等他們既出以後，我們便回來，他們既回去以後，我們便再出去。那末楚兵一定要在路上趕疲乏了，屢次去突襲他們，使他們疲乏；又多從各方面攻打，去迷誤他們，等得他們既經疲極了，然後才拿三軍接着攻進，那一定能大勝了。」闔廬依了他的計劃，楚國到這時候方纔開始衰敗。

昭公三十有一年（公元前五百一十一年）

（一）

經　春王正月，公在乾侯。

傳　春王正月，公在乾侯，言不能外內也①。

【今註】①言不能外內也：意思是說，他也不能在外，也不能在內。

【今譯】三十一年春天正月，魯昭公住在乾侯，春秋上如此記載，表示他既不能外得齊晉的帮助，國內也不能爲臣子所容納。

(二)經 季孫意如會晉荀躒于適歷。

(三)經 晉侯使荀躒唁公于乾侯。

傳 晉侯將以師納公，范獻子曰：「若召季孫而不來，則信不臣矣，然後伐之，若何？」晉人召季孫，獻子使私焉，曰：「子必來，我受其無咎①。」季孫意如會晉荀躒于適歷②，荀躒曰：「寡君使躒謂吾子何故出君？有君不事，周有常刑，子其圖之。」季孫練冠麻衣跣行③伏而對曰：「事君臣之所不得也，敢逃刑命。君若以臣爲有罪，請囚于費以待君之察也，亦唯君。若以先臣之故，不絕季氏而賜之死。若弗殺弗亡，君之惠也，死且不朽。若得從君而歸，則固臣之願也，敢有異心。」夏四月，季孫從知伯④如乾侯，子家子曰：「君與之歸，一慙之不忍，而終身慙乎？」公曰：「諾。」衆曰：「在一言矣，君必逐之⑤。」荀躒以晉侯之命唁公，且曰：「寡君使躒以君命討於意如，意如不敢逃死，君其入也。」公曰：「君惠顧先君之好，施及亡人，將使歸糞除宗祧以事君，則不能見夫人⑥已。所能見夫人者有如河！」荀躒掩耳而走，曰：「寡君其罪之恐，敢與知魯國之難。臣請復於寡君。」退而謂季孫：「君怒未怠，子姑歸祭⑦。」子家子曰：「君以一乘入于魯師，季孫必與君歸。」公欲從之，衆從者脅公不得歸。

【今註】①我受其無咎：我保險對你沒有危險。②適歷：春秋釋地說：「以適歷音滴瀝，在今河北大名縣廢魏縣城，地在乾侯東北，荀躒一面會季孫，一面囑孟孫從荀躒如乾侯，道路甚順。」③練冠麻衣跣行：練冠是布的帽子，麻衣是深顏色的布衣服，跣行是不穿鞋。④知伯：荀躒。⑤君必逐之：晉君必定把季孫意如驅逐走。⑥夫人：指着季孫。⑦子姑歸祭：你姑且回去代表君去祭祀。

【今譯】晉侯將以軍隊送魯昭公回國，士鞅說：「要是叫季孫來，而他不來，那麼他就眞正不再臣服了，然後再討伐他，怎麼樣？」晉人就來叫季孫，士鞅偷着派人告訴他：「你必須要來，我可以擔保沒有罪過。」於是季孫意如就到適歷這地方去會見晉國荀躒，荀躒說：「寡君派躒來問你，爲什麼將魯君驅逐出來？有位君而不事奉他，周本來有常的刑法，你必須想想吧！」季孫意如就穿着喪服，布的帽子，不穿鞋，伏在地上回答說：「事奉魯君是我所希望而不得的，我豈敢逃避刑法呢？魯君若以我爲有罪，請囚在費這地方，以待君的考察，也聽着君辦。要是因爲先臣的原故，不使季氏絕後，而只賜我死，那也照你辦。要是不殺我，也不令我逃亡，這是君的恩惠，我就死也不朽爛。若能跟着君回國，這實在是我的願望，還敢有另外的心嗎？」夏天四月，季孫意如隨着荀躒到乾侯去，子家羈對魯昭公說：「君與他回去吧，不忍一次的羞辱，而變成終身羞辱嗎？」昭公說：「好吧！」其餘的衆人說：「就在一句話，你必定告訴晉君驅逐季孫。」荀躒用晉君的命令去問候魯昭公並且說：「寡君派我用你的命令討伐意如，意如不敢逃死，已來迎君，你就回國吧！」昭公說：「你惠顧到先君的和好，連及逃亡的人，將派我回去打掃宗廟以事奉你，就不能見這個人。我要是見這個人，就跟黃河的水一樣。」荀躒掩着耳朵就走了，說：「我們寡君很怕因爲使你回國而得到罪狀，現在你不回，我們怎麼敢與聞魯國的禍難。我們就請回答寡君的話去。」他就退下對季孫說：「魯君的怒還沒有止息，你姑且回去替他祭宗廟吧！」子家羈又說：「你以一乘車進到魯國軍隊裏，季孫必定跟你回去。」昭公想聽從這辦法，可是很多隨從的人脅迫他不得回去。

（四）經 夏四月丁巳薛伯穀卒。

傳 薛伯穀卒，同盟故書。

【今譯】薛伯穀死了，因爲同盟的原故，所以寫到春秋上。

（五）經 秋葬薛獻公①。

【今註】①此經無傳。

【今譯】秋天給薛獻公行葬禮。

（六）傳 秋，吳人侵楚，伐夷侵潛六①，楚沈尹戌帥師救潛，吳師還，楚師遷潛於南岡②而還。吳師圍弦③，左司馬戌，右司馬稽帥師救弦，及豫章，吳師還，始用子胥之謀也。

【今註】①夷侵潛六：夷一作彝，卽城父。六卽故六國在今安徽省六安。潛卽霍山。②南岡：左通補釋說：「以霍山縣東北三十里有灊城，南岡卽漢置縣處也。」③弦：楚地，在今河南潢川縣西南。

【今譯】秋天，吳人侵略楚國，伐夷同潛六三個地方，楚國沈尹戌帥領軍隊救潛，吳國軍隊就囘去了。楚國軍隊也把潛的人民遷到南岡，然後他們也囘去。這時吳國軍隊又圍了弦這地方，楚國的左司馬戌，右司馬稽帥着軍隊去救弦，到了豫章，吳國軍隊就囘去了，這是頭一次用伍子胥的計謀。

（七）經 冬黑肱以濫來奔。

傳 冬，邾黑肱以濫①來奔，賤而書名②，重地故也。君子曰：「名之不可不愼也如是！

夫有所有名而不如其已③，以地叛，雖賤必書地，以名其人，終爲不義，不爲利回④，不爲義疚⑤，或求名而不得⑥，或欲蓋而名章，懲不義也，齊豹爲衞司寇，守嗣大夫，作而不義，其書爲盜⑦，邾庶其⑧莒牟夷⑨，邾黑肱⑩以土地出，求食而已，不求其名，賤而必書。此二物者，所以懲肆而去貪也。若艱難其身，以險危大人⑪，而有名章徹⑫，攻難之士將奔走之，若竊邑叛君以徼大利而無名，貪冒之民將寘力焉。是以春秋書齊豹曰盜，三叛人名，以懲不義，數惡無禮，其善志也。故曰春秋之稱微而顯⑬，婉而辨，上之人能使昭明，善人勸焉，淫人懼焉，是以君子貴之。」

【今註】①濫：一統志說：「在今山東滕縣東南六十里。」②賤而書名：他不是命卿而寫到竹簡上。③夫有所有名而不如其已：雖然有名字，有地位，但是不如沒有。④不爲利回：不爲利而搖動正心。⑤不爲義疚：不爲義所病。⑥或求名而不得：或想出名而不能得到。⑦其書爲盜：這是昭公二十年齊豹想得名，而春秋上寫他爲盜，使他求名而不得。⑧邾庶其：在襄公二十一年。⑨莒牟夷：在昭公五年。⑩邾黑肱：見此段。⑪大人：在位的人。⑫而有名章徹：他的勇名，就可以四佈。⑬微而顯：文微細而義很顯明。

【今譯】冬，邾國的黑肱以濫這地方逃到魯國，他地位很低下，而春秋上寫着他的名字，因爲重視地的原故。君子說：「名的不可以不愼重，就是這個樣子。有的有名就不如沒有，以地反叛，雖然地位賤，必寫上地並寫上這個人的名字，這一下始終是不義，這是沒法滅掉，所以君子動必定想到禮，行必想到義，不爲利益而變他的正心，不爲義而不動，有的是求名而不得，有的是想掩蓋而愈發，把名字更張明，這是因爲懲戒不義的原故。齊豹爲衞國的司寇，接着上輩做大夫，做的事情不合義理，就把他寫成盜，邾庶其，莒牟夷，邾黑肱以土地出奔，這祇不過是求得飲食，並不求得出名，他們地位賤，而必定寫在春秋上。這兩件事，爲的是懲戒放肆而去貪心的人。要是自己做得很艱難，以害在位的人，而得了勇士的名，做禍難的人，全都要追隨他。要是竊取一個土地，背叛國君以得到大的利益，而不記錄他的名字，貪冒的人民將盡力來做。所以春秋寫齊豹叫做強盜，三個反叛的全有人名，這是懲戒無義的人，反對無禮的，這是善於記事。所以說春秋的稱爲文章隱微而意思顯著，文辭委婉而宗旨明白，在位的人能夠這樣辦，好人全部都很被勸，壞人就很害怕，所以君子頗以爲貴。」

（八）

經 十有二月，辛亥朔，日有食之。

傳 十二月辛亥朔，日有食之。是夜也，趙簡子夢童子贏而轉以歌①，旦占諸史墨曰：「吾夢如是，今而日食，何也？」對曰：「六年及此月也，吳其入郢乎，終亦弗克。入郢必以庚辰，日月在辰尾②，庚午之日，日始有謫③，火勝金故弗克。」

【今註】 ①夢童子贏而轉以歌：贏同裸。夢見一個小孩子沒有穿衣服婉轉的歌唱。 ②日月在辰尾：辰尾是龍的尾。 ③日始有謫：日開始有變氣。

【今譯】 十二月辛亥初一，晉國有日食，這天夜裏，趙鞅夢見一個童子不穿衣服婉轉的歌唱，早晨就問史墨說：「我夢見如此，今天就日食，是什麼原故？」史墨回答說：「六年以後，到了這個月，吳國恐怕就要進入楚國都城郢，但是終久也沒有成功。入郢必定在庚辰那天，日月全在龍尾，自從庚午那天，太陽方始變化，火勝金，所以不能成功。」

昭公三十有二年（公元前五百一十年）

（一）經春王正月，公在乾侯，取闞①。

【今註】①此經無傳。

【今譯】三十二年，春王正月，昭公在乾侯，取闞的地方。

（二）傳春王正月，公在乾侯，言不能外內，又不能用其人也①。

【今註】①又不能用其人也：其人指着子家羈。

【今譯】三十二年，春王正月，昭公在乾侯，春秋上說昭公在乾侯，意思說不能夠外邊得到齊晉的幫助，又不能聽從子家羈的話。

（三）經夏，吳伐越。

傳夏，吳伐越，始用師於越也。史墨曰：「不及四十年，越其有吳乎？越得歲①，而吳伐之，必受其凶。」

【今註】①越得歲：歲是歲星，這年歲星方達到吳越的分野。

【今譯】夏天，吳國討伐越國，開始用軍隊來伐越國，晉國的史墨說：「不到四十年，越國恐怕就要佔據了吳國？越國得了歲星，而吳來討伐他，必定受到他的凶災。」

（四）經秋七月。

（五）經冬仲孫何忌會晉韓不信、齊高張、宋仲幾、衞世叔申、鄭國參、曹人、莒人、薛人、杞人、小邾人城成周。

傳秋八月，王使富辛與石張如晉，請城成周①，天子曰：「天降禍于周，俾我兄弟②，並有亂心，以爲伯父憂，我一二親暱甥舅不皇啓處，於今十年，勤戍五年，余一人無日忘之，閔閔焉如農夫之望歲，懼以待時。伯父若肆大惠，復二文③之業，弛周室之憂，徼文武之福，以固盟主，宣昭令名，則余一人有大願矣。昔成王合諸侯城成周以爲東都，崇文德焉。今我欲徼福假靈于成王，脩成周之城，俾戍人無勤，諸侯用寧，蝥賊遠屏，晉之力也，其委諸伯父，使伯父實重圖之。俾我一人無徵怨于百姓，而伯父有榮施，先王庸之④。」范獻子謂魏獻子曰：「與其戍周，不如城之，天子實云。雖有後事，晉勿與知，可也。從王命以紓諸侯，晉國無憂，是之不務，而又焉從事。」魏獻子曰：「善。」使伯音⑤對曰：「天子有命，敢不奉承以奔告於諸侯，遲速衰序於是焉在。」冬十一月，晉魏舒韓不信如京師，合諸侯之大夫于狄泉尋盟，且令城成周，魏子南面。衞彪傒⑥曰：「魏子必有大咎，干位以令大事，非其任也。詩曰：『敬天之怒，不敢戲豫，敬天之渝，不敢馳驅⑦。』況敢干位以作大事乎？」己丑，士彌牟營成周，計丈數，揣高卑，度厚薄，仞溝洫，物土方，議遠邇，量事期，計徒庸⑧，慮財用，書餱糧⑨以令役於諸侯，屬役賦丈⑩，書以授帥⑪，而效諸劉子，韓簡子臨之以爲成命。

【今註】①請城成周：請修成周的城。②兄弟：指王子朝。③二文：指文侯仇及文公重耳。④先王庸之：先王將以爲有大功。⑤伯音：韓不信。⑥彪傒：衞大夫。⑦敬天之怒，不敢戲豫，敬天之渝，不敢馳驅：詩經大雅的一句詩，意思是說怕上天的發怒，所以不敢遊戲，又怕天的變化，所以不敢奔走。⑧計徒庸：算計用人的數目。⑨書餱糧：寫上糧食的數目。⑩屬役賦丈：算計每個諸侯所應修城牆的尺寸數目。⑪書以授帥：寫好了給諸侯大夫們。

【今譯】秋天八月，王派富辛同石張到晉國去，請修理成周的城。天王說：「天降給周災禍，使我們兄弟們全有亂心，爲伯父的憂愁，我一二個親戚同甥舅不能安居樂業，一直到現在已經十年，並且晉國又派兵來戍守周都，到了現在又五年了，我沒有一天忘記諸侯辛勞，我很憂愁，跟農夫的憂饑，等待來歲收成一般。伯父若能展放大的恩惠，恢復文侯仇同文公重耳的大業，解除周室的憂慮，得到周文王武王的福氣，以穩固盟主，宣佈昭示令名，我就有大的願望了。從前周成王聯合諸侯，修了成周這個城，做爲東都，尊崇文王的德行。我現在想着得到福祉同成王的神靈，修築成周的城，使戍守的人不必永遠勤勞，諸侯得到安靜，壞的人遠去，這是晉的力量，我就把這件事交給伯父，請伯父細想想。使我不必得到百姓的怨恨，而伯父也有光榮的施捨，先王全以爲大功了。」士鞅對魏舒說：「與其戍守周國，不如修成周的城，這是天子所說的話，雖然以後再有什麼事情發生，晉國可以不必知道，尊從王的命令，以安定諸侯，晉國無憂慮，這種不管，又去管什麼？」魏舒說：「很好。」派韓不信回答說：「天子既有命令，我敢不接受去奔告諸侯們？遲速同次序，皆尊重王所命令的。」冬十一月，晉國魏舒韓不信到京都會合諸侯的大夫們在狄泉這地方，尋找盟誓，並且叫他們修成周的城，魏舒就南面當政權。衞國大夫彪傒說：「魏舒必定有大罪咎，干犯君的位子，發號令，辦大事，這不是他所應當做的。詩經大雅說：『敬奉上天的怒，不敢遊戲，敬奉上天的變化，也不敢出去奔走。』何況敢侵犯君位來做大事情呢？」己丑，士彌牟經營成周城，計算丈數，揣度高下，度量厚薄，查看溝洫的深淺，並相度土的方向，商量所取土的遠近，須要多少工時，計用人工的多少，及財用的多寡，寫明糧食的多少，把數目告訴諸侯，每個諸侯所應當修城的丈尺，寫成告訴諸侯大夫，末了交給劉子，韓不信來看過，做成了修城的成法。

（六）

經 十有二月己未，公薨于乾侯。

傳 十二月公疾，徧賜大夫，大夫不受。賜子家子雙琥①，一環一璧輕服②，受之，大夫皆受其賜。己未，公薨。子家子反賜於府人曰：「吾不敢逆君命也。」大夫皆反其賜。書曰：「公薨于乾侯。」言失其所也。趙簡子問於史墨曰：「季氏出其君，而民服焉，諸侯與之，君死於外，而莫之或罪也。」對曰：「物生有兩，有三，有五，有陪貳，故天有三辰，地有五行，體有左右，各有妃耦，王有公，諸侯有卿，皆有貳也。天生季氏以貳魯侯，爲日久矣。民之服焉，不亦宜乎？魯君世從其失，季氏世修其勤，民忘君矣。雖死於外，其誰矜之？社稷無常奉，君臣無常位，自古以然。故詩曰：『高岸爲谷，深谷爲陵③。』三后之姓④，於今爲庶，主所知也。在易卦，雷乘乾曰大壯䷡⑤，天之道也。昔成季友桓之季也，文姜之愛子也，始震而卜，卜人謁之曰：『生有嘉聞，其名曰友，爲公室輔。』及生如卜人之言，有文在其手曰友，遂以名之。既而有大功於魯，受費以爲上卿。至於文子武子⑥，世增其業，不費舊績。魯文公薨而東門遂殺適立庶，魯君於是乎失國，政在季氏，於此君也四公矣。民不知君，何以得國。是以爲君，愼器與名，不可以假人。」

【今註】①雙琥：是玉器。②輕服：細巧的衣服。③高岸爲谷，深谷爲陵：詩經小雅一句詩。意思是說高的地方可以變成深谷，深的山谷也可以變成丘陵。④三后之姓：三后是指着虞夏商。⑤雷乘乾曰大壯䷡：大壯的卦是震卦在乾卦的上面，震就等於雷。⑥文子、武子：文子是季孫行父，武子是季孫宿。

【今譯】十二月，魯昭公有病，徧賜隨着昭公在乾侯的各大夫，大夫們不敢接受。賜給子家羈兩個玉琥，一個環一個璧，精細的衣服，子家羈接受了，於是各大夫都接受。己未，昭公死了。子家羈把昭公所賜的東西返回管財產的人說：「我不敢違背君的命令。」大夫們全都退還所接受的賞賜。春秋上寫着說：「魯昭公死在乾侯。」意思說他失掉他所應住的地方。趙鞅問史墨說：「季孫氏把魯君驅逐出國，而魯國人民全服從他，諸侯也同季孫氏來往，魯君死在國外，而沒有人說季孫的罪。」回答說：「物生下來有兩、有三、有五、有陪襯的，所以天有日月星三辰，地有五行，身體有左右，各有妃耦，王有公，諸侯有卿，全都是有陪貳。天生下季氏爲魯國的陪貳已經很久，人民的服從他，不也是應當的嗎？魯君代代增加他的失德，季孫氏代代增加他的勤勞，人民全忘了魯君，雖死在國外，誰還可憐他？國家沒有常奉，君臣沒有常的位子，自古以來常常如此。所以詩經小雅有句詩說：『高的地方常常變成深谷，深谷也常常變成丘陵。』虞夏商三代的姓氏，到現在變成庶民，這是你所知道的。在易經上有一卦，震在乾上就叫做大壯，這是天的道理。從前魯國的季友是桓公的小兒子，文姜的愛子，在未生以前就占卜，占卜的人說：『生下來以後有好的名氣在世上，他的名字叫友，可以做魯國公室的輔佐。』到了生下以後，就跟卜人所說的話一樣。有一個花紋在他手裏叫做友，就給他取了這個名字。後來立僖公，在魯國有大功，受了費這地方做上卿的官。到了季孫行父同季孫宿，代代增加他的事業，不廢舊的功勞。魯文公死了，東門襄仲殺嫡子立庶子，魯君因此失掉政權，政權才在季氏手裏，到了魯昭公，經過魯文公，成公，襄公連昭公共四個公，人民不知道這個君，這個君怎樣能得到政權。所以人君對於器同名都應當愼重，不可以假借給別人。」

卷二十八　定公上

定公元年（即公元前五百〇九年）

（一）經元年春王。

（二）經三月，晉執宋仲幾于京師。

傳元年春王正月辛巳，晉魏舒合諸侯之大夫于狄泉①，將以城成周，魏子涖政。衞彪傒②曰：「將建天子③，而易位以令，非義也。大事奸義，必有大咎，晉不失諸侯，魏子其不免乎？」是行也，魏獻子屬役於韓簡子④與原壽過⑤，而田於大陸⑥，焚焉。還卒於甯⑦，范獻子去其柏椁，以其未復命而田也。孟懿子會城成周，庚寅栽⑧。宋仲幾不受功，曰：「滕薛郳，吾役也⑨。」薛宰曰：「宋爲無道，絕我小國於周，以我適楚，故我常從宋。晉文公爲踐土之盟⑩曰：『凡我同盟，各復舊職。』若從踐土，若從宋，亦唯命。」仲幾曰：「踐土固然⑪。」薛宰曰：「薛之皇祖奚仲居薛，以爲夏車正，奚仲遷于邳⑫，仲虺居薛，以爲湯左相，若復舊職，將承王官，何故以役諸侯？

」仲幾曰：「三代各異物，薛焉得有舊？爲宋役，亦其職也。」士彌牟曰：「晉之從政者新⑬，子姑受功，歸吾視諸故府。」仲幾曰：「縱子忘之，山川鬼神，其忘諸乎？」士伯怒，謂韓簡子曰：「薛徵於人，宋徵於鬼，宋罪大矣。且已無辭而抑我以神，誣我也。啓寵納侮⑭，其此之謂矣。必以仲幾爲戮。」乃執仲幾以歸，三月，歸諸京師。城三旬而畢，乃歸諸侯之戍。齊高張後至，不從諸侯，晉女叔寬曰：「周萇弘齊高張皆將不免，萇叔違天，高子違人⑮。天之所壞，不可支也，衆之所爲，不可奸也。」

【今註】①狄泉：周地，在今河南省洛陽縣東北二十五公里，一作翟泉。②衛彪傒：衛大夫。③將建天子：建立天子的都城。④韓簡子：晉大夫韓起。⑤原壽過：周大夫。⑥大陸：水經注引魏土地記說：「修武縣西北二十五里，有吳澤陂，南北二十里，東西三十里，魏獻子田大陸，即吳澤矣。」在今河南省修武縣西北。⑦甯：晉地，一統志說：「今河南獲嘉縣治，本古修武故城，即故甯也。」⑧栽：開始作板築。⑨滕、薛、郳吾役也：這三國全都爲我宋工作。⑩踐土之盟：在僖公二十八年。⑪踐土固然：盟誓中說「從舊」，就仍舊爲宋工作。⑫邳：在今江蘇省邳縣。⑬晉之從政者新：現在晉國掌政權者是新人，指范獻子。⑭啓寵納侮：開啓寵愛必至於受侮。⑮萇叔違天，高子違人：萇弘違反天命，高張違反衆人的工作。

【今譯】元年春王正月，辛巳，晉國魏舒召集諸侯的大夫們在狄泉這地方，爲的是建築成周的城，魏舒就執掌政權。衛彪傒說：「將建立天子的住所，而換了位子來下命令，這是不合於義的。遇見大事情而干犯義，必定有大過錯，晉國不會失掉諸侯，魏舒恐怕不免於禍難」。這一次，魏舒把這工役全交給韓不信同周大夫原壽過，而自己到大陸去打獵，被火所焚傷。回來就死在甯這地方。士鞅把他的柏木的椁去掉，因爲他沒有回報就去打獵。仲孫何忌去開會，爲的修成周的城，庚寅開始做板築。宋仲幾不願接受事功，說：「滕、薛、郳三國都爲我宋國工作。」薛國的大夫說：「宋國沒有道理，拒絕我們小國同周室相通，牽領我們到楚國去，所以我們常跟隨着宋國。晉文公在踐土盟會時說：『凡是我們同盟的人，各回復舊的職務。』或是從踐土，或者隨從宋國，全都聽候命令。」仲幾說：「盟誓中說從舊，就仍舊爲宋工作吧。」薛大夫說：「薛的皇祖奚仲在薛住着，做夏朝車正的官，奚仲後來遷邳，仲虺仍住在薛，做成湯的左相，要是恢復舊的職務，將擔任王的官吏，怎麼能夠爲諸侯的工役？」仲幾就說：「三代的情形各不相同，薛怎麼能有舊章呢？薛爲宋的工役，也是他的職務。」士彌牟說：「晉國執政權的人新上任，你姑且受了這功，回去以後，我再看看舊的章程如何？」仲幾說：「縱然你忘了，山川鬼神還能忘了嗎？」士彌牟發怒，對韓不信說：「薛拿人做證據，宋拿鬼做證據，宋的罪更大了。並且本人沒話可說而拿神壓迫我，這是誣賴我。開啓寵愛，就會受到羞辱，恐怕就是這種事，必須把仲幾來處分。」就把仲幾逮起來，三月，送到京師，修城三十六天就完了，就叫諸侯的戍兵回國。齊國高張來得晚，不能跟上諸侯們工作，晉國女叔寬說：「周的萇弘，齊的高張都將不免於患，萇弘違背天，高張違背人。周室爲天所壞，沒法來支持，大家所做的事不可以干犯。」

(三)經 夏六月癸亥，公之喪至自乾侯。

(四)經 戊辰，公即位。

(五)經 秋七月癸巳，葬我君昭公。

傳 夏，叔孫成子①逆公之喪于乾侯，季孫曰：「子家子亟言於我，未嘗不中吾志也，吾欲與之從政，子必止之，且聽命焉。」子家子不見叔孫，易幾而哭②。叔孫請見子家子，子家子辭曰：「羈未得見，而從君以出，君不命而薨，羈不敢見。」叔孫使告之曰：「公衍公爲實使羣臣不得事君，若公子宋③主社稷，則羣臣之願也。凡從君出而可以入者，將唯子是聽。子家氏未有後，季孫願與子從政，此皆季孫之願也，使不敢④以告。」對曰：「若立君，則有卿士大夫與守龜在，羈弗敢知。若從君者，則貌而出者⑤入可也，寇而出者⑥行可也。若羈也則君知其出也，而未知其入也，羈將逃也。」喪及壞隤⑦，公子宋先入，從公者皆自壞隤反⑧。六月癸亥，公之喪至自乾侯。戊辰，公即位。季孫使役如闞將溝焉⑨。榮駕鵝⑩曰：「生不能事，死又離之，以自旌也。縱子忍之，後必或恥之。」乃止。季孫問於榮駕鵝曰：「吾欲爲君謚⑪，使子孫知之。」對曰：「生弗能事，死又惡之，以自信也，將焉用之？」乃止。秋七月癸巳，葬昭公於墓道南。孔子之爲司寇也，溝而合諸墓。

【今註】①叔孫成子：叔孫婼的兒子叔孫不敢。②易幾而哭：幾是聚哭的會，換了時間，以免與叔孫相見。③公子宋：昭公的弟弟定公。④不敢：叔孫的名字。⑤貌而出者：以義從公，與季孫並無仇怨。⑥寇而出者：與季孫有仇怨。⑦壞隤：當在今山東省鄆城縣境。⑧從公者皆自壞隤反：向後走等於不回魯國。⑨季孫使役如闞將溝焉：闞是魯群公墓所在地，在今山東省汶上縣西南三十五公里，使人作溝使昭公墓與先君不能相連。⑩榮駕鵝：魯大夫。⑪我欲爲君謚：給他壞的謚號。

【今譯】夏天，叔孫不敢到乾侯去迎接魯昭公的屍體，季孫意如說：「子家羈屢次對我說話，未嘗不合於我的意思，我想使他隨從我辦理政事，你必須留住他，而且聽他的意見。」子家羈不見叔孫不敢，早晨晚上哭臨的時候，換了時間而去。叔孫請見他，子家羈辭謝說：「羈未嘗得見你，就跟着君逃出來，君未曾命我見你，就死了，所以我不敢見你。」叔孫派人告訴他說：「公衍同公爲兩個人，實在使羣臣不能事奉昭公，若是昭公弟弟公子宋主持國家，這就符合羣臣的願望。凡是從着君出來，而可以回去的，皆聽候你的命令。子家氏沒有立後人，季孫很想與你同掌政權，這完全是季孫的願望，使不敢告訴你。」子家羈回答說：「要是立君，就有卿士大夫跟占卜的龜存在，我當然不敢知道。要是從君出來的，跟季孫沒有怨恨的，就可以回去。若跟季孫爲敵人的，就可以出奔。祇有我自己則君知道我出來，而不知道我回去，我將逃亡。」到了壞隤的地方，公子宋先回去，跟昭公逃亡在外的，全從壞隤出奔。癸亥，昭公的屍體從乾侯回來。戊辰，定公卽位。季孫派工人到魯先公墓地闞這地方去，將給他劃條溝。榮駕鵞說：「活着不能夠事奉他，死了又使他同祖先離開，以自己表章。縱然你可以忍受，以後你的子孫必定以爲羞恥。」季孫就止住了。季孫又問榮駕鵞說：「我想給君立個壞的謚號，使以後的子孫全都知道。」回答說：「生不能事奉他，死了還憎惡他，以表示自己的不忠，這又何必呢？」季孫就不辦。秋七月癸巳，在墓道的南邊葬了昭公。孔子做司寇的時候，四面給他做溝，同魯先君的墓道相連。

（六）經 九月大雩①。

【今註】①此經無傳。

【今譯】九月，魯國行求雨的典禮。

（七）經 立煬宮。

傳 昭公出，故季平子禱于煬公。九月立煬宮①。

【今註】①煬公：是伯禽的兒子，是魯國第一次以小宗代大宗的君，所以季孫禱告他。詳見李宗侗著中國古代社會新研及中國古代社會史。

【今譯】昭公出奔時，季孫意如對煬公禱告。九月就立了煬公的廟。

（八）傳周鞏簡公①棄其子弟而好用遠人②。

【今註】①鞏簡公：周卿士。②遠人：指異族。

【今譯】周卿士鞏簡公，拋棄他的子弟而好用遠人。

（九）經冬十月，隕霜殺菽①。

【今註】①此經無傳。

【今譯】冬天十月，下霜毀掉很多豆苗。

定公二年（即公元前五百〇八年）

（一）經春王正月。

【今譯】二年春王正月。

（二）傳二年夏四月辛酉，鞏氏之羣子弟賊簡公①。

【今註】①這節與去年一節相連，足證春秋與左氏春秋是兩部書，而左氏非爲解釋春秋而作。

【今譯】夏天四月辛酉，鞏氏的羣子弟偷殺鞏簡公。

（三）經夏五月壬辰，雉門及兩觀災①。

【今註】①雉門及兩觀災：雉門是公宮的南門，兩觀是左右的闕，發生了火災。此經無傳。

【今譯】五月壬辰，魯公宮的南門同它左右兩觀全着了火。

（四）經秋，楚人伐吳。

傳桐①叛楚，吳子使舒鳩氏②誘楚人，曰：「以師臨我③，我伐桐，爲我使之無忌④。」秋楚囊瓦伐吳師于豫章⑤。吳人見舟于豫章，而潛師于巢。冬十月，吳軍楚師于豫章，敗之，遂圍巢，克之，獲楚公子繁⑥。

【今註】①桐：偃姓國，一統志說：「在今安徽桐城縣北。」②舒鳩氏：楚屬國，在今安徽舒城縣境。③以師臨我：使舒鳩人引誘楚國攻擊吳國。④我伐桐，爲我使之無忌：吳假作畏楚，討叛楚的桐，使楚人不疑心。⑤豫章：楚地，在今安徽省壽縣城西四十里壽春古城。⑥公子繁：楚守巢大夫。

【今譯】桐國叛楚國，吳王叫舒鳩氏引誘楚國人，說：「用軍隊來威嚇我，我就伐桐，使楚國對吳國沒有疑忌。」秋，楚囊瓦領着軍隊到豫章伐吳國，吳國人的舟師到豫章，而偷着派軍隊到巢。冬天十月，吳國軍隊在豫章打敗了楚國，就圍了巢，戰勝他，捕獲了楚公子繁。

（五）經冬十月，新作雉門及兩觀①。

【今註】①此經無傳。

【今譯】冬天十月，重新修理魯公宮的南門同兩觀。

（六）傳邾莊公與夷射姑①飲酒，私出②，閽乞肉焉，奪之杖以敲之。

【今註】①夷射姑：邾大夫。射音亦。②私出：私避飲酒逃出。

【今譯】邾莊公同邾大夫夷射姑喝酒，偷着逃出，看門的人向他要肉吃，奪掉看門人的杖，而敲打看門人的頭。

定公三年（即公元前五百〇七年）

（一）經 三年，春王正月，公如晉，至河乃復①。

【今註】①此經無傳。

【今譯】三年春王正月，魯定公到晉國去，到了河邊就回來。

（二）經 二月辛卯，邾子穿卒。

傳 三年春二月辛卯，邾子在門臺①臨廷，閽以缾水沃廷，邾子望見之怒。閽曰：「夷射姑旋焉②。」命執之，弗得，滋怒，自投于牀，廢③于鑪炭，爛遂卒。先葬以車五乘，殉五人。莊公卞急而好潔，故及是。

【今註】①門臺：門上有臺。②旋焉：曾經小便。③廢：廢等於墮下。

【今譯】二月辛卯，邾莊公在門上的臺上看着庭院，看門的人拿水來洗刷庭院，邾莊公看見了很生氣。把門的人說：「夷射姑在這裡小便了。」他就叫人逮捕夷射姑，得不到，愈發的惱怒，自己甩在牀上，掉到爐炭中，傷重而死。葬的時候用車五輛，用五個人殉葬。莊公性子很急又喜歡乾淨，所以到了如此。

（三）經 夏四月。

（四）經 秋葬邾莊公。

（五）傳 秋九月，鮮虞人敗晉師于平中①，獲晉觀虎，恃其勇也。

【今註】①平中：晉地，當在今河北省平山，唐縣，新樂諸縣境。

【今譯】秋天九月，鮮虞人在平中這地方打敗了晉師，得了晉國的觀虎，因爲他仗着他很勇敢輕敵，所以被獲。

（六）經 冬，仲孫何忌及邾子盟于拔。

傳 冬，盟于郯①，修邾好也。

【今註】①郯：郯卽拔，程發軔教授說：案拔公羊傳作枝，枝與滋同音通假，滋陽以滋山得名，在今山東省滋陽縣境。

【今譯】冬天，仲孫何忌與邾子在郯這地方盟會，這是爲的修邾國的和好。

（七）傳 蔡昭侯爲兩佩①與兩裘，以如楚，獻一佩一裘於昭王。昭王服之以享蔡侯，蔡侯亦服其一。子常欲之，弗與，三年止之。唐成公②如楚，有兩肅爽馬③，子常欲之，弗與，亦三年止之。唐人或相與謀，請代先從者，許之。飲先從者酒，醉之，竊馬而獻之子常，子常歸唐侯。自拘於司敗，曰：「君以弄馬之故隱君身，棄國家羣臣，請相夫人④以償馬，必如之。」唐侯曰：「寡人之過也，二三子無辱！」皆賞之。蔡人聞之固請而獻佩于子常。子常朝，見蔡侯之徒，命有司曰：「蔡君之久也，官不共也。明日禮不畢將死。」蔡侯歸及漢，執玉而沈，曰：「余所有濟漢而南者，有若大川！」蔡侯如晉，以其子元與其大夫之子爲質焉，而請伐楚。

【今註】①兩佩：兩件佩玉。②唐成公：唐惠侯的後人。③肅爽：駿馬的名字。④相夫人：幫助養馬的人。

【今譯】蔡昭侯做了兩個玉佩跟兩個皮裘到楚國去，貢獻一塊玉佩跟一件皮裘給楚昭王。昭王穿着來同蔡昭侯吃飯，蔡昭侯也穿着同樣的一件。囊瓦很想要，不給他，就叫蔡昭侯住在楚國三年。唐成公到楚國去，有兩匹肅爽馬，囊瓦也想要，他不給，也叫他住在楚國三年。唐國人互相商量，請替代先去的人，唐成公答應了。就給先去的人喝酒，使他喝醉，就乘着機會偷掉了馬而獻給囊瓦，囊瓦就使唐成公回國了。偷馬的人自己到法官那裡去自首說：「君因爲弄馬的原故，使君的身很憂慮，棄掉國家，我們羣臣請幫助養馬的來賠償這馬，必定跟原馬一樣。」唐成公說：「這是寡人的過錯，你們不必羞辱。」就賞賜給他們。蔡人聽見了，堅決的要求蔡昭侯把玉佩獻給囊瓦。囊瓦上朝見了蔡侯的從人，又命有司說：「蔡君的長久在楚國，因爲楚國的官吏沒有預備好供給蔡君的禮品，明天禮品預備不好，我必定處死你。」蔡昭侯回來到了漢水，把玉沈下水中，說：「我再有過漢水而到南方去，以大水爲誓！」蔡昭侯到晉國，拿他的兒子元同大夫的兒子爲人質，請伐楚國。

定公四年（即公元前五百〇六年）

（一）經春王二月癸巳，陳侯吳卒①。

【今註】①此經無傳。

【今譯】春王二月癸巳，陳侯吳死了。

（二）經三月，公會劉子、晉侯、宋公、蔡侯、衞侯、陳子、鄭伯、許男、曹伯、莒子、邾子、頓子、胡子、滕子、薛伯、杞伯、小邾子、齊國夏于召陵侵楚。

傳四年春三月，劉文公①合諸侯于召陵②，謀伐楚也。晉荀寅求貨於蔡侯，弗得，言於范獻子曰：「國家方危，諸侯方貳，將以襲敵，不亦難乎？水潦方降，疾虐方起，中山③不服，棄盟取怨，無損於楚，而失中山，不如辭蔡侯。吾自方城以來④，楚未可以得志，祇取勤焉。」乃辭蔡侯。晉人假羽旄於鄭，鄭人與之。明日或旆以會，晉於是乎失諸侯。將會，衞子行敬子⑤言於靈公曰：「會同難⑥，嘖有煩言，莫之治也，其使祝佗⑦從。」公曰：「善。」乃使子魚。子魚辭曰：「臣展四體，以率舊職，猶懼不給，而煩刑書。若又共二⑧，徼大罪也。且夫祝，社稷之常隸也。社稷不動，祝不出竟，官之制也。君以軍行，祓社釁鼓，祝奉以從，於是乎出竟。若嘉好之事，君行師從，卿行旅從，臣無事焉。」公曰：「行也。」及皐鼬⑨，將長蔡於衞。衞侯使祝佗私於萇弘曰：「聞諸道路，不知信否，若聞蔡將先衞，信乎？」萇弘曰：「信，蔡叔康叔之兄也，先衞，不亦可乎？」子魚曰：「以先王觀之，則尚德也。昔武王克商，成王定之，選建明德以藩屏周，故周公相王室以尹天下，於周爲睦，分魯公⑩以大路大旂，夏后氏之璜⑪，封父之繁弱⑫，殷民六族，條氏、徐氏、蕭氏、索氏、長勺氏、尾勺氏⑬，使帥其宗氏，輯其分族，將其類醜，以法則周公，用即命于周，是使之職事于魯，以昭周公之明德，分之土田陪敦⑭，祝，宗，卜，史⑮，備物典策⑯，官司彝器，因商奄之民，命以伯禽⑰，而封於少皡之虛⑱。分康叔⑲以大路，少帛，綪茷，旃旌，大呂⑳，殷民七族，陶氏、施氏、繁氏、錡氏、樊氏、饑氏、終葵氏，封畛土略。自武父㉑以南及圃田㉒之北竟，取於有閻之土㉓以共王職，取於相土之東都㉔，以會王之東蒐，聃季㉕授土，陶叔㉖授民，命以康誥而封於殷虛㉗，皆啓以商政，疆以周索㉘。分唐叔㉙以大路，密須㉚之鼓，闕鞏㉛沽洗㉜懷姓九宗，職官五正㉝，命以唐誥而封於夏虛，啓以夏政㉞，疆以戎索。三者皆叔也，而有令德，故昭之以分物，不然，文武成康之伯猶多，而不獲是分也，唯不尚年也。管蔡啓商，惎間王室㉟，王於是乎殺管叔而蔡㊱蔡叔，以車七乘，徒七十人。其子蔡仲改行帥德，周公舉之以爲己卿士，見諸王而命之以蔡，其命書云：『王曰：胡！無若爾考之違王命也！』若之何其使蔡先衞也？武王之母弟八人：周公爲大宰，康叔爲司寇，聃季爲司空，五叔無官，豈尚年哉？曹文之昭也，晉武之穆也，曹爲伯甸㊲，非尚年也。今將尙之，是反先王也。晉文公爲踐土之盟，衞成公不在，夷叔其母弟也，猶先蔡，其載書云：『王若曰：晉重㊳魯申㊴衞武㊵蔡甲午㊶鄭捷㊷齊潘㊸宋王臣㊹莒期㊺』藏在周府，可覆視也。吾子欲復文武之略，而不正其德，將如之何？」萇弘說，告劉子，與范獻子謀之，乃長衞侯於盟。反自召陵，鄭子大叔未至而卒，晉趙簡子爲之臨，甚哀，曰：「黃父之會㊻，夫子語我九言曰：『無始亂，無怙富，無恃寵，無違同，無敖禮，無驕能㊼，無復怒㊽，無謀非德㊾，無犯非禮㊿。』」

【今註】①劉文公：周卿士王官伯。②召陵：今河南省郾城縣東北四十五里，有召陵城。③中山：即鮮虞。

④吾自方城以來：晉敗楚並侵略方城在魯襄公十六年。⑤子行敬子：衞大夫。⑥會同難：會盟的事不易處理。⑦祝佗：衞太祝名佗字子魚。⑧若又共二：若兼任兩個職務。⑨皐鼬：鄭地，一統志說：在今河南臨穎縣南。⑩魯公：周公子伯禽。⑪夏后氏之璜：夏朝傳下來的一塊玉，周禮說「半璧曰璜」。⑫封父之繁弱：左通補釋說：封父亭在今河南省封邱縣治。⑬殷民六族，條氏、徐氏、蕭氏、索氏、長勺氏、尾勺氏：魯國的小人階級都是殷遺民，所以魯國有亳社。⑭陪敦：陪敦就是附庸。⑮祝、宗、卜、史：太祝、宗人、太卜、太史。⑯典策：杜預以爲卽春秋的同類。⑰命以伯禽：伯禽是誥命的一篇，同康誥相類。⑱而封於少皡之虛：今山東省曲阜縣東北八里有少皡陵。⑲康叔：衞始封祖。⑳少帛、綪茷、旃旌、大呂：少帛是雜色的帛，綪茷是用紅色的艸染的，用這種帛作的旗叫作旃，用羽毛作的叫作旌，大呂是鐘名。㉑武父：程發軔氏說當在今河北省大名府以北。㉒圃田：在今河南省中牟縣西北七里。㉓有閻之土：江永說應在今河南省洛陽縣西南。㉔取於相土之東都：王國維說「宋之國都確爲昭明相土之故都」在今河南省商邱縣南。㉕聃季：周公弟，任司空。㉖陶叔：任司徒。㉗殷虛：由河南省的鄴縣至朝歌縣皆舊殷虛。㉘索：啓魯衞兩國。㉙唐叔：晉國始封祖。㉚密須：舊國名。㉛闕鞏：甲的名字。㉜沽洗：鍾名。㉝懷姓九宗，職官五正：懷姓是唐國的遺民，九宗是分爲九族。㉞啓以夏政：用夏朝的風俗來開啓他，比如在春秋時晉國仍用夏正。㉟惎間王室：毒害王室。㊱蔡蔡叔：正義引說文：「𥻦，散之也，以米殺聲，……寫者全類蔡字」侗按放逐蔡叔，所以下文說「以車七乘，徒七十人，」前後相呼應。㊲曹爲伯甸：曹封爵較小，只是伯爵，且是甸服。㊳晉重：晉文公。㊴魯申：魯僖公。㊵衞武：衞國叔武。㊶蔡甲午：蔡莊侯。㊷鄭捷：鄭文公。㊸齊潘：齊昭公。㊹宋王臣：宋成公。㊺莒期：莒茲丕公。㊻黃父之會：在昭公二十五年。㊼無驕能：不要以自己的能力驕旁人。㊽無復怒：不要對同一事再次發怒。㊾無謀非德：不作不合於德行的事。㊿無犯非禮：不作不合禮的事。

【今譯】三月，劉文公在召陵會合諸侯，是爲的要討伐楚國。晉國荀寅對蔡昭侯要求賄賂，而不能得。他就對士鞅說：「國家方在危險的中間，諸侯方有貳心，拿這時間去偷襲敵人，不也是很難的嗎？水災方要起了，傳染病也要起了，鮮虞不服從晉國，捨棄晉楚的盟誓取到怨望，這種情形對楚國並沒有損失，而我方却丟掉鮮虞，不如辭謝蔡昭侯。我們自從侵略方城以來，對楚也未能得志，祇是使軍隊勞苦而已。」就辭謝了蔡昭侯。晉人從前向鄭國借羽毛的旌旗，鄭人給了他，明天就打着這大旗去開會，晉國因此就失掉諸侯的心。將開會以前，衞大夫子行敬子對衞靈公說：「會盟的事很難辦，到了辯爭的時候，沒人能夠料理，不如叫祝佗跟着去開會。」靈公說：「很好。」就叫祝佗跟去。祝佗辭謝說：「我用全身體的力量，以做舊的職務，尙且怕不能成功，而使受到刑罰。要是兼着兩個職務，這必定得到大罪過。並且祝是國家的賤臣，國家不動，祝官就不出邊境，這是官職的制度。君要以軍隊行，事先對社神祓除不祥，把鼓也塗上血，祝奉着社神跟着君去，於是就跟着出境。至於朝會的事情，君要去有兩千五百人的軍隊跟隨，卿要去，就令五百軍隊跟隨，我並沒有什麼事情。」衞靈公說：「去吧！」到了皐鼬，聽見說將使蔡侯比衞侯在先歃血。衞侯就派祝佗偷着向萇弘說：「聽見道路上傳聞，但不知可靠不可靠，據說蔡將先衞歃血，這話可信嗎？」萇弘說：「可信，蔡叔是康叔的哥哥，先讓衞歃血不也可以嗎？」祝佗說：「以先王的法律來看，就以德行爲上。從前周武王戰勝了商國，周成王安定他，選建了很多有德的人，做周室的屏藩，所以周公相王室以安定天下，對於周，周公是最親睦的，分給魯公伯禽以金車，大的旗子，夏后氏的璜玉，封父的繁弱弓，加上殷民六族：條氏、徐氏、蕭氏、索氏、長勺氏、尾勺氏，叫他們率領他的宗族，聯合他的分族，率領他的衆民，追隨着周公，從着周公的命令，到魯國去做事，用以昭宣周公的明德，分給他土田還有附庸的國家，太祝、宗人、太卜同太史，書寫用的竹簡，百官同常用的器物，用商奄的人民，做了伯禽這篇名字的封誥，而封他在少皡這地方。分給康叔以大的車，雜色的帛，紅顏色的旃旗，以及各種旃旗，大呂的鍾，殷民七族：陶氏、施氏、繁氏、錡氏、樊氏、饑氏、終葵氏，封土地自武父以南一直到圃田的北境，還給有閻這塊地方，以供給對王的職守，再給他相土的東都，爲的幫助周王在東方的打獵，司空聃季交給他土地，司徒陶叔交給他人民，用康誥來册命他，封他在殷虛，魯衞兩國皆用商朝的政治來開啓他，而以周法來疆理他。分給唐叔以大的路車，密須國的鼓，闕鞏的盔甲，沽洗的鍾，懷姓的舊民九宗，五種的長官，用唐誥來册命他，而封在夏虛這地方，用夏朝的政治開啓他，而以戎狄的法律來疆理他。這三位全是叔，他們皆有很好的德行，故用分物來昭明他們。不然文、武、成、康時封的人很多，而不分到各種物件，就是因爲他並不以年齡爲主。管叔、蔡叔連絡商朝，毒害周王室，於是周成王殺了管叔，而放逐蔡叔，用車七輛，跟蔡叔一同被放逐的七十人。他的兒子蔡仲改了行爲，崇奉德行，周公就推舉他做自己的卿士，使他見了王，而命他爲蔡侯，他册命說：『王說：胡！不要像你父親那樣，違背王的命令。』爲什麼能叫蔡在衞的先呢？武王的同母弟兄八個人，周公做太宰，康叔做司寇，聃季做司空，其餘的五位沒有官作，這豈是以年齡爲推舉嗎？曹國是文王的兒子，晉國是武王的兒子。曹國是伯爵，而在甸服的位子，這也不是舉的年齡。現在要推尙年齡，這是反對先王的舊辦法。晉文公做踐土的盟會時，衞成公不參加，夷叔是他同母弟弟，尙且在蔡先，據他的盟誓書說：『王就這麼說：晉重、魯申、衞武、蔡甲午、鄭捷、齊潘、宋王臣、莒期。』藏在周的府庫中，可以去察考。你想回復周文武的規矩，而不回復他的德性，那將怎麼辦呢？」萇弘高興了，就告訴劉子，同士鞅去商量，就把衞侯擱在前邊。從召陵地方回來，鄭國游吉來了未到就死了，晉國的趙鞅，爲他哭臨很哀痛的說：「黃父的盟會時，他告訴我九句話說：『不要開始作亂，不要以富而驕，不要恃着長官的寵愛，不要違背同事，不要敖視禮節，不要以能力驕傲人，不要重複的發怒，不要計算不好的事情，不要犯不好的事情。』」

（三）經 夏四月庚辰，蔡公孫姓帥師滅沈，以沈子嘉歸，殺之。

【今譯】夏四月庚辰，蔡公孫姓率領軍隊滅沈，把沈子嘉逮回來，殺了他。

（四）經 五月，公及諸侯盟于皐鼬。

【今譯】五月，魯定公同諸侯在皐鼬會盟。

（五）經 杞伯成卒于會①。

【今註】①此經無傳。

【今譯】杞伯成在會時死了。

（六）經 六月，葬陳惠公①。

【今註】①此經無傳。

【今譯】六月，給陳惠公下葬。

（七）經 許遷于容城①。

【今註】①容城：地名補註說容城在河南葉縣西。按此經無傳。

【今譯】許國遷到容城去了。

（八）經 秋七月，公至自會①。

【今註】①此經無傳。

【今譯】秋七月，魯定公從開會回來。

（九）經 劉卷①卒②。

【今註】①劉卷：就是劉文公。 ②此經無傳。

【今譯】劉文公死了。

（十）經葬杞悼公①。

【今註】①此經無傳。

【今譯】給杞悼公下葬。

（十一）經楚人圍蔡①。

【今註】①此經傳在（十四）。

【今譯】楚國人圍了蔡。

（十二）經晉士鞅，衞孔圉①伐鮮虞②。

【今註】①孔圉：是孔羈的孫子。②此經無傳。

【今譯】晉國士鞅，衞國的孔圉討伐鮮虞。

（十三）經葬劉文公①。

【今註】①此經無傳。

【今譯】給劉文公下葬。

（十四）經冬十有一月庚午，蔡侯以吳子及楚人戰于柏舉，楚師敗績，楚囊瓦出奔鄭。庚辰，吳入郢。

傳沈人不會于召陵，晉人使蔡伐之。夏，蔡滅沈。秋，楚為沈故，圍蔡。伍員為吳行人以謀楚。楚之殺郤宛也①，伯氏之族出，伯州犂之孫嚭爲吳太宰以謀楚。楚自昭王即位，無歲不有吳師，蔡侯因之，以其子乾與其大夫之子爲質於吳。冬，蔡侯吳子唐侯伐楚，舍舟于淮汭②，自豫章與楚夾漢。左司馬戌③謂子常曰：「子沿漢而與之上下，我悉方城外以毀其舟④，還塞大隧，直轅，冥阨⑤，子濟漢而伐之，我自後擊之，必大敗之。」既謀而行。武城黑⑥謂子常曰：「吳用木也，我用革也，不可久也，不如速戰。」史皇⑦謂子常：「楚人惡子而好司馬，若司馬毀吳舟于淮，塞城口⑧而入，是獨克吳也，子必速戰，不然不免。」乃濟漢而陳，自小別至于大別⑨，三戰，子常知不可⑩，欲奔。史皇曰：「安求其事⑪，難而逃之，將何所入？子必死之，初罪必盡說⑫。」十一月庚午，二師陳于柏舉⑬。闔廬之弟夫槩王晨請於闔廬曰：「楚瓦⑭不仁，其臣莫有死志。先伐之，其卒必奔，而後大師繼之，必克。」弗許。夫槩王曰：「所謂臣義而行，不待命者，其此之謂也。今日我死，楚可入也。」以其屬五千先擊子常之卒，子常之卒奔，楚師亂，吳師大敗之，子常奔鄭，史皇以其乘廣死⑮。吳從楚師及清發⑯，將擊之，夫槩王曰：「困獸猶鬭，況人乎？若知不免而致死，必敗我。若使先濟者知免，後者慕之，蔑有鬭心矣。半濟而後可擊也。」從之，又敗之。楚人爲食，吳人及之奔，食而從之，敗諸雍澨⑰，五戰及郢。己卯，楚子取其妹季芈畀我

⑱以出，涉睢，鍼尹固與王同舟，王使執燧象以奔吳師⑲。庚辰，吳入郢，以班處宮⑳，子山㉑處令尹之宮，夫槩王欲攻之，懼而去之，夫槩王入之。左司馬戌及息而還，敗吳師于雍澨，傷㉒。初，司馬臣闔廬，故恥爲禽焉，謂其臣曰：「誰能免吾首？」吳句卑曰：「臣賤，可乎？」司馬曰：「我實失子㉓，可哉！」三戰皆傷，曰：「吾不可用也已！」句卑布裳剄而裹之㉔，藏其身而以其首免。楚子涉睢濟江入于雲中㉕，王寢盜攻之，以戈擊王，王孫由于以背受之，中肩，王奔鄖，鍾建負季芊以從，由于徐蘇而從。鄖公辛之弟懷將弒王，曰：「平王殺吾父，我殺其子，不亦可乎？」辛曰：「君討臣，誰敢讎之？君命天也，若死天命，將誰讎？詩曰：『柔亦不茹，剛亦不吐，不侮矜寡，不畏彊禦㉖。』唯仁者能之，違彊陵弱非勇也，乘人之約非仁也，滅宗廢祀㉗非孝也，動無令名非知也，必犯是，余將殺女。」鬬辛與其弟巢以王奔隨。吳人從之，謂隨人曰：「周之子孫在漢川者，楚實盡之。天誘其衷，致罰於楚，而君又竄之㉘，周室何罪？君若顧報周室，施及寡人，以獎天衷㉙，君之惠也，漢陽之田，君實有之。」楚子在公宮㉚之北，吳人在其南。子期似王㉛，逃王而己爲王曰：「以我與之，王必免。」隨人卜與之，不吉，乃辭吳曰：「以隨之辟小而密邇於楚，楚實存之，世有盟誓，至于今未改。若難而棄之，何以事君？執事之患，不唯一人，若鳩

楚竟㉜，敢不聽命。」吳人乃退。鑪金㉝初官於子期氏，實與隨人要言㉞，王使見，辭曰：「不敢以約㉟爲利。」王割子期之心㊱，以與隨人盟。初，伍員與申包胥友，其亡也，謂申包胥㊲曰：「我必復楚國㊳。」申包胥曰：「勉之。子能復之，我必能興之。」及昭王在隨，申包胥如秦乞師曰：「吳爲封豕長蛇，以荐食上國，虐始於楚，寡君失守社稷，越在草莽，使下臣告急曰：『夷德無厭，若鄰於君，疆埸之患也。逮吳之未定，君其取分焉㊴。若楚之遂亡，君之土也。若以君靈撫之㊵，世以事君。』」秦伯使辭焉，曰：「寡人聞命矣，子姑就館，將圖而告。」對曰：「寡君越在草莽，未獲所伏㊶，下臣何敢即安？」立依於庭牆而哭，日夜不絕聲，勺飲不入口，七日。秦哀公爲之賦無衣㊷，九頓首㊸而坐，秦師乃出。

【今註】①楚之殺郤宛也：此事在魯昭公二十七年。②淮汭：在今河南省固始縣北。③左司馬戌：即沈尹戌。④我悉方城外以毀其舟：我用方城外的全軍隊力量毀掉吳國的船隻。⑤大隧、直轅、冥阨：方輿紀要說：平靖關西北。河南省信陽城九十里，即古冥阨也。黃峴關又名九里關，在湖北應山縣東北九十里，北去信陽九十里，即古直轅也。武陽關一名禮山關，在應山縣東北三十里，（今置禮山縣在禮山之北）西北至信陽一百五十里，即古大隧也。⑥武城黑：楚國武城大夫。⑦史皇：楚大夫。⑧城口：大隧、直轅、冥阨三隘道的總名稱。⑨自小別至于大別：楊守敬地圖以大別山在光黃之間，而以羅田縣北松子關西爲大別山，柏舉東南爲小別山，與傳文俱合。⑩子常知不可：子常知道不可能戰勝吳國。⑪安求其事：安定時候求掌執政事。⑫初罪必盡說：最初的罪行因戰死必可皆被赦免。⑬柏舉：楚地，在今湖北麻城縣東北十五里。⑭楚瓦：子常名囊瓦。⑮

史皇以其乘廣死：乘子常的車，僞爲元帥，奮戰而死。⑯清發：水名，一統志說「石巖山在（湖北省）安陸縣西南十里，北臨溳水，卽清發水也。」⑰雍澨：又東繞天門城之西南，府志謂之三叉河，楊圖謂之三岔河，卽春秋之雍澨，在今天門縣城之西。⑱季芈畀我：正義引服虔以爲畀我是季芈的字。⑲王使執燧象以奔吳師：是在象尾上燒着火使牠們奔向吳國軍隊。⑳以班處宮：照着班次來進住楚王宮。㉑子山：是闔廬的兒子。㉒敗吳師于雍澨，傷：他將吳國軍隊在雍澨打敗，但他也受了傷。㉓我實失子：不知你的賢能。㉔句卑布裳剄而裹之：句卑將已死的沈尹戌的頭割下，並用衣裳將他裹起來。㉕雲中：雲夢澤在湖北雲夢縣西七里。㉖柔亦不茹，剛亦不吐，不侮矜寡，不畏彊禦：這是詩經大雅烝民篇的一句，意思是說柔和不怕，剛强也不怕，不侮沒有配偶的人，也不怕彊有力的人。㉗滅宗廢祀：殺君王必被全家無後。㉘又竄之：又將他藏起。㉙以獎天衷：使天意能成功。㉚公宮：隨國的公宮。㉛子期似王：子期是昭王庶兄公子結，他與昭王面貌相像。㉜若鳩楚竟：若能安定楚國全境。㉝鑪金：姓鑪名金。㉞實與隨人要言：他與隨人說要保護楚王及子期。㉟不敢以約爲利：不敢用要言爲利益。㊱王割子期之心：王割子期心前邊的血。㊲申包胥：楚大夫。㊳我必復楚：我必對楚國報復。㊴君其取分焉：你也可以得到一份楚地。㊵若以君靈撫之：若是用你的神靈來安撫楚國。㊶未獲所伏：尙未能得到安身處。㊷無衣：詩經秦風中的一篇詩。㊸九頓首而坐：無衣共三章，每歌一章就頓首三次，共九頓首方才坐下。

【今譯】沈國人不到召陵來會，晉國差蔡人去伐他。夏天，蔡國滅掉沈國。到了秋天，楚國因爲沈的緣故，圍住蔡國。伍員做了吳國行人的官，專謀算楚國。楚國殺郤宛的時候，郤宛同黨伯氏的一族是逃出來的，伯州犂的孫子叫嚭，做了吳國的太宰，也就謀算楚國。楚國自從昭王卽了位以後，沒有一年沒有吳國的軍隊來。蔡侯靠有吳國，就把他的兒子乾和他大夫的兒子，給吳國做人質。到冬天的時候，蔡侯、吳王、唐侯便一同去伐楚國，到了淮汭地方，便舍舟登陸，從豫章和楚國夾了漢水排成軍陣，左司馬戌對子常說：「你只沿了漢水上下攔住他，我完全起了方城以外的軍隊，去毀壞他的船，回來又塞住大隧、直轅、冥阨各要隘，然後你再渡過漢水去攻打他，我從背後夾擊他，那末一定可以把他打得大敗了。」既經斟酌定了便出發。後來武城大夫叫黑的又對子常說：「吳是用木爲兵器的，我們是用皮做兵器的，我們不能長久和他相持，不如趕快同他戰吧。」史皇對子常說：「楚人都厭惡你，却是歡迎司馬，如果司馬在淮水毀壞了吳船，塞阻了三隘口回來，這分明是他獨自戰勝吳國了。你一定要速戰的，否則免不掉有罪的。」便渡過漢水去排成陣勢，從小別山一直排到大別山，共總戰了三次，子常知道不能得勝，要想逃走。史皇說：「安定的時候想要執政，難了便逃走，有那裏可讓你逃進去呢？你定要死在這一回了，死了以後，那從前貪財惹禍的罪，還全都可以說得過去。」十一月庚午那天，兩國的兵馬排列在柏舉這地方。闔廬的兄弟夫槩王，朝晨請求闔廬說：「楚國的囊瓦待人不好，他的臣子沒有死戰的心志，我只先去攻打，他的軍隊一定逃走的，然後大兵再跟上來，便定能勝他了。」吳王不允許；夫槩王說：「所謂人臣合了義便幹，不要等待命令的，就是這個說法了。今天我拼了一死，定可攻進楚國的。」便把他手下的五千兵，先去攻打子常的兵，子常的兵果然逃走，楚師大亂，吳兵大大的打敗了他。子常就逃走到鄭國去。史皇坐了他的兵車，奮戰而死。吳兵追趕楚兵，到了清發河邊。將要攻擊他們了，夫槩王說：「已被圍困了的野獸，還要作最後的爭鬬，何況是人呢？如果他們知道免不掉，出了死力，那末定可敗我的。如果使他們先渡過河的，知道可以逃掉了，後渡的羨慕着先渡的便沒有鬬的心念了，等他一半渡過的時候方纔可擊他的。」吳王依了他的計劃，便又打敗楚師，楚人剛剛歇下做飯食，吳人追到了，楚人便逃，吳人吃了他做的飯食，再追上去打敗他在雍澨這地方。共總戰了五次，便打進楚都郢城中去。己卯那天，楚王帶了他的妹妹季芈畀我便逃走。渡過睢水時，鍼尹叫固的，和王同坐在一舟上，王便差他燒火把繫在象尾上，去嚇趕吳師。庚辰這一天，吳師進了郢，依了班次的尊卑，住在楚王的宮中。吳王的兒子子山住在令尹的宮中，夫槩王怒他傾軋自己，要攻擊他，子山嚇得逃去。夫槩王便進住令尹的宮中。左司馬沈尹戌到了息這地方，聽得楚師已敗，便帶兵回來。打敗吳兵在雍澨那裏，身上受了重傷，司馬因從前曾經做闔廬的臣子的，恥於被吳擒去，便對他的手下人說：「誰能夠取了我頭逃脫的？」吳句卑說：「我是賤人，可用麼？」司馬說：「我實在識不得你倒是賢人，有什麼不可以呢？」經了三次戰爭，都是受重傷的，因說：「我再也沒用了！」便死去，句卑就用布裙，斬了司馬的頭裹好了，藏匿了他的屍體，單拿他的頭逃脫。楚子渡過雎水，又渡過江，走進雲夢的澤中去，正臥着，有個强盜去刦他，用戈刺王，王孫由于在旁邊，便用自己的背去受刺來的戈，中在肩上，王趁勢便逃到鄖城去。鍾建馱了季芊，跟着楚昭王，由于漸漸地蘇甦過來，也跟了楚王。鄖公叫辛的兄弟懷，將要殺王說：「平王是殺我父的，我現在殺他的兒子，不是也可以的麼？」辛說：「那是君討臣，誰敢和他為仇，君命猶如天一般，如果死在天命，還可和那個作仇人呢？詩經上說：『柔弱的也不凌辱他，剛强的也不畏懼他。不要欺侮鰥寡，不要怕那彊暴。』這是只有仁心的人能夠做的到。丟了强的欺侮弱的，便不是勇敢；趁他人窮極時害他，便不是仁；犯了滅宗廢祀的罪，便不是孝；舉動沒有好名譽，便不是聰明；你如果一定要做這事的，我便先要殺了你了。」鬭辛便和他的兄弟巢，同楚王逃往隨國去，吳人還追趕着。對隨人說：「周的子孫在漢川的，楚國實在是全都滅盡了。天使他良心發現，弄這懲罰給楚國，你君却又窩藏他，周室究竟有什麼罪？你君如果顧全周室，並帶及我寡人，成就天意的，這就是你君的恩惠，漢陽的田畝，你君都可以用他的。」楚子那時在隨宮的北面，吳人在他的南面，子期的相貌很像楚昭王，要想使王逃去，自己扮做王，因此說：「把我給了他們，你王定可免禍了。」隨人占卜把楚王給他，却是不吉利，便辭謝吳人說：「我隨國的偏僻弱小，却接近了楚國，楚國實在是保存我的，世代有了盟誓，直到現在還沒有改過，如果有了災難便丟開不管，怎樣可以事君呢？你執事的憂患，不單是楚王一人。如果以後安寧了楚國，那敢不聽你的命令！」吳人因此便退去。鑪金初是在子期那裏做官的，暗中實在是他先和隨人說定了，不要將楚王給吳國的，並且要放脫子期。後來楚王知道了，喜歡他有這忠心，使他進去見，鑪金初推辭說：「我不敢靠這一說就弄好處呢！」楚王又因子期盡忠，就在子期的當心，割出血來，和隨人訂盟，表示是至心誠意。當初伍員和申包胥是很要好的朋友，後來伍員逃出來的時候，對申包胥說：「我定要報復這楚國的。」申包胥說：「大家勉力做去，你能報復他，我定能興起他的。」等到楚昭王逃到隨國去，申包胥便逃到秦國去借救兵。說：「吳國竟像封豕長蛇一般，屢次侵犯中國，他的酷虐，開始於楚國，寡君失了社稷，逃在草莽的中間，差我下臣來告急說：『蠻夷是貪得無厭的，如果和你君做了緊鄰，便是你邊疆上的禍患呢！趁吳國還沒有安定的時候，你君也可共分了些楚國田地的。如果楚國從此便亡，這就是你君的土地，若靠你君的威靈，仍舊安定過來，那末我們便世代服事你君王。』」秦伯使人去辭他說：「寡人已經聽得了，你姑且到客館中去等待，等我們打算好了，再來告訴你。」申包胥回答說：「寡君逃在草莽的中間，不得安居，下臣怎敢安居呢？」便靠了庭牆哭泣，日夜的不斷聲音，一滴水都不進口，共總哭了七日，秦哀公方纔給他念着無衣的一章詩。申包胥便叩了九個頭坐着，秦國軍隊方才出來。

定公五年（即公曆紀元前五百〇五年）

（一）經 春王三月辛亥朔，日有食之①。

【今註】①此經無傳。

【今譯】春王三月辛亥朔，魯國有日食。

（二）傳 五年春，王人殺子朝于楚①。

【今註】①這是乘楚國亂事的緣故。

【今譯】五年春，周王的人在楚國殺王子朝。

（三）經 夏，歸粟于蔡。

傳 夏，歸粟于蔡，以周亟矜無資①。

【今註】①以周亟矜無資：爲的救助急事並卹憐無幫助的人。

【今譯】夏天，魯國送糧食到蔡國，爲的是救助有急事的人並且憐恤沒有資本的人。

（四）經 於越入吳。

傳 越入吳，吳在楚也①。

【今註】①吳在楚也：因爲吳國軍隊正在楚國。

【今譯】越國攻擊吳國，因爲吳國軍隊在楚國的原故。

（五）經 六月丙申，季孫意如卒。

傳 六月，季平子行東野①，還未至，丙申卒于房②。陽虎將以璵璠③斂，仲梁懷④弗與，曰：「改步改玉⑤。」陽虎欲逐之，告公山不狃⑥，不狃曰：「彼爲君也⑦，子何怨焉？」既葬，桓子⑧行東野，及費，子洩爲費宰，逆勞于郊，桓子敬之，勞仲梁懷，仲梁懷弗敬。子洩怒，謂陽虎子行之乎⑨？

【今註】①東野：左通補釋說東野應近山東費縣。②房：當以山東省曲阜縣東二十里防山爲近似。③璵璠：是魯君所佩美玉。④仲梁懷：季氏的家臣。⑤改步改玉：所佩的玉隨着地位改變。⑥公山不狃：季氏臣、費宰、字子洩。⑦彼爲君也：家臣稱季氏爲君。⑧桓子：意如的兒子，季孫斯。⑨謂陽虎子行之乎：叫陽虎可以逐仲梁懷。

【今譯】六月，季孫意如到東野這地方去，回來沒到魯國都城，丙申死在房這地方。陽虎將以璵璠擱在棺材裡，而季孫家臣仲梁懷不給他，並且說：「改了位置。就改了所佩的玉。」陽虎想把他驅逐出去，告訴費宰公山不狃，不狃說：「他是為的季孫，你何必怨恨呢？」既然下葬以後，季孫意如的兒子季孫斯到東野去，路過費這地方，公山不狃做費宰，到郊外去迎接，季孫斯對他很恭敬，他也勞問仲梁懷，仲梁懷對他不恭敬。公山不狃惱了，對陽虎說你可以驅逐他罷！

（六）經秋七月壬子，叔孫不敢卒①。

【今註】①此經無傳。

【今譯】秋七月，壬子，叔孫不敢死了。

（七）傳申包胥以秦師至，秦子蒲子虎帥車五百乘以救楚。子蒲曰：「吾未知吳道①。」使楚人先與吳人戰而自稷②會之，大敗夫槩王于沂③，吳人獲薳射④於柏舉，其子帥奔徒⑤，以從子西，敗吳師于軍祥⑥。秋七月，子期、子蒲滅唐⑦。九月，夫槩王歸自立也，以與王戰而敗，奔楚為堂谿氏。吳師敗楚師于雍澨⑧，秦師又敗吳師，吳師居麇⑨，子期將焚之，子西曰：「父兄親暴骨焉，不能收，又焚之不可。」子期曰：「國亡矣：死者若有知也，可以歆舊祀，豈憚焚之？」焚之而又戰，吳師敗。又戰于公壻之谿⑩，吳師大敗，吳子乃歸，囚闉輿罷⑪。闉輿罷請先，遂逃歸。葉公諸梁⑫之弟后臧從其母於吳，不待而歸，葉公終不正視。

【今註】①吾未知吳道：我不知道吳國打仗的方法。②稷：彙纂說：「在今河南省桐柏縣境。」③沂：彙纂說：「在今河南省正陽縣境。」④薳射：是楚大夫。⑤奔徒：等於現在遊擊隊。⑥軍祥：彙纂說：「當在隨縣西南，近鍾祥之地。」⑦子期、子蒲滅唐：楚國司馬子期同秦國派來的援軍子蒲，因爲唐國幫助吳國伐楚國的原故，就滅了唐國。⑧雍澨：在今湖北省天門縣西南，水名通于漢江。⑨麇：太平御覽，鄖鄉縣本古麇國，是其明證。⑩公壻之谿：釋地謂在今雲夢北之義塘鎮。⑪闉輿罷：是楚大夫。⑫葉公諸梁：即沈諸梁。

【今譯】申包胥領了秦兵到來，秦國的子蒲、子虎帶了兵車五百乘來救楚國，子蒲說：「我不知道吳國軍隊的戰術。」便派楚人先和吳人交戰，秦兵從稷的地方會合攏去，大敗夫槩王在沂那裏。吳人捉住薳射在柏擧地方，他的兒子便領了敗兵，跟着子西，敗吳師於軍祥。秋天七月中，子期、子蒲滅掉唐國。九月中，夫槩王便囘國，自立爲吳王，和闔廬戰，却是打敗的，仍舊逃到楚國，後來變爲堂谿氏。吳兵打敗楚兵在雍澨，秦兵又出來殺敗吳兵。吳兵屯紮在麇那裏，楚子期要用火燒他。子西說：「父兄親族的骸骨，都暴露在野外，不能收拾，却又用火燒他，不好的呢！」子期說：「國家也已經亡了，死的如果有知覺的，恢復了楚國，可以祭祀不廢，難道還怕火燒麽？」便燒了再戰，吳師果然敗了，又戰于公壻的谿上，吳師又大敗，吳王便囘國，囚住了闉輿罷。闉輿罷請先趕往吳國去，趁空却逃囘楚國。楚國葉公諸梁的兄弟后臧，跟了他的母親同做俘虜在吳國，後來聽說楚國又安定了，便不等他母親，只管自己囘去，葉公厭惡他不義，竟終身沒有正看過他一眼。

（八）

傳 乙亥，陽虎囚季桓子及公父文伯①而逐仲梁懷，冬十月丁亥，殺公何藐②。己丑，盟桓子于稷門③之內。庚寅，大詛，逐公父歜及秦遄④，皆奔齊。

【今註】①公父文伯：即公父歜。②公何藐：是季氏的族人。③稷門：魯南城門。④秦遄：季孫意如的姑姑的女婿。

【今譯】乙亥，陽虎把季孫斯同公父文伯囚起來，而驅逐仲梁懷。冬十月丁亥，殺了公何藐。己丑，在稷門裏面與季孫斯盟誓。庚寅大詛咒，驅逐了公父文伯同秦遄，全逃到齊國去。

（九）

傳 楚子入于郢。初，鬬辛聞吳人之爭宮也，曰：「吾聞之，不讓則不和，不和不可以遠征。吳爭於楚必有亂，有亂則必歸，焉能定？」楚王之奔隨也，將涉於成臼①，藍尹亹②涉其帑，不與王舟。及寧，王欲殺之。子西曰：「子常唯思舊怨以敗，君何效焉？」王曰：「善，使復其所，吾以志前惡。」王賞鬬辛、王孫由于、王孫圉、鍾建、鬬巢、申包胥、王孫賈、宋木、鬬懷③。子西曰：「請舍懷也。」王曰：「大德滅小怨，道也。」申包胥曰：「吾爲君也，非爲身也。君既定矣，又何求？且吾尤子旗④，其又爲諸？」遂逃賞。王將嫁季芈，季芈辭曰：「所以爲女子，遠丈夫也，鍾建負我矣。」以妻鍾建，以爲樂尹⑤。王之在隨也，子西爲王輿服以保路，國于脾洩⑥，聞王所在而後從王。王使由于城麇，復命，子西問高厚焉，弗知。子西曰：「不能如辭⑦，城不知高厚小大，何知。」對曰：「固辭不能，子使余也。人各有能有不能，王遇盜於雲中，余受其戈，其所猶在。」袒而視之背曰：「此余所能也，脾洩之事，余亦弗能也。」

【今註】①成臼：一統志說：「臼水在今湖北鍾祥縣東南三十里，其入漢處仍名臼口。」 ②藍尹亹：是楚大夫。 ③鬬辛、王孫由于、王孫圉、鍾建、鬬巢、申包胥、王孫賈、宋木、鬬懷：這九個人全都是從楚昭王出奔有功的人。 ④子旗：是蔓成然。 ⑤樂尹：管樂器的大夫。 ⑥脾洩：彙纂說：「地近郢都，當在荊州府境。」

⑦不能如辭：要是自己知道不能夠，當辭掉這種職務。

【今譯】 楚子居然回去，進了郢城。當初，鬭辛聽得吳人爭宮的事情，便說：「我聽說不讓便是不和，不和便不可以到遠地去征討的。現在吳人爭於楚境，一定有亂子，有了亂子，那末一定要回去，那裏能夠平定楚國呢！」楚王逃往隨國的時候，將要渡過臼水，藍尹叫亹的，先要渡他的妻子，不肯把船給王；等到太平了，王要殺他，子西說：「子常單爲想了舊怨才失敗的，你君爲什麼要學他呢？」王說：「對的，使他回復到老職務去，記着我日前的差處。」王又念着大家的功，賞了鬭辛、王孫由于、王孫圉、鍾建、鬭巢、申包胥、王孫賈、宋木、鬭懷。子西說：「請除了鬭懷不要賞。」王說：「他終究聽了兄的話，免掉我的大難，這是大德呢！有了大德，不可再記小怨，這才合道理呢！」申包胥說：「我原是爲國君，並不是爲我自己一身，君王既然安定了，我還求什麼？並且我曾經責備過子旗的，我難道自己再做他麼？」便逃避賞賜不受。楚王將要嫁季芊了，季芊說：「所以稱爲女子，是因爲能和丈夫遠離，鍾建已經負過我了。」便給鍾建做妻，叫他做樂尹。楚王在隨國的時候，子西恐怕國人潰散，所以假裝了王的車服，保護過路的人，立國在脾洩地方。後來聽說王已在隨國了，方才跟去。王差由于造麇地方的城，造好了來復命的時候，子西問城的高和厚，由于却不知道。子西說：「既然自知道不能，應當推辭，造了城不知道高厚大小，還有什麼事能知道呢？」由于回答說：「我原是推辭不能的，你定要派我哪！人們各有會與不會，王遇見强盜在雲中，我受了他一刀，傷口還在這裡呢！」就露出他的背脊來說：「這是我會做的，至於脾洩的事情，我却不會的。」

（十）

經 冬，晉士鞅帥師圍鮮虞。

傳 晉士鞅圍鮮虞，報觀虎之役①也。

【今註】 ①觀虎之役：定公三年，鮮虞人逮着晉國觀虎。

【今譯】 晉國士鞅圍了鮮虞，這爲的報復定公三年，鮮虞人逮着觀虎這件戰役。

定公六年（公元前五百〇四年）

（一）經春王正月癸亥，鄭游速帥師滅許，以許男斯歸。

傳春鄭滅許，因楚敗也。

【今譯】春，鄭國滅掉許國，因爲楚國戰敗的原故。

（二）經二月公侵鄭。

傳二月，公侵鄭，取匡，爲晉討鄭之伐胥靡也①。往不假道於衞，及還，陽虎使季孟自南門入，出自東門，舍於豚澤②，衞侯怒，使彌子瑕③追之。公叔文子④老矣，輦而如公，曰：「尤人而效之，非禮也。昭公之難，君將以文之舒鼎⑤，成之昭兆⑥，定之鞶鑑⑦，苟可以納之，擇用一焉，公子與二三臣之子，諸侯苟憂之，將以爲之質⑧，此羣臣之所聞也。今將以小忿蒙舊德，無乃不可乎？大姒之子，唯周公康叔爲相睦也，而效小人以棄之，不亦誣乎？天將多陽虎之罪以斃之，君姑待之，若何？」乃止。

【今註】①胥靡：在今河南省偃師縣東南。②豚澤：在今河北濮陽縣東南境。③彌子瑕：衞國的嬖大夫。

④公叔文子：公叔發。⑤文之舒鼎：衛文公的舒鼎。⑥成之昭兆：衛成公的寶龜。⑦定之鞶鑑：衛定公的帶子上邊以銅鏡子爲裝飾。⑧將以爲之質：做爲人質，使魯昭公囘國。

【今譯】二月，魯定公侵略鄭國，佔據匡這地方，這是爲的晉國討伐鄭國攻胥靡這地方的原故。去的時候經過衛國而不假道，到了囘來的時候，陽虎使季孫同孟孫從南門進去，而自東門出來，住到豚澤這地方，衛侯因此發怒，派彌子瑕去追他們。公叔發已經老了，坐着車到衛侯那裏去，說：「說人家不好而又效法他，這是不合於禮的。魯昭公遇見禍難時，你想着在衛文公的舒鼎，衛成公的寶龜，衛定公帶鏡子的帶，祇要可以使魯昭公囘國，選擇一個用都可以，公子同二三臣的兒子，諸侯假設願意，就拿他們做人質，這是羣臣所聽見說過的。現在要以小的忿怒覆蓋了舊德，這不也是不可以的嗎？太姒的兒子中間，祇有周公同康叔很相親愛，而你仿效小人，把他們的相好扔掉，不也是不可以嗎？皇天將使陽虎的罪狀增多，使他滅亡，你何不稍等一等，怎麽樣呢？」衛侯就止住了。

（三）經 公至自侵鄭①。

【今註】①此經無傳。

【今譯】魯定公從侵略鄭國囘來。

（四）經 夏，季孫斯，仲孫何忌如晉。

傳 夏，季桓子如晉，獻鄭俘也。陽虎強使孟懿子往報夫人之幣，晉人兼享之，孟孫立于房外，謂范獻子曰：「陽虎若不能居魯而息肩於晉，所不以爲中軍司馬者，有如先君。」獻子曰：「寡君有官，將使其人，鞅何知焉。」獻子謂簡子曰：「魯人患陽虎矣！孟孫知其釁，以爲必適晉，故强爲之請以取入焉①。」

【今註】①故强爲之請以取入焉：所以強替他請求以使他入晉國。

【今譯】夏天，季孫斯到晉國去，爲的貢獻鄭國的俘虜。陽虎勉强使仲孫何忌去報答晉國夫人的聘問，晉侯把他們一起宴享。仲孫何忌立在房的外面，對士鞅說：「陽虎若不能住在魯國，而逃到晉國，你們仍要不請他做中軍司馬者，敢以先君做起誓。」士鞅說：「晉國的君有官出缺，就派他應當派的人，我又怎麼能夠知道呢？」士鞅對趙鞅說：「魯國人以陽虎爲禍患，仲孫何忌知道這個原故，以爲必逃到晉國來，所以強替他請求，使晉國知道他會來。」

（五）

傳 四月己丑，吳大子終纍①敗楚舟師，獲潘子臣小惟子②及大夫七人，楚國大惕，懼亡。子期又以陵師敗于繁揚③，令尹子西喜曰：「乃今可爲矣。」於是乎遷郢於鄀④而改紀其政，以定楚國。

【今註】①終纍：闔廬的兒子，夫差的哥哥。②潘子臣、小惟子：二人是楚國水師的將領。③陵師敗于繁揚：陵師就是陸軍。繁揚在今河南省新蔡縣北。④鄀：在今湖北省自忠縣東南。

【今譯】四月己丑，吳國太子終纍，敗楚國的水師，捕獲了楚將領潘子臣同小惟子，及七個大夫，楚國人大驚，很怕亡國。子期又以楚國陸軍在繁揚打敗，令尹子西歡喜了說：「現在就可以有辦法了。」就遷都到鄀這地方，而改變了政治，以安定楚國。

（六）

傳 周儋翩①率王子朝之徒，因鄭人將以作亂于周，鄭於是乎伐馮、滑②，胥靡，負黍③

，狐人④，闕外⑤。六月，晉閻沒戍周，且城胥靡。

【今註】①儋翩：是子朝的黨餘。②馮滑：彙纂說：「外東觀漢記，以魏之別封華侯，華侯孫長卿食采於馮城卽此。」滑在今河南省偃師縣南二十里。③負黍：一統志說：「今河南登封縣西南二十七里，有負黍聚。」④狐人：按潁陰在今河南禹縣東南四十里，其潁水北岸，有狐人亭。⑤闕外：彙纂說：「卽伊闕外之邑，在洛陽縣之南，闕塞山下。」

【今譯】周國儋翩率領着王子朝的餘黨，利用鄭國人想在周國作亂，鄭於是就伐馮、滑、胥靡、負黍、狐人、闕外六個地方。六月晉國的閻沒率領軍隊戍守周國，並且修理胥靡這個城。

（七）

經 秋，晉人執宋行人樂祁犂。

傳 秋八月，宋樂祁言於景公曰：「諸侯唯我事晉，今使不往，晉其憾矣。」樂祁告其宰陳寅①。陳寅曰：「必使子往。」他日，公謂樂祁曰：「唯寡人說子之言，子必往。」陳寅曰：「子立後而行，吾室亦不亡，唯君亦以我為知難而行也。」見溷而行②。趙簡子逆而飲之酒於緜上③，獻楊楯④六十於簡子。陳寅曰：「昔吾主范氏，今子主趙氏，又有納焉，以楊楯賈禍，弗可為也已。然子死晉國，子孫必得志於宋。」范獻子言於晉侯曰：「以君命越疆而使，未致使而私飲酒，不敬二君，不可不討也。」乃執樂祁。

【今註】①樂祁告其宰陳寅：樂祁把他同宋景公談的話，告訴他的宰陳寅。②見溷而行：溷是樂祁的兒子。使他見了宋景公，將來立他爲後人。③緜上：在山西冀城縣西。④楊楯：楊木做的楯牌。

【今譯】秋天，八月，宋國卿樂祁對宋景公說：「諸侯祇有我們事奉晉國，現在若不去，晉國恐怕將要不高興。」樂祁把這話告訴他的宰陳寅。陳寅說：「這樣他必定派你去。」另一天，宋景公對樂祁說：「我很喜歡你那句話，你必定去。」陳寅告訴樂祁說：「你立了後人再走，這樣，我們家室就不會亡，君也以爲我知道很難才定的。」樂祁帶着他的兒子溷見了宋景公，就走了。趙鞅迎接他到晉國的緜上喝酒，樂祁獻給他楊樹做的楯牌六十。陳寅說：「從前我們以范氏爲主，現在你以趙氏爲主，並且又送了禮物，拿楊樹楯牌得到禍，這恐怕難有辦法。但你死在晉國，子孫必在宋國得志。」士鞅對晉侯說：「受了宋君的命令，越國來出使，還沒有返命而偷喝酒，這是對於晉宋兩國的君全不恭敬，這不可以不討伐。」就把樂祁逮住了。

（八）經　冬，城中城①。

【今註】①此經無傳。

【今譯】冬天，修築中城。

（九）傳　陽虎又盟公及三桓於周社，盟國人于亳社，詛于五父之衢。

【今譯】陽虎又同魯定公同孟孫、季孫、叔孫在周社盟誓，又同貴族們在亳社盟誓，在五父大街上去詛咒。

（十）經　季孫斯仲孫何忌帥師圍鄆①。

【今註】①此經無傳。

【今譯】季孫斯仲孫何忌率領軍隊圍了鄆。

（十一）傳冬十二月，天王處于姑蕕①，辟儋翩之亂也。

【今註】①姑蕕：在今河南省偃師縣境。

【今譯】冬天十二月，周敬王到姑蕕這地方，這是躲避儋翩的亂子。

定公七年（公元前五百〇三年）

（一）經春王正月。

傳二月，周儋翩入于儀栗①以叛。

【今註】①儀栗：在今河南新安宜陽縣境。

【今譯】二月，周儋翩入儀栗反叛了。

（二）傳齊人歸鄆、陽關①，陽虎居之以爲政②。

【今註】①陽關：今山東省寧陽縣東北有陽關故城。②陽虎居之以爲政：陽虎是季孫氏的重要家臣。住在那裡掌握政權。

【今譯】齊國人把鄆、陽關送回魯國，陽虎住到那裏管理政權。

（三）經夏四月。

傳夏四月，單武公①，劉桓公②敗尹氏于窮谷③。

【今註】①單武公：是單穆公的兒子。②劉桓公：是劉蚠的兒子。③窮谷：在洛陽城南五十里。

【今譯】夏天四月，單武公同劉桓公伐尹氏，在窮谷這地方把他打敗了。

（四）經　秋齊侯鄭伯盟于鹹。

（五）經　齊人執衞行人北宮結以侵衞，齊侯衞侯盟于沙。

傳　秋，齊侯鄭伯盟于鹹①。徵會于衞，衞侯欲叛晉，諸大夫不可。使北宮結如齊，而私於齊侯曰：「執結以侵我。」齊侯從之，乃盟于瑣②。

【今註】①鹹：在今河北濮陽縣東南。②瑣：左通補釋說：「以沙亭左氏謂之瑣，在今河北大名縣東。」

【今譯】秋天，齊侯、鄭伯在鹹這地方會盟。到衞國來徵求會，衞侯想對晉國反叛，很多大夫們認為不可以。派北宮結到齊國去，而偷着告訴齊侯說：「把北宮結逮起來，然後來侵略衞國。」齊侯聽了他的話，就同衞國在瑣這地方盟會。

（六）經　大雩①。

【今註】①此經無傳。

【今譯】魯國行求雨的典禮。

（七）經　齊國夏帥師伐我西鄙。

傳　齊國夏伐我，陽虎御季桓子，公斂處父①御孟懿子，將宵軍齊師，齊師聞之，墮伏而待之②。處父曰：「虎不圖禍，而必死③。」苫夷④曰：「虎陷二子於難，不待有司，余必殺女。」虎懼乃還，不敗。

【今註】①公斂處父：孟孫氏家臣，做成宰。②墮伏而待之：以墮毀軍隊引誘敵人，而在後面設伏兵等待。③虎不圖禍而必死：如果陽虎不預備禍難就必定要死。④苫夷：季孫氏的家臣。

【今譯】齊國國夏率領軍隊討伐魯國。陽虎爲季孫斯駕車，公斂處父給仲孫何忌駕車，想在夜裡去攻打齊國軍隊，齊軍聽見說了，就墮毀了軍隊引誘敵人，而在後面設了伏兵等着。公斂處父說：「陽虎要不引出禍來，就必定死。」季孫氏家臣苫夷說：「陽虎想把季孫斯同仲孫何忌陷在難中，不必等到官吏來，我就必定殺你。」陽虎害了怕就回來，軍隊也沒有失敗。

（八）

經 九月大雩①。

【今註】①此經無傳。

【今譯】九月行求雨典禮。

（九）

經 冬十月。

傳 冬十一月戊午，單子，劉子逆王于慶氏①，晋籍秦送王。己巳，王入于王城，館于公族黨氏②而後朝于莊宮。

【今註】①慶氏：守姑蕕的大夫。②黨氏：是周大夫。

【今譯】冬天十一月戊午，單武公、劉桓公到姑蕕迎接敬王，晋國籍秦送王。己巳這天，王進入王城，住到公族黨氏家裡，然後到莊王廟裡上朝。

卷二十九　定公下

定公八年（公元前五百〇二年）

(一)經 春王正月，公侵齊。

傳 春王正月，公侵齊，門于陽州①，士皆坐列②，曰：「顏高之弓六鈞③。」皆取而傳觀之，陽州人出，顏高奪人弱弓，籍丘子鉏④擊之，與一人俱斃。偃且射子鉏，中頰殪⑤。顏息⑥射人中眉，退曰：「我無勇，吾志其目也。」師退，冉猛⑦僞傷足而先，其兄會乃呼曰：「猛也殿。」

【今註】 ①陽州：原爲魯邑，後屬齊，在今山東東平縣東北。 ②士皆坐列：全坐在地下觀看。 ③顏高之弓六鈞：顏高是魯人，他的弓重量有一百八十斤。 ④籍丘子鉏：是齊國人。 ⑤偃且射子鉏中頰殪：顏高躺下，起來再射子鉏，中了他的臉死了。 ⑥顏息：是魯人。 ⑦冉猛：是魯人。

【今譯】 春王正月，魯定公侵略齊國，攻打陽州的城門，軍隊全都排成行列坐在那裡，說：「顏高的弓有一百八十斤重。」全都將弓傳觀。這時陽州人出來，顏高奪了一個沒有力量的弓，籍丘子鉏來打他，同一個人全躺下了。顏高躺下就射子鉏，中了臉，子鉏就死了。顏息射人中了他的眉上，他回來說：「我沒有勇氣，我目的在他的眼睛。」軍隊退的時候，冉猛假做傷了腿，想先回去，他的哥哥冉會大聲叫說：「你祇能殿後。」

(二)經 公至自侵齊①。

【今註】①此經無傳。

【今譯】魯定公從侵略齊國回來。

(三)傳 二月己丑，單子伐穀城①，劉子伐儀栗。辛卯，單子伐簡城②，劉子伐盂③，以定王室。

【今註】①穀城：河南通志說：「在今洛陽城西北二十五里。」②簡城：彙纂說：「周有簡師父，簡城蓋其采邑。」③盂：應在洛陽附近。

【今譯】二月己丑，單武公討伐穀城，劉桓公討伐儀栗。辛卯，單武公討伐簡城，劉桓公討伐盂，以安定王室。

(四)傳 趙鞅言於晉侯曰：「諸侯唯宋事晉，好逆其使，猶懼不至，今又執之，是絕諸侯也。將歸樂祁。」士鞅曰：「三年止之，無故而歸之，宋必叛晉。」獻子私謂子梁①曰：「寡君懼不得事宋君，是以止子，子姑使溷代子。」子梁以告陳寅，陳寅曰：「宋將叛晉，是棄溷也，不如待之②。」樂祁歸，卒于大行③。士鞅曰：「宋必叛，不如止其尸以求成焉。」乃止諸州。

【今註】①子梁：卽樂祁。②不如待之：不如在此地等候，不要讓你的兒子來替你。③大行：晉地在山西晉城縣及河南沁陽的中間。

【今譯】趙鞅對晉侯說：「諸侯祇有宋國事奉晉國，把他好好的迎接，尚恐怕他不來，現在又把他逮捕，這是同諸侯斷絕。不如把樂祁送回。」士鞅說：「三年留着他，現在沒有原故而送回他，宋國必定對晉國反叛。」士鞅偷着對樂祁說：「我們晉君很怕不能事奉宋君，所以叫你住到晉國，你姑且使你兒子樂溷替你。」樂祁告訴陳寅，陳寅說：「宋將反叛晉國，這是等於捨棄樂溷了，不如等着。」樂祁回來，死在大行山。士鞅說：「宋必定要反叛，不如留下他的屍首，以求和平。」就把樂祁屍首擱在州這地方。

（五）經 二月，公侵齊。

傳 公侵齊，攻廩丘①之郛，主人焚衝②，或濡馬褐以救之③，遂毀之，主人出，師奔④。陽虎僞不見冉猛者曰：「猛在此必敗。」猛逐之⑤，顧而無繼，僞顚。虎曰：「盡客氣也⑥！」

【今註】①廩丘：齊地，在今山東范縣東南七十里。②焚衝：燒掉戰車。③或濡馬褐以救之：或者把馬衣弄濕以救火。④師奔：去救護的軍隊逃走了。⑤猛逐之：冉猛追趕他。⑥盡客氣也：這全是假的勇氣。

【今譯】魯定公侵略齊國，攻打廩丘的外城，主人燒了戰車，有人把馬的衣服澆上水去救，因此就毀掉了外城，主人出來了，援助的軍隊就逃走了，陽虎假裝沒有看見冉猛的樣子說：「冉猛要在此地，必定要打敗仗。」冉猛要追逐廩丘人，看後邊沒人跟着他，就假作摔倒。陽虎就說：「這全是客氣，不是眞正勇敢。」

（六）經 三月公至自侵齊①。

【今註】①此經無傳。

【今譯】三月，定公從侵略齊國回來。

（七）傳 苫越生子，將待事而名之，陽州之役獲焉，名之曰陽州①。

【今註】①名之曰陽州：取名叫陽州。

【今譯】苫越生了兒子，要等着有意義的事發生，給他取名字，陽州這一戰，他有所捕獲，就給他兒子名叫陽州。

（八）經 曹伯露卒①。

【今註】①此經無傳。

【今譯】　曹伯露死了。

(九)經　夏齊國夏帥師伐我西鄙。

(十)經　公會晉師于瓦。

傳　夏齊國夏，高張伐我西鄙，晉士鞅，趙鞅，荀寅救我。公會晉師于瓦①，范獻子執羔，趙簡子，中行文子皆執鴈，魯於是始尙羔②。

【今註】　①瓦：彙纂說：「在河南滑縣東南，有瓦亭岡集，古瓦亭也。」　②魯於是始尙羔：魯國因此以羔羊爲最尙。

【今譯】　夏天，齊國國夏同高張伐魯國西邊，晉國士鞅同趙鞅荀寅來救魯國。魯定公到瓦這地方會合晉國軍隊，士鞅手裡拿着羔羊，趙鞅同荀寅全拿着鴈，魯國由此就開始以羔羊爲尊貴。

(十一)經　公至自瓦①。

【今註】　①此經無傳。

【今譯】　魯定公從瓦回來。

(十二)經　秋七月戊辰，陳侯柳卒①。

【今註】　①此經無傳。

【今譯】　秋七月戊辰，陳侯柳死了。

(十三)傳　晉師將盟衞侯于鄟澤①，趙簡子曰：「羣臣誰敢盟衞君者？」涉佗，成何②曰：「我能盟之。」衞人請執牛耳③。成何曰：「衞吾溫原也，焉得視諸侯？」將歃，涉佗捘衞侯之手及捥④，衞侯怒。王孫賈⑤趨進曰：「盟以信禮也，有如衞君，其敢不唯禮是事，而受此盟也。」衞侯欲叛晉，而患諸大夫。王孫賈使次于郊，大夫問故，公以晉詬語之，且曰：「寡人辱社稷，其改卜嗣，寡人從焉。」大夫曰：「是衞之禍，豈君之過也。」公曰：「又有患焉，謂寡人必以而子與大夫之子爲質。」大夫曰：「苟有益也，公子則往，羣臣之子敢不皆負羈紲以從。」將行，王孫賈曰：「苟衞國有難，工商未嘗不爲患，使皆行而後可。」公以告大夫，乃皆將行之，行有日，公朝國人，使賈問焉，曰：「若衞叛晉，晉五伐我，病何如矣？」皆曰：「五伐我猶可以能戰。」賈曰：「然則如叛之，病而後質焉，何遲之有？」乃叛晉。晉人請改盟，弗許。

【今註】①鄟澤：鄟澤近衞都，疑在今河北濮陽縣西南。②涉佗、成何：二人皆晉大夫。③衞人請執牛耳：照道理尊者是拿着牛耳朵。④涉佗捘衞侯之手及捥：涉沱擠衞侯手上的血一直到手腕上。⑤王孫賈：衞大夫。

【今譯】晉國軍隊將到鄟澤這地方去同衞侯盟誓。趙鞅說：「你們群臣，誰敢同衞君盟誓？」晉大夫涉佗成何說：「我們敢同他盟誓。」衞國人要求拿着牛的耳朵。成何說：「衞等於晉國的溫原兩個縣，怎麼能比諸侯呢？」將歃血時涉佗擠衞侯手上的血一直到腕子上，衞侯發怒。王孫賈跑上去說：「盟誓足以表示禮，就是衞君也不敢不尊重禮，而受這盟誓」。衞侯想對晉國反叛，就怕各大夫不聽從。王孫賈出主意，使衞侯立在郊外，大夫們問爲什麼他不進都城的原故，衞侯就把晉國對他的恥辱說了，並且又說：「寡人羞辱了國家，你們可以占卜立旁人，我一定聽從你們。」大夫們說：「這是衞國的禍，豈是你的過呢？」衞侯就說：「又有旁的禍患，叫我必定拿我的兒子同大夫的兒子做人質。」大夫們說：「假如有益處，公子必去，羣臣們的兒子，誰也不敢不背着羈紲跟着去。」將去的時候，王孫賈說：「假設衞國有禍難，工商們未嘗不爲衞國的禍患，使他們全跟着去才可以。」衞侯告訴諸大夫們，叫工商們全都去。已經定好日子要走了，衞侯朝見貴族，派公孫賈問他們說：「若衞國叛了晉國，晉國打我們五次，我們成了什麼樣子呢？」回答說：「五次打我們，我們還可以作戰。」公孫賈說：「那不如反叛了晉國，被打以後然後去送人質，那又有什麼晚呢？」就叛了晉國。晉人要求改盟誓，衞國不答應。

(十四)
【經】晉士鞅帥師侵鄭遂侵衞。

【傳】秋，晉士鞅會成桓公①侵鄭，圍蟲牢，報伊闕②也。遂侵衞。

【今註】①成桓公：是周卿士。②伊闕：即闕塞，在洛陽西南。

【今譯】秋天，晉士鞅會同周卿士成桓公侵略鄭國，圍了蟲牢，這是報復伊闕的事情。接着侵略衞國。

(十五)
【經】葬曹靖公①。

【今註】①此經無傳。

【今譯】給曹靖公行葬禮。

(十六)
【經】九月葬陳懷公①。

【今註】①此經無傳。

【今譯】九月給陳懷公行葬禮。

(十七)
【經】季孫斯仲孫何忌帥師侵衞。

【傳】九月，師侵衞，晉故也①。

【今註】晉故也：魯爲晉討衞。

【今譯】九月，魯國軍隊侵略衞國，這是幫助晉國的原故。

(十八)
【經】冬衞侯鄭伯盟于曲濮①。

【今註】 ①此經無傳。

【今譯】 冬，衞侯鄭伯在曲濮這地方盟誓。

(十九) 經 從祀先公。

(二十) 經 盜竊寶玉大弓。

傳 季寤①，公鉏極②，公山不狃③皆不得志於季氏，叔孫輒④無寵於叔孫氏，叔仲志⑤不得志於魯，故五人因陽虎。陽虎欲去三桓，以季寤更季氏⑥，以叔孫輒更叔孫氏⑦，己更孟氏⑧。冬十月，順祀先公而祈焉，辛卯，禘于僖公。壬辰，將享季氏于蒲圃而殺之，戒都車曰癸巳至⑨，成宰公斂處父告孟孫曰：「季氏戒都車何故？」孟孫曰：「吾弗聞。」處父曰：「然則亂也，必及於子，先備諸。」與孟孫以壬辰爲期。陽虎前驅，林楚御桓子，虞人以鈹盾夾之⑩，陽越殿⑪，將如蒲圃。桓子咋⑫謂林楚曰：「而先皆季氏之良也，爾以是繼之。」對曰：「臣聞命後，陽虎爲政，魯國服焉，違之徵死，死無益於主。」桓子曰：「何後之有？而能以我適孟氏乎？」對曰：「不敢愛死，懼不免主？」桓子曰：「往也。」孟氏選圉人之壯者三百人以爲公期⑬築室於門外，林楚怒焉，及衢而騁⑭，陽越射之不中，築者闔門。有自門間射陽越，殺之。陽虎劫公與武叔⑮以伐孟氏，公斂處父帥成人自上東門⑯與陽氏戰于南門之內，弗勝，又戰于棘下⑰。陽氏敗，陽虎說甲如公宮，取寶玉大弓以出，舍于五父之衢，寢而爲食。其徒曰：「追其將至？」虎曰：「魯人聞余出，喜於徵死，何暇追余？」從者曰：「嘻，速駕，公斂陽在。」公斂陽請追之，孟孫弗許。陽欲殺桓子⑱，孟孫懼而歸之，子言⑲辨舍爵於季氏之廟而出，陽虎入于讙、陽關⑳以叛。

【今註】①季寤：季孫斯的弟弟。②公鉏極：季孫斯的族子。③公山不狃：是費宰。④叔孫輒：叔孫氏的庶子。⑤叔仲志：叔仲帶的孫子。⑥更季氏：替代季孫。⑦更叔孫氏：替代叔孫武叔。⑧己更孟氏：陽虎自己替代孟孫。⑨戒都車曰癸巳至：令都邑的兵車戒備，告訴他說癸巳這天起兵。⑩虞人以鈹盾夾之：管打獵的官拿着劍同盾牌兩邊夾立。⑪陽越：是陽虎的從弟。⑫咋：忽然。⑬公期：孟孫氏的支子。⑭及衢而騁：到大街上就打馬趕緊走。⑮武叔：叔孫不敢的兒子叔孫州仇。⑯上東門：魯都城的東面的北門。⑰棘下：左通補釋說：「魯南門曰稷門，稷棘聲近，則棘下卽稷門之下。」⑱陽欲殺桓子：公斂陽想把季孫斯殺掉。⑲子言：季寤。⑳讙、陽關：方輿紀要說：「讙在山東泰安縣西南，陽關在泰安縣東南六十里之陽關村。」

【今譯】季寤、公鉏極、公山不狃，皆對季孫氏不得志，叔孫輒也沒得到叔孫氏的寵愛，叔仲志也在魯國不得志。所以這五個人全利用陽虎。陽虎想着去掉三桓，用季寤替代季孫斯，用叔孫輒替代叔孫州仇，他自己替代了仲孫何忌。冬天十月，順祀魯國的先公以備祈禱，辛卯，大禘僖公廟，壬辰，將在蒲圃宴享季孫斯，把他殺掉，告戒魯國都城的兵車說，癸巳那天就來。成宰公斂處父告訴孟孫說：「季孫要都城的兵車戒備，這是什麼原故呢？」仲孫何忌說：「我沒有聽說。」處父說：「那麼就是有亂事，這種亂事必定連着你，不如先預備好了。」就與仲孫何忌商量，定了壬辰這天爲舉動。陽虎爲季孫斯的前驅，林楚替季孫斯駕車，後邊是打獵的官，用劍同盾牌，左右夾道走，陽越在最後。將到蒲圃去，季孫斯忽然對林楚說：「你的先人全是季孫氏有功的人，你可以接着來做。」回答說：「我得到命令很晚，陽虎當政權，魯國人全都服從他，違背了他，就是要死，死也對主人沒有用處。」季孫斯說：「有什麼晚呢？你能把我送到孟孫氏那裡去嗎？」回答說：「我不敢愛惜死亡，但很怕對主人沒有用處？」季孫斯說：「去吧。」孟孫氏選了養馬的壯丁三百人爲公期在門外修房子，林楚到了大街上，就打着馬急往前走。陽越射箭，沒有打中，築房子的人就關上門。有人在大門前射陽越，把他殺了。陽虎刼了魯定公跟叔孫州仇，來討伐孟孫氏，公斂處父率領成人從上東門進入與陽虎在南門的裏頭打仗，沒有打勝，又在棘下打仗。陽氏打敗了，陽虎脫掉甲冑，到魯公的宮裡，拿走了夏后氏的璜玉同封父的繁弱，住在五父的大街上，睡在那裏又吃東西。他的左右人說：「追兵就要來。」陽虎說：「魯國人聽見我走了，喜的不會死亡，有什麼時間追我呢？」左右人說：「趕緊駕車吧！公斂處父在。」公斂處父請求追陽虎，孟孫不答應。公斂處父想殺季孫斯，孟孫害怕，叫季孫斯回去。季寤拿爵杯在季氏的廟周徧的獻酒而出。陽虎就進入齊魯的邊境讙同陽關兩個地方反叛了。

(二一)傳 鄭駟歂①嗣子大叔爲政。

【今註】①駟歂：是駟乞的兒子。

【今譯】鄭國駟歂接着游吉掌政權。

定公九年（公元前五百〇一年）

(一)經 春王正月。

傳 春，宋公使樂大心盟于晉，且逆樂祁之尸，辭僞有疾，乃使向巢如晉盟，且逆子梁之尸。子明①謂桐門右師出，曰：「吾猶衰絰而子擊鍾何也？」右師曰：「喪不在此故也。」既而告人曰：「已衰絰而生子，余何故舍鍾？」子明聞之怒，言於公曰：「右師將不利戴氏，不肯適晉，將作亂也，不然無疾。」乃逐桐門右師。

【今註】①子明：樂祁的兒子樂溷。

【今譯】春天，宋公派樂大心到晉國去盟會，並且迎接樂祁的尸首，他辭謝假裝有病，就改派向巢到晉盟會，且迎接樂祁的尸首。樂溷把樂大心驅逐出門說：「我尚在穿孝你為什麼就敲鐘？」樂大心說：「喪事不在此地的原故。」後來他就對旁人說：「他穿着孝，而生了孩子，我為什麼一定不能敲鍾？」樂溷聽見這話就惱了，對宋景公說：「樂大心將對戴氏族不利，他不肯到晉國去，就是因為他想作亂的原故，否則他並沒有病」。宋公就把樂大心趕走了。

（二）經　夏四月戊申，鄭伯蠆卒①。

【今註】①此經無傳。

【今譯】夏四月戊申鄭伯蠆死了。

（三）傳　鄭駟歂殺鄧析①而用其竹刑②。君子謂子然③於是不忠，苟有可以加於國家者，棄其邪可也。靜女之三章，取彤管焉④。竿旄⑤何以告之，取其忠也。故用其道，不棄其人。詩云：「蔽芾甘棠，勿翦勿伐，召伯所茇⑥。」思其人猶愛其樹，況用其道而不恤其人乎？子然無以勸能矣。

【今註】①鄧析：鄭大夫。②竹刑：寫在竹簡上的刑法。③子然：即駟歂。④靜女之三章，取彤管焉：詩經邶風的一篇詩。雖然有三章，但是注意的是彤管。彤管是紅顏色的筆，是古代女史記事用的。⑤竿旄：是鄘風的一篇詩。⑥蔽芾甘棠，勿翦勿伐，召伯所茇：詩經召南的一句詩。意思是說很茂盛的甘棠樹，也不要剪掉，這是召伯聽打官司的地方。

【今譯】鄭國駟歂殺了鄧析，而用他在竹簡上所寫的刑法。君子說駟歂如此就是不忠，祇要有益於國家，放棄他的邪錯就可以了。靜女詩的三章，他的目的全在於彤管。竿旄這篇詩「何以告之」只是取他的忠心而已。所以用他的道理，不要捨棄那個人。詩經說：「很茂盛的甘棠樹，不要剪它，也不要砍它，這是召伯聽打官司的地方。」想這人尙且喜愛他的樹，何況用他的道理，而不憐恤他的人嗎？駟歂這樣做，是不能鼓勵有能力的人。

（四）經 得寶玉大弓。

傳 夏，陽虎歸寶玉大弓①，書曰得器用也，凡獲器用曰得，得用焉曰獲。六月，伐陽關。陽虎使焚萊門②，師驚，犯之而出奔齊，請師以伐魯曰：「三加必取之。」齊侯將許之。鮑文子③諫曰：「臣嘗爲隸於施氏矣，魯未可取也，上下猶和，衆庶猶睦，能事大國④，而無天菑，若之何取之？陽虎欲勤齊師也，齊師罷，大臣必多死亡，己於是乎奮其詐謀。夫陽虎有寵於季氏，而將殺季孫以不利魯國，而求容焉，親富不親仁，君焉用之？君富於季氏而大於魯國，茲陽虎所欲傾覆也。魯免其疾，而君又收之，無乃害乎？」齊侯執陽虎，將東之，陽虎願東，乃囚諸西鄙，盡借邑人之車，鍥其軸，麻約而歸之。載葱靈⑤寢於其中而逃。追而得之，囚於齊，又以葱靈逃奔晋，適趙氏。仲尼曰：「趙氏其世有亂乎？」

【今註】①陽虎歸寶玉大弓：陽虎送還寶玉同大弓。寶玉就是定公四年所說「夏后氏之璜」。大弓就是「封父之繁弱。」②萊門：陽關邑門。③鮑文子：即鮑國。④能事大國：能事奉晉國。⑤葱靈：輜重車的名字。

【今譯】夏天，陽虎歸還了夏后氏的璜同封父的繁弱。春秋寫着意思是說得到一個用器，凡是得到器用叫做得，得用的東西叫做獲。六月，討伐陽關。陽虎讓人焚燒陽關的萊門，魯國軍隊害怕，陽虎就率着他的軍隊逃到齊國去，請齊國出兵伐魯國說：「三次加兵討伐魯國，必定得到魯國。」齊侯想要答應他。鮑國諫諍說：「我嘗工作在魯國的施氏，魯國尙沒方法拿下，上下全很和睦，庶人也很和睦，能事奉大國晉，而沒有天災流行，怎麼樣能拿下他？陽虎是想勞苦齊國軍隊，齊國軍隊疲倦了，大臣們必定多死亡，藉此他就用他的詐謀。從前陽虎獲得季氏的寵愛，而將殺季孫斯，對魯國不利，以求容納自己，他這個人親富不親仁，這種人有什麼用處呢？你較季氏富而又大於魯國，所以陽虎就想把你毀掉。魯國免掉他的病，而你收納他，這豈不是有害嗎？」齊侯就把陽虎逮起來，想叫他往東邊去，陽虎答應往東邊去，齊侯就把他送到西邊囚起來。他借了邑中人的車，把它的軸用刀子刻了，使它縮小，歸還給邑人。他睡在一個輜重車中就逃走了。把他追得囚到齊國都城，又睡到一個輜重車逃到晉國，住到趙氏。仲尼說：「趙氏恐怕輩輩有亂子了。」

（五）經　六月，葬鄭獻公①。

【今註】①此經無傳。

【今譯】六月，給鄭獻公下葬。

（六）經　秋，齊侯衞侯次于五氏。

傳　秋，齊侯伐晉夷儀①。敝無存②之父將室之，辭以與其弟，曰：「此役也不死，反必娶於高國。」先登，求自門出，死於霤下③。東郭書讓登④，犂彌從之曰：「子讓而左，我讓而右，使登者絕而後下⑤。」書左，彌先下。書與王猛息，猛曰：「我先登。」書斂甲曰：「曩者之難，今又難焉。」猛笑曰：「吾從子如驂之靳⑥。」晉車千乘在中牟⑦，衛侯將如五氏⑧，卜過之龜焦。衛侯曰：「可也。衛車當其半，寡人當其半敵矣。」乃過中牟，中牟人欲伐之，衛褚師圃亡在中牟曰：「衛雖小，其君在焉，未可勝也，齊師克城而驕，其帥又賤⑨，遇必敗之，不如從齊。」乃伐齊師敗之⑩，齊侯致禚、媚、杏⑪於衛。齊侯賞犁彌，犁彌辭曰：「有先登者，臣從之，皙幘而衣貍製⑫。」公使視東郭書，曰：「乃夫子也，吾貺子。」公賞東郭書，辭曰：「彼賓旅也⑬。」乃賞犁彌。齊師之在夷儀也，齊侯謂夷儀人曰：「得敝無存者，以五家免⑭。」乃得其尸，公三襚之⑮，與之犀軒與直蓋⑯，而先歸之，坐引者，以師哭之⑰親推之三⑱。

【今註】①夷儀：今山東聊城縣西南十二里有夷儀城。②敝無存：齊國人。③霤下：屋簷底下。④東郭書讓登：東郭書讓旁人在後面而自己先登。⑤後下：下是進城。⑥吾從子如驂之靳：我跟着你如同車架旁邊的馬隨着車中間的馬。驂是駕車旁邊的馬，靳是駕車中間的馬。⑦中牟：在今河南湯陰縣西五十里。⑧五氏：紀要說：「今河北邯鄲縣西有五氏城，亦曰寒氏城。」⑨其帥又賤：指東郭書很低下。⑩乃伐齊師敗之：就去打齊國軍隊，把他們打敗了。據哀公十五年說這次戰役得到齊國戰車五百輛。⑪禚、媚、杏：春秋大事表說：「禚在山東長清縣境，媚在禹城縣境，杏在博平縣境。」⑫貍製：貍子皮的皮襖。⑬彼賓旅也：他同我等於賓主相讓，同進同退。⑭以五家免：可以免去五家的稅收役事。⑮公三襚之：齊侯給敝無存穿上三次的襚衣。⑯與之犀軒與直蓋：給他犀牛刻劃的車，同高的傘蓋。⑰坐引者以師哭之：命挽喪車者停柩跪下，用軍隊來哭祭。⑱親推之三：齊侯親自推敝無存的喪車，車輪子轉了三次。

【今譯】秋天，齊侯伐晉國的夷儀。齊人敝無存的父親將給他結婚，他辭讓給他弟弟說：「這一戰以後，若不死，回來必定娶高國的女子。」他先登上城，又要從門進去，結果戰死在屋簷底下。東郭書要旁人讓他先登，犂彌跟着他說：「你到左邊我到右邊，使沒有人上城，然後才下去。」東郭書從左邊上，犂彌先下城。東郭書同王猛休息，王猛說：「我先登城的。」東郭書拿起盔甲說：「從前很難，現在更難了。」王猛笑說：「我跟着你，如同駕沿車旁的馬，隨從車中間的馬。」晉國兵車一千輛在中牟這地方。衞侯想到五氏去，占卜路過中牟，龜板焦了。衞侯說：「可以。衞國的兵車當一半，我寡人也當他的一半。」就過了中牟，中牟人想伐衞國軍隊，衞國褚師圃逃亡在中牟說：「衞國雖然小，他的君在這裡，不可以戰勝他。齊國軍隊得了夷儀而驕傲，他的將領東郭書又地位低賤，遇見齊國軍隊必定打敗他，不如攻擊齊國軍隊。」就討伐齊國軍隊打敗他。齊侯就把禚、媚、杏，幾個地方給了衞國。齊侯想賞犂彌，犂彌辭讓說：「有人比我先登，我跟了他後面，他的軍衣白而外邊有貍皮襖。」齊侯使他看東郭書，他說：「就是他，我賀你。」齊侯賞東郭書，他辭讓說：「我跟他同進退。」就賞了犂彌。齊國軍隊在夷儀時，齊侯對夷儀的人說：「得到敝無存的人，我可以給他免了五家的稅收役事。」得到他的屍首，齊侯給他三重的襚衣，更給他卿所坐犀牛的車同高蓋，使他先回去，命挽喪車者停柩跪下，用軍隊來哭祭，齊侯推他喪車三次。

(七)經　秦伯卒①。

【今註】①此經無傳。

【今譯】秦伯死了。

(八)經　冬葬秦哀公①。

【今註】①此經無傳。

【今譯】冬，給秦哀公行葬禮。

定公十年（公元前五百年）

（一）經春王三月，及齊平。

傳春，及齊平。

【今譯】春天，魯國同齊國和平。

（二）經夏，公會齊侯于夾谷。

傳夏，公會齊侯于祝其實夾谷①，孔丘相。犂彌言於齊侯曰：「孔丘知禮而無勇，若使萊人以兵劫魯侯，必得志焉。」齊侯從之。孔丘以公退曰：「士兵之②！兩君合好，而裔夷之俘以兵亂之，非齊君所以命諸侯也。裔不謀夏，夷不亂華，俘不干盟，兵不偪好，於神爲不祥，於德爲愆義，於人爲失禮，君必不然。」齊侯聞之，遽辟之③。將盟，齊人加於載書曰：「齊師出竟，而不以甲車三百乘從我者，有如此盟。」孔丘使茲無還④揖對曰：「而不反我汶陽之田，吾以共命者，亦如之。」齊侯將享公，孔丘謂梁丘據曰：「齊魯之故⑤，吾子何不聞焉？事既成矣，而又享之，是勤執事也。

且犧象不出門，嘉樂不野合⑥，饗而既具，是棄禮也，若其不具，用秕稗也。用秕稗君辱，棄禮名惡，子盍圖之？夫享所以昭德也，不昭不如其已也。」乃不果享。齊人來歸鄆、讙、龜陰之田⑦。

【今註】①夾谷：山東通志說：「夾谷在博山縣東境。」　②士兵之：叫士卒用武器打萊人。　③遽辟之：馬上叫萊人的軍隊退下去。　④茲無還：是魯大夫。　⑤故：舊事。　⑥嘉樂不野合：嘉樂就是鍾磬，應該在房中奏樂，不能在野外舉行。　⑦鄆、讙、龜陰之田：鄆卽西鄆，今山東鄆城縣。讙，魯邑，在今山東泰安縣西南，地近肥城。龜陰之田應在汶水之陽，以在泰安縣境爲是。

【今譯】魯定公見齊侯於祝其，實在就在夾谷。孔子做了魯定公贊禮的人，齊大夫犂彌對齊侯說：「孔丘雖然懂得禮節，卻沒有勇敢的，如果差萊人用兵器去劫魯侯，一定能够稱我的心的。」齊侯就依了他去做。孔丘便同定公退下說：「軍士們，用武器去擊萊人，豈有兩君會合着和好，卻被遠夷的囚虜拿兵器來擾亂的？這不是齊君所以吩咐諸侯聚會的好意呢！遠方的人不當來謀算中原，夷狄不當來擾亂華夏，囚虜不當惹觸盟誓，兵戎不當偪近盟好；如果這麼了，在神明前便是不祥，在道德上便是失掉義，在人事便是失掉禮，齊君一定不會這樣的。」齊侯聽得這話，心中慚愧，便使萊兵避去。將要結盟的時候，齊人在盟書上記載說：「將來齊兵出境去征伐諸侯，魯國卻不拿兵車三百乘跟我的，便當受這會盟誓的詛咒。」孔丘派大夫茲無還作揖回答說：「如果你們不還我汶陽的田地，我若供應你的，也像這般。」齊侯將要享宴定公。孔丘對梁丘據說：「齊魯兩個的老規矩，你難道沒有聽得說過嗎？盟事已經完畢了，卻又要設起宴來，這是空勞你齊國的執事嗎？況且禮器是列在朝廷宗廟中，不出國門的；鍾磬是不能奏於野外的；如果設宴的禮樂完備了，這就是棄宗廟的禮儀在野外；如果設宴不備禮樂，這就是好比捨了五穀用秕稗了。禮節不備，是辱了兩國的君；棄掉禮儀，是惡名聲，你爲什麼不打算一下呢？那宴享是所以昭明道德的，沒有道德可昭，還不如罷了好得多哩！」便沒有宴享。後來齊人卻來歸還鄆、讙、龜陰的田。

（三）經 公至自夾谷①。

【今註】①此經無傳。

【今譯】魯定公從夾谷回來。

（四）經 晉趙鞅帥師圍衞。

傳 晉趙鞅圍衞，報夷儀也。初，衞侯伐邯鄲午①於寒氏②，城其西北而守之，宵熸③，及晉圍衞，午以徒七十人門於衞西門，殺人於門中，曰：「請報寒氏之役。」涉佗曰：「夫子則勇矣！然我往，必不敢啓門。」亦以徒七十人且門焉，步左右皆至，而立如植，日中不啓門乃退。反役，晉人討衞之叛故曰：「由涉佗，成何。」於是執涉佗以求成於衞，衞人不許。晉人遂殺涉佗，成何奔燕。君子曰：「此之謂棄禮必不鈞，詩曰：『人而無禮，胡不遄死④？』涉佗亦遄矣哉！」

【今註】①邯鄲午：晉國守邯鄲的大夫。②寒氏：卽五氏，見去年。③宵熸：在夜裡邯鄲午的軍隊全散了。④人而無禮，胡不遄死：詩經鄘風的一句。意思說人若沒有禮節，爲什麼不快死呢？

【今譯】晉國趙鞅圍了衞國都城，這是爲的報夷儀的戰役。最早時，衞侯到寒氏這地方討伐邯鄲午，築城於其西北之地而守之，夜裡邯鄲午的軍隊全散了。到了晉國圍衞國，邯鄲午率領着七十個人在衞都城西門去攻打，在門中間殺了人，並且說：「這是爲的報復寒氏的戰役。」涉佗說：「他是很勇敢了，我要去到那裡，他必不敢開啓城門。」也率領着七十個人去到城門前，來回的走，而立着像一塊木頭一樣，到了中午門不敢開，就退下來。從這戰役回來，晉人討伐衞國反叛的原故說：「這全是由於涉佗同成何。」就把涉佗逮起來，並向衞國求和平，衞人不答應。晉人就殺了涉佗，成何逃到燕國去了。君子說：「這是叫做丟掉禮，必不能平均，詩經上說過：『人要是沒有禮節爲什麼不趕緊死呢？』涉佗也很快了。」

（五）經齊人來歸鄆、讙、龜陰田。

（六）經叔孫州仇仲孫何忌帥師圍郈。

（七）經秋，叔孫州仇仲孫何忌帥師圍郈。

傳初，叔孫成子欲立武叔，公若藐①固諫曰：「不可。」成子立之而卒。公南②使賊射之，不能殺。公南爲馬正，使公若爲郈宰。武叔既定，使郈馬正侯犯殺公若，不能，其圉人③曰：「吾以劍過朝，公若必曰：『誰之劍也？』吾稱子以告，必觀之，吾僞固而授之末，則可殺也。」使如之。公若曰：「爾欲吳王我乎！」遂殺公若。侯犯以郈叛④，武叔懿子圍郈，弗克。秋，二子及齊師復圍郈，弗克，叔孫謂郈工師駟赤⑤曰：「郈非唯叔孫氏之憂，社稷之患也，將若之何？」對曰：「臣之業在揚水卒章之四言矣⑥。」叔孫稽首。駟赤謂侯犯曰：「居齊魯之際而無事，必不可矣。子盍求事於齊以臨民，不然將叛。」侯犯從之。齊使至，駟赤與郈人爲之宣言於郈中曰：「侯犯將以郈易于齊，齊人將遷郈民。」衆兇懼。駟赤謂侯犯曰：「衆言異矣，子不如易於齊，與其死也，猶是郈也，而得紓焉，何必此？齊人欲以此偪魯，必倍與子地。且盍多舍甲於子之門，以備不虞。」侯犯曰：「諾。」乃多舍甲焉。侯犯請易於齊，齊有司觀郈，將至，駟赤使周走呼曰：「齊師至矣！」郈人大駭，介侯犯之門甲以圍侯犯，駟赤將射之⑦，侯犯止之曰：「謀免我。」侯犯請行，許之⑧。駟赤先如宿⑨，侯犯殿，每出一門，郈人閉之。及郭門，止之曰：「子以叔孫氏之甲出，有司若誅之，羣臣懼死。」駟赤曰：「叔孫氏之甲有物⑩吾未敢以出。」犯謂駟赤曰：「子止而與之數。」駟赤止而納魯人，侯犯奔齊，齊人乃致郈。

【今註】①公若藐：叔孫氏的族人。②公南：叔孫氏的家臣與叔孫武叔一黨。③圉人：武叔的圉人。④侯犯以郈叛：侯犯是叔孫氏的家臣以郈反叛。⑤工師駟赤：工師是掌工匠的官，駟赤是人名。⑥臣之業在揚水卒章之四言矣：揚水是詩唐風的篇名，卒章是第四章，四言是四句話。就指着說「吾聞有命。」意思說我已接受你的命令。⑦駟赤將射之：駟赤假作為侯犯射郈人。⑧許之：郈人答應了。⑨宿：在今山東省東平縣東二十里。⑩叔孫之甲有物：叔孫氏的盔甲上有標誌。

【今譯】最初時，叔孫不敢想立叔孫州仇，公若藐強諫他說：「不可」。叔孫不敢把他立了就死了。公南使人射他，不能夠射死。公南做馬正，叫公若做郈宰。叔孫州仇的位子既然固定了，使郈的馬正侯犯去殺公若，不能成功。州仇趕馬的人說：「我拿着寶劍經過朝，公若必定問說：『這是誰的劍呢？』我告訴他是你的。他必定要看。我假裝固陋，而把寶劍的尖交給他，就可以把他殺掉。」就叫他這樣做。公若說：「你想把我做吳王嗎？」就把公若殺掉。侯犯拿郈來反叛。叔孫州仇同仲孫何忌圍了郈，沒有攻下。秋天，叔孫州仇又同仲孫何忌以及齊國軍隊又圍了郈，仍舊不能戰勝，叔孫州仇對郈的工師駟赤說：「郈不祇是叔孫氏的憂慮，也是國家的患難，這怎麼辦呢？」他回答說：「我的事業在揚水詩篇末了那四句話。」叔孫州仇對他叩頭。駟赤對侯犯說：「在齊魯的中間，而無所服事，這是必定不可能的，你何不去事奉齊國以主持人民，要不然人民將要反了。」侯犯聽了他的話。齊國派使臣來到，駟赤同郈人在郈中宣言：「侯犯將拿郈同齊國交換地方，齊國人將把郈的人民遷走。」郈人很害怕。駟赤對侯犯說：「衆人的話全改變了，你不如同齊國交換，與其死了。這還是郈，而得紓展，何必要這地方？齊人想着拿郈來偪迫魯國，必定加倍給你地方。你並且在你的門口多預備軍隊，以防意外的事情。」侯犯說：「好」。就多預備軍隊在門口。侯犯到齊國請求交換，齊國的官吏派人到郈觀看，將到時，駟赤派人周圈的跑着說：「齊國軍隊來了！」郈的人民大驚駭，就用侯犯門口的軍隊來包圍侯犯，駟赤假裝要射郈人，侯犯止着他說：「你祇要幫我逃走就好。」侯犯請求出亡，郈人答應他。駟赤先到宿這地方，侯犯在後面，每出一個門，郈人就把它關上。到了外郭的門，叫他站住說：「你把叔孫氏的盔甲拿出去，官吏若詛咒我們，我們很怕死亡」。駟赤說：「叔孫氏的盔甲有標誌，我不敢拿出去。」侯犯對駟赤說：「你站在這裡跟他點清數目。」駟赤站着就把魯國人叫進來，侯犯就逃到齊國去。齊人就把郈的戶口交同魯國。

（八）經　宋樂大心出奔曹，宋公子地出奔陳。

（九）經　宋公子弟辰暨仲佗石彄出奔陳。

傳　宋公子地①嬖蘧富獵②，十一分其室而以其五與之。公子地有白馬四，公嬖向魋③，魋欲之，公取而朱其尾鬣以與之④，地怒，使其徒抶魋而奪之。魋懼將走，公閉門而泣之，目盡腫。母弟辰曰：「子分室以與獵也，而獨卑魋，亦有頗焉。子爲君禮，不過出竟，君必止子。」公子地出奔陳，公弗止。辰爲之請，弗聽。辰曰：「是我迋⑤

吾兄也！吾以國人出，君誰與處？」冬，母弟辰暨仲佗，石彄⑥出奔陳。

【今註】①公子地：宋景公的弟弟，公子辰的哥哥。②向魋：魋音（ㄊㄨㄟˊ）是司馬桓魋。③蘧富獵：是宋大夫。④以與之：把這幾匹馬給向魋。⑤迋：音（ㄨㄤˋ）欺騙。⑥仲佗、石彄：仲佗是仲幾的兒子。石彄是褚師段的兒子。二人全是宋國的卿。

【今譯】宋國公子地嬖愛蘧富獵，把他家財分成十一分，把五分給了他。公子地有白馬四匹。宋景公喜愛的向魋想要這些馬，景公拿到這些馬，把它的尾巴染成紅顏色給了向魋，公子地惱了，使他的門徒打向魋，奪掉他的馬。向魋害怕將出亡，宋景公關着門哭他，眼全腫了。他的母弟辰說：「你分財產給蘧富獵，而小視向魋，這也有不平。你應該讓着君，頂多不過逃出境外，君必定攔住你。」公子地就逃到陳國去，宋景公不攔止。公子辰替他請求，不聽從。公子辰說：「這是我欺騙我的哥哥！我要同貴族全逃出，君又同誰治理國家。」冬天，母弟辰同仲佗、石彄兩個卿全逃到陳國去。

（十）經 冬，齊侯、衞侯、鄭游速會于安甫①。

【今註】①此經無傳。

【今譯】冬天，齊侯、衞侯、鄭游速會于安甫。

（十一）經 叔孫州仇如齊。

傳 武叔聘于齊，齊侯享之曰：「子叔孫若使郈在君之他竟，寡人何知焉？屬與敝邑際，故敢助君憂之。」對曰：「非寡君之望也，所以事君，封疆社稷是以①，敢以家隸勤君之執事。夫不令之臣，天下之所惡也，君豈以爲寡君賜？」

【今註】①封疆社稷是以：這是為的封疆同國家。

【今譯】叔孫州仇到齊國聘問，齊侯宴享他說：「子叔孫啊！要是郈在魯國旁的邊境上，我怎麼能知道？你因為鄰着我們國家，所以幫着你來憂慮。」回答說：「這不是我們君的希望，我們所以事奉你，是為的國家的原故，我那裡敢把家裡的事勤勞你的官吏。這種不好的臣子，是天下所厭惡的，你豈是專為的賞賜寡君？」

定公十有一年（公元前四百九十九年）

(一)經春，宋公之弟辰及仲佗，石彄公子地自陳入于蕭以叛。

(二)經夏四月。

(三)經秋，宋樂大心自曹入于蕭。

傳春，宋公母弟辰曁仲佗、石彄、公子地入于蕭以叛。秋，樂大心從之，大為宋患，寵向魋故也①。

【今註】①寵向魋故也：這是寵愛向魋的原故。

【今譯】十一年春，宋公的母弟辰同仲佗、石彄、公子地到了蕭反叛了。秋天，樂大心也跟去了，大為宋國的禍患，這是對於向魋寵愛的原故。

(四)經冬，及鄭平，叔還如鄭涖盟。

傳冬，及鄭平，始叛晉也①。

【今註】①始叛晉也：魯國自僖公以來一直服從晉國到現在，方才與晉國不合，所以說始叛晉。

【今譯】冬天，魯國同鄭國和平，這是魯國開始對晉國反叛。

定公十有二年（公元前四百九十八年）

經春，薛伯定卒①。

【今註】①此經無傳。

【今譯】春天，薛伯定死了。

（二）經夏，葬薛襄公①。

【今註】①此經無傳。

【今譯】夏天，給薛襄公行葬禮。

（三）經衞公孟彄帥師伐曹

傳夏，衞公孟彄伐曹，克郊①，還，滑羅殿②，未出③，不退於列④。其御曰：「殿而在列，其無勇乎？」羅曰：「與其素厲，寧爲無勇⑤。」

【今註】①郊：在今山東省曹縣境。②滑羅：衞大夫。③未出：還沒有出曹境。④不退於列：滑羅不退在行列的後面。⑤與其素厲，寧爲無勇：與其空有勇猛之名，寧可做爲沒有勇敢。

【今譯】衞公孟彄伐曹，佔據了郊這地方，回來的時候，滑羅殿後，沒有出曹境，滑羅不退出行列的後面，他的車夫說：「殿後而在行列中，這恐怕是無勇？」滑羅說：「與其空有猛的名，寧可沒有勇厲。」

(四)經叔孫州仇帥師墮郈。

(五)經季孫斯仲孫何忌帥師墮費。

傳仲由①爲季氏宰，將墮三都②，於是叔孫氏墮郈。季氏將墮費，公山不狃，叔孫輒帥費人以襲魯。公與三子入于季氏之宮，登武子之臺，費人攻之，弗克，入及公側③，仲尼命申句須，樂頎④下伐之，費人北，國人追之，敗諸姑蔑⑤，二子⑥奔齊，遂墮費。將墮成，公斂處父謂孟孫：「墮成，齊人必至于北門，且成孟氏之保障也，無成是無孟氏也，子僞不知，我將不墮。」冬十二月，公圍成，弗克。

【今註】①仲由：卽子路。②三都：指費、郈、成。③入及公側：到了臺的底下。④申句須、樂頎：二人全是魯大夫。⑤姑蔑：在今山東省泗水縣東南四十五里。⑥二子：指公山不狃同叔孫輒。

【今譯】孔子弟子仲由做季氏宰，將毀掉費、郈、成三個大都。這時叔孫氏毀掉郈。季孫氏將毀費，公山不狃、叔孫輒率領費人來偷襲魯都城。魯定公同仲孫何忌、叔孫州仇、季孫斯入了季氏的宮裡，登到季孫宿的臺上，費人攻打他們，不能勝，祇攻到臺下，仲尼叫申句須、樂頎下臺來討伐他們，費人打敗，貴族們追他，又在姑蔑打敗他，公山不狃同叔孫輒逃到齊國去，就毀掉費的城。將毀成，公斂處父對孟孫說：「要是毀掉成，齊國人必定來到魯國都城的北門，並且成是孟孫氏的保障，沒有成就沒有孟孫氏了。你假裝不知道，我將不毀去成。」冬天十二月，魯定公圍了成，沒有能够勝利。

(六)經秋大雩①。

【今註】①此經無傳。

【今譯】秋天，魯國行求雨的典禮。

(七)經 冬十月癸亥，公會齊侯盟于黃①。

【今註】①此經無傳。

【今譯】冬天十月癸亥，魯定公與齊侯在黃會盟。

(八)經 十有一月丙寅朔，日有食之。

【今註】①此經無傳。

【今譯】十一月丙寅初一，魯國有日食。

(九)經 公至自黃①。

【今註】①此經無傳。

【今譯】定公從黃回來。

(十)經 十有二月公圍成，公至自圍成。

【今註】①此經無傳。

【今譯】十二月，魯定公圍成，後從圍成回來。

定公十有三年（公元前四百九十七年）

(一)經 春，齊侯、衞侯次于垂葭。

傳 春，齊侯，衞侯次于垂葭實郥氏①，使師伐晉，將濟河，諸大夫皆曰：「不可。」邴意茲②曰：「可。銳師伐河內③，傳必數日而後及絳，絳不三月不能出河，則我旣濟水矣。」乃伐河內，齊侯皆斂諸大夫之軒，唯邴意茲乘軒。齊侯欲與衞侯乘④，與之宴，而駕乘廣載甲焉。使告曰：「晉師至矣。」齊侯曰：「比君之駕也，寡人請攝⑤。」介而與之乘，驅之。或告曰：「無晉師。」乃止。

【今註】①垂葭實郥氏：續山東考古錄：「荷澤縣在周時有葭密邑。」左傳地名補注：「以垂葭即葭密，在荷澤縣西北二十五里」。②邴意茲：齊大夫。③河內：彙纂說：「今河南汲縣縣治。」④齊侯欲與衛侯乘：齊侯想同衛侯坐在一輛車上。⑤寡人請攝：請用我的車代用。

【今譯】齊侯、衛侯在垂葭，實在就是郥氏，叫軍隊去討伐晉國，將渡過黃河，諸大夫都說：「不可以。」祇有齊大夫邴意茲說：「可以。派了强的軍隊過河去伐河內的地方，要是河內派人去告訴，必需幾天的工夫才能到晉國首都絳，由絳這地必須三個月晉國軍隊方能達到黃河。這時間我們已經渡過黃河了。」齊侯就叫軍隊去伐河內，齊侯把各大夫的軒車全都收了，祇有邴意茲獨乘軒車。齊侯想與衛侯共乘一輛車，請衛侯吃飯，而駕了兵車載着盔甲。使人詐告說：「晉國軍隊來了。」齊侯對衛侯說：「等你預備好，我請先拿我的車代替你的車。」就穿上盔甲跟他坐着車一同往前去。有人告訴齊侯說：「並沒有晉國軍隊。」他就止住了。

(二)經夏，築蛇淵囿①。

【今註】①此經無傳。

【今譯】夏天，魯國築蛇淵囿。

(三)經大蒐于比蒲①。

【今註】①比蒲：疑即魯東門外之蒲圃。此經無傳。

【今譯】在比蒲大蒐。

(四)經衞公孟彄帥師伐曹①。

【今註】①此經無傳。

【今譯】衞國公孟彄帥領着軍隊討伐曹國。

(五)經秋晉趙鞅入于晉陽以叛。

(六)經冬晉荀寅，士吉射入于朝歌以叛，晉趙鞅歸于晉。

傳晉趙鞅謂邯鄲午曰：「歸我衞貢五百家，吾舍諸晉陽。」午許諾。歸告其父兄，父兄皆曰：「不可，衞是以爲邯鄲①，而寘諸晉陽，絕衞之道也。不如侵齊而謀之。」乃如之而歸之于晉陽。趙孟怒，召午而囚諸晉陽，使其從者說劍而入②，涉賓③不可。乃使告邯鄲人曰：「吾私有討於午也，二三子唯所欲立④。」遂殺午。趙稷⑤涉賓以邯鄲叛。夏六月，上軍司馬籍秦圍邯鄲。邯鄲午，荀寅之甥也，荀寅，范吉射之姻也⑥，而相與睦，故不與圍邯鄲，將作亂。董安于⑦聞之，告趙孟曰：「先備諸！」趙孟曰：「晉國有命，始禍者死，爲後可也。」安于曰：「與其害於民，寧我獨死，請以我說。」趙孟不可。秋七月，范氏中行氏伐趙氏之宮，趙鞅奔晉陽，晉人圍之。范皐夷⑧無寵於范吉射，而欲爲亂於范氏，梁嬰父嬖於知文子，文子欲以爲卿，韓簡子與中行文子⑨相惡，魏襄子亦與范昭子相惡⑩，故五子⑪謀，將逐荀寅而以梁嬰父代之，逐范吉射而以范皐夷代之。荀躒言於晉侯曰：「君命大臣，始禍者死，載書在河，今三臣始禍，而獨逐鞅，刑已不鈞矣，請皆逐之。」冬十一月，荀躒、韓不信，魏曼多奉公以伐范氏、中行氏，弗克。二子將伐公，齊高彊⑫曰：「三折肱知為良醫⑬，唯伐君為不可，民弗與也，我以伐君在此矣。三家未睦，可盡克也，克之君將誰與？若先伐君，是使睦也。」弗聽，遂伐公。國人助公，二子敗，從而伐之，丁未，荀寅士吉射奔朝歌，韓魏以趙氏為請，十二月辛未，趙鞅入于絳，盟于公宮。

【今註】①衛是以為邯鄲：因為衛國有五百家在邯鄲，所以和邯鄲親熱。②說劍而入：摘下寶劍進來。③涉賓：邯鄲午的家臣。④二三子唯所欲立：你們隨便立什麼人都可以。⑤趙稷：邯鄲午的兒子。⑥荀寅、范吉射之姻也：荀寅的兒子娶了范吉射的女兒。⑦董安于：趙氏家臣。⑧范皐夷：范氏的庶子。⑨中行文子：即荀寅。⑩魏襄子、范昭子：魏襄子是魏曼多，范昭子是士吉射。⑪五子：范皐夷、梁嬰父、知文子、韓不信，魏曼多。⑫齊高彊：齊國子尾的兒子。昭公十年逃到魯國，後又逃到晉國。⑬三折肱知為良醫：如果胳臂三次斷了，找醫生多了，久之，自己有了經驗，也可成為良醫了。

【今譯】晉國趙鞅對邯鄲午說：「將衛國所貢的五百家交給我，我要把他們搬到晉陽去住。」邯鄲午答應了。他回去就告訴他的尊長，他的尊長全說：「不可以。衛國是因為五百家在邯鄲，所以跟你很親善，把他們遷到晉陽，這是斷絕衛的道路。不如侵略齊國，然後再計謀把他們遷到晉陽。」就這樣辦而把他們遷到晉陽。趙鞅發怒，叫邯鄲午到晉陽去，把他囚在那裏，把隨他去的人，全叫他們摘下寶劍才進去，邯鄲午的家臣涉賓不肯脫寶劍，趙鞅就派人告訴邯鄲人說：「我是私人對邯鄲午，討他的罪，你們可以商議立邯鄲午的宗親。」趙鞅就殺了邯鄲午。邯鄲午的兒子同涉賓就以邯鄲反叛了。夏天六月，晉國上軍司馬籍秦圍了邯鄲。邯鄲午是荀寅的外甥，而荀寅是范吉射的親家，他們幾個人素來很和睦，所以他們兩人不參加圍邯鄲的事，而想反叛。趙鞅的臣董安于聽見了，就告訴趙鞅說：「何不先預備呢？」趙鞅說：「晉國的命令，頭創禍亂要得死刑，可以稍為晚一點罷。」董安于說：「與其傷害人民，不如我獨自死，以後請拿我來解說。」趙鞅認為不可以。秋天七月，范氏，中行氏來討伐趙鞅住的房子，趙鞅就逃到晉陽去了，晉人派軍隊圍了晉陽。范臯夷得不到范吉射的寵愛，而想在范氏作亂，梁嬰父甚為荀躒所寵愛，荀躒想叫他做晉國的卿，韓不信同荀寅很不好，魏曼多也同范吉射很不好。所以他們五人謀算，想着驅逐掉荀寅，而以梁嬰父替代他，驅逐掉范吉射，而以范臯夷替代他。荀躒對晉侯說：「你有命令說大臣們始作禍亂的就得死，這個盟誓的書沈到黃河裡，現在荀寅、范吉射、趙鞅開始作亂，而單獨驅逐趙鞅，這刑罰已經不平等，請把他們三人全驅逐出去。」冬天十一月，荀躒、韓不信、魏曼多奉着晉侯去討伐范氏、中行氏。沒能打勝。韓不信、魏曼多二人將討伐晉侯。齊國的高彊說：「三次折斷胳臂，找醫生多了，久之，自己有了經驗，也可成為良醫了。祇是伐君不可以，因為人民不願參與，我就因為伐君所以逃到晉國。現在范、魏、韓三家並不和睦，可以把他們全打敗了，把他們打敗了，晉侯將同誰一塊做呢？要是你先伐君，這是使他們和睦。」他們不聽，就伐晉侯。國人幫助晉侯，韓不信同魏曼多失敗了，大家一起討伐他們。丁未，荀寅、范吉射逃到朝歌去，韓不信、魏曼多請求寬恕趙鞅，十二月辛未，趙鞅回到絳，在公的宮中盟誓。

（七）經 薛弒其君比①。

【今註】 ①此經無傳。

【今譯】 薛人弒殺他的君比。

（八）傳 初，衞公叔文子朝，而請享靈公，退見史鰌①而告之。史鰌曰：「子必禍矣，子富而君貪，其及子乎？」文子曰：「然，吾不先告子，是吾罪也。君既許我矣，其若之何？」史鰌曰：「無害，子臣可以免。富而能臣，必免於難，上下同之。戍②也驕，其亡乎。富而不驕者鮮，吾唯子之見。驕而不亡者，未之有也，戍必與焉。」及文子卒，衞侯始惡於公叔戍，以其富也。公叔戍又將去夫人之黨③，夫人愬之曰：「戍將爲亂。」

【今註】①史鰌：卽史魚是衞大夫。　②戍：公叔文子的兒子。　③夫人之黨：衞靈公的夫人的黨徒。

【今譯】最初的時候，衞國公叔發入朝請衞靈公到他家中享宴，囘來見到史鰌告訴他這件事。史鰌說：「你必定引了禍患來，你很有錢，而君很貪心，罪過必然將到你的身上。」公叔發說：「對了，我不早先告訴你知道，是我的過錯。現在君已經答應我，那怎麼辦呢？」史鰌說：「不要緊，你要保持着君臣的禮節，就可以免除罪狀，有錢而當人臣，必定免於禍難，上下是一樣的。你的兒子戍驕傲，恐怕要逃亡了。有錢而不驕傲這種人很少，我祇看見你。驕傲而不逃亡的世上沒有過，戍必定其中的一個。」到了公叔發死了，衞侯開始厭惡公叔戍，因爲他太有錢的原故，公叔戍又想去掉衞靈公的夫人南子的黨餘。夫人告訴衞靈公說：「公叔戍將作亂了。」

定公十有四年（公元前四百九十六年）

(一)

經 春衞公叔戍來奔。衞趙陽出奔宋。

傳 春衞侯逐公叔戍與其黨，故趙陽①奔宋，戍來奔。

【今註】①趙陽：趙氏同族。

【今譯】春天，衞侯驅逐公叔戌同他的黨徒，所以趙陽逃到宋國，公叔戌逃到魯國。

(二)傳 梁嬰父惡董安于謂知文子曰：「不殺安于，使終爲政於趙氏，趙氏必得晉國。盍以其先發難也，討於趙氏。」文子使告於趙孟曰：「范中行氏雖信爲亂，安于則發之，是安于與謀亂也，晉國有命，始禍者死，二子①既伏其罪矣，敢以告②。」趙孟患之。安于曰：「我死而晉國寧，趙氏定，將焉用生？人誰不死，吾死莫矣。」乃縊而死。趙孟尸諸市而告於知氏曰：「主命戮罪人，安于既伏其罪矣，敢以告。」知伯③從趙孟盟，而後趙氏定，祀安于於廟。

【今註】①二子：指士吉射同荀寅。②敢以告：意思說董安于有罪。③知伯：荀躒。

【今譯】梁嬰父厭惡董安于，便對荀躒說：「不殺董安于，使他終久在趙氏掌握政權，那麼趙氏必定要得到晉國。何不在他發難以前，先討伐趙鞅呢？」荀躒使人告訴趙鞅說：「范氏同中行氏，雖然曾經作亂，但是這個禍亂是董安于引起來的，就是安于曾經參加這個禍亂，晉國的命令，開始作亂的人處死刑，范吉射同荀寅已經得到他們的罪狀，我敢把這情形告訴你。」趙鞅聽了這話，頗以爲患。董安于說：「我若死以後，晉國得到安寧，趙氏得到安定，何必活着，人誰不死，我已經死的很晚了。」就上吊死了。趙鞅把他尸首擺到市面上，告訴荀躒說：「你命我殺罪人，董安于已服了他的罪，敢告訴你。」荀躒就同趙鞅盟誓，然後趙氏安定，就把董安于祭祀在趙氏的廟中。

(三) 經 二月辛巳楚公子結、陳公孫佗人帥師滅頓，以頓子牂歸。

傳 頓子牂欲事晉背楚而絕陳好，二月、楚滅頓。

【今譯】 頓子牂想事奉晉國背叛楚而斷絕陳國的和好，二月，楚國就把頓國滅掉了。

(四) 經 夏，衞北宮結來奔。

傳 夏，衞北宮結來奔，公叔戌之故也。

【今譯】 夏天，衞國北宮結逃到魯國，是因爲公叔戌的原故。

(五) 經 五月於越敗吳于檇李。

(六) 經 吳子光卒。

傳 吳伐越，越子句踐①禦之，陳于檇李②。句踐患吳之整也，使死士再禽焉，不動③，使罪人三行屬劍於頸④而辭曰：「二君有治⑤，臣奸旗鼓⑥，不敏於君之行前，不敢逃刑，敢歸死。」遂自剄也。師屬之目，越子因而伐之，大敗之。靈姑浮⑦以戈擊闔廬，闔廬傷將指⑧，取其一屨⑨，還卒於陘⑩，去檇李七里。夫差使人立於庭，苟出入，必謂己曰：「夫差，而忘越王之殺而父乎？」則對曰：「唯，不敢忘。」三年乃報越。

【今註】 ①句踐：越王允常的兒子。 ②檇李：檇音醉。在秀水縣西南七十里。按秀水在今浙江省嘉興縣，檇李在縣南四十五里。 ③不動：吳國軍隊不爲驚動。 ④屬劍於頸：把劍擱到脖子上。 ⑤二君有治：二位君治理軍隊。⑥臣奸旗鼓：我犯了軍令。⑦靈姑浮：越大夫。⑧將指：脚上的大足指。⑨取其一屨：靈姑浮拿到他的一隻鞋。⑩陘：在檇李北七里。

【今譯】吳國討伐越國，越王句踐來抵禦他，在檇李這裡擺了陣式。越王句踐頗以吳國軍隊的整齊爲憂慮，使敢死隊兩次進攻，生禽了吳軍前列士卒，而吳國軍隊仍不被驚動。句踐又派了罪人排成三行把寶劍擱到脖子上，然後說：「二位君方治理軍隊，我們干犯了軍令，對於你的前面做的不敏捷，我也不敢逃這個刑法，敢回去死掉。」就自殺了。吳國軍隊全看着他，越王就乘這機會去進攻他們，把他們大打敗。靈姑浮用槍來打闔廬，闔廬傷了脚上的大足指，靈姑浮拿了他一隻鞋，闔廬回去的時候死在陘這地方，離檇李七里的遠。他的兒子夫差叫人立到庭上，不管是出進，必對他說：「夫差，你忘了越王殺你的父親麼？」就回答說：「是，不敢忘記！」經過了三年，就報復了越國。

(七)經公會齊侯、衞侯于牽。

(八)□公至自會①。

【今註】①此經無傳。

(九)經秋，齊侯、宋公會于洮。

(十)經天王使石尙來歸脤①。

【今註】①此經無傳。

【今譯】周天王使石尙來魯國送祭社神的肉。

(十一)經衞世子蒯聵出奔宋。

(十二)經衞公孟彄出奔鄭。

(七)(九)(十一)(十二)

傳 晉人圍朝歌，公會齊侯、衞侯于脾上梁之間①，謀救范中行氏，析成鮒小王桃甲②率狄師以襲晉，戰于絳中，不克而還，士鮒奔周，小王桃甲入于朝歌。秋，齊侯、宋公會于洮③，范氏故也。衞侯爲夫人南子召宋朝④，會于洮，大子蒯聵⑤獻盂⑥于齊，過宋野，野人歌之曰：「既定爾婁豬，盍歸吾艾豭⑦。」大子羞之，謂戲陽速⑧曰：「從我而朝少君⑨，少君見我，我顧乃殺之。」速曰：「諾。」乃朝夫人，夫人見大子，大子三顧，速不進。夫人見其色⑩，啼而走，曰：「蒯聵將殺余！」公執其手以登臺，大子奔宋，盡逐其黨，故公孟彄出奔鄭，自鄭奔齊。大子告人曰：「戲陽速禍余！」戲陽速告人曰：「大子則禍余。大子無道，使余殺其母，余不許，將戕於余。若殺夫人，將以余說，余是故許而弗爲，以紓余死。諺曰：『民保於信』吾以信義也。」

【今註】 ①脾上梁之間：卽牽。在河南省濬縣北十八里。 ②析成鮒、小王桃甲：二人全是晉大夫，范中行氏的黨羽。 ③洮：在今山東省濮縣。 ④宋朝：南子是衞靈公夫人，是宋國的女兒。宋朝是宋公子，以前曾與南子私通。 ⑤大子蒯聵：是衞靈公的太子。 ⑥盂：在今河北省濮陽縣東南。 ⑦既定爾婁豬，盍歸吾艾豭：既然定了你的婁豬，婁豬是求子的豬，指南子而言。爲什麼不還給我老的雄豬。 ⑧戲陽速：是太子家臣。 ⑨少君：指南子而言。 ⑩夫人見其色：夫人看見太子的臉色有變化。

【今譯】 晉國軍隊圍了朝歌，魯定公到牽這地方與齊侯衞侯相會，這是因爲打算去救范氏中行氏的，析成鮒同小王桃甲率領狄國軍隊去偷襲晉國，在晉都城絳打仗，沒有成功就回來，析成鮒逃到周，小王桃甲逃到朝歌。秋天，齊侯、宋公在洮盟會，這也因爲想救范氏的原故。衞侯爲他的夫人南子叫宋朝到衞國來，在洮會盟時，衞國太子蒯聵獻盂這地方給齊國，經過宋國野地時，野地人唱着說：「既然安定了你的求子豬，何不把我們的老豬歸還呢？」太子以爲羞恥，對他的家臣戲陽速說：「跟着我去朝見夫人，夫人要見着我，我回頭，你就把她殺掉。」戲陽速說：「好。」就去朝見夫人，夫人也接見太子，太子三次回頭，而戲陽速不往前進。夫人看見太子變顏色，嚇得哭了，去見靈公說：「蒯聵將要殺我。」靈公拉着她的手登到臺上去。太子就逃到宋國去，衞靈公把太子黨羽全趕走了，所以公孟彄逃到鄭國，從鄭國又逃到齊國。太子告訴旁人說：「戲陽速給我引起禍患。」戲陽速告訴旁人說：「是太子害了我，太子沒道理，派我把他母親殺掉，我若不答應。就要殺我。我若殺夫人，就賴在我身上，我所以答應而不做，以免我的死。俗話說：『人民以信實保其身。』我是拿義來做信實。」

(十三) 經 宋公之弟辰自蕭來奔①。

【今註】①此經無傳。

【今譯】宋公之弟辰從蕭逃到魯國。

(十四) 經 大蒐于比蒲。

【今註】①此經無傳。

【今譯】在比蒲大蒐。

(十五) 經 邾子來會公①。

【今註】①此經無傳。

【今譯】邾子到魯國與定公會盟。

(十六) 傳 冬十二月，晉人敗范中行氏之師於潞，獲籍秦高彊。又敗鄭師及范氏之師于百泉①。

【今註】①百泉：方輿紀要說：「蘇門山在今河南輝縣西北七里，一名百門山，有百門陂，或謂之百門泉。」

【今譯】冬天十二月，晉人在潞這地方打敗了范氏同中行氏的軍隊，捕獲籍秦高彊，又在百泉這地方，打敗了鄭國軍隊同范氏軍隊。

(十七)經城莒父及霄①。

【今註】①莒父及霄：莒父在今山東省莒縣西南，有子夏祠，論語子夏爲莒父宰是也。霄在今莒縣境。此經無傳。

【今譯】魯國修莒父同霄的城。

定公十有五年（公元前四百九十五年）

(一)經春王正月，邾子來朝。

傳春，邾隱公來朝，子貢觀焉。邾子執玉高，其容仰，公受玉卑，其容俯。子貢曰：「以禮觀之，二君者皆有死亡焉！夫禮，死生存亡之體也，將左右周旋進退俯仰於是乎取之，朝祀喪戎於是乎觀之。今正月相朝，而皆不度①，心已亡矣，嘉事不體，何以能久？高仰驕也，卑俯替也，驕近亂，替近疾，君爲主，其先亡乎！」

【今註】①而皆不度：都不合法度。

【今譯】春天，邾隱公來魯國朝見，子貢去看。邾子拿着玉很高，他的容貌往上仰，魯定公受玉很卑賤，他的表現低下。子貢就說：「以禮貌來看，二個君全將死亡；禮，是死生存亡的表現，將由左右周旋，進或退俯或仰來看他，由上朝祭祀，喪祭打仗去觀看。現在是正月相朝見，而全不合於法度，心已經失滅了，上朝的禮節不合適，怎麼樣能長久呢？高仰是驕傲，卑俯是失敗，驕傲近於亂，失敗近有病，魯君做主人，恐怕要先死了！」

（二）經 鼷鼠食郊牛，牛死，改卜牛①。

【今註】①此經無傳。

【今譯】小老鼠吃了祭天的牛，牛死了，就改占卜牛。

（三）經 二月辛丑楚子滅胡，以胡子豹歸。

傳 吳之入楚也，胡子盡俘楚邑之近胡者。楚旣定，胡子豹又不事楚，曰：「存亡有命，事楚何爲？多取費焉。」二月，楚滅胡。

【今譯】吳國進入楚國時，胡子把楚國近於胡國的城的人民全都俘虜了。楚國安定以後，胡子豹又不事奉楚國，他說：「存亡全都有天命，何必事奉楚國呢？祇是多花錢而已。」二月，楚國滅了胡國。

（四）經 夏，五月辛亥郊①。

【今註】①此經無傳。

【今譯】夏天五月辛亥這天，郊天。

（五）經 壬申，公薨于高寢。

傳 夏五月壬申，公薨。仲尼曰：「賜不幸言而中，是使賜多言者也。」

【今註】①賜：即子貢，姓端木。

【今譯】五月壬申，魯定公死在高寢宮裡。仲尼說：「端木賜不幸把事情說中了，是叫賜多說話了。」

(六)經 鄭罕達帥師伐宋。

傳 鄭罕達①敗宋師于老丘②。

【今註】①罕達：是子齹的兒子。②老丘：寰宇記說：「今河南陳留縣東北四十五里，有老邱城。」

【今譯】鄭國罕達在老丘這地方打敗了宋國軍隊。

(七)經 齊侯、衞侯次于渠蒢

傳 齊侯、衞侯次于蘧挐①，謀救宋也。

【今註】①蘧挐：在今河北省長垣縣北。

【今譯】齊侯同衞侯住到蘧挐，是打算救宋國。

(八)經 郲子來奔喪①。

【今註】①此經無傳。

【今譯】郲子來魯國奔喪。

(九)經 秋七月壬申姒氏卒。

(十)經 八月庚辰朔，日有食之①。

【今註】①此經無傳。

【今譯】八月庚辰初一，魯國有日食。

(十一)經 九月滕子來會葬①。

【今註】①此經無傳。

【今譯】九月滕子來參加葬禮。

(十二)經 丁巳，葬我君定公，雨不克葬。戊午，日下昃乃克葬。辛巳，葬定姒。

傳 秋七月壬申姒氏卒，不稱夫人，不赴且不祔也①。葬定公，雨不克襄事、禮也。葬定姒，不稱小君，不成喪也。

【今註】①不赴且不祔也：不告訴旁國喪事，並且不祔在她婆婆的廟中。

【今譯】秋七月壬申，定公夫人定姒死了，不稱夫人，因爲不訃告給諸侯而且不祔在她婆婆的廟中。葬定公，天下雨，不能夠辦事，這是合禮的。葬定姒，春秋上不寫小君，因爲沒有成喪禮。

(十三)經 冬城漆。

傳 冬城漆①，書不時告也②。

【今註】①漆：邾邑，在今山東鄒縣北。 ②書不時告也：不按時候通知旁處。

【今譯】冬天，修漆城，春秋上這麼寫表示不按時候通知旁處。

卷三十　哀公上

哀公元年（公元前四百九十四年）

（一）經春王正月，公即位①。

【今註】①此經無傳。

【今譯】元年春王正月，魯哀公行即位禮。

（二）經楚子、陳侯、隨侯、許男圍蔡。

傳春，楚子圍蔡，報柏舉也①。里而栽②，廣丈高倍③，夫屯晝夜九日④，如子西之素⑤。蔡人男女以辨⑥，使疆于江汝之間而還，蔡於是乎請遷于吳。

【今註】①報柏舉也：柏舉之役在定公四年。②里而栽：圍着蔡都城一里開始做板築。③廣丈高倍：寬有一丈，高兩丈。④夫屯晝夜九日：在壘裡邊軍隊屯在那裡九天的工夫。⑤如子西之素：跟子西原定的辦法一樣。⑥蔡人男女以辨：蔡人分成男女來分着出降。

【今譯】春天，楚王圍蔡國都城，這是報復柏舉的戰役，離着城一里的遠，就築起板築來，厚有一丈，高有兩丈。軍隊在裡邊屯守，經過九晝夜的工夫，同楚令尹子西本來的計劃一樣。蔡國人分成男女兩隊出城來投降，使他們住在江水同汝水的中間，楚國軍隊方才回來，蔡國請求遷到吳國去。

（三）經 鼷鼠食郊牛改卜牛。

【今譯】小黑老鼠食了祭天的牛，就改卜牛。

（四）傳 吳王夫差敗越于夫椒①，報檇李也，遂入越。越子以甲楯五千保于會稽②，使大夫種因吳大宰嚭以行成，吳子將許之。伍員曰：「不可。臣聞之，樹德莫如滋，去疾莫如盡，昔有過澆③，殺斟灌以伐斟鄩④，滅夏后相⑤，后緡方娠⑥，逃出自竇，歸于有仍⑦，生少康焉，爲仍牧正，惎澆能戒之。澆使椒⑧求之，逃奔有虞，爲之庖正，以除其害。虞思於是妻之以二姚⑨，而邑諸綸⑩，有田一成，有衆一旅，能布其德，而兆其謀，以收夏衆，撫其官職。使女艾諜澆⑪，使季杼誘豷⑫，遂滅過戈⑬，復禹之績，祀夏配天，不失舊物。今吳不如過，而越大於少康，或將豐之，不亦難乎？句踐能親而務施，施不失人，親不棄勞，與我同壤而世爲仇讎，於是乎克而弗取，將又存之，違天而長寇讎，後雖悔之，不可食已！姬之衰也，日可俟也，介在蠻夷而長寇讎，以是求伯，必不行矣。」弗聽。退而告人曰：「越十年生聚而十年教訓，二十年之外，吳其爲沼乎？」三月，越及吳平。吳入越，不書，吳不告慶，越不告敗也。

【今註】①夫椒：通典說：「包山一名夫椒山，即今江蘇吳縣太湖中之西洞庭山是也。」 ②會稽：在今浙江省紹興縣東南十二里。 ③有過澆：過是古國。澆是寒浞的兒子。 ④斟灌、斟鄩：古代兩國，與夏同姓。 ⑤夏后相：是夏啓的孫子。 ⑥后緡方娠：后緡是夏后相的妻子方才懷孕。 ⑦有仍：續山東考古錄：「以濟寧城爲古仍國，周爲任國，仍任古通用，左傳桓公五年仍叔之子，穀梁作任是也。」 ⑧椒：是澆的臣子。 ⑨二姚：虞君的兩個女兒爲少康的妻子。 ⑩綸：方輿紀要：「故綸城在今河南虞城縣東南三十五里。」 ⑪使女艾諜澆：女艾是少康臣子，去偵察澆。 ⑫季杼誘豷：季杼是少康的兒子后杼，引誘澆的弟弟豷。 ⑬過、戈：過是澆的國，戈是豷的國。

【今譯】吳王夫差在夫椒打敗越國的軍隊，這是爲的報復檇李的失敗，就進入越國去。越王拿盔甲同楯牌五千的兵退到會稽山保存實力，使越大夫種利用吳國大宰嚭同吳國要求和平。吳王想答應他。伍員說：「不可以。我聽見說過，樹德性，沒有比滋長再好了，去掉疾病必須全去掉。從前有過的澆殺了斟灌，攻打斟鄩，接着滅了夏后相，夏后相的夫人后緡，方才有喜，從隧道逃出，逃回她的母家有仍去，生了少康，少康做有仍國牧馬的長官，他恨澆，但對他能戒備，澆叫椒去尋求他，少康就逃到有虞去，做他廚子的長官，以保護他自己，躲避害他的人。虞國的君虞思，就把他兩個女兒嫁給少康，使他住到綸這地方，有十里見方的田地，有五百人的軍隊，能宣布他的德行，開始他的計謀，收聚夏國的衆民，設立了官職，叫他臣女艾偵察澆，叫他兒子季杼引誘澆的弟弟豷，就滅了過、戈兩國，光復禹的土宇，祭祀夏的祖先，上配皇天，不失掉舊的事物。現在吳國不如過國，而越國比少康還大，要使他更豐大了，這不是必爲吳國的禍難嗎？句踐這人能親愛民衆，而又善於施捨，所加施捨，皆得其人；親愛民衆，不會遺漏他們的小勞。跟吳國在同一塊地方，而輩輩作仇敵，現在把他打勝，而又不佔領他地方，這是保存他，違背天命而增長敵人，以後後悔也來不及了。姬姓的衰危，眼看着就可以來到。處在蠻夷中間而使寇讎增加，拿這個來求當霸主，必定不能成功。」吳王不聽。伍員退下告訴旁人說：「越國十年生聚，十年教訓人民，二十年以後，吳國就變成池沼了。」三月，越國同吳國和平。吳國攻進越國不寫在春秋上，因爲吳國不告訴慶賀，越國也不告訴失敗的原故。

（五）經夏四月辛巳郊①。

【今註】①此經無傳。

【今譯】夏天四月，辛巳就舉行郊天的禮。

（六）傳夏四月，齊侯衞侯救邯鄲，圍五鹿①。

【今註】①五鹿：在今河北省大名（原為元城）縣東南四十五里。

【今譯】夏天四月，齊侯衞侯去救邯鄲，圍了晉國五鹿這地方。

（七）傳吳之入楚也，使召陳懷公，懷公朝國人而問焉，曰：「欲與楚者右，欲與吳者左。陳人從田，無田從黨。」逢滑當公而進①，曰：「臣聞國之興也以福，其亡也以禍。今吳未有福，楚未有禍。楚未可棄，吳未可從，而晉盟主也，若以晉辭吳若何？」公曰：「國勝君亡②，非禍而何？」對曰：「國之有是多矣，何必不復？小國猶復，況大國乎？臣聞國之興也，視民如傷，是其福也。其亡也，以民為土芥，是其禍也。楚雖無德，亦不艾殺其民。吳日敝於兵，暴骨如莽③，而未見德焉，天其或者正訓楚也。禍之適吳，其何日之有？」陳侯從之。及夫差克越，乃修先君之怨，秋八月，吳侵陳，修舊怨也。

【今註】①逢滑當公而進：逢滑向着陳懷公走來。②國勝君亡：吳國勝了楚國，楚君也逃走了。③暴骨如莽：死在野地的骨頭，如草那麼多。

【今譯】吳國攻入楚國時，叫人去召陳懷公，陳懷公叫貴族們上朝問他們說：「想同楚國一同的站到右邊，想同吳國一同的站到左邊。都邑之人按田的位置站，沒有田地的就跟族黨站。」逢滑直向着陳懷公往前進說：「我聽說國家興盛的時候，因爲有福祉，他亡國時，因爲有禍亂。現在吳國沒有福，楚國沒有禍。楚國不可以捨棄，吳國不可以聽從，而晉國是我們的盟主，要是以晉國爲理由，來辭謝吳國，怎麼樣？」陳懷公說：「吳國勝了楚國，楚君又逃亡，這不是禍是什麼？」回答說：「國家有這種情形的很多，何必不復興呢？小國尚可以復興，何況楚是大國呢？我聽說國家的興盛，是因爲他看人民，如受傷的人一樣，這就是他的福祉，亡的時候看人民如草一樣，就是他的禍。楚國雖沒有德，也不常殺他的人民。吳國使他人民，常暴露在兵禍中，他人民的白骨跟草一般多，而沒見他的德，上天或者正教訓楚國，禍亂就到吳國，沒有多少日子了。」陳懷公就聽他的話。等到夫差戰勝越國以後，就着手爲先君報仇。秋天八月，吳國侵了陳國，這是修整舊的怨望。

（八）

經 秋，齊侯、衞侯伐晉。

傳 齊侯、衞侯會于乾侯，救范氏也。師及齊師，衞孔圉鮮虞人伐晉，取棘蒲①。

【今註】①棘蒲：一統志說：「棘蒲故城，在今河北省趙縣城中。」

【今譯】齊侯、衞侯在乾侯會見，爲的救范氏。魯國的軍隊同齊國軍隊，衞國孔圉，鮮虞人伐晉國，佔據棘蒲這地方。

（九）

傳 吳師在陳，楚大夫皆懼曰：「闔廬惟能用其民，以敗我於柏舉，今聞其嗣又甚焉，將若之何？」子西曰：「二三子恤不相睦，無患吳矣。昔闔廬食不二味，居不重席，室不崇壇①，器不彤鏤②，宮室不觀③，舟車不飾，衣服財用，擇不取費④，在國，天有菑癘，親巡其孤寡而共其乏困，在軍，熟食者分⑤而後敢食，其所嘗者卒乘與焉⑥。勤恤其民而與之勞逸，是以民不罷勞，死不知曠，吾先大夫子常易之，所以敗我也。今聞夫差次有臺榭陂池焉，宿有妃嬙嬪御焉，一日之行，所欲必成，玩好必從，珍異是聚，觀樂是務，視民如讎，而用之日新，夫先自敗也已，安能敗我？」

【今註】①室不崇壇：屋子不起高壇。②器不彤鏤：物件不刻上紅顏色的花。③宮室不觀：宮室沒有臺榭。④擇不取費：物件全取堅固不尙細緻。⑤熟食者分：熱的吃的，必須徧給他們。⑥其所嘗者卒乘與焉：他所吃的珍貴的食物，普通的軍隊也吃了。

【今譯】吳國軍隊仍舊在陳國，楚大夫們全害怕了，說：「吳王闔廬能用他的人民，所以在柏舉這地方打敗我們楚國，現在聽說他的嗣君又更厲害，那怎麼辦呢？」令尹子西就說：「你們祇要怕不相和睦，不要以吳國爲禍患。從前吳王闔廬，吃食祇是一味，住的地方也不用兩層的席，屋子底下也不起壇，器具全不雕花，宮室裡頭也沒有臺榭，舟同車全不裝飾，衣服財用不要最好的，在國家裡面，天有了疫癘，傳染病，他就親自巡視孤兒寡婦，而供給他的乏困，在軍中，凡有好的食物，必徧分給兵士吃，然後才敢吃，他有了好吃的，兵士們全參加。常常撫恤他的人民而同他們一樣的勞苦安逸，所以人民並不勞苦，死了也知道沒有廢棄，我們楚國的先大夫子常，跟他作法相反，所以我們被吳國打敗。現在聽說夫差，住的地方有臺榭、水池子，夜中也有妃嬙嬪御。一日的工夫，所希望的事，必定做成，玩好的事必定要答應，珍奇的東西要聚在一塊，遊觀樂事必須要做，看人民跟仇人一樣，而每天用他們，吳國是先自己敗亡了，安能夠使我失敗。」

(十)經 冬仲孫何忌帥師伐邾①。

【今註】①此經無傳。

【今譯】冬天，仲孫何忌率領軍隊去討伐邾國。

(十一)傳 冬十一月，晉趙鞅伐朝歌。

【今譯】冬天十一月，晉國趙鞅伐朝歌，爲的討伐范中行氏。

哀公二年（公元前四百九十三年）

(一)經 春王二月，季孫斯、叔孫州仇、仲孫何忌帥師伐邾，取漷東田及沂西田。癸巳，叔孫州仇、仲孫何忌及邾子盟于句繹。

傳 春伐邾，將伐絞①，邾人愛其土，故賂以漷沂之田②而受盟。

【今註】①絞：彙纂說：「在今山東滕縣縣境。」②漷沂之田：一統志說：「漷水在今山東滕縣南十五里，即南沙河也。」沂西田在今山東費縣東南，小沂水西南。

【今譯】哀公二年春，魯國伐邾國的絞邑，邾人喜愛他們的土田，就利用漷水同沂水沿邊田地作賄賂來受盟誓。

(二)經 夏四月丙子，衞侯元卒。

（三）經　滕子來朝①。

【今註】①此經無傳。

【今譯】滕子到魯國來朝見。

（四）經　晉趙鞅帥師納衞世子蒯聵于戚。

（四）（二）傳　初衞侯遊于郊，子南僕①。公曰：「余無子②，將立女。」不對。他日又謂之，對曰：「郢不足以辱社稷，君其改圖，君夫人在堂，三揖在下③，君命祇辱。」夏，衞靈公卒。夫人曰：「命公子郢爲大子，君命也。」對曰：「郢異於他子，且君沒於吾手，若有之，郢必聞之。且亡人之子輒在④。」乃立輒。六月乙酉，晉趙鞅納衞大子于戚，宵迷。陽虎曰：「右河而南必至焉⑤。」使大子絻⑥，八人衰絰，僞自衞逆者，告於門，哭而入，遂居之。

【今註】①子南僕：子南是衞靈公的兒子公子郢，給衞靈公駕車。②余無子：因爲蒯聵出奔了，所以他沒有太子。③三揖在下：三揖指卿大夫士。④且亡人之子輒在：逃亡的人指着蒯聵，他的兒子出公輒。⑤右河而南必至焉：從河的右邊走往南去，必定達到。這時候黃河從北邊流，戚在河的外邊。⑥大子絻：太子穿着喪服。

【今譯】最早的時候，衞靈公到郊外去遊玩，他的兒子公子郢駕着車。靈公說：「我現在沒有了兒子，將立你作太子。」他不回答。另一天又對他說，他答說：「我郢不能羞辱國家，請君另想罷。君夫人在堂下，君的命令只能得到恥辱！」夏天，衛靈公死了，他夫人說：「立公子郢爲太子，這是君的命令。」他就回答說：「郢同旁的兒子不一樣，並且君死時我在身邊，假設有這一回事，我必定能知道，並且蒯聵的兒子輒尙且存在。」衛人就立了輒爲君。六月乙酉，晉國趙鞅送蒯聵到戚去，夜裏迷了道路，陽虎說：「右邊順着黃河走再南，必能到戚這地方。」使太子穿着喪服，八個人穿着喪衣假裝作自衛來接蒯聵的，告訴戚守門的人，哭着就進去了。

（五）

經 秋八月甲戌，晉趙鞅帥師及鄭罕達帥師戰于鐵，鄭師敗績。

傳 秋八月，齊人輸范氏粟，鄭子姚子般①送之，士吉射逆之，趙鞅禦之，遇於戚。陽虎曰：「吾車少，以兵車之旆與罕駟兵車先陳，罕駟自後隨而從之，彼見吾貌，必有懼心，於是乎會之②，必大敗之。」從之，卜戰龜焦③。樂丁④曰：「詩曰：『爰始爰謀，爰契我龜⑤。』謀協，以故兆詢可也。」簡子誓曰：「范氏、中行氏反易天明⑥，斬艾百姓，欲擅晉國而滅其君，寡君恃鄭而保焉。今鄭爲不道，棄君助臣，二三子順天明，從君命，經德義，除詬恥，在此行也。克敵者上大夫受縣，下大夫受郡，士田十萬，庶人工商遂⑦，人臣隸圉免⑧。志父⑨無罪，君實圖之，若其有罪，絞縊以戮，桐棺三寸，不設屬辟⑩，素車樸馬⑪，無入于兆⑫，下卿之罰也。」甲戌將戰，郵無恤⑬御簡子，衛太子爲右，登鐵⑭上，望見鄭師衆，大子懼自投于車下，子良授大子綏而乘之曰：「婦人也！」簡子巡列曰：「畢萬匹夫也，七戰皆獲，有馬百乘，死於牖下。羣子勉之，死不在寇。」繁羽御趙羅，宋勇⑮爲右。羅無勇，麇之⑯，吏詰之，御對曰：「痁作而伏。」衞大子禱曰：「曾孫蒯聵敢昭告皇祖文王，烈祖康叔，文祖襄公⑰，鄭勝⑱亂從，晉午⑲在難，不能治亂，使鞅討之，蒯聵不敢自佚，備持矛焉⑳，敢告無絕筋，無折骨，無面傷，以集大事，無作三祖羞，大命不敢請，佩玉不敢愛。」鄭人擊簡子，中肩，斃于車中㉑，獲其蠭旗㉒，大子救之以戈，鄭師北，獲溫大夫趙羅。大子復伐之，鄭師大敗，獲齊粟千車。趙孟喜曰：「可矣！」傅傁㉓曰：「雖克鄭，猶有知在，憂未艾也。」初，周人與范氏田，公孫尨㉔稅焉，趙氏得而獻之，吏請殺之，趙孟曰：「爲其主也，何罪？」止而與之田。及鐵之戰，以徒五百人宵攻鄭師，取蠭旗於子姚之幕下，獻曰：「請報主德！」追鄭師，姚般，公孫林殿而射，前列㉕多死。趙孟曰：「國無小。」既戰，簡子曰：「吾伏弢嘔血，鼓音不衰㉖，今日我上也。」大子曰：「吾救主於車，退敵於下，我右之上也。」郵良曰：「我兩靷將絕，吾能止之㉗，我御之上也。」駕而乘材，兩靷皆絕。

【今註】①子姚子般：子姚是罕達，子般是駟弘。②會之：聯合起來作戰。③卜戰龜焦：龜裂了卜兆不成。

④樂丁：是晉大夫。⑤爰始爰謀，爰契我龜：這是詩經大雅的一句詩。先開始計謀，然後去占卜。⑥反易天明：指不事奉君長。⑦庶人工商遂：庶人同工人商人全可以做官。⑧人臣隸圉免：做人臣同隸圉全免去奴隸的工作。⑨志父：據服虔說：「趙鞅反叛以後就改名叫志父。」⑩不設屬辟：在棺材裡不要再有近身的小棺材。⑪素車樸馬：素的車輛，壞的馬，用以拉棺材。⑫無入于兆：不要入到祖先的墳地中。⑬郵無恤：即王良。⑭鐵：一統志說：「在今河北濮陽縣北五里，一稱鐵邱。」⑮繁羽、趙羅、宋勇：三人都是晉大夫。⑯麇之：捆起來。⑰文祖襄公：蒯聵的祖父。⑱鄭勝：鄭聲公的名字。⑲晉午：晉定公的名字。⑳備持矛焉：做戎右。㉑斃于車中：躺在車中。㉒蠭旗：是旗子名。㉓傅傁：趙鞅的屬臣。㉔公孫尨：尨（ㄆㄤˊ），是范氏的臣。㉕前列：排在前面隊中的人。㉖吾伏弢嘔血，鼓音不衰：我伏在弓衣上吐血，敲鼓的聲沒有止住。㉗我兩靷將絕，吾能止之：靷音（ㄧㄣˇ）。我兩個繮繩將斷，我能阻止他不斷。

【今譯】秋天八月中，齊人輸送粟給范氏，鄭大夫子姚同子般護送去的。范氏的士吉射在路上迎接，趙鞅便去抵拒他，碰見在戚這地方。陽虎說：「我們的車子甚少，現在只能把兵車的先鋒隊，和子姚、子般的兵車混列成陣勢，子姚、子般再從後追趕上來，他見了我的景象，不知虛實，一定有畏懼的心，於是合攏去交戰，必定可以大敗他的。」趙鞅依了他的話，及至占卜時，龜兆却焦了不成功。晉大夫樂丁說：「詩經上說：『先人謀，然後再卜筮，兩相契合，就是吉利。』如今人謀既然相同了，便拿從前衞太子的卜兆作爲吉利，也可以的，不必再卜了。」趙鞅誓師說：「范氏、中行氏違反天的明德，不事君上，殺戮人民，想專擅晉國的政權，要滅他的國君。寡君是要靠鄭國保護的。現在鄭國却做無道的事情，丟開君主，幫助臣子，我們二三子，順着天的明德，聽從君的命令；經營有德的義事；要除去詬罵的羞恥，都全靠這次戰爭了！如果克服敵國以後，上大夫可受縣邑；下大夫可受郡邑，兵士可受田十萬畝；庶人及工商人，都能得仕進；人臣及隸圉們都得免去厮役；我這次如果沒有罪，只請君主商酌；如果有了罪，就受絞縊的死刑，死後用三寸厚的桐棺，外面不用套材，拿素車樸馬裝載着柩，不要進入祖先墓地，這是下卿的刑罰呵。」甲戌那天，兩軍將要交戰了，郵無恤駕了簡子的車子。衞太子做了車右，登上鐵丘去，望見鄭國的兵很多，太子害怕得跌出車外去，子良便拉根上車的繩索給太子，使他爬上來說：「你眞像婦人一樣！」趙鞅週巡在行伍中說：「從前晉獻公的臣子畢萬，原是個微賤的人，却七次戰爭都有斬獲；後來做了大夫，有了四百匹馬，死在牖下，得以壽終。你們都要勉力些，打仗是不一定會死的！」繁羽替趙羅駕了車子，宋勇做了車右，趙羅是沒有勇氣的，就在車上用繩束縛住他；有軍吏詰問爲什麼要這樣子，繁羽答說：「瘧疾發作了，所以伏在那裏的。」衞太子禱告說：「曾孫蒯聵，敢昭告皇祖周文王，烈祖衞康叔，文祖衞襄公，現在鄭聲公勝，跟着奸人爲亂，晉定公午，陷在患難中，不能治這亂事，使鞅出來征討，我蒯聵不敢自己貪安逸，也備位拿着長矛，充作戎右，敢祈告神靈，不要使我絕了筋；不要使我折了骨，不要使我傷損了面目；就能成功這件大事，不要成爲三祖的羞恥，大命雖然不敢請，佩玉却也不敢愛惜的。」鄭人擊中了趙鞅的肩，倒在車中，搶去一面蠭旗，太子便拿戈救他，鄭師纔敗下去，溫大夫趙羅却仍被他們捉去。太子便再去攻打他，鄭國軍隊方纔大敗，擄得齊國的粟一千車。趙鞅快活的說：「現在好了！」趙鞅的屬下傅傁說：「雖然勝了鄭國，還有知氏存在，憂愁正沒有歇的時候呢？」起初周人給了范氏的田，公孫尨替范氏去收田租，趙氏的衆人捉了尨來獻給趙簡子，軍吏請求殺死他，趙鞅說：「他也是爲他主人出力啊！有什麼罪？」便阻止不殺，又還了他的田租。等到這會子鐵丘的戰爭，他便領了徒衆五百人，趁夜間去攻打鄭師，取那蠭旗在子姚的帳幔下，回來獻給簡子說：「請報你主子的恩德。」追趕鄭師的當兒，子姚，子般、公孫林做了押隊的向後射箭。晉兵的前排兵士死得很多。趙鞅說：「你們留意，國不可看輕他是小的。」既然戰完以後，趙鞅說：「我伏在弓衣上邊吐血，鼓聲却仍舊不息，今天是我的功勞爲上！」太子說：「我救你主子在車上，退敵兵到車下，我要算戎右中上等的了！」郵良說：「我駕着的馬，兩條肚帶要斷了，我却能使他不斷，我要算駕車子中上等的了！」便再搭馬在橫木上，一拖之後，兩條馬肚帶果然都斷掉了。

（六）經　冬十月，葬衞靈公①。

【今註】①此經無傳。

【今譯】冬天十月，給衞靈公行葬禮。

（七）經十有一月蔡遷于州來，蔡殺其大夫公子駟。

傳吳洩庸如蔡納聘而稍納師，師畢入，衆知之。蔡侯告大夫殺公子駟以說①，哭而遷墓。冬，蔡遷于州來。

【今註】①殺公子駟以說：殺公子駟以做解說。

【今譯】吳洩庸往蔡國去聘問就逐漸將軍隊帶進去，軍隊都進去了，蔡人方才知道，蔡侯告知大夫們，弒了公子駟以作解說，哭着往墓地中告蔡先君。冬天，蔡就遷到州來。

哀公三年（公元前四百九十二年）

（一）經春，齊國夏、衞石曼姑帥師圍戚。

傳春，齊衞圍戚，求援于中山①。

【今註】①中山：即鮮虞。在今河北省新樂縣西南四十五里。

【今譯】春天，齊國的國夏同衞國的石曼姑率領着軍隊圍戚城，又要求鮮虞幫助。

（二）經夏四月甲午，地震①。

【今註】①此經無傳。

【今譯】夏天四月甲午這天，魯國地震。

（三）

經　五月，辛卯，桓宮、僖宮災。

傳　夏五月辛卯，司鐸①火，火踰公宮，桓僖災②，救火者皆曰：「顧府③。」南宮敬叔④至，命周人出御書俟於宮⑤，曰：「庀，女而不在死。」子服景伯至，命宰人出禮書⑥，以待命，命不共，有常刑，校人乘馬⑦，巾車脂轄⑧，百官官備，府庫愼守，官人肅給，濟濡帷幕⑨，鬱攸從之，蒙葺公屋，自大廟始，外內以悛⑩，助所不給，有不用命，則有常刑無赦。公父文伯至，命校人駕乘車⑪，季桓子至，御公立于象魏之外，命救火者傷人則止，財可爲也，命藏象魏⑫曰：「舊章不可亡也！」富父槐至曰：「無備而官辦者，猶拾瀋也。」於是乎去表之槀，道還公宮⑬。孔子在陳，聞火曰：「其桓僖乎！」

【今註】①司鐸：是宮名。②桓僖災：桓公同僖公的廟也連着火。③顧府：特注意藏財物的府庫。④南宮敬叔：孔子弟子南宮閱。⑤周人出御書俟於宮：周人是管周代典籍的人，把進出魯君看的書拿出來，在宮裡等候。⑥命宰人出禮書：叫總宰的屬下拿出管禮的書。⑦校人乘馬：掌馬的預備好馬。⑧巾車脂轄：管車的塗上油脂在車軸上。⑨濟濡帷幕：把帷帳全拿水濕了。⑩以悛：按着次序的先後。⑪乘車：魯君坐的車。

⑫象魏：象魏是城門之闕，公佈有教民的法令。 ⑬道還公宮：開出道路圍繞着宮，使火不致燒到公宮。

【今譯】五月辛卯，司鐸宮起火，火超過公所住的宮，桓公同僖公的廟也連上了，救火的人都說：「注意救府庫。」南宮閱來了，叫管周代典籍的官趕快將魯君常讀的簡册拿出來在宮中等着，說：「預備好了，你要不在就將你處死。」子服景伯來了，叫家宰的屬員拿禮書出來等待命令，要不恭敬命令，就有常例的刑法；又叫掌馬的人排列好馬，掌車的人在車軸上塗上油，百官預備，嚴愼守着府庫，館人努力救火，將帷帳用水濕了，順着火氣將公家的屋，由太廟開始，以次序蒙上，在後的人支援在前的人，有不聽從的，不能赦免。公父文伯來了，叫掌馬的駕上哀公所坐的車。季孫斯來了，駕着公所坐的車到象魏門的外邊，叫救火者人受傷了就止着，錢財仍可以想辦法，又叫他們將象魏典章藏起來，他說：「舊章不可以失掉！」富父槐來了說：「不預備救火，而各自治己所掌的官事，是救不了火的。」就去掉火道所經過的積稾，使火不至於達到公宮。孔子在陳國聽見火災，就說：「恐怕是桓公同僖公的廟呀！」

（四）經季孫斯、叔孫州仇帥師城啓陽①。

【今註】①啓陽：一統志說：「在今山東臨沂縣北十五里有開陽故城。」此經無傳。

【今譯】季孫斯同叔孫州仇率領軍隊修啓陽城。

（五）經宋樂髡帥師伐曹①。

【今註】①此經無傳。

【今譯】宋國樂髡率領軍隊討伐曹國。

（六）傳劉氏、范氏①世爲婚姻，萇弘事劉文公，故周與范氏，趙鞅以爲討。六月癸卯，周人殺萇弘。

【今註】①劉氏、范氏：劉氏周卿士，范氏是晉大夫。

【今譯】周卿士劉氏同晉國范氏代代作親家，萇弘事奉劉蚠，所以周與范氏相連，趙鞅頗以爲非是。六月癸卯，周人殺了萇弘。

（七）

經 秋七月丙子，季孫斯卒。

傳 秋，季孫有疾，命正常①曰：「無死，南孺子②之子男也，則以告而立之，女也，則肥③也可。」季孫卒，康子即位。旣葬，康子在朝。南氏生男，正常載以如朝，告曰：「夫子有遺言，命其圉臣曰：『南氏生男，則以告於君與大夫而立之。』今生矣，男也，敢告。」遂奔衞，康子請退，公使共劉④視之，則或殺之矣，乃討之，召正常，正常不反。

【今註】①正常：是季孫斯的寵臣。②南孺子：季孫斯的夫人。③肥：季康的名字。④共劉：是魯大夫。

【今譯】秋，季孫斯有了病，告訴他的家臣正常說：「你不要死，南孺子要生下了男孩，你就去告訴君把他立了；若是女孩，就立了肥罷！」季孫斯死了，季孫肥卽位。季孫斯下了葬，季孫肥正在公朝上，南氏生了男孩，正常抱着到朝上報告說：「季孫有遺言告訴我說：『南氏要生男孩，你就告訴君同大夫們立了他。』現在生了一個男孩，特來告。」正常就逃到衞國去了。季孫肥請求退位，哀公叫大夫共劉去看，已經爲人殺掉，就治理那殺小孩的。叫正常囘來，正常也畏懼不敢囘來。

（八）經 蔡人放其大夫公孫獵于吳①。

【今註】①此經無傳。

【今譯】蔡人放逐他的大夫公孫獵到吳國去。

（九）經 冬十月癸卯，秦伯卒①。

【今註】①此經無傳。

【今譯】冬十月癸卯，秦伯死了。

（十）傳 冬十月，晉趙鞅圍朝歌，師于其南，荀寅伐其郛，使其徒自北門入，己犯師而出。癸丑，奔邯鄲。十一月，趙鞅殺士皐夷，惡范氏也。

【今譯】冬十月，晉國趙鞅圍了朝歌，軍隊在南方，荀寅伐他的外郭，使他的黨徒從北門進來，他自己直接打對方的軍隊而出，癸丑這天逃到邯鄲去了，十一月，趙鞅殺了士皐夷，因爲他恨范氏的原故。

（十一）經 叔孫州仇，仲孫何忌帥師圍邾①。

【今註】①此經無傳。

【今譯】叔孫州仇同仲孫何忌率領軍隊圍邾國都城。

哀公四年（公元前四百九十一年）

（一）經 春王二月，庚戌，盜殺蔡侯申，蔡公孫辰出奔吳。

【今譯】春天二月，庚戌這天，强盜殺了蔡侯申，蔡國公孫辰逃到吳國去。

（二）經葬秦惠公①。

【今註】①此經無傳。

【今譯】給秦惠公行葬禮。

（三）經宋人執小邾子①。

【今註】①此經無傳。

【今譯】宋人逮捕了小邾子。

（四）經夏，蔡殺其大夫公孫姓、公孫霍。

傳春，蔡昭侯將如吳，諸大夫恐其又遷也承①，公孫翩②逐而射之，入於家人而卒。以兩矢門之，衆莫敢進。文之鍇③後至，曰：「如牆而進，多而殺二人。」鍇執弓而先，翩射之中肘，鍇遂殺之，故逐公孫辰而殺公孫姓，公孫盱④。

【今註】①承：承音懲。杜預注說這是楚國話。正義：懲創往年之遷，恐其更復遷徙。②公孫翩：蔡大夫。③文之鍇：蔡大夫。④公孫盱：公孫盱即公孫霍。都是蔡大夫，全是反對蔡昭侯的黨羽。

【今譯】春天，蔡昭侯將到吳國去，諸大夫恐怕他又遷國非常的畏懼，公孫翩追着去射他，他進到家中就死了。公孫翩用兩箭立在門前看守，衆人沒有敢向前進的。文之鍇最後來了，就說：「如牆並排的向前進，至多也不過射傷二人。」他就拿着弓領先，公孫翩射中他的肘，遂殺了公孫翩，因此將公孫辰放逐而殺了公孫姓及公孫霍。

（五）

經 晉人執戎蠻子赤歸于楚。

傳 夏，楚人既克夷虎①，乃謀北方，左司馬眅，申公壽餘、葉公諸梁②致蔡於負函③致方城之外於繒關④，曰：「吳將泝江入郢，將奔命焉。」為一昔之期，襲梁及霍⑤，單浮餘⑥圍蠻氏，蠻氏潰，蠻子赤奔晉陰地⑦，司馬⑧起豐析⑨與狄戎，以臨上雒⑩，左師軍于菟和⑪，右師軍于倉野⑫，使謂陰地之命大夫士蔑⑬曰：「晉楚有盟，好惡同之，若將不廢，寡君之願也。不然，將通於少習⑭以聽命。」士蔑請諸趙孟，趙孟曰：「晉國未寧，安能惡於楚，必速與之。」士蔑乃致九州之戎⑮，將裂田以與蠻子而城之，且將為之卜。蠻子聽卜，遂執之與其五大夫以畀楚師于三戶⑯，司馬致邑立宗焉，以誘其遺民，而盡俘以歸。

【今註】 ①夷虎：蠻夷對楚國反叛。 ②左司馬眅、申公壽餘、葉公諸梁：三人都是楚大夫。 ③負函：在今河南省信陽縣境。 ④繒關：在今河南省方城縣境。 ⑤梁霍：水經注說：「汝水之右，有霍陽聚，汝水逕其北，東合霍陽山水。杜預曰：『河南梁縣有霍陽山者也。』其水東北流，逕霍陽聚東。」 ⑥單浮餘：是楚大夫。 ⑦陰地：在河南盧氏縣東北。 ⑧司馬：指左司馬眅。 ⑨豐析：方輿紀要說：「豐城在今河南析川縣西南，析在內鄉縣西，有淅陽城。」⑩上雒：在今陝西商縣縣治。⑪菟和：菟和山在商縣東一百十里。⑫倉野：一統志引水經注說：「丹水自倉野，又東歷菟和山，是蒼野聚在菟和山之西。」⑬使謂陰地之命大夫士蔑：派人通知晉國派駐陰地的大夫士蔑。⑭少習：在商縣東南一百八十里。⑮九州之戎：晉城陸渾戎，散居在九個州鄉，故名九州之戎。⑯三戶：一統志說：「三戶城在河南析川縣西南。」

【今譯】夏天，楚國已經克服反叛的蠻夷，就進而計謀北方，左司馬眅、申公壽餘及葉公諸梁會合蔡舊民眾在負函這地方，會聚方城外的人民在繒關這地方，並且假說：「吳國將逆流來攻進楚都郢，將奔命去救。」連夜就決定明天襲了梁同霍，楚大夫單浮餘圍了蠻氏，蠻氏潰散，蠻子赤逃到晉國陰地。司馬眅招集楚邑豐同析的羣眾及狄戎，以威脅上雒，左師陳列在菟和，右師陳列在倉野，派人通知晉國派駐陰地的大夫士蔑說：「晉國與楚國有盟誓，好惡都相同。若仍舊不改，這是我君的願望；否則將通往少習以等候命令。」士蔑請示趙鞅，趙鞅說：「晉國尚未能安寧，何能再開罪楚國人，必趕快給他。」士蔑就送九州的戎，詐告訴說將分田地給蠻子爲他修城，並說爲他占卜。蠻子來聽占卜，士蔑就將他同五大夫一齊捉着，全都在三戶這地方交給楚國軍隊，楚國又詐爲作邑立宗，以引誘他所餘的人民，全都俘虜來。

（六）經　城西郛。

【今註】①此經無傳。

【今譯】修魯都城的西面外郭。

（七）經　六月辛丑亳社災。

【今註】①此經無傳。

【今譯】六月，魯國的亳社神廟火災。

（八）經秋八月甲寅滕子結卒①。

【今註】①此經無傳。

【今譯】秋八月，甲寅，滕頃公死了。

（九）經冬十有二月葬蔡昭公①。

【今註】①此經無傳。

【今譯】冬十二月，爲蔡昭公行葬禮。

（十）經葬滕頃公①。

【今註】①此經無傳。

【今譯】爲滕頃公行葬禮。

（十一）傳秋七月，齊陳乞①，弦施②，衞甯跪救范氏，庚午圍五鹿。九月，趙鞅圍邯鄲。冬十一月，邯鄲降，荀寅奔鮮虞，趙稷奔臨③。十二月，弦施逆之，遂墮臨。國夏伐晋，取邢④、任⑤、欒⑥、鄗⑦、逆時⑧、陰人⑨、于⑩、壺口⑪，會鮮虞納荀寅于柏人⑫。

【今註】①陳乞：是陳僖子。②弦施：即弦多。③臨：在今河北省臨城縣西南十里，有古臨城。④邢：今河北邢臺縣。⑤任：在今河北任縣東南。⑥欒：在今河北欒城東南。⑦鄗：在今河北柏鄉縣北二十二里。⑧逆時：在今河北省完縣東南二十里。⑨陰人：在今山西平順及壺關附近。⑩于：在今壺關平順附近。

⑪壺口：在今山西長治縣東南十三里，狹形如壺口。⑫柏人：在今河北堯山縣西北十二里。

【今譯】秋天七月，齊國陳乞、弦施同衞國甯跪救范氏，庚午圍晉地五鹿。九月，趙鞅圍邯鄲。冬十一月，邯鄲投降，荀寅遂逃往鮮虞，趙午的兒子趙稷逃往臨。十二月，弦施迎着他遂毀掉臨。齊國國夏伐晉國，佔據晉國的邢、任、欒、鄗、逆時、陰人、于、壺口八個城，弦施又會合鮮虞將荀寅納到柏人城中。

哀公五年（公元前四百九十年）

（一）經　春，城毗①。

【今註】①此經無傳。

【今譯】春天，魯國修築毗的城池。

（二）傳　春，晉圍柏人，荀寅士吉射奔齊。初，范氏之臣王生惡張柳朔①，言諸昭子②使爲柏人③，昭子曰：「夫非而讎乎？」對曰：「私讎不及公，好不廢過，惡不去善，義之經也，臣敢違之。」及范氏出④，張柳朔謂其子：「爾從主，勉之，我將止死，王生授我矣⑤！吾不可以僭之。」遂死於柏人。

【今註】①張柳朔：范氏的家臣。②昭子：范吉射。③柏人：派張柳朔做柏人宰。④及范氏出：范氏由柏人出奔齊國。⑤王生授我矣：王生給我死節之地。

【今譯】春天，晉國圍了柏人城，荀寅同士吉射逃到齊國去了。最初的時候，范氏的家臣王生甚恨張柳朔，告訴士吉射使他作柏人宰。士吉射問：「他不是你的仇人麼？」回答說：「私仇不能連到公事，喜好一個人，不廢除他的過錯，厭惡一個人，不抹煞他的好處，這是義理的正常道理，我臣那裏敢違背呢？」等到范氏出奔，張柳朔對他的兒子說：「你隨着他去罷！我將不出奔而死，王生已給我死節之地啦，我不可以騙他！」就死在柏人。

（三）經夏，齊侯伐宋①。

【今註】①此經無傳。

【今譯】齊侯伐宋國。

（四）經晉趙鞅帥師伐衞。

傳夏趙鞅伐衞，范氏之故也，遂圍中牟。

【今譯】晉國趙鞅率領軍隊伐衞，這因爲范氏的原因，就圍了中牟。

（五）經秋九月癸酉，齊侯杵臼卒。

傳齊燕姬生子不成而死①，諸子鬻姒之子荼嬖②，諸大夫恐其爲大子也，言於公曰：「君之齒長矣！未有大子若之何？」公曰：「二三子問於憂虞，則有疾疢，亦姑謀樂，何憂於無君？」公疾，使國惠子，高昭子③，立荼，寘羣公子於萊④。秋，齊景公卒。冬十月，公子嘉、公子駒、公子黔奔衞，公子鉏、公子陽生來奔。萊人歌之曰：「景公死乎不與埋，三軍之事乎不與謀，師乎師乎？何黨之乎⑤？」

【今註】①燕姬生子不成而死：燕姬是齊景公夫人，生了兒子沒有行冠禮就死了。②諸子鬻姒之子荼嬖：庶公子是景公的妾鬻姒的兒子，名字叫荼，很受寵愛。③國惠子、高昭子：國惠子是國夏，高昭子是高張。④萊：彙纂說：「今山東黃縣東南有萊子城。」⑤師乎師乎，何黨之乎：衆多的人到那裡去呢？

【今譯】齊景公的夫人燕姬生了兒子不及年就死了，他的妾鬻姒的兒子荼甚得寵愛，大夫們恐怕他成了太子，對景公說：「你的年紀大了，沒有太子怎麼辦呢？」公回答說：「你們不要發愁，發愁容易有病，何不常想快樂，何必怕沒有君呢？」公有病，叫國夏同高張立荼，叫公子們都到萊去。秋，齊景公死了。冬十月，公子嘉、公子駒同公子黔都逃到衞國去，公子鉏、同公子陽生逃來魯國。萊人爲他們歌唱說：「景公死了呀不能參加葬禮，三軍的事呀不能與計謀，這一羣人將往那裏去呀！」

（六）

傳 鄭駟秦富而侈，嬖大夫也，而常陳卿之車服於其庭，鄭人惡而殺之。子思①曰：「詩曰：『不解于位，民之攸塈②。』不守其位而能久者鮮矣。商頌曰：『不僭不濫，不敢怠皇，命以多福③。』」

【今註】①子思：是子產的兒子國參。②不解于位，民之攸塈：詩經大雅嘉樂篇的一句詩。意思是說如果對他職位不懈怠，人民就能夠安息。③不僭不濫，不敢怠皇，命以多福：這是商頌的一句詩。意思說不差池，也不敢滿溢，不敢懈怠閒暇，就可以得到上天所命很多的福氣。

【今譯】鄭國駟秦富而且侈，他只是嬖大夫，可是常在他庭中陳列卿的衣服及車，鄭人怨恨就殺了他。國參說：「詩說過：『在位若不懈怠，人民就能安息了。』在位子上不能愼守，而能長久的甚少。商頌說：『不差錯也不自滿溢，不敢懈怠閒暇，上天自然降下給他多種福氣。』」

（七）

經 冬，叔還如齊。

【今譯】　冬天，叔還到齊國去了。

（八）經閏月葬齊景公①。

【今註】　①此經無傳。

【今譯】　閏月，爲齊景公舉行下葬禮。

哀公六年（公元前四百八十九年）

（一）經春，城邾瑕①。

【今註】　①邾瑕：山東通志說：「邾瑕城在山東濟寧縣東南二十里，與負瑕爲近，邾氏居此，因名邾瑕。」此經無傳。

【今譯】　魯國修邾瑕城。

（二）經晉趙鞅帥師伐鮮虞。

傳晉伐鮮虞，治范氏之亂也。

【今譯】　春天，晉國趙鞅率領軍隊伐鮮虞，爲的治理范氏的亂事。

（三）經吳伐陳。

傳吳伐陳，復脩舊怨也。楚子曰：「吾先君與陳有盟①，不可以不救。」乃救陳，師于城父②。

【今註】①與陳有盟：在魯昭公十三年。②城父：在今安徽省亳縣東南七十里。

【今譯】吳國討伐陳國，爲的修整舊的怨望。楚昭王說：「我的先君與陳舊有盟誓，不能不去救他。」就去救陳，將軍隊駐紮在城父這地方。

（四）

經夏齊國夏及高張來奔。

傳齊陳乞僞事高國者，每朝必驂乘焉，所從必言諸大夫，曰：「彼皆偃蹇①，將棄子之命皆曰：『高國得君，必偪我，盍去諸？』固將謀子，子早圖之，圖之莫如盡滅之，需事之下也。」及朝則曰：「彼虎狼也，見我在子之側，殺我無日矣！請就之位。」又謂諸大夫曰：「二子者禍矣，恃得君而欲謀二三子，曰：『國之多難，貴寵之由，盡去之而後君定。』既成謀矣，盍及其未作也，先諸？作而後悔，亦無及也。」大夫從之，夏六月戊辰，陳乞鮑牧②及諸大夫以甲入于公宮。昭子聞之，與惠子乘如公，戰于莊③敗，國人追之，國夏奔莒，遂及高張，晏圉④，弦施來奔。

【今註】①偃蹇：驕傲。②鮑牧：鮑國的孫子。③莊：江永說：「即莊嶽。」④晏圉：晏嬰的兒子。

【今譯】齊國陳乞假作高張國夏的黨徒，每上朝就坐在他們的車上，隨着必說諸大夫的壞話，他說：「他們全甚驕傲，將不聽你的命令，他們皆說：『高國皆得到君心，必要偪迫我們，何不離開他們！』他們就要算計你們。你若早計算他們，也就是盡滅掉他們，遲慢是最下的策略。」在朝上又說：「他們全是虎狼，看見我在你們的身旁，就隨時可以殺我了，請准我到原位上去。」又對諸大夫說：「他們兩人要有禍了，仗着得君就想計謀你們，他們說：『國中多禍難，就因爲由於這些貴寵的人，盡把他們去掉，君就可以安定了。』此事他們已經謀算好了，何不在他們未動作以前先動呢？以後後悔也來不及了。」大夫們聽從了。夏六月戊辰，陳乞、鮑牧同大夫們率領軍隊進入公宮，高張聽見了，就同國夏坐車到公處，在莊開戰，高國失敗了，貴族們追趕他們，國夏逃到莒國，又同高張、晏圉、弦施奔到魯國。

（五）經 叔還會吳于柤①。

【今註】①此經無傳。

【今譯】魯國叔還同吳國在柤這地方會盟。

（六）經 秋七月庚寅，楚子軫卒。

傳 秋七月，楚子在城父，將救陳，卜戰不吉，卜退不吉。王曰：「然則死也，再敗楚師，不如死！棄盟逃讎，亦不如死。死一也，其死讎乎？」命公子申①爲王，不可，則命公子結②，亦不可，則命公子啓③，五辭而後許。將戰，王有疾。庚寅，昭王攻大冥④卒于城父。子閭退曰：「君王舍其子而讓羣臣，敢忘君乎？從君之命，順也，立君之子，亦順也，二順不可失也。」與子西子期謀，潛師閉塗⑤，逆越女之子章⑥，立之而後還。是歲也，有雲如衆赤鳥，夾日以飛三日。楚子使問諸周大史，周大史曰：「

其當王身乎？若禜之，可移於令尹司馬。」王曰：「除腹心之疾，而寘諸股肱，何益？不穀不有大過，天其夭諸？有罪受罰，又焉移之？」遂弗禜。初，昭王有疾，卜曰：「河爲祟。」王弗祭，大夫請祭諸郊。王曰：「三代命祀，祭不越望⑦，江漢睢章，楚之望也。禍福之至，不是過也。不穀雖不德，河非所獲罪也。」遂弗祭。孔子曰：「楚昭王知大道矣！其不失國也宜哉！夏書曰：『惟彼陶唐，帥彼天常，有此冀方。今失其行，亂其紀綱，乃滅而亡⑧。』又曰：『允出茲在茲⑨。』由己率常可矣。」

【今註】①公子申：卽子西。②公子結：就是子期。③公子啓：是公子閭。他們都是昭王的哥哥。④大冥：彙纂說：「當在今河南淮陽項城縣境。」⑤潛師閉塗：秘密的發動軍隊，關閉道路，爲的外人不能通消息。⑥章：是惠王的名字。⑦祭不越望：諸侯祭祀境內的山川星辰，不能超過這種。⑧惟彼陶唐，帥彼天常，有此冀方，今失其行，亂其紀綱，乃滅而亡：這是逸書。意思是說唐堯能夠遵守天的常道，有了這個冀方，現在失了他的道路，把紀綱全都亂了，就滅亡了。⑨允出茲在茲：這是一句逸書。信實出自自己，福祉也在自己。

【今譯】秋天七月，楚昭王在城父將去救陳國，占卜作戰不吉祥，占卜退軍隊也不吉祥，昭王就說：「就是死罷，再使楚國軍隊打敗仗了，不如死，棄掉盟誓而逃避仇人，也不如死。死是同樣的，還是抗仇人而死爲上。」叫子西爲王，不允諾；又叫子期爲王，也不允諾；就叫子閭爲王，五次推辭方允諾。將要作戰，楚昭王病了。庚寅那天，昭王攻大冥的吳國軍隊，死在城父。子閭退下來說：「君王捨了他的兒子而讓位給羣臣，敢忘了君的恩德嗎？聽從君的命令是順，立君的兒子也是順，二順不可以失落。」他同子西子期商量好，斷絕交通，暗派軍隊迎接昭王的妾越女所生的兒子章立爲楚王，然後全部退還楚都。這一年有雲，樣子像紅鳥，在太陽旁隨着飛有三日，昭王派人去問周太史，周太史說：「這必然對王身有關係，若禱告可以轉移到令尹或司馬身上。」王說：「除掉心腹的病，放在四肢上，有什麼好處呢？我要沒有大的過錯，天豈能使我早死？若有罪就當受罰，又何能轉移呢？」又不告禱除。最初的時候，昭王有了病，占卜說黃河作怪，王不肯祭告。大夫們請到都城外去祭，王就說：「三代命令的祭祀不超過國內山川星辰，江、漢、睢、章四水是楚國所望祭的，禍福的來，不超過他們。我雖沒有德行，不會得罪了黃河。」就不去祭。孔子說：「楚昭王甚懂得大道理，他應當不失掉楚國，夏書說：『只有陶唐，遵守上天的常理，享有冀這地方，現在失掉他們的道路，亂了他的紀綱，就滅亡了。』又說：『信實出自自己，福祉也在自己。』由自己遵守常理也可以了。」

（七）

經 齊陽生入于齊，齊陳乞弒其君荼。

傳 八月，齊邴意茲①來奔。陳僖子使召公子陽生，陽生駕而見南郭且于②曰：「嘗獻馬於季孫，不入於上乘，故又獻此，請與子乘之。」出萊門③而告之故。闞止④知之，先待諸外。公子曰：「事未可知，反與壬⑤也處。」戒之遂行，逮夜至於齊，國人知之。僖子使子士之母養之⑥，與饋者皆入。冬十月丁卯，立之，將盟⑦，鮑子醉而往，其臣差車鮑點⑧曰：「此誰之命也？」陳子曰：「受命于鮑子。」遂誣鮑子曰：「子之命也？」鮑子曰：「女忘君之爲孺子⑨牛而折其齒乎？而背之也。」悼公⑩稽首曰：「吾子奉義而行者也，若我可，不必亡一大夫⑪，若我不可，不必亡一公子⑫，義則進，否則退，敢不唯子是從，廢興無以亂，則所願也。」鮑子曰：「誰非君之子？」乃受盟。使胡姬以安孺子如賴⑬，去鬻姒⑭，殺王甲，拘江說囚王豹⑮于句竇之丘⑯。公使朱毛⑰告於陳子曰：「微子則不及此，然君異於器，不可以二，器二不匱，君二多難，敢布諸大夫。」信子不對而泣曰：「君舉不信羣臣乎？以齊國之困，困又有憂，少君不可以訪，是以求長君，庶有能容羣臣乎？不然，夫孺子何罪？」毛復命，公悔之。毛曰：「君大訪於陳子，而圖其小可也。」使毛遷孺子於駘⑱，不至，殺諸野幕之下，葬諸殳冒淳⑲。

【今註】①邴意茲：高國黨，是齊大夫。②南郭且于：即齊公子鉏住在魯國都城南郭。③萊門：魯都城的郭門。④闞止：是陽生的家臣，就是子我。⑤壬：是陽生的兒子齊簡公。⑥使子士之母養之：子士之母是陳僖子的妾。⑦將盟：與諸位大夫盟誓。⑧差車鮑點：差車是管王車的官，鮑點是鮑牧的家臣。⑨孺子：就是荼。⑩悼公：即陽生。⑪一大夫：指鮑牧。⑫一公子：陽生自稱。⑬使胡姬以安孺子如賴：胡姬是景公的妾，安孺子就是荼。賴在歷城縣東境，與章邱縣接界。⑭去鬻姒：把荼的母親鬻姒也去掉。⑮王甲、江說、王豹：全是景公的嬖臣。⑯句竇之丘：在今山東臨淄縣附近。⑰朱毛：齊大夫。⑱駘：在山東省章邱縣境。⑲殳冒淳：在章邱縣北境。

【今譯】八月，齊高國黨邴意茲逃來。陳乞派人叫齊悼公回國，悼公乘車去見南郭且于說：「以前嘗獻馬給季孫，但是馬不太好，所以又送上這匹，請同你共乘牠看看。」出了萊門以後方告訴他眞正原因。悼公的家臣闞止已經知道了，就等在外邊。悼公說：「事情能否成尙不可知，你回家去先同我的兒子壬同等着消息罷。」又告誡他不要露出話，就返齊去了。乘着夜中到了齊都，國人都知道。陳乞使他的妾看着他，隨着送飯的人進入齊公宮。冬十月丁卯，立他爲齊君。將與諸大夫們盟誓，鮑牧往開會，時已喝醉，他的臣差車叫鮑點的問道：「這是誰的命令？」陳乞說：「從鮑子處受的命令。」他就誣賴鮑牧說：「這是你的命令。」鮑牧說：「你忘了景公作牛使孺子牽着折落君的牙，現在可反背叛君嗎？」悼公向鮑牧叩頭說：「你是遵奉義理來辦的，要是我可以作君，不必使一位大夫死亡；要是我不可以，不必亡一位公子。合義就前進，否則就後退，不敢不聽你的話。廢君或立君皆不要發生亂事，就是我的志願。」鮑牧說：「誰不是君的兒子。」就接受盟誓，使胡姬領着安孺子到賴去，並去掉鬻姒，殺掉王甲，拘捕江說，囚禁王約在句竇之丘。悼公叫朱毛告訴陳乞說：「不是你，我就到不了現在的地位，但是君同器具不同樣，不可以有兩個。器具有兩個反能不缺匱，君有兩個就多了患難，我敢佈告給大夫知道。」陳乞不回答流淚說道：「君對於羣臣都不信嗎？齊國內困於飢荒，外有兵革的恐懼，少君無辦法，所以求長君，或者也可容納羣臣嗎？不然，這個孺子又有何罪呢？」朱毛回告，悼公頗以失言爲後悔。朱毛說：「訪問大政於陳乞，而自己計畫小的事情。」就派朱毛送孺子到駘，未到，就將他殺在野外幕中，葬在殳冒淳這地方。

（八）經 冬仲孫何忌帥師伐邾①。

【今註】①此經無傳。

【今譯】冬天，魯國仲孫何忌率領軍隊討伐邾國。

（九）經 宋向巢帥師伐巢①。

【今註】①此經無傳。

【今譯】宋國向巢率領軍隊討伐巢這地方。

哀公七年（公元前四百八十八年）

（一）經 春，宋皇瑗帥師侵鄭。

（二）經晉魏曼多帥師侵衞。

傳春，宋師侵鄭，鄭叛晉故也①。晉師侵衞，衞不服也②。

【今註】①鄭叛晉故也：鄭國開始反叛晉國在魯定公八年。②衞不服也：魯哀公五年晉國伐衞國，到現在衞國還不肯服從晉國。

【今譯】七年春天，宋國皇瑗率領軍隊侵略鄭國，因爲鄭國對晉反叛的原因。晉國魏曼多侵略衞國，因爲衞國至今未嘗服從的緣故。

（三）經夏，公會吳于鄫。

傳夏，公會吳于鄫①，吳來徵百牢②。子服景伯對曰：「先王未之有也！」吳人曰：「宋百牢我，魯不可以後宋。且魯牢晉大夫過十③，吳王百牢不亦可乎？」景伯曰：「晉范鞅貪而棄禮，以大國懼敝邑，故敝邑十一牢之，君若以禮命於諸侯，則有數矣。若亦棄禮，則有淫者矣④。周之王也，制禮上物，不過十二，以爲天之大數也。今棄周禮，而曰必百牢，亦唯執事。」吳人弗聽。景伯曰：「吳將亡矣！棄天而背本⑤，不與必棄疾於我。」乃與之。大宰嚭召季康子，康子使子貢辭。大宰嚭曰：「國君道長，而大夫不出門，此何禮也？」對曰：「豈以爲禮？畏大國也。大國不以禮命於諸侯，苟不以禮，豈可量也。寡君既共命焉，其老豈敢棄其國？大伯端委以治周禮，仲雍嗣之，斷髮文身，贏以爲飾⑥，豈禮也哉？有由然也。」反自鄫，以吳爲無能爲也。

【今註】①鄫：在山東省嶧縣東。②百牢：一百俱牛肉。③且魯牢晉大夫過十：這指着晉大夫范鞅在魯昭公二十一年。④則有淫者矣：就有超過的。⑤棄天而背本：放棄天理而背了周禮的本。⑥贏以爲飾：光着身上，紋身做裝飾。

【今譯】夏天，哀公到鄫去與吳王聚會，吳向魯國要求百牢的食物。子服景伯回答說：「先王沒有這種制度！」吳人就說：「宋人曾給過我一百牢，魯不可比宋減少。並且魯曾給過晉大夫十牢以上，給吳王百牢，不也可以嗎？」景伯說：「晉國范鞅貪心而放棄禮節，用大國的力量使我們害怕，所以我們給他十一牢，你要是用禮節來命令諸侯們，就有合禮的常數；你若是廢棄禮節，就有超過的。周最興盛的時候，定禮最多的是天子的牢，不過十二，這是天的大數目。現在要放棄周禮，必要百牢，這也是你的主意！」吳國人不聽從。景伯說：「吳就要滅亡了，放棄天理而背棄周禮的本，不給他必把他的凶惡放在我們的身上！」就給了他。太宰嚭叫季孫斯去，季孫斯叫子貢辭謝。太宰嚭說：「國君常常在道路上奔走，而大夫不出門，這是何種禮節？」回答說：「那裏是禮節呢？就是因爲怕大國的原故。大國不用禮節來命令諸侯，他要不用禮，豈能夠用分量來量。我們的寡君既然聽從了命令，他的大夫豈敢放棄他的國家？太伯穿着朝衣服戴着朝帽，以奉行周朝的禮節，他弟弟仲雍接着他做君，斷了頭髮，身上畫着花紋，赤着身體做裝飾，這豈是合於禮的嗎？因爲是有原故的。」自鄫會盟以後回來，以爲吳國沒有能做爲了。

（四）經 秋，公伐邾。八月己酉入邾，以邾子益來。

傳 季康子欲伐邾，乃饗大夫以謀之。子服景伯曰：「小所以事大，信也。大所以保小，仁也。背大國不信，伐小國不仁，民保於城，城保於德。失二德①者，危將焉保？」孟孫曰：「二三子以爲何如？惡賢而逆之。」對曰：「禹合諸侯於塗山，執玉帛者萬國，今其存者無數十焉，唯大不字小，小不事大也。知必危②，何故不言。」「魯德如邾，而以衆加之，可乎？」不樂而出。秋伐邾，及范門③，猶聞鍾聲。大夫諫不聽，茅成子④請告於吳，不許，曰：「魯擊柝聞於邾，吳二千里，不三月不至，何及於我？且國內豈不足？」成子以茅⑤叛。師遂入邾，處其公宮，衆師晝掠，邾衆保于繹。師宵掠，以邾子益⑥來，獻于亳社，囚諸負瑕⑦，負瑕故有繹。邾茅夷鴻以束帛乘韋自請救於吳，曰：「魯弱晉而遠吳，馮恃其衆，而背君之盟，辟⑧君之執事，以陵我小國，邾非敢自愛也，懼君威之不立，君威之不立，小國之憂也。若夏盟於鄫衍⑨，秋而背之，成求而不違，四方諸侯，其何以事君？且魯賦八百乘，君之貳也，邾賦六百乘，君之私也。以私奉貳，唯君圖之。」吳子從之。

【今註】①二德：信同仁。②知必危：知道要伐邾必定有危險。③范門：邾都城郭門。④茅成子：邾大夫茅夷鴻。⑤茅：在今山東省濟寧縣東南五十里，古邾水入泗水處的西邊。⑥邾子益：邾隱公。⑦負瑕：方輿紀要說：「瑕邱城在滋陽城西北二十五里，魯負瑕邑也。」⑧辟：輕視。⑨鄫衍：即鄫，見前。

【今譯】季孫肥打算伐邾國，就請大夫們來吃飯來商量。子服景伯說：「小國能夠事奉大國，就是因爲信用的關係，大國能夠保護小國，就是因爲仁愛的關係。違背大國的吳，失了信用，討伐小國的邾，不仁愛，人民是受城池的保護，城池是受德性的保護，失掉信用同仁愛兩種德，有危險將如何保護呢？」孟孫氏說：「你們諸位以爲怎麼樣？安於景伯的賢言，不應該反對他。」大夫們回答說：「禹在塗山會合諸侯，拿着玉幣來加入盟誓的有一萬個國家，現在存在的沒有幾十個，這就因爲大國不能撫養小國，小國不能事奉大國的原故。如果知道伐邾必定危險，大家爲何不說話？不說話就是因爲知道沒有危險。孟孫氏不高興的說：「魯國的德同邾國一樣，而拿軍隊的力量加給他，可以嗎？」孟孫不快樂就走了。秋天魯國討伐邾國，到了邾國都城的郭門范門，還聽見邾國敲鐘的聲音，大夫們諫箴，季孫不聽，邾大夫茅夷鴻請到吳國去告訴，邾隱公不答應，說：「魯國敲柝的音，邾國可以聽見，吳國離邾國兩千里，不三個月的工夫，到不了我們這裏，並且國內的力量，尚不能抵抗魯國嗎？」茅夷就把他的封邑茅反叛了，魯國軍隊就進了邾國都城，住到公宮裏，軍隊白天就搶掠財物，邾國殘餘的衆人退保到繹山。軍隊夜裡搶掠，把邾隱公帶到負瑕這地方，負瑕本來是有繹的地方。邾國的茅夷鴻拿着錢幣自己往吳國求救說：「魯國看晉國弱小而離吳國遠，仗着他的衆多，背叛你的盟約，看不起你的官吏，來壓迫我們小國。邾不敢自己愛惜，而是怕你的威嚴不立。你的威嚴不立，是小國的憂愁。要是夏天在鄫盟會，秋天就背了盟約，魯國達成他的需求而吳國不反對，四方的諸侯，怎麼樣能事奉你呢？並且魯國軍隊有八百輛車，等於你的敵對，邾的軍隊有六百輛車，是你的私用。用私來事奉敵對，請你細想想吧！」吳王就聽了他的話。

（五）經 宋人圍曹。

（六）經 冬鄭駟弘帥師救曹。

傳 宋人圍曹，鄭桓子思①曰：「宋人有曹，鄭之患也，不可以不救。」冬，鄭師救曹，侵宋。初，曹人或夢衆君子立于社宮，而謀亡曹，曹叔振鐸請待公孫彊，許之。旦而求之曹，無之。戒其子曰：「我死，爾聞公孫彊爲政，必去之。」及曹伯陽即位，好田弋，曹鄙人公孫彊好弋，獲白鴈獻之，且言田弋之說，說之，因訪政事，大說之，有寵，使爲司城以聽政。夢者之子乃行。彊言霸說於曹伯，曹伯從之，乃背晉而奸宋，宋人伐之，晉人不救，築五邑於其郊，曰黍丘②揖丘③大城④鍾⑤邘⑥。

【今註】①桓子思：子產的兒子國參諡號爲桓子。②黍丘：在今河南省夏邑西南。③揖丘：在今山東省曹縣界。④大城：在今山東省荷澤縣境。⑤鍾：在今定陶縣界。⑥邘：在今山東省定陶縣境。

【今譯】宋國人圍了曹國，鄭國的國參說：「宋國人佔據了曹國，這是鄭國的禍患，我們不能不去救他。」冬天，鄭國軍隊去救曹國，侵略宋國。最早的時候，曹國有人夢見貴族們立到社宮中，計劃亡曹國的事情，曹國的始祖曹叔振鐸請等候公孫彊來到，貴族們全答應了。早晨去訪問這個名字，曹國並沒有。告訴他兒子說：「我死了以後，你若聽見公孫彊當政權，必須要逃出曹國。」到了曹伯陽做了君以後，他喜歡打獵，曹國的鄉下人公孫彊也好打獵，得到白鴈獻給曹伯陽，並且說打獵的方法，曹伯陽聽了很高興。曹伯陽就問他政治，大爲高興，有寵愛，使他做司城的官以掌政權。做夢的人的兒子，就逃出曹國。公孫彊又對曹伯說稱霸的方法，曹伯聽從他，就背叛了晉國，而與宋國不和，宋國人討伐他，晉國人不救。曹伯陽建築五個城在他的都城外，叫做黍丘、揖丘、大城、鍾、邘。

哀公八年（公元前四百八十七年）

（一）經　春王正月，宋公入曹，以曹伯陽歸。

傳　宋公伐曹，將還，褚師子肥①殿，曹人詬之，不行，師待之，公聞之怒，命反之，遂滅曹。執曹伯及司城彊以歸，殺之。

【今註】 ①褚師子肥：宋大夫。

【今譯】 八年春天，宋伐曹國都城，將回國的時候，宋大夫褚師子肥殿後，曹國人罵他，因此殿後軍隊就不退後，宋國軍隊全都等待他，宋公聽見說，就惱怒了，叫軍隊回去，把曹國滅了。逮捕曹伯及公孫彊，回宋國把他們殺掉。

(二)

經 吳伐我。

傳 吳爲邾故，將伐魯，問於叔孫輒。叔孫輒對曰：「魯有名而無情①，伐之必得志焉。」退而告公山不狃，公山不狃曰：「非禮也，君子違②不適讎國，未臣而有伐之③，奔命焉④，死之可也，所託也則隱。且夫人之行也，不以所惡廢鄉，今子以小惡而欲覆宗國，不亦難乎？若使子率⑤，子必辭，王將使我。」子張⑥疾之。王問於子洩，對曰：「魯雖無以立，必有與斃。諸侯將救之，未可以得志焉。晉與齊、楚輔之，是四讎也⑦，夫魯，齊、晉之脣，脣亡齒寒，君所知也，不救何爲？」三月，吳伐我，子洩率，故道險，從武城⑧。初，武城人或有因於吳竟田焉，拘鄫人之漚菅者曰：「何故使吾水滋⑨？」及吳師至，拘者道之，以伐武城，克之。王犯⑩嘗爲之宰，澹臺子羽⑪之父好焉，國人懼。懿子謂景伯若之何？對曰：「吳師來，斯與之戰，何患焉？且召之而至，又何求焉？」吳師克東陽⑫而進，舍於五梧⑬，明日舍於蠶室⑭。公賓庚，公甲叔子⑮與戰于夷⑯，獲叔子與析朱鉏。獻於王，王曰：「此同車必使能，國未可望也！」明日，舍于庚宗⑰，遂次於泗上。微虎⑱欲宵攻王舍，私屬徒七百人，三踊於幕庭，卒三百人 有若與焉⑲，及稷門之內⑳，或謂季孫曰：「不足以害吳，而多殺國士，不如已也。」乃止之。吳子聞之，一夕三遷。吳人行成，將盟，景伯曰「楚人圍宋，易子而食，析骸而爨，猶無城下之盟，我未及虧，而有城下之盟，是棄國也。吳輕而遠，不能久，將歸矣，請少待之。」弗從。景伯負載造於萊門㉑，乃請釋子服何於吳，吳人許之，以王子姑曹當之而後止，吳人盟而還。

【今註】①魯有名而無情：魯國有大國的名氣，而沒有實力。②違：逃亡。③未臣而有伐之：沒有在彼國稱臣，而彼國討伐本國。④奔命焉：回到他的原國。⑤若使之率：若叫你率領着吳國軍隊。⑥子張：叔孫輒。⑦是四讎也：晉齊楚同魯四國是吳國的仇人。⑧武城：今山東省費縣西南。⑨水滋：水邊變成濁水。⑩王犯：吳大夫。⑪澹臺子羽：是武城人，孔子弟子。⑫東陽：在山東費縣西南七十里，今爲關陽鎭。⑬五梧：在今山東費縣西六十里，東陽之北。⑭蠶室：江永說：「春秋滕不屬魯，當在費縣西北境。」⑮公賓庚、公甲叔子：全是魯大夫。⑯夷：在費縣西。⑰庚宗：在山東泗水縣東。⑱微虎：魯大夫。⑲卒三百人，有若與焉：末了挑選三百人，有若在內。有若是孔子弟子。⑳及稷門之內：三百人走到稷門裏頭。㉑負載造於萊門：背着盟誓的書到萊門去。

【今譯】吳國因爲邾國的原故，將伐魯國，問魯人叔孫輒，叔孫輒回答說：「魯國有大國的名氣，而沒有實力，伐他必定得到好處。」說了以後，就去告訴公山不狃，公山不狃說：「這是不合於禮的，君子逃亡不到讎敵的國家，假設沒有在這國做他的臣子，而這國討伐本國，那就奔回本國，拚命到死好了，要是在自己託身之國，就該爲舊國隱惡。並且人逃亡的時候，不以私怨廢棄鄉黨，你現在以小的不高興，而想把國家毀掉，不也很難嗎？假若派你率領吳軍，你必定辭讓，吳王將派我。」叔孫輒因此很爲難。吳王問公山不狃，回答說：「魯國雖然好像不能自立，但在危急時必有人死命爲國。諸侯將來救他，我們不可能得志。晉國同齊國、楚國幫助他，與魯國等於吳國四個仇敵，魯國是齊國同晉國的嘴唇，嘴唇丟掉，牙就感覺寒冷，你是知道的，不救怎麼辦呢？」三月，吳伐魯國，公山不狃統率，故意經過困難的道路，經過武城。最初的時候，武城人或有利用吳國的境界在那裏種田，把鄫人種地的逮起來說：「何故使我們水髒了？」到了吳國軍隊來了，被拘捕的人引着路去伐武城，把他佔據了。吳國的大夫王犯，曾經做過武城宰，澹臺子羽的父親跟他很交好，魯國人全害怕了。孟孫何忌對子服景伯說怎麼辦呢？回答說：「吳國軍隊來了，就跟他作戰，何必害怕呢？並且是我們伐邾引來吳師，那有什麼要求呢？」吳國軍隊佔據東陽再往前進，住到五梧，明天住到蠶室，公賓庚同公甲叔子跟吳國軍隊在夷這地方打仗，吳國捕獲了叔子同析朱鉏，獻給吳王，因爲他們三個人同車，吳王就說：「同車三人都能死戰，可見國家能用人，如此魯國未可以望爲我們得到。」明天，吳國軍隊住到庚宗，往前進就住到泗水的上面。魯大夫微虎想着夜裡攻打吳王所住的地方，集合他所屬的七百個人，在帳幕前面的院子三次跳躍，後來三百個人成功，孔子弟子有若參加了他們，這三百個人走到稷門的裡面，有人對季孫說：「此擧不足以害吳國，而多死亡很多魯國的國士，不如止住吧！」就阻止他們不去。吳王聽見說，害了怕，一夜的工夫搬了三次的住處。吳國人要求和平，將行盟誓，子服景伯說：「從前楚國人圍了宋國都城，宋國人換了兒子來吃，砍了人的骨頭燒飯，尚且沒有城下的盟會，我們現在尚沒有完全失敗，而做了城下的盟會，這是等於棄國家了。吳國人輕佻而道路很遠，他們不能久待，將要回國，請你稍微的等一等吧。」季孫不聽從。子服景伯就背着載書到萊門，本來魯國預備留子服景伯在吳國做人質，吳國答應他，因此魯國人又要求，拿吳王子姑曹來魯國做人質，吳王就不要子服景伯，吳國人盟誓以後就回去了。

（三）經 夏，齊人取讙及闡。

（四）經 歸邾子益于邾。

傳 齊悼公之來也，季康子以其妹妻之，即位而逆之，季魴侯①通焉，女言其情，弗敢與也，齊侯怒。夏五月，齊鮑牧帥師伐我，取讙及闡。或譖胡姬②於齊侯曰：「安孺子之黨也！」六月，齊侯殺胡姬。齊侯使如吳請師，將以伐我，乃歸邾子。邾子又無道，吳子使大宰子餘③討之，囚諸樓臺，栫之以棘④，使諸大夫奉大子革⑤以爲政。

【今註】①季魴侯：是季康子的叔父。②胡姬：是齊景公的妾。③大宰子餘：就是太宰嚭。④栫之以棘：用帶刺的棘樹環繞着房子。⑤太子革：即邾桓公。

【今譯】齊悼公到魯國來的時候，季孫肥把他妹妹嫁給他，悼公即位以後，派人來接他，季孫肥的叔叔季魴侯與她私通，季孫肥的妹妹告訴季孫肥這種情形，就不敢叫她去齊國，齊悼公很生氣。夏天五月，齊國的鮑牧率領軍隊伐魯國，佔據了讙同闡兩個地方。有人說胡姬的壞話，對齊悼公說：「她是安孺子的黨羽。」六月，齊悼公把胡姬殺掉。齊悼公派人到吳國請求軍隊，來伐魯國，就把邾隱公送回去了。邾隱公在國裡不合道理，吳王派大宰嚭去討伐他，把他囚在樓臺上面，四面用棘樹來圍繞着，叫諸大夫奉太子革行使政權。

（五）經 秋，七月。

傳 秋及齊平，九月，臧賓如①如齊涖盟，齊閭丘明②來涖盟，且逆季姬以歸，嬖。鮑牧又謂羣公子曰：「使女有馬千乘乎③？」公子愬之，公謂鮑子：「或譖子，子姑居於潞④以察之，若有之，則分室以行，若無之，則反子之所。」出門，使以三分之一行。半道使以二乘。及潞，麇之⑤以入，遂殺之。

【今註】①臧賓如：臧會的兒子。②閭丘明：閭丘嬰的兒子。③使女有馬千乘乎：意思是使你能做君。④潞：彙纂說：「在齊之郊外。」即臨淄附近。⑤麇之：把他綑起來。

【今譯】秋天同齊國講和，九月，臧賓如到齊國去主持盟誓，齊國就派閭丘明到魯國來主持盟會，並且迎接季孫肥的妹妹，回去以後很得寵愛。鮑牧又對齊國各公子們說：「你願意有馬千匹嗎？」公子就告訴齊悼公，悼公告訴鮑牧說：「有人說你的壞話，你姑且到潞這地方住，容我細細的考察，若有這囘事，就把你財產分了然後走，要是沒有就可以囘到你原位。」出門以後，叫他拿財產的三分之一去。走一半的道路，祇准許他帶着兩輛車，到了潞這地方，把他綑起來，就把他殺了。

(六) 經 冬十有二月癸亥杞伯過卒①。

【今註】①此經無傳。

【今譯】冬十二月，癸亥，杞僖公死了。

(七) 經 齊人歸讙及闡。

傳 冬十二月，齊人歸讙及闡，季姬嬖故也。

【今譯】冬十二月，齊國人來歸還讙及闡這兩個地方，因爲季孫肥的妹妹得寵愛的原故。

哀公九年（公元前四百八十六年）

(一) 經 春王二月，葬杞僖公①。

【今註】①此經無傳。

【今譯】春王二月，爲杞僖公行葬禮。

（二）傳春，齊侯使公孟綽①辭師于吳。吳子曰：「昔歲寡人聞命，今又革之，不知所從，將進受命於君。」

【今註】①公孟綽：齊大夫。

【今譯】齊侯派公孟綽到吳國去辭謝派軍隊。吳王說：「以前已奉有命令，現在又有改變，不知若何辦法，將前往請命。」

（三）經宋皇瑗帥師取鄭師于雍丘。

傳鄭武子賸之嬖許瑕求邑①，無以與之，請外取，許之，故圍宋雍丘②，宋皇瑗圍鄭師，每日遷舍③，壘合，鄭師哭。子姚④救之大敗。二月甲戌，宋取鄭師于雍丘，使有能者無死，以郟張與鄭羅⑤歸。

【今註】①武子賸之嬖許瑕求邑：武子賸就是罕達，他一個喜歡的屬臣叫許瑕，想要一塊田地。②雍丘：一統志說：「今河南杞縣縣治。」③每日遷舍：每天作壘成了以後，就遷往另一處再作壘，爲的使雍丘外邊能夠合圍。④子姚：卽罕達。⑤郟張、鄭羅：全是有能力的鄭大夫。

【今譯】鄭罕達的寵愛人要求一個封邑，他已經沒有了，無法給他，許瑕請求到國外去尋找，罕達答應了，所以圍了宋國的雍丘。宋皇瑗圍了許瑕的軍隊，每次造壘成功就遷地方，等到全壘合圍，鄭國軍隊都哭了。罕達來救，被宋師打得大敗。二月甲戌，宋在雍丘的地方佔領了鄭國的軍隊，叫有能力的不要死，把有能力的郲張同鄭羅帶回到宋國。

（四）經 夏，楚人伐陳

傳 夏，楚人伐陳，陳即吳故也

【今譯】夏天，楚人伐陳，陳國與吳連絡的原故。

（五）經 秋，宋公伐鄭。

傳 宋公伐鄭①。

【今註】①宋公伐鄭：爲報復雍丘的戰役。

【今譯】宋公伐鄭，因爲報復雍丘的緣故。

（六）傳 秋，吳城邗溝①，通江淮。

【今註】①邗溝：按即今日江都縣南之瓜州，至淮陰北神堰間之運河。

【今譯】秋天，吳在邗溝築城通長江與淮水，這是後來運河的開始。

（七）傳 晋趙鞅卜救鄭，遇水適火，占諸史趙、史墨、史龜①，史龜曰：「是謂沈陽②，可以興兵，利以伐姜，不利于商③，伐齊則可，敵宋不吉。」史墨曰：「盈水名也，子水位也，名位敵不可干也④。炎帝爲火師，姜姓其後也。水勝火，伐姜則可。」史趙曰：「是謂如川之滿，不可游也。鄭方有罪，不可救也。救鄭則不吉，不知其他。」陽虎以周易筮之，遇泰䷊之需䷄⑤，曰：「宋方吉，不可與也。微子啓帝乙之元子也。宋鄭甥舅也。祉祿也，若帝乙之元子，歸妹而有吉祿，我安得吉焉？」乃止。

【今註】①史趙、史墨、史龜：全是晉太史。②是謂沈陽：因爲火是陽遇到水就沈下去，所以叫沈陽。③不利于商：對於伐宋國不合適。④名位敵不可干也：兩個水全茂盛，所以不能干犯。⑤遇泰䷊之需䷄：遇見泰卦變成了需卦。

【今譯】晉趙鞅占卜伐鄭，遇見水同火的兆，問着史趙、史墨同史龜，史龜說：「這名爲沈陽，可以興起軍隊，對於伐姜有利，而不利於伐商，伐齊就可以，敵抗宋國就不吉祥。」史墨說：「盈是水的名，子是水的位，名位皆盛不可以侵犯。炎帝爲水師，姜姓是炎帝的後人，水可以勝火，所以伐姜就可以。」史趙說：「這是等於河水方滿，不可以去游水，鄭方有罪，不可以去救，救鄭就不吉，其他都不知道。」陽虎又用周易來占卜，遇見泰卦䷊變到需卦䷄，說：「宋方吉，不可與交戰，微子啓是帝乙的大兒子，宋與鄭又是甥舅的國家，祉是福祿，若是帝乙的大兒子嫁他的妹妹而有吉祿，我又如何能得到吉呀？」就止着不打仗。

（八）經 冬十月。

傳 冬，吳子使來，儆師伐齊。

【今譯】冬天，吳王派人告訴魯國預備軍隊伐齊。

哀公十年（公元前四百八十五年）

（一）經春王二月，邾子益來奔。

（二）經公會吳伐齊。

傳春邾隱公來奔，齊甥也，故遂奔齊。公會吳子、邾子、郯子伐齊南鄙，師于鄎①。

【今註】①鄎：在今山東蒙陰縣之北，復興縣境。

【今譯】十年春王二月，邾隱公奔到魯國來，他是齊國的外甥，所以又從魯國逃到齊國。魯哀公會合吳王邾子，同郯子伐齊國的南邊，駐軍隊在鄎這地方。

（三）經三月戊戌，齊侯陽生卒。

傳齊人弒悼公，赴于師，吳子三日哭于軍門之外，徐承①帥舟師，將自海入齊，齊人敗之，吳師乃還。

【今註】①徐承：吳大夫。

【今譯】齊人弒齊悼公，以訃告到軍隊中，吳王在軍門的外面哭了三天，吳大夫徐承率領着舟師從海上攻入齊國，齊國軍隊將他打敗了，吳國舟師就退回國了。

（四）經夏宋人伐鄭①。

【今註】①此經無傳。

【今譯】夏天，宋國軍隊征伐鄭國。

（五）經 晉趙鞅帥師侵齊。

傳 夏趙鞅帥師伐齊，大夫請卜之，趙孟曰：「吾卜於此起兵①，事不再令②，卜不襲吉③，行也！」於是乎取犂④及轅⑤，毀高唐⑥之郭，侵及賴⑦而還。

【今註】①吾卜於此起兵：就說去年曾經占卜伐宋不吉，伐齊就可以動兵。②事不再令：不必再求。③卜不襲吉：占卜也不會重覆的吉祥。④犂：續山東考古錄說：「在今濟陽縣西南五十里。」⑤轅：續山考古錄說：「在今山東齊河縣西北二十五里之瑗縣故城。」⑥高唐：一統志說：「在今山東禹城西北。」⑦賴：方輿紀要說：「今山東聊城縣西有賴亭。」

【今譯】夏，晉趙鞅率軍隊伐齊國，大夫請求占卜。趙鞅說：「去年我已經占卜伐齊動兵，事情不要再求，占卜不會再遇到吉兆，去罷！」就佔領犂同轅，毀了高唐的外城，侵略到了賴，就回來了。

（六）經 五月，公至自伐齊①。

【今註】①此經無傳。

【今譯】魯哀公從伐齊回來。

（七）經 葬齊悼公①。

【今註】①此經無傳。

【今譯】齊國爲齊悼公行葬禮。

（八）經 衞公孟彄自齊歸于衞①。

【今註】①此經無傳。

【今譯】衛國公孟彄從齊國回到衛國。

（九）經薛伯夷卒①。

【今註】①此經無傳。

【今譯】薛惠公死了。

（十）經秋，葬薛惠公①。

【今註】①此經無傳。

【今譯】爲薛惠公行葬禮。

（十一）傳秋，吳子使來復儆師。

【今譯】秋天，吳王派人來魯國再求預備軍隊。

（十二）經冬楚公子結帥師伐陳。

（十三）經吳救陳。

傳冬，楚子期伐陳，吳延州來季子救陳，謂子期曰：「二君①不務德，而力爭諸侯，民何罪焉。我請退以爲子名，務德而安民。」乃還。

【今註】①二君：指楚君、吳君。

【今譯】冬天，楚公子伐陳，吳季札救陳，對子期說：「吳楚兩君不務德行，而力爭諸侯，人民有何罪呀？我將退下使你得名，務德行而安定人民，那就好了！」吳國軍隊就退走了。

哀公十有一年（公元前四百八十四年）

（一）經春，齊國書帥師伐我。

傳春，齊爲鄎故①，國書，高無丕帥師伐我。及淸②，季孫謂其宰冉求③曰：「齊師在淸，必魯故也，若之何？」求曰：「一子守，二子從公禦諸竟。」季孫曰：「不能。」求曰：「居封疆之間。」季孫告二子④，二子不可。求曰：「若不可，則君無出，一子帥師，背城而戰，不屬者非魯人也。魯之羣室⑤，衆於齊之兵車，一室敵車優矣，子何患焉？二子之不欲戰也宜，政在季氏。當子之身，齊人伐魯而不能戰，子之恥也，大不列於諸侯矣。」季孫使從於朝，俟於黨氏之溝⑥，武叔呼而問戰焉，對曰：「君子有遠慮，小人何知？」懿子强問之。對曰：「小人慮材而言，量力而共者也。」武叔曰：「是謂我不成丈夫也！」退而蒐乘，孟孺子洩⑦帥右師，顏羽御，邴洩⑧爲右，冉求帥左師，管周父御，樊遲⑨爲右。季孫曰：「須也弱！」有子⑩曰：「就用命焉！」季氏之甲七千，冉有以武城人三百爲己徒卒，老幼守宮，次于雩門⑪之外，五日右師從之⑫。公叔務人⑬見保者而泣曰：「事充⑭，政重⑮，上不能謀，士不能死，何以治民？吾既言之矣，敢不勉乎？」師及齊師戰于郊，齊師自稷曲⑯，師不踰溝，樊遲曰：「非不能也，不信子也。請三刻而踰之。」如之，衆從之，師入齊軍⑰，右師奔，齊人從之⑱，陳瓘陳莊⑲涉泗，孟之側後，入以爲殿，抽矢策其馬曰：「馬不進也！」林不狃之伍⑳曰：「走乎？」不狃曰：「誰不如㉑」曰：「然則止乎？」不狃曰：「惡賢㉒。」徐步而死。師獲甲首八十㉓，齊人不能師。宵諜曰：「齊人遁。」冉有請從之三，季孫弗許。孟孺子語人曰：「我不如顏羽，而賢於邴洩。子羽銳敏㉔，我不欲戰而能默。洩曰：『驅之㉕。』」公爲與其嬖僮汪錡乘，皆死，皆殯。孔子曰：「能執干戈，以衞社稷，可無殤也。」冉有用矛於齊師，故能入其軍，孔子曰：「義也！」

【今註】①齊爲郎故：在去年郎的戰役。②淸：方輿紀要說：「淸亭在山東長淸縣東南。」③冉求：魯人，孔子弟子。④二子：指叔孫、孟孫。⑤羣室：都城所住的。⑥黨氏之溝：方輿紀要說：「莊公臺在今曲阜縣東北八里，莊公三十二年，築臺臨黨氏，見孟任是也。」⑦孟孺子洩：孟懿子的兒子孟武伯。⑧邴洩、顏羽：全是孟氏家臣。⑨樊遲：魯人，孔子弟子。⑩有子：就是冉求。⑪雩門：魯都城南門。⑫五日右師從之：五日以後，右師才追上。⑬公叔務人：是公爲。⑭事充：工作很多。⑮政重：賦稅很重。⑯稷曲：春秋大事表說：「曲阜縣北寧陽東有曲池，疑卽稷曲。」⑰師入齊軍：師指魯國冉求所有的軍隊。⑱齊人從之：

齊人跟着追逐右師，意思是說右師打敗了。⑲陳瓘、陳莊：二人是齊大夫。⑳林不狃之伍：林不狃所率領的五人隊。㉑誰不如：我不如誰，還想跑嗎？㉒惡賢：那也算不得賢。㉓師獲甲首八十：師獲穿甲的頭八十個。㉔子羽銳敏：子羽卽顏羽，很精銳，意思說他想作戰。㉕驅之：逃走。

【今譯】十一年的春天，齊悼公因爲魯國伐郞的原故，派國書、高無丕率領軍隊討伐魯國。到了淸這地方，季孫對他的家宰冉求說：「齊兵在淸，一定是爲我魯國的原故，怎麽辦呢？」冉求回答說：「你季孫一人守國，派叔孫、孟孫二人跟了公抵禦在邊境上。」季孫說：「我無法調動他們的。」冉求說：「那末叫他們在境內近郊的地方抵抗。」季孫便告訴叔孫、孟孫，二人不肯。冉求說：「如果二人不肯，魯君也不必親自出兵，只你一人領兵背着城和齊一戰便了。不跟你戰的，便不是魯人。魯國都邑的居家，總要比齊國的兵車多些，一家對敵了一車，總有餘的了。你爲什麽要憂患呢？他們二人的不要戰，是應該的，現在政權都在你季氏身上，當你執政的時候，齊人來伐，却不能打仗，這是你的羞恥，恐怕大大的不能列在諸侯中了。」季孫便使冉求跟自己去朝，等在黨氏的溝邊；叔孫州仇看見冉求，便喊着問戰事，冉求回答說：「君子有遠大的計慮，我們小人知道什麽呢？」孟孫何忌又强問他，冉求回答說：「小人是估計了材具才說話，打量了能力才供事的。」州仇說：「這分明是說我不成個丈夫了。」退下去便大閱他的軍隊。孟孺子洩領了右師，顏羽趕着兵車，邴洩做了車右。冉求領了左師，管周父駕了兵車，樊遲做了車右。季孫肥說：「樊須太怯弱。」冉求說：「須年少，能夠聽話的。」季氏的兵甲共有七千，冉有又把三百個武城人做了自己的親兵，老的小的，都坐守宮室，紮兵在南城門外，過了五天，右師方才出來跟上。公爲看見守城池的痛哭說：「公事眞煩，租稅眞多，只苦着百姓，在上位的不能謀算國事，士人又不能出死力，怎樣可以治民呢？我既說了他人，自己敢不竭力嗎？」魯兵和齊兵戰於郊外，齊兵從稷曲前來，魯兵却不敢渡過溝去抵敵。樊遲說：「這不是不能踰溝，實在是不相信你的號令，請和他們約定三刻時候一定要踰溝的。」便依着樊遲的話，衆人方才跟過去。冉求的左師攻進齊軍，右師却逃退，齊人追趕右師，陳瓘、陳莊渡過泗水來追魯師，孟之側晚進城來，做了個押隊的，却抽枝箭鞭馬說：「是馬走不快呢！」林不狃的一排兵說：「

走罷！」不狃說：「我不如那個，却要逃走？」那排兵說：「那末停在此地戰罷！」不狃說：「那也算不得賢。」便從容緩步的走死在兵中。冉求的兵得了甲首八十具。齊人却不能成隊伍了。夜間的探子來報說：「齊人已經逃走了。」冉有請求去追齊師，一共請了三次，季孫却不允許。後來孟孺子對人說：「我雖不及顏羽，却比邴洩好些，子羽是精銳敏疾，要想戰的。我雖則不要戰，嘴裏却也不說要逃，洩只是說：『趕馬逃吧！』」公爲和他的愛童叫汪錡的，一同坐着車子，都戰死了。殯的時候，孔子說：「能夠執了干戈保護社稷的，也可以不用夭殤的禮了！」冉有只因用矛於齊師，所以能攻進他的軍中。孔子說：「這便是義。」

(二)經 夏陳轅頗出奔鄭。

傳 夏，陳轅頗出奔鄭。初，轅頗爲司徒，賦封田以嫁公女①，有餘，以爲己大器②，國人逐之，故出。道渴，其族轅咺進稻醴、粱糗腶脯焉，喜曰：「何其給也？」對曰：「器成而具③。」曰：「何不吾諫？」對曰：「懼先行。」

【今註】①賦封田以嫁公女：把封內的田地，全都加上特別稅，爲的嫁公的女兒。②大器：鐘鼎一類的器皿。③器成而具：你那大器做成時，我就預備好了給你食物。

【今譯】夏天，陳國的轅頗逃到鄭國去。最初的時候，轅頗做司徒的官，把封內的田地全都上稅，爲的嫁公的女兒，剩下的錢，就給自己做鐘鼎這類的大器，貴族們恨他，就把他驅逐出國。道上很渴，他同族的人轅咺，進奉稻做的酒，高粱做的乾飯，肉做的餅，他很高興，說：「何以這樣充足呢？」回答說：「你做的大器成了，我就預備好了給你食物。」轅頗就說：「你何不諫諍我呢？」回答說：「恐怕你不聽我的話，而我被驅逐出去。」

(三)經 五月，公會吳伐齊。

（四）經甲戌，齊國書帥師及吳戰于艾陵，齊師敗績，獲齊國書。

傳為郊戰故，公會吳子伐齊。五月，克博①。壬申，至于嬴②，中軍從王③，胥門巢將上軍，王子姑曹將下軍，展如④將右軍。齊國書將中軍，高無丕將上軍，宗樓將下軍。陳僖子謂其弟書⑤：「爾死，我必得志。」宗子陽與閭丘明相厲也⑥。桑掩胥御國子⑦，公孫夏曰：「二子必死。」將戰，公孫夏命其徒歌虞殯⑧，陳子行命其徒具含玉⑨，公孫揮命其徒曰：「人尋約，吳髮短⑩。」東郭書曰：「三戰⑪必死，於此三矣。」使問弦多⑫以琴，曰：「吾不復見子矣！」陳書曰：「此行也，吾聞鼓而已，不聞金矣。」甲戌，戰于艾陵⑬，展如敗高子⑭，國子敗胥門巢⑮，王卒助之，大敗齊師，獲國書，公孫夏、閭丘明、陳書、東郭書，革車八百乘，甲首三千以獻于公⑯。將戰，吳子呼叔孫⑰曰：「而事何也⑱？」對曰：「從司馬⑲。」王賜之甲劍鈹曰：「奉爾君事，敬無廢命。」叔孫未能對，衞賜⑳進曰：「州仇奉甲從君而拜。」公使大史固歸國子之元，寘之新篋，褽之以玄纁，加組帶焉，寘書于其上曰：「天若不識不衷，何以使下國？」

【今註】①博：山東通志說：「在泰安縣東南三十里。」②嬴：山東通志說：「在萊蕪縣西北四十里。」③中軍從王：吳國中軍隨從吳王。④胥門巢、王子姑曹、展如：三人全是吳大夫。⑤書：陳書號子占。⑥宗子陽與閭丘明相厲也：二人相勸勵效死戰。⑦國子：即國書。⑧虞殯：送葬的歌曲。表示他預備戰死。⑨

含玉：死後所含的玉石。⑩人尋約，吳髮短：每人準備一條八尺長的繩子，吳國人頭髮短。表示用繩子穿吳國人的腦袋。⑪三戰：指着夷儀、五氏同這一次。⑫弦多：齊人。⑬艾陵：山東通志說：「在山東萊蕪縣東南。」⑭高子：齊國上軍。⑮國子敗胥門巢：吳國上軍戰敗。⑯以獻于公：獻給魯哀公。⑰叔孫：指叔孫州仇。⑱而事何也：問他是什麼職務。⑲從司馬：聽從吳國司馬的命令。⑳衛賜：子貢，姓端木。是孔子弟子。

【今譯】為上一次在都城外面打仗的事，所以魯哀公就會合吳王討伐齊國。五月，佔領了博這地方。壬申，到達嬴這地方，吳國的中軍隨從着吳王，胥門曹率領着上軍，王子姑曹將下軍，展如將右邊的軍隊。齊國是國書將中軍，高無丕將上軍，宗樓將下軍。陳乞對他弟弟陳書說：「你要戰死，我必定能夠得志。」宗樓同閭丘明互相勉勵效死戰。桑掩胥為國書駕着車，公孫夏說：「你們兩人必要戰死。」將要作戰，公孫夏叫他的黨徒唱送葬的歌曲。陳逆叫他的黨徒預備死後含的玉，公孫揮叫他徒衆說：「每人準備一條八尺長的繩子，吳國人頭髮短。」東郭書說：「三次作戰，我必定要死，我已經打過夷儀五氏兩次戰爭，連着這次再作戰，就變成三次戰役。」派一個人去送一張琴給齊人弦多，並且說：「我不能再看見你了。」陳書就說：「這一次我祇能聽見敲鼓，不聽見收兵敲金器的聲音。」甲戌這天，在艾陵作戰，吳國的展如打敗了齊國的上軍高無丕，齊國的國書，打敗了吳國的上軍胥門巢，吳王的中軍幫助他們，大敗齊國軍隊，逮住了國書、公孫夏、閭丘明、陳書、東郭書，並有兵車八百輛，戴甲的首級三千來獻給魯哀公，將要打仗的時候，吳王喊住叔孫州仇，問他說：「你的職務是什麼？」回答說：「我聽候吳國司馬的命令。」吳王給了他盔甲、寶劍，還有刀說：「奉行你的君的事情，不要廢掉他的命令。」叔孫州仇沒法回答，子貢往前進說：「州仇捧着盔甲從着君拜受。」魯哀公派大史固送回國書的頭給齊國。放到新的篋子裏，薦用玄纁，加上絲的帶子，並且放了一個簡書說：「上天若不知道壞人，怎麼能夠使令下國。」

（五）傳 吳將伐齊，越子率其衆以朝焉，王及列士皆有饋賂。吳人皆喜，唯子胥懼曰：「是豢吳也夫！」諫曰：「越在我，心腹之疾也，壤地同而有欲於我，夫其柔服求濟其欲也，不如早從事焉。得志於齊，猶獲石田也，無所用之。越不為沼，吳其泯矣！使醫除疾，而曰必遺類焉者，未之有也。盤庚之誥曰：『其有顛越不共，則劓殄無遺育，無俾易種于茲邑①。』是商所以興也，今君易之，將以求大，不亦難乎？」弗聽。使於齊屬其子於鮑氏，為王孫氏。反役，王聞之，使賜之屬鏤②以死，將死曰：「樹吾墓檟，檟可材也，吳其亡乎！三年其始弱矣，盈必毀，天之道也。」

【今註】①其有顛越不共，則劓殄無遺育，無俾易種于茲邑：是商書的一句，意思是說，有人要是縱橫不恭敬，就把他割絕，不要再有後人，不要使他轉生種類在這裡。②屬鏤：是寶劍名。

【今譯】吳國將要去伐齊，越王勾踐帶領群臣來朝吳國，對吳王和群臣，一概都有送的東西，吳人都很喜歡。只有伍子胥害怕說：「這是養吳人，像畜牲一般嗎？」就諫諍吳王說：「越國的在我吳國，好比是人們心腹的毛病，土地相接却又有欲念對我吳國，他這種軟服的手段，不過是要成功他的欲念。不如早些解決了他吧！得志於齊國，譬如得石田一樣，有什麼用處呢？若不滅掉越國，吳國定要被越國滅掉了！譬如使醫生治病，却說定必要留些病根的，這是從來沒有的！商書盤庚的一篇上說：『諸臣有縱橫不依命令的，就割絕他，不要使他滋長，不要使他再轉生種類在這地方。』這就是商朝所以能夠振興。現在你君王却和這道理相反，想要霸諸侯，擴大國家，不是很難麼？」吳王不聽他的話。子胥後來出使到齊國去，便把他的兒子託鮑氏寄養，改姓叫王孫氏。艾陵的戰役既回來，吳王聞知這事，便差人賜他一把屬鏤的劍，叫他自殺。子胥將死的時候，吩咐說：「我死之後，我的坟上替我種棵櫝樹，等到櫝樹長大了，可以做材料用了，吳國便要亡了！從現在再過三年，吳國就要衰弱。盈滿極了，定要毀壞的，這是天然的道理。」

（六）經秋七月辛酉，滕子虞母卒①。

【今註】①此經無傳。

【今譯】秋天七月辛酉，滕子虞母死了。

（七）傳秋，季孫命修守備曰：「小勝大禍也，齊至無日矣。」

【今譯】秋天，季孫命修整守備說：「小國勝了大國，這就是禍害，齊國隨時可以來了。」

（八）經冬十有一月葬滕隱公①。

【今註】①此經無傳。

【今譯】冬天十一月，給滕隱公下葬。

（九）經衞世叔齊出奔宋。

傳冬，衞大叔疾①出奔宋。初，疾娶于宋子朝，其娣嬖②。子朝出③，孔文子使疾出其妻而妻之，疾使侍人誘其初妻之娣，寘於犂④，而爲之一宮如二妻。文子怒，欲攻之，仲尼止之，遂奪其妻。或淫于外州，外州人奪之軒以獻⑤，恥是二者，故出。衞人立遺，使室孔姞⑥。疾臣向魋⑦，納美珠焉，與之城鉏⑧。宋公求珠，魋不與，由是得罪。及桓氏出⑨，城鉏人攻大叔疾，衞莊公復之，使處巢⑩，死焉，殯於鄖⑪，葬於少禘⑫。初晉悼公子慭亡在衞，使其女僕而田，大叔懿子⑬止而飲之酒，遂聘之，生悼子⑭。悼子即位，故夏戊⑮爲大夫。悼子亡，衞人翦夏戊⑯。孔文子之將攻大叔也，訪於仲尼，仲尼曰：「胡簋⑰之事，則嘗學之矣，甲兵之事，未之聞也。」退，命駕而行，曰：「鳥則擇木，木豈能擇鳥？」文子遽止之曰：「圉豈敢度其私，訪衞國之難也。」將止，魯人以幣召之，乃歸。

【今註】①大叔疾：卽世叔齊。②其娣嬖：她陪嫁的女子很得他寵愛。③子朝出：子朝出奔。④犂：江永說：「在今山東范縣境。」⑤外州人奪之軒以獻：外州在今山東鄆城范縣間。外州人奪他的車獻給衞君。⑥立遺使室孔姞：立了疾的弟弟遺，叫他娶疾的夫人。⑦疾臣向魋：疾做宋國向魋的臣子。⑧城鉏：在今河北東明縣境。⑨桓氏出：在魯定公十四年。⑩巢：寰宇記說：「今河南睢縣西南二十里有巢亭。」⑪鄖：在今河南睢縣境。⑫少禘：在今河南睢縣境。⑬大叔懿子：大叔儀的孫子。⑭悼子：大叔疾。⑮夏戊：悼子的外甥。⑯衞人翦夏戊：衞人削翦夏戊的封爵同田地。⑰胡簋：是禮器，夏朝叫胡，周朝叫簋。

【今譯】冬天，衞大叔疾逃到宋國去。最初的時候，太叔疾娶了宋子朝的女兒爲妻，她從嫁的女子很得寵愛，後來子朝出奔了，孔圉使太叔疾跟他的妻子離婚，而把自己的女兒嫁給他，太叔疾使他的傭人引誘他最初的妻子的陪嫁女子住到犂這地方，給她蓋所房子，如兩個妻子一樣。孔圉發怒了，想着率領軍隊攻打他，孔子阻止他，就祇奪掉他的妻子。有時候在外州這地方淫亂，外州人奪掉他的車獻給衞君。太叔疾對這兩件事頗引爲羞辱，所以出奔。衞人就立了他弟弟遺，使孔圉的女兒孔姞給他的弟弟。他給向魋做臣子，送向魋美麗珍珠，向魋就把城鉏這地方給他。後來宋公也要求珍珠，向魋不給，因此就得罪了宋公。到了桓氏出奔，城鉏人攻擊太叔疾，衞莊公叫他回來，就叫他住到巢這地方，死在那裏，就在郥這地方出了殯，葬到少禘這地方。最初的時候，晉悼公的兒子憖逃亡在衞國，使他的女兒駕着車去打獵，太叔懿子叫他們停住，給他們酒喝，就聘了他的女兒爲妻，生下了太叔疾。太叔疾卽卿位以後，夏戊就做了大夫。太叔疾逃亡以後，衞人就削翦夏戊的封邑。孔圉從前想攻太叔疾時，曾訪問孔子，孔子說：「禮器的事情我嘗學過，打仗的事情我沒聽見說過。」出來，就命令駕車說：「鳥可以選擇樹木，樹豈能選擇鳥？」孔圉趕緊止住他說：「我圉豈敢問我的私事，是爲的訪問衞國的禍難。」孔子正要留在衞國，恰好魯國人用貨幣來請他回國，就回去了。

（十）

傳 季孫欲以田賦①，使冉有訪諸仲尼。仲尼曰：「丘不識也。」三發②，卒曰：「子爲國老，待子而行，若之何子之不言也？」仲尼不對，而私於冉有曰：「君子之行也，度於禮，施取其厚，事擧其中，斂從其薄，如是則以丘亦足矣。若不度於禮，而貪冒無厭，則雖以田賦，將又不足。且子季孫若欲行而法，則周公之典在，若欲苟而行，又何訪焉。」弗聽。

【今註】①田賦：田稅。②三發：三次發問。

【今譯】季孫肥想着根據田來上稅，派冉有去問孔子。孔子說：「我不知道。」三次發問，末了冉有就說：「你是國老，等着你來辦，爲什麼你不說話？」孔子不公開的回答，私下告訴冉有說：「君子的行使政權，按禮節來度量，施捨取他最厚的，事情擧行中間的，賦稅用最微薄的，如此講起來，就按着丘來上稅也可以夠了。要是不順着禮節，又貪圖無厭，雖然用着田畝來上稅，賦稅又將不足用。且你季孫若將行你的法度，周公的舊典已經存在，要想着苟且來做，又何必問呢？」不聽。

哀公十有二年（公元前四百八十三年）

（一）經 春，用田賦。

傳 春王正月，用田賦。

【今譯】十二年春王正月，使用田畝來上稅。

（二）經 夏五月甲辰孟子卒。

傳 夏五月，昭夫人孟子卒。昭公娶于吳，故不書姓。死不赴，故不稱夫人，不反哭，故不言葬小君。孔子與弔，適季氏，季氏不絻①，放絰②而拜。

【今註】①絻：喪禮的帽子。②絰：身上綑着麻。

【今譯】夏天五月，魯昭公的夫人孟子死了。昭公是娶自吳國，因爲魯國與吳國同姓，所以不寫姓。她死了以後，也不送訃告給各國，所以也不稱夫人，不反哭於寢，所以不說葬小君。孔子去弔喪，到了季孫氏，季孫氏不戴喪服的帽子，沒有穿麻衣就拜謝。

（三）經 公會吳于橐皋。

傳 公會吳于橐皋①，吳子使大宰嚭請尋盟②，公不欲，使子貢對曰：「盟所以周信也，故心以制之，玉帛以奉之，言以結之，明神以要之，寡君以爲苟有盟焉，弗可改也已。若猶可改，日盟何益？今吾子曰：『必尋盟。』若可尋也，亦可寒也。」乃不尋盟。

【今註】①橐臯：江南通志說：「在今安徽巢縣西北六十里，有柘臯鎭，一名會吳城。」②尋盟：重申鄫的盟誓。

【今譯】魯哀公到橐臯去跟吳王相會，吳王派太宰嚭請求重申鄫的盟誓，魯哀公不願意，叫子貢囘答說：「盟會爲的是堅固信用的，所以用心來制他的意義，用玉幣以奉明神，用言語以結他的信實，用明神來要求禍福，寡君以爲苟有盟誓，就不能改革了，要是倘可以改革，每天加盟又有什麼用處呢？現在你說『必定要重申盟誓，』若可以重申，也就可以取消了。」於是就不重申盟誓。

（四）

經 秋，公會衞侯、宋皇瑗于鄖。

傳 吳徵會于衞。初，衞人殺吳行人且姚而懼，謀於行人子羽①。子羽曰：「吳方無道，無乃辱吾君，不如止也。」子木②曰：「吳方無道，國無道必棄疾於人，吳雖無道，猶足以患衞。往也，長木之斃，無不摽也③，國狗之瘈，無不噬也④，而況大國乎？」秋，衞侯會吳于鄖⑤，公及衞侯、宋皇瑗盟，而卒辭吳盟。吳人藩衞侯之舍，子服景伯謂子貢曰：「夫諸侯之會，事旣畢矣，侯伯致禮，地主歸餼，以相辭也。今吳不行禮於衞，而藩其君舍以難之，子盍見大宰。」乃請束錦以行⑥，語及衞故。大宰嚭曰：「寡君願事衞君，衞君之來也緩，寡君懼，故將止之。」子貢曰：「衞君之來，必謀於其衆，其衆或欲或否，是以緩來。其欲來者，子之黨也。其不欲來者，子之讎也。若執衞君，是墮黨而崇讎也，夫墮子者得其志矣。且合諸侯而執衞君，誰敢不懼？墮黨崇讎而懼諸侯，或者難以霸乎？」大宰嚭說，乃舍衞侯。衞侯歸，效夷言，子之⑦尚幼，曰：「君必不免，其死於夷乎？執焉而又說其言，從之固矣。」

【今註】①子羽：衞大夫。②子木：衞大夫。③無不摽也：打擊沒有不着的。④國狗之瘈無不噬也：一國的狗發狂沒有不咬人的。⑤鄖：方輿紀要說：「今江蘇如皋東十里有立發霸，古發揚也，一名古鄖，一稱會盟原。」⑥請束錦以行：拿着錦爲的賄賂吳國。⑦子之：公孫彌牟。

【今譯】吳國到衞國去徵求開會。最早的時候，衞國人殺了吳國的行人且姚就害了怕，同衞大夫行人子羽商量。子羽說：「吳王方不講道理，你要去了，一定被羞辱，不如不去吧！」衞大夫子木就說：「吳國方不講道理，一個國家不講道理，必定把壞事擺到旁人身上，吳王雖沒有道理，尚可以爲衞國的禍患。去吧！長木頭的打人，無人不被他打，一國的狗要瘋了，沒有人不被他咬，何況吳國這個大國呢？」秋天，魯哀公同衞侯、宋皇瑗盟會，終究辭掉同吳國盟會。吳人把衞侯住的地方圍上藩籬，子服景伯對子貢說：「諸侯的會盟既然已經完了事，侯伯行禮節，地主人送生食物，以互相的辭讓。現在吳國不對衞國行禮，而把衞君的屋子圍上，使他困難，你何不往見太宰嚭呢？」子貢就請綑一束錦去，便中談到衞國。太宰嚭說：「寡君很願意事奉衞君，衞君來的太慢，寡君害了怕，所以想把逮起來。」子貢說：「衞君來的時候，必定跟他的衆人計謀，因爲有人贊成，有人反對，所以來的很緩慢。贊成來的人是你的黨羽。不贊成來的人是你的仇敵，你們若把衞君逮住，這使黨羽墮了，而使仇人高興。反對你們的就得意了。並且集合諸侯，而把衞君逮起了，誰能夠不害怕呢？毁了你的同黨使仇人高興，再加上諸侯害怕，這恐怕很難以稱霸王了。」太宰嚭聽這話高興了，就放了衞侯。衞侯回到國裏，常效法吳國的方言，公孫彌牟當時還小，他就說：「君必不免於禍難，或者要死於夷這地方？被夷把他逮捕了，而又喜歡他的方言，終必要死在夷了。」

（五）

經 冬十有二月螽。

傳 冬十二月螽，季孫問諸仲尼，仲尼曰：「丘聞之，火伏而後蟄者畢，今火猶西流，司麻過也①。」

【今註】①司麻過也：這是管麻官的過錯。

【今譯】冬天十二月，魯國有蝗蟲，季孫肥問孔子，孔子回答道：「我聽見說，心星不見了，飛蟲全不飛了。現在心星尚且出現，這是管麻法的官失掉了一個閏月的過錯。

（六）

經 宋向巢帥師伐鄭。

傳 宋鄭之間有隙地焉，曰彌作①，頃丘②，玉暢③，嵒④，戈⑤，錫⑥，子產與宋人爲成曰：「勿有是。」及宋平元之族自蕭奔鄭⑦，鄭人爲之城嵒，戈、錫，九月，宋向巢伐鄭，取錫，殺元公之孫，遂圍嵒。十二月，鄭罕達救嵒。丙申圍宋師。

【今註】①彌作：應在今河南陳留杞縣太康縣境。②頃邱：即陳留之老邱。③玉暢：即陳留之斗城。④嵒：音岩。在通許。⑤戈：近河南杞縣。⑥錫：在封丘之黃池。⑦宋平元之族自蕭奔鄭：在魯定十五年。

【今譯】宋國同鄭國的中間有一塊空地，叫做彌作、頃丘、玉暢、嵒、戈、錫，子產跟宋人訂條約說：「誰也不要有這塊地方。」等到宋平公元公的族人自從蕭逃到鄭國去，鄭國人給他修築嵒、戈、同錫三個城。九月，宋國向巢率領軍隊伐鄭國，佔據錫，殺了元公的孫子，就圍了嵒這個城。十二月，鄭國罕達去救故嵒。丙申，圍了宋國的軍隊。

哀公十有三年（公元前四百八十二年）

（一）經春，鄭罕達帥師取宋師于嵒。

傳春宋向魋救其師①，鄭子賸使徇曰：「得桓魋者有賞。」魋也逃歸，遂取宋師于嵒，獲成讙，郜延②，以六邑爲虛。

【今註】①救其師：救去年宋國圍嵒的軍隊。　②成讙、郜延：二人都是宋大夫。

【今譯】十三年春天，宋桓魋救他的軍隊，鄭國罕達叫他鄭國軍隊說：「要得到宋國桓魋的人就有賞賜。」向魋聽到這話就逃回去了，鄭國就取了圍嵒的宋國軍隊，捕獲了宋大夫成讙同郜延，又把六個城成了空隙之地。

（二）經夏許男成卒①。

【今註】①此經無傳。

【今譯】夏天許男成死了。

（三）經公會晉侯及吳子于黃池。

傳夏，公會單平公①，晉定公，吳夫差于黃池②。

【今註】①單平公：周卿士。　②黃池：寰宇記說：「黃池在今河南封邱縣西南七里，東西廣三里。」

【今譯】　夏天，魯哀公會了周王卿士單平公、同晉定公、吳王夫差到黃池這地方。

(四)
傳 六月丙子，越子伐吳，爲二隧①，疇無餘謳陽②自南方，先及郊，吳大子友，王子地，王孫彌庸，壽於姚自泓③上觀之，彌庸見姑蔑④之旗，曰：「吾父之旗也，不可以見讎而弗殺也！」大子曰：「戰而不克，將亡國，請待之。」彌庸不可，屬徒五千，王子地助之。乙酉戰，彌庸獲疇無餘，地獲謳陽。越子至，王子地守。丙戌，復戰，大敗吳師，獲大子友，王孫彌庸，壽於姚。丁亥入吳。吳人告敗于王，王惡其聞也⑤，自剄七人於幕下。

【今註】　①隧：卽道。　②疇無餘、謳陽：二人是越大夫。　③泓：在今江蘇吳縣東南五里。　④姑蔑：一統志說：「姑蔑故城，在今浙江龍游縣北，今人呼爲寺城麓。」　⑤王惡其聞也：吳王很怕旁的諸侯們聽見。

【今譯】　六月丙子，越王勾踐伐吳國，分成兩路，越大夫疇無餘同謳陽從南方，先到了吳國都城的郊外，吳國的太子友、王子地、王孫彌庸同壽於姚在泓水上觀看越國的軍隊，彌庸看見姑蔑的旗幟就說：「這是我父親的旗幟，不可以看見仇人而不殺他們。」太子友說：「要打仗而不能夠戰勝就要亡了國家，請等待着再說吧！」彌庸不肯，他就會合他的黨徒五千人，王子地幫助他。乙酉打仗，王孫彌庸逮獲疇無餘，王子地捕獲謳陽。後來越王勾踐率領軍隊來了，吳國的王子地採取守勢。丙戌再打仗，越國大打敗吳國軍隊，捕獲了太子友，王孫彌庸、壽於姚。丁亥，越國軍隊進入吳國都城。吳國人派人到黃池去告訴吳王打敗了仗，吳王恐怕諸侯們聽見了，自己動手把他幕下的七個人全殺了。

（五）經 楚公子申帥師伐陳①。

【今註】①此經無傳。

【今譯】楚國公子申率領軍隊討伐陳國。

（六）經 於越入吳。

【今譯】越王侵入吳國。

（七）經 葬許元公①。

【今註】①此經無傳。

【今譯】給許元公行葬禮。

（八）傳 秋七月辛丑盟，吳晉爭先。吳人曰：「於周室我爲長。」晉人曰：「於姬姓我爲伯。」趙鞅呼司馬寅①曰：「日旰矣②，大事未成，二臣③之罪也。建鼓整列，二臣死之，長幼必可知也。」對曰：「請姑視之。」反曰：「肉食者無墨④，今吳王有墨，國勝乎⑤？大子死乎？且夷德輕，不忍久，請少待之。」乃先晉人。吳人將以公見晉侯，子服景伯對使者曰：「王合諸侯則伯帥侯牧以見於王，伯合諸侯則侯帥子男以見於伯，自王以下，朝聘玉帛不同，故敝邑之職貢於吳有豐，於晉無不及焉，以爲伯也。今諸侯會而君將以寡君見晉君，則晉成伯矣。敝邑將改職貢，魯賦於吳八百乘，若爲子男則將半邾以屬吳⑥，而如邾以事晉⑦。且執事以伯召諸侯，而以侯終之，何利之有焉？」吳人乃止。既而悔之，將囚景伯，伯曰：「何⑧也立後於魯矣。將以二乘。與六人從，遲速唯命。」遂囚以還，及戶牖⑨，謂太宰曰：「魯將以十月上辛有事於上帝先王，季辛而畢，何世有職焉，自襄以來未之改也。若不會，祝宗將曰：『吳實然。』」且謂：「魯不共，而執其賤者七人，何損焉？」大宰嚭言於王曰：「無損於魯，而祇爲名⑩，不如歸之。」乃歸景伯。吳申叔儀⑪乞糧於公孫有山氏⑫曰：「佩玉縈兮，余無所繫之⑬，旨酒一盛兮，余與褐之父睨之⑭。」對曰：「粱則無矣，麤則有之，若登首山以呼曰：『庚癸乎⑮？』則諾。」王欲伐宋，殺其丈夫而囚其婦人。大宰嚭曰：「可勝也，而弗能居也。」乃歸。冬，吳及越平。

【今註】①司馬寅：晉大夫。②日旰矣：時間已經很晚了。③二臣：指趙鞅同司馬寅。④肉食者無墨：肉食的沒有黑氣。⑤國勝乎：吳國爲敵人所戰勝嗎？⑥將半邾以屬於吳：將三百乘歸屬於吳國。⑦如邾以事晉：如邾等於六百乘以事奉晉國。⑧何：景伯的名字。⑨戶牖：一統志說：「東昏故城，在今河南蘭封縣東北二十里，古戶牖鄉，漢東昏縣。」⑩祇爲名：祇能得到惡名。⑪申叔儀：吳大夫。⑫公孫有山氏：魯大夫。⑬佩玉縈兮，余無所繫之：佩玉很多，我沒有可繫之玉。⑭旨酒一盛兮，余與褐之父睨之：很好的旨酒有一滿器，我祇能跟貧賤的人一同來看。⑮庚癸乎：庚在西方，保持穀物，癸在北方保持水。意思是說吳王不能同大家共饑渴。

【今譯】秋天七月，辛丑那天，魯哀公會同晉侯、吳王盟於黃池，吳晉兩國爭先歃血。吳人說：「在周室中，我是太伯之後，應該是長。」晉人說：「在姬姓諸侯中，我是諸侯的伯。」晉大夫趙鞅喊司馬寅說：「日晚了，大事還沒有成功，是我二臣的罪。我們只要建立了旗鼓，整齊了行列，決一死戰，誰長誰幼，就可有分曉的了。」司馬寅回答說：「請你姑且去看看情形。」趙鞅回來說：「有爵祿的人，不會有晦色氣的。如今吳王有了晦色氣，難道他本國給敵人勝了麼？還是太子死了麼？並且夷狄是輕佻不能耐久的，請略等一刻兒，不要和他爭。」吳國便先着晉人歃血。吳人將要同魯哀公去見晉侯，子服景伯對使臣說：「如果天王會合諸侯，那末伯率了諸侯牧伯去見王，如果伯會合諸侯，那末諸侯率了子男去見伯。自從天王以下，朝聘時的玉帛，各人不同的，所以敝邑的貢給你吳國，比晉國豐富得多，沒有不及他的地方，以爲你是伯啦！現在諸侯會合，你君倒要同我寡君去見晉君，那末倒是晉國成了伯了，我敝邑將要改變貢品。魯國給你吳八百乘的貢。若變了子男，便只須三百乘給你吳國。却要拿六百乘事晉國了。並且你們執事用伯來號召諸侯，却拿侯終局，有什麼利益呢？」吳人便停止。後來却又惱悔了，將要拘囚景伯。景伯說：「我何已立了後代在魯國了，將要拿兩乘車子和六個人跟你去，遲早聽悉你的吩咐！」便囚了他回去，到戶牖地方，景伯又對太宰嚭說：「魯國將在十月上辛那天，祭祀上帝先王，到了第三個辛日纔完。我何世代有職分在祭事上的，自從襄公以來，一直不曾改換過，如果不去會祭，祝宗將要告訴神明說：『景伯的不來，實在是吳國囚去的原故。』」又說：「魯國不恭敬，却只拘執他的賤大夫七人，有什麼損害呢？」太宰嚭便對吳王說：「對於魯國並沒有損害，却恰正成了惡名聲，不如使景伯回去罷！」就使景伯回去。吳大夫申叔儀乞糧於公孫有山氏說：「我王服飾很盛，我却沒有所繫，好的酒一杯，我和穿短衣的賤人，只是看看，沒得喝的。」有山氏回答說：「精美的却沒有了，粗糙的還有呢？你只要登首山上叫說：『庚癸啊！』便可答應你了！」吳王又要去伐宋國，想殺死他的丈夫，囚住他的婦人，太宰嚭說：「勝是自然可以勝的，却是不能留守的。」吳兵便回去。冬天，吳人就和越人講和。

（九）

經 九月螽①。

【今註】 ①此經無傳。

【今譯】 九月魯國有蝗蟲。

(十) 經 冬十有一月有星孛于東方①。

【今註】 ①此經無傳。

【今譯】 冬天十一月有彗星在東方。

(十一) 經 盜殺陳夏區夫①。

【今註】 ①此經無傳。

【今譯】 强盜殺了陳國的夏區夫。

(十二) 經 十有二月螽①。

【今註】 ①此經無傳。

【今譯】 十二月魯國有蝗蟲。

卷三十一　哀公下

哀公十有四年（公元前四百八十一年）

（一）

經春，西狩獲麟。

傳春，西狩於大野①，叔孫氏之車子鉏商獲麟②，以爲不祥，以賜虞人③，仲尼觀之曰：「麟也！」然後取之。

【今註】①大野：杜注說：「在高平鉅野縣東北大澤是也」。②車子鉏商獲麟：車子是不大的官吏，叫鉏商，得到一個麒麟。③虞人：管山林川澤的官。

【今譯】十四年春天，在魯國西方大野打獵，叔孫氏屬下的車子鉏商捕獲一個麒麟，以爲很不祥瑞，就賞給管山澤的官吏虞人。後來孔子看見了就說：「這是麒麟。」然後就把他留下了。

（二）

經小邾射以句繹來奔。

傳小邾射以句繹來奔①，曰：「使季路要我，吾無盟矣。」使子路，子路辭。季康子使冉有謂之曰：「千乘之國，不信其盟，而信子之言，子何辱焉？」對曰：「魯有事于小邾，不敢問故，死其城下可也。彼不臣而濟其言，是義之也②，由弗能。」

【今註】①小邾射以句繹來奔：句繹在今山東繹縣東南。小邾射是小邾的大夫。　②彼不臣而濟其言，是義之也：他不守臣道，而我贊成他的話，這是表示我以他爲義。

【今譯】小邾的大夫叫射的，拿着句繹這地方逃到魯國來。他說：「要使子路來同我相誓，我就無須同魯國盟誓了。」就派子路去，子路辭謝。季孫肥叫冉有對他說：「千乘的國家，不信他的盟誓，而信你的一句話，你何必不去呢？」回答說：「魯國若對小邾有戰事，我不必問他是什麼原故，我就可以在小邾的城下戰死。他不守臣道，而我贊成他的話，是以他爲義舉，我仲由不能做這件事。」

（三）

經 夏四月齊陳恒執其君寘于舒州。

傳 齊簡公①之在魯也，闞止有寵焉，及即位，使爲政，陳成子②憚之，驟顧諸朝。諸御鞅③言於公，曰：「陳闞不可並也，君其擇焉④。」弗聽。子我夕，陳逆⑤殺人逢之，遂執以入⑥。陳氏方睦，使疾而遺之潘沐，備酒肉焉⑦，饗守囚者醉而殺之，而逃。子我盟諸陳於陳宗⑧。初，陳豹⑨欲爲子我臣，使公孫言己⑩，已有喪而止，既而言之曰：「有陳豹者，長而上僂⑪，望視⑫，事君子必得志。欲爲子臣，吾憚其爲人也，故緩以告。」子我曰：「何害，是其在我也。」使爲臣，他日與之言政，說，遂有寵，謂之曰：「我盡逐陳氏而立女，若何？」對曰：「我遠於陳氏矣！且其違者不過數人，何盡逐焉？」遂告陳氏。子行曰：「彼得君，弗先，必禍子。」子行舍於公宮⑬。夏五月壬申，成子兄弟四乘如公⑭，子我在幄，出逆之，遂入閉門。侍人⑮禦之，子行殺侍人。公與婦人飲酒于檀臺⑯，成子遷諸寢，公執戈將擊之。大史子餘曰：「非不利也，將除害也。」成子出舍于庫，聞公猶怒，將出，曰：「何所無君？」子行抽劍曰：「需事之賊也，誰非陳宗⑰？所不殺子者，有如陳宗。」乃止。子我歸，屬徒攻闈與大門，皆不勝，乃出。陳氏追之，失道於弇中⑱，適豐丘⑲，豐丘人執之以告，殺諸郭關⑳。成子將殺大陸子方㉑，陳逆請而免之。以公命取車於道，及耏㉒衆，知而東之，出雍門㉓陳豹與之車，弗受曰：「逆為余請，豹與余車，余有私焉。事子我而有私於其讎，何以見魯衞之士？」東郭賈㉔奔衞。庚辰，陳恒執公于舒州。公曰：「吾早從鞅之言不及此！」

【今註】①齊簡公：悼公的兒子壬。②陳成子：陳常。③諸御鞅：齊大夫。④君其擇焉：你祇能選擇用一個人。⑤陳逆：即子行。⑥遂執以入：把他逮起來送到朝庭上。⑦使疾而遺之潘沐，備酒肉焉：叫他裝着有病給他送去米汁加上酒肉。米汁是為的洗頭用的。⑧子我盟諸陳於陳宗：闞止就與諸陳氏，在陳氏家廟中盟誓。⑨陳豹：陳氏的族人。⑩使公孫言己：使公孫介紹他給闞止。⑪長而上僂：人很高，背稍為駝。⑫望視：眼睛往上看。⑬子行舍於公宮：子行先逃到陳氏，現在又逃往齊君的宮中。⑭四乘如公：成子的兄弟，昭子莊、簡子齒、宣子夷、穆子安、廩丘子、意茲子、芒盈、惠子得，一共八個人，兩個人一輛車，一共四輛。⑮侍人：子我的侍人。⑯檀臺：山東通志說：「在臨淄縣東一里。」⑰誰非陳宗：意思說陳氏宗族甚多。⑱弇中：在山東省博山縣境。⑲豐丘：一統志說：「益都臨朐界上有逢山，亦逢伯之國。」案逢與豐古音相近，疑即豐丘。⑳郭關：齊郭門。㉑大陸子方：是闞止的家臣。㉒耏：在今山東臨淄縣西南二十五里。㉓雍門：齊都城城門。㉔東郭賈：即大陸子方。

【今譯】齊簡公在魯國的時候，闞止很得到寵愛，等到他即了君位以後，就叫他管理政權，陳常對他掌政權很害怕，在朝上屢次看視他。齊大夫諸御鞅對齊簡公說：「陳同闞兩個人，不可以並立，你祇能選用其中的一個人。」齊簡公不聽。一天晚上，闞止正在朝上看文件，正碰見陳逆殺了人，就把陳逆逮起來，一直到了朝庭上面。陳氏族裏很和睦，就使陳逆裝着有病，使人給他送去洗頭用的東西，裏邊加上酒同肉，就給看守囚犯的人吃飯，使他喝醉把他殺掉，陳逆就逃走了。闞止知道了，怕陳氏族反叛，就同他們盟誓了。最早的時候，陳氏族中有一個人叫陳豹，想做闞止的臣屬，使公孫去介紹，後來因為公孫有了喪事就停止了。除了喪以後，就告訴闞止說：「有一個叫陳豹的人，身子很高，肩背彎曲，瞪着眼從上面看，事奉君子，必定能夠得到君子的意志，他想做你的臣屬，但是我很怕他為人多奸詐，所以遲到現在才告訴你。」闞止說：「這不要緊，這祇在我的測量。」就叫他做了臣，後來又跟他談政事，很高興，就得到寵愛。闞止對他說：「我把陳氏族人全驅逐掉而立了你，怎麼樣呢？」他回答說：「我對陳氏很疏遠，並且不聽從你的，祇有幾個人，何必把他們全驅逐呢？」就告訴了陳逆。陳逆說：「他很能得到君心，你仍要不先做，必定禍連到你身上。」陳逆就搬到宮裏住。夏天五月壬申，陳常的弟兄一共八人，坐了四輛車到簡公那裡去，闞止正在聽政的帷帳中，出來迎接，陳常進去以後，就關上了宮門。闞止的侍人抵抗了，陳常就把侍人殺掉。簡公同女人在檀臺上飲酒，陳常把簡公遷到正寢裡，簡公拿着槍將打他。太史子餘說：「不是為的對公不利，而是將為你除去禍害。」陳常出來住到庫中，聽見簡公仍舊生氣，就要逃亡，說：「什麼地方沒有君呢？」陳逆抽出寶劍來說：「需疑只會壞事。陳氏宗族衆多？你要逃亡，我必定將你殺掉，我可以用陳氏宗族來起誓。」陳常就不逃了。闞止回來，把他屬的軍隊全叫來，攻宮中的小門同大門，都不勝利，就逃走了。陳氏們追他，他在狹道中失迷了，到了豐丘，豐丘人把他逮住了，告訴陳氏，就把他殺在郭關。陳常將殺大陸子方，陳逆替他請求赦免了他。假託簡公的命令，在道上取車輛，到了耏這地方，大家全知道，就叫他往東邊去，剛出齊國都城雍門的時候，陳豹給他車輛，他不接受，說：「陳逆給我請求赦免，陳豹又給我車，我似乎跟他們有私人的關係，我事奉闞止，而與他的仇人有私交，怎麼樣能見魯衛的士人呢？」大陸子方就逃到衛國去。庚辰這天，陳桓把齊簡公在舒州這地方逮起來。簡公說：「我很後悔不聽諸御鞅的話，不然不會到這步田地。」

（四）經 庚戌叔還卒①。

【今註】①此經無傳。

【今譯】庚戌魯國的叔還死了。

（五）經 五月庚申朔，日有食之①。

【今註】①此經無傳。

【今譯】五月庚申朔，魯國有日食。

（六）經 陳宗豎出奔楚①。

【今註】①此經無傳。

【今譯】陳國的宗豎逃到楚國去。

（七）經 宋向魋入于曹以叛。

（八）經 莒子狂卒①。

【今註】①此經無傳。

【今譯】莒子狂死了。

（九）經 六月宋向魋自曹出奔衞，宋向巢來奔。

(九)(七)

傳宋桓魋之寵害於公，公使夫人①驟請享焉，而將討之。未及，魋先謀公，請以鞌易薄②。公曰：「不可，薄宗邑也③。」乃益鞌七邑，而請享公焉。以日中爲期，家備盡往④。公知之，告皇野⑤曰：「余長魋也，今將禍余，請即救。」司馬子仲曰：「有臣不順，神之所惡也，而況人乎？敢不承命，不得左師⑥不可，請以君命召之。」左師每食擊鍾，聞鍾聲，公曰：「夫子將食。」既食又奏，公曰：「可矣。」以乘車往曰：「迹人⑦來告曰：逢澤⑧有介麇焉。公曰：『雖魋未來，得左師吾與之田，若何？』君憚告子，野曰嘗私焉，君欲速，故以乘車逆子。」與之乘，至，公告之故，拜不能起。司馬曰：「君與之言⑨。」公曰：「所難子者，上有天，下有先君！」對曰：「魋之不共，宋之禍也，敢不唯命是聽。」司馬請瑞⑩焉，以命其徒攻桓氏⑪，其父兄故臣曰：「不可。」其新臣曰：「從吾君之命。」遂攻之。子頎⑫騁而告桓司馬，司馬欲入，子車⑬止之曰：「不能事君，而又伐國，民不與也，祇取死焉。」向魋遂入于曹⑭以叛。六月，使左師巢伐之，欲質大夫以入焉⑮，不能，亦入于曹取質⑯。魋曰：「不可，既不能事君，又得罪于民，將若之何？」乃舍之，民遂叛之。向魋奔衞，向巢來奔。宋公使止之曰：「寡人與子有言矣，不可以絕向氏之祀。」辭曰：「臣之罪大，盡滅桓氏可也。若以先臣之故，而使有後，君之惠也，若臣則不可以入矣。」

」司馬牛⑰致其邑與珪焉而適齊。向魋出於衞地，公文氏⑱攻之，求夏后氏之璜焉，與之他玉而奔齊。陳成子使爲次卿，司馬牛又致其邑焉，而適吳，吳人惡之而反。趙簡子召之，陳成子亦召之，卒於魯郭門之外，阬氏⑲葬諸丘輿⑳。

【今註】①夫人：指景公的母親。②請以鞌易薄：鞌是向魋的封邑。方輿紀要說：「薄在今河南商邱縣西北，山東曹縣東南二十里，亦稱北亳，鞌在北亳之西。」③薄宗邑也：薄是宗廟所在地。④家備盡往：家中所有的軍隊全帶去。⑤皇野：即司馬子仲。⑥左師：向魋的哥哥向巢。⑦迹人：看禽獸脚印的人。⑧逢澤：正義說：「宋都之旁，別有近地名逢澤。」⑨君與之言：你可以跟他來起誓。⑩瑞：起兵的節瑞。⑪桓氏：就是向魋。⑫子頎：向魋的弟弟。⑬子車：向魋的弟弟。⑭曹：在今山東定陶縣。哀公八年宋國滅曹，變成宋邑。⑮欲質大夫以入焉：想得到國內的大夫做人質就可以回國。⑯不能亦入于曹取質：不能以大夫爲質，就將曹人的子弟爲人質。⑰司馬牛：向魋的弟弟，孔子的弟子。⑱公文氏：衞大夫。⑲阬氏：魯國人。⑳丘輿：一統志說：「一作輿城，在今山東費縣西，有司馬牛墓，在南城山。」

【今譯】宋國桓魋的寵愛，有害於宋公，宋景公使他的母親屢次的享宴桓魋，而想討伐他。尚沒能發作，桓魋先計謀宋景公，請拿自己的封邑鞌來換薄。景公說：「不可以，薄是宗廟所在的地方。」就爲鞌加了七個邑，桓魋假裝高興，就請宴享宋公。定規在中午，把家裡的甲兵全都帶去。宋景公也知道了，告訴皇野說：「我自從桓魋小的時候，就養育他，而現在他想加禍於我，請你趕緊救我。」皇野說：「有臣不順從，這是神也慣怒，何況人呢？敢不接受你的命令，但是若不得到桓魋的哥哥向巢是沒有辦法的，請用君的命令叫他來。」向巢每吃飯的時候必定敲鐘，聽見敲鐘的聲音，宋景公就說：「他將吃飯了。」既吃完飯又奏樂，景公就說：「可以去了。」皇野坐着車去說：「管禽獸痕跡的人來告訴說，逢澤有一個大的麋鹿出現。宋公說：『雖然桓魋沒來，得到向巢同我去打獵，怎麼樣呢？』君不敢告訴你，我就說我去試一試，君很想快辦，所以拿他坐的車來迎接你。」同向巢坐車一同來到宋景公那裡，景公告訴他原因，叩頭不能起來。皇野說：「君可以跟他立誓。」宋景公就說：「假設有人對你爲難的，上邊有青天，下邊有先君。」向巢回答說：「魋的不恭敬，是宋國的禍難，我敢不聽從你的命令。」皇野請求出軍隊的符瑞，來命令他的黨徒攻打桓氏，他的舊臣說：「不可以。」他的新臣就說：「遵從我們君的命令。」就攻打了桓氏。桓魋的弟弟子頎跑着馬去告訴桓魋，桓魋想攻宋景公，他的另一個弟弟子車阻止他說：「不能夠事奉君，而又要攻打國家，人民是不贊成的，這祇能得到死。」桓魋就進入舊曹都來反叛了。六月，使向巢來伐他，向巢不能夠戰勝，想着要求大夫做人質然後回國，但是大夫不答應，他也進了曹的舊都城，想叫曹人的子弟來做人質。桓魋說：「不可以，既然不能事奉君，又得罪了人民，那將來怎麼辦呢？」就不要了巢人的子弟，巢人就對他反叛了，桓魋逃到衞國，向巢逃到魯國來。宋景公派人去攔住他說：「寡人跟你已經有了盟誓，不可以絕滅向氏的祭祀。」他辭謝說：「臣的罪過很大，盡滅了桓氏也可以。要是因爲先臣的原故，而使在宋國有後人，這是君的恩惠，至於我本人就不可以再回宋國了。」桓魋的弟弟司馬牛，交回他的封邑同封邑的符信，而逃到齊國。向魋經過衞國，衞大夫公文氏來攻打他，要求夏后氏的璜，向魋就給了他旁的玉就逃到齊國去。陳恒使他做次級卿，他弟弟司馬牛又還了他的封邑，而逃到吳國，吳人不高興他，他就回來了。趙鞅叫他，陳恒也叫他，他就死在魯國郭門的外頭，魯國人阬氏把他葬在丘輿這地方。

（十）

經 齊人弑其君壬于舒州。

傳 甲午，齊陳恒弑其君壬于舒州。孔丘三日齊①，而請伐齊三。公曰：「魯爲齊弱久矣，子之伐之，將若之何？」對曰：「陳恒弑其君，民之不與者半，以魯之衆，加齊之半，可克也。」公曰：「子告季孫。」孔子辭，退而告人曰：「吾以從大夫之後也，故不敢不言。」

【今註】①齊：齊音（ㄗㄞ），音義等於齋。

【今譯】甲午，齊陳恒在舒州弑了他的君齊簡公。孔子三天齋戒，而三次請討伐齊國。魯哀公說：「魯國為齊國久已打敗過，你要去討伐他，將怎麼辦呢？」回答說：「陳恒弑了他的君，齊國人民不贊成他的有一半，用魯國的衆軍隊，加上齊國的一半可以打勝他。」魯哀公說：「你去告訴季孫吧！」孔子辭謝不告。孔子退下來就告訴旁人說：「因為我曾經做過大夫，不敢不告訴」。

(十一)

經 秋，晉趙鞅帥師伐衞①。

【今註】①此經無傳。

【今譯】秋天，晉國趙鞅率領軍隊討伐衞國。

(十二)

經 八月辛丑仲孫何忌卒。

傳 初，孟孺子洩①將圉馬於成，成宰公孫宿不受，曰：「孟孫為成之病②，不圉馬焉。」孺子怒，襲成，從者不得入，乃反。成有司使，孺子鞭之③。秋八月辛丑，孟懿子卒，成人奔喪，弗內，袒免哭于衢，聽共，弗許④，懼不歸⑤。

【今註】①孟孺子洩：仲孫何忌的兒子孟武伯。②孟孫為成之病：孟孫因為成的人民很貧苦。③成有司使孺子鞭之：成的官吏派使人來，孟武伯拿鞭子打他。④聽共弗許：听侯供給使喚，不答應。⑤懼不歸：恐怕不能返成邑去。

【今譯】最初的時候，孟孫洩將在他的封邑成去養馬，成宰公孫宿不接受，說：「孟孫因為成的人民很貧困，所以不在這裡養馬。」孟孫洩發怒，攻打成邑，跟從的人不能進去，就回來了。成的官吏派人來，孟孫洩拿鞭子打打。秋天八月辛丑，仲孫何忌死了，成人來奔喪，季孫氏不讓他們進來，成人袒露左臂脫去帽子在大街上哭泣，請聽侯使喚，季孫氏也不答應，成人害怕，也不敢回成邑去了。

(十三) 經 冬陳宗豎自楚復入于陳，陳人殺之①。

【今註】①此經無傳。

【今譯】冬天，陳國宗豎從楚國到陳國，陳人把他殺了。

(十四) 經 陳轅買出奔楚①。

【今註】①此經無傳。

【今譯】陳國轅買逃奔楚國。

(十五) 經 有星孛①。

【今註】①此經無傳。

【今譯】魯國有彗星出現。

(十六) 經 飢①。

【今註】①此經無傳。

【今譯】魯國鬧飢荒。

哀公十有五年（公元前四百八十年）

(一)經春王正月成叛。

傳春成叛于齊，武伯伐成，不克，遂城輸①。

【今註】①輸：續山東考古錄說：「當在今山東寧陽縣境」。

【今譯】十五年春，成反叛魯國，歸到齊國去了，孟孫洩討伐成，不能成功。就給輸修築城。

(二)經夏五月，齊高無丕出奔北燕①。

【今註】①此經無傳。

【今譯】夏天五月，齊國高無丕逃奔北燕。

(三)傳夏，楚子西子期伐吳，及桐汭①，陳侯使公孫貞子②弔焉，及良③而卒，將以尸入④。吳子使大宰嚭勞且辭曰：「以水潦之不時，無乃廩然隕大夫之尸⑤，以重寡君之憂，寡君敢辭。」上介芊尹蓋⑥對曰：「寡君聞楚爲不道，荐伐⑦吳國，滅厥民人，寡君使蓋備使弔君之下吏。無祿，使人逢天之慼，大命隕隊，絕世于良，廢日共積，一日遷次⑧，今君命逆使人曰：『無以尸造于門。』是我寡君之命委于草莽也。且臣聞之曰事死如事生，禮也。於是乎有朝聘而終以尸將事之禮，又有朝聘而遭喪之禮。若不以尸將命，是遭喪而還也，無乃不可乎？以禮防民，猶或踰之，今大夫曰：『死而棄之。』是棄禮也，其何以爲諸侯主？先民有言曰：『無穢虐士⑨。』備使奉尸將命，苟我寡君之命達于君所，雖隕于深淵，則天命也，非君與涉人之過也。」吳人內之。

【今註】①桐汭：一統志說：「桐汭水在安徽廣德縣西二十五里之白石山，西北流經建平（郎溪）高淳入丹陽湖，分由蕪湖及當塗入江。」②公孫貞子：陳大夫。③良：案良城在今江蘇省邳縣境。④將以尸入：朝聘禮的規矩，若去聘的人死了，就把他斂入棺材，到聘問的國家朝庭上，由副使發表他聘問的命令。⑤無乃廩然隕大夫之尸：有時搖動損壞大夫的尸首。⑥芋尹蓋：是副使。⑦荐伐：重新討伐。⑧一日遷次：每天搬了一次住所，表示不敢延誤君的命令。⑨無穢虐士：不要以死的人爲不乾淨。

【今譯】夏天，楚國子西、子期討伐吳國一直到桐汭。陳侯使大夫公孫貞子去弔問吳國，到了良這地方就死了，將拿他的棺材進到吳的朝庭。吳王使太宰嚭去勞問，並且辭謝說：「因爲水潦不按時候，可以損傷大夫的屍體，以加重寡君的憂慮，寡君敢辭謝。」陳國的上副使芋尹蓋回答說：「寡君聽說楚國不合道理，屢次的討伐吳國，殺害吳國的人民，寡君使蓋做副使，來弔你君下邊的官吏。正使沒有福祿，使人逢天的惱怒，大命墜下，在良這地方死了，廢了行路的日期，共積殯斂的用途，每天搬換一個地方，現在你命使人說：『不要把棺材擡到我們門口。』是我寡君的命令委墜到草莽裡頭。並且我聽見說過事奉死人跟對活人一樣。於是有朝聘而以棺材行事的禮節。又有朝聘而遇見喪事的禮節。要不以棺材行命令，就是遇見喪事而回國去，這是不可以的吧？用禮節來防治人民，尙且有踰越禮節的，現在大夫說：『死了就棄掉。』這是拋棄禮節的，這怎麼樣能做諸侯的盟主？先民有句話說：『不要以爲死人不乾淨。』我敢奉着尸首行使命令，假設我們陳君的命令能達到你吳君所在，雖然掉到深淵裏，也是天命，不是你吳君同舟人的過錯。」吳國人就接受了他。

（四）

經 鄭伯伐宋①。

（五）經秋，八月大雩①。

【今註】①此經無傳。

【今譯】鄭伯討伐宋國。

（五）經秋，八月大雩①。

【今註】①此經無傳。

【今譯】秋天八月，魯國行求雨的典禮。

（六）傳秋，齊陳瓘①如楚，過衞，仲由見之曰：「天或者以陳氏爲斧斤，既斲喪公室而他人有之，不可知也。其使終饗之，亦不可知也。若善魯以待時，不亦可乎？何必惡焉？」子玉曰：「然吾受命矣，子使告我弟②。」

【今註】①陳瓘：陳恒的哥哥子玉。②子使告我弟：你可以派人告訴我的弟弟，卽陳恒。

【今譯】秋天，齊國陳恒的哥哥陳瓘到楚國的時候，經過衞國，子路看見他說：「上天或者拿陳氏做斧斤，既毀掉齊國公室，又由旁人佔有了，這也是不可知道的，或者使陳氏終究享受他，也是不可知道的。假設對魯國很親善，以等待這種種的變化，不也可以嗎？何必對魯國壞呢？」陳瓘說：「但是我已經接受命令，你派人告訴我弟弟好了。」

（七）經晉趙鞅帥師伐衞①。

【今註】①此經無傳。

【今譯】晉國趙鞅率領軍隊討伐衞國。

（八）經冬，晉侯伐鄭①。

【今註】①此經無傳。

【今譯】冬天，晋侯討伐鄭國。

（九）

經　及齊平。

傳　冬，及齊平，子服景伯如齊，子贛爲介，見公孫成①曰：「人皆臣人而有背人之心，況齊人雖爲子役，其有不貳乎②？子，周公之孫也，多饗大利，猶思不義，利不可得，而喪宗國，將焉用之？」成曰：「善哉，吾不早聞命！」陳成子館客③，曰：「寡君使恒告曰：『寡君願事君如事衞君。』」景伯揖子贛而進之，對曰：「寡君之願也，昔晋人伐衞，齊爲衞故伐晋冠氏，喪車五百，因與衞地，自濟以西，禚、媚、杏以南，書社五百，吳人加敝邑以亂，齊因其病，取讙與闡。寡君是以寒心。若得視衞君之事君也，則固所願也。」成子病之，乃歸成，公孫宿以其兵甲入于嬴④。

【今註】①公孫成：成宰公孫宿。②其有不貳乎：齊國也可以對你有貳心。③館客：使子服景伯同子貢住到館中。④嬴：在今山東省萊蕪縣西北四十里，即泰安縣東南。

【今譯】冬天，魯國同齊國講和，子服景伯到齊國去，子貢做副使，見到成宰公孫宿說：「每個人全都是給人做臣，而有背人的心思，何況齊人雖然給你幫忙，他還能對你沒有貳心嗎？你是周公的孫子，一定享受過大的利益，還想着不義，利益不可以得到，而丟掉國家，何必如此呢？」公孫宿說：「很好，我沒有早聽見說過。」陳恒使子服景伯同子貢就館舍說：「我們寡君叫我告訴你們說：『我願意事奉魯君同事奉衞君一樣。』」子服景伯向子貢做揖，叫他向前去對答，說：「這也是寡君的希望，從前晉人伐衞國的時候，齊國因爲這個原故，伐晉國的冠氏，丟掉兵車五百輛，並且給衞國地，自從濟水以西，禚、媚、杏各地以南，寫上的社五百個。可是吳人同魯國爭亂的時候，齊因爲魯國很弱，就佔據了讙同闡兩個地方，所以我們魯君心裏很寒冷。若能夠跟衞君事奉你的情形，這是我們很願意的。」陳恒以此爲病，就返回魯國的成邑，公孫宿拿他軍隊進到嬴這地方。

(十) 經 衞公孟彄出奔齊①。

【今註】①此經無傳。

【今譯】衞國公孟彄逃奔到齊國去。

(十一) 傳 衞孔圉取大子蒯聵之姊，生悝。孔氏之豎渾良夫長而美，孔文子卒，通於內①，大子在戚，孔姬使之焉②，大子與之言曰：「苟使我入，獲國服冕乘軒，三死無與。」與之盟爲請於伯姬。閏月，良夫與大子入，舍於孔氏之外圃，昏，二人③蒙衣而乘，寺人羅御如孔氏。孔氏之老欒寧問之，稱姻妾以告，遂入，適伯姬氏。既食，孔伯姬杖戈而先，大子與五人介輿豭④從之，迫孔悝於廁强盟之，遂劫以登臺。欒寧將飲酒，炙未熟，聞亂，使告季子⑤，召獲⑥駕乘車，行爵食炙，奉衞侯輒來奔。季子將入，遇子羔將出⑦曰：「門已閉矣。」季子曰：「吾姑至焉。」子羔曰：「弗及⑧，不踐其難。」季子曰：「食焉不辟其難⑨。」子羔遂出，子路入，及門，公孫敢門焉曰：「無入爲也。」季子曰：「是公孫⑩也，求利焉而逃其難，由不然，利其祿必救其患。

」有使者出，乃入，曰：「大子焉用孔悝？雖殺之必或繼之⑪。」且曰：「大子無勇，若燔臺半必舍孔叔。」大子聞之懼，下石乞，盂黶敵子路⑫，以戈擊之，斷纓。子路曰：「君子死，冠不免。」結纓而死。孔子聞衞亂曰：「柴也其來，由也死矣！」孔悝立莊公⑬。莊公害故政，欲盡去之，先謂司徒瞞成⑭曰：「寡人離病於外久矣，子請亦嘗之。」歸告褚師比⑮，欲與之伐公，不果。

【今註】①通於內：與孔伯姬私通。　②孔姬使之焉：孔伯姬叫渾良夫去看太子蒯聵。　③二人：指太子蒯聵同渾良夫。　④五人介輿豭：五人穿着盔甲，拿車拉着盟誓用的豬。　⑤季子：子路。　⑥召獲：衞大夫。　⑦遇子羔將出：碰見子羔將出奔。子羔是高柴，孔子弟子。　⑧弗及：意思說政權不歸他管。　⑨食焉不辟其難：吃孔氏祿，所以不能躲避孔氏的禍難。　⑩公孫也：你是公孫敢。　⑪必或繼之：意思說必定有人接着孔悝去攻太子。　⑫下石乞、盂黶敵子路：叫石乞同盂黶下臺來抵抗子路。　⑬莊公：即蒯聵。　⑭司徒瞞成：就是明年經所寫的衞子還。　⑮褚師比：衞大夫。

【今譯】　衞國孔圉娶了太子蒯聵的姊姊，生了孔悝。孔氏的傭人渾良夫身長而貌美，孔圉死了以後，渾良夫就同他夫人通姦，太子蒯聵在戚這地方時，她就叫渾良夫去看他，太子對他誓言說：「假使你能夠使我回到衞國做君，你可以戴上大夫的帽子，坐大夫的車，另外犯了三個死罪，也不殺你。」盟誓以後，渾良夫就對伯姬請求。閏月，渾良夫跟太子就進到衞國都城，住在孔氏的外花園，到了夜晚，兩個人穿着女人的衣服坐到車上，太監叫羅的給他駕着車到孔氏家中。孔氏的家宰欒寧問是什麼人，稱爲親戚家的妾侍，就進去了，到伯姬的房中。既吃了飯以後，孔伯姬拿着槍領先走，太子率領五個人全披着盔甲，車拉着盟誓用的豬，在後邊隨着，壓迫着孔悝在厠所中强立盟誓，並使他登到臺上。欒寧正要喝酒，菜還沒有熟，聽見亂事，就派人去告訴子路，叫衞大夫召獲駕着君的車，喝點酒吃點肉，奉着出公輒逃到魯國來。子路將進去，遇見子羔將出來，子羔說：「門已經關上了。」子路說：「我姑且到門上看看。」子羔說：「政權不在我，不必參加這個禍難。」子路說：「我吃孔氏的奉祿，不能躲避他的禍難。」子羔就出來。子路進去，到了宮門，公孫敢看着門說：「不必進去了。」子路說：「這是公孫嗎？求利益而逃去患難，我仲由則不然，利用他的俸祿，必求他的患難。」有使者出來，子路就進去了，說：「太子何必用孔悝呢？雖然殺掉孔悝，我必定接着來攻太子。」並且說：「太子沒有勇氣，若用火燒臺一半，必定捨掉孔悝。」太子聽見，害了怕，就派石乞盂黶下臺來抵抗子路，用槍打子路，斷了他的帽子的結，子路說：「君子死了，不能不帶帽子。」就把帽子結好就死了。孔子聽見衞國亂了就說：「高柴就要囘來，子路恐怕就死了。」孔悝就立了蒯聵。蒯聵對他兒子出公輒的政事，不以爲然，要把他的臣子全棄掉，先對司徒瞞成說：「我在外邊罹病已經很久，你也請去嘗嘗吧。」瞞成囘去告訴褚師比，想與他一同伐蒯聵，但是沒能成功。

哀公十有六年（公元前四百七十九年）

（一）經 春王正月己卯，衞世子蒯聵自戚入于衞，衞侯輒來奔。

【今譯】十六年春王正月己卯，衞國太子蒯聵入到衞國都城，衞侯輒逃到魯國去。

（二）經 二月衞子還成出奔宋。

傳 春瞞成褚師比出奔宋，衞侯使鄢武子①告于周曰：「蒯聵得罪于君父君母，逋竄于晉，晉以王室之故，不棄兄弟，寘諸河上②，天誘其衷，獲嗣守封焉，使下臣肸敢告執事。」王使單平公對曰：「肸以嘉命來告余一人，往謂叔父，余嘉乃成世，復爾祿次，敬之哉。方天之休③，弗敬弗休，悔其可追。」

【今註】①鄖武子：衞大夫鄖肸。 ②河上：就是戚。 ③方天之休：天方授你的美德。

【今譯】二月，衞國的蒯成與褚師比逃到宋國去，衞莊公使衞大夫鄖肸告訴周王說：「我蒯聵得罪了君父君母，逃到晉國去，晉國以王室的原故，不肯捨棄兄弟，擱到河邊上戚，天保佑着我，得到做嗣君，守住衞國的封疆，使下臣肸敢告訴王的官員。」周王使單平公回答說：「肸以好的消息來告訴我，你就去告訴叔父說，我喜歡你的成世，回復你君的祿次，恭敬啊！上天方給你好處，你要不恭敬，不休明，後悔是沒有方法也來不及了。」

（三）

經 夏四月己丑，孔丘卒。

傳 夏四月己丑，孔丘卒。公誄之曰：「旻天不弔，不憖遺一老，俾屏余一人以在位，煢煢在疚。嗚呼哀哉，尼父，無自律①。」子贛曰：「君其不沒於魯乎？夫子之言曰：『禮失則昏，名失則愆。失志爲昏，失所爲愆。』生不能用，死而誄之，非禮也。稱一人，非名也，君兩失之。」

【今註】①無自律：意思說從此以後，沒人可做法則。

【今譯】夏天四月中，己丑那天，孔子死了。哀公傷悼他說：「上天不體恤我魯國，不肯爲魯國留這一老人，使他屏蔽我一人居這君位中，孑然的使我孤獨一身，像害了疾病。啊，悲傷呀！尼父，你既死了，再無人可爲我的法則了！」子貢說：「哀公恐怕不能善終在魯國呢！夫子所說：『禮節失了，便是昏迷，名稱失了，便有過差，失掉志氣纔會昏，失掉合宜纔有差。』夫子活着的時候，既不能任用他，死了却傷悼他，這不是禮，自稱余一人，這不是該應的名稱，哀公兩方面都有失錯了。」

（四）

傳 六月，衞侯飲孔悝酒於平陽①，重酬之，大夫皆有納焉②，醉而送之，夜半而遣之，載伯姬於平陽而行③，及西門④，使貳車反祏於西圃⑤。子伯季子初爲孔氏臣，新登于公⑥，請追之，遇載祏者，殺而乘其車⑦。許公爲反祏，遇之曰：「與不仁人⑧爭，明無不勝，必使先射。」射三發，皆遠許爲。許爲射之殪，或以其車從，得祏於橐中，孔悝出奔宋。

【今註】 ①平陽：一統志說：「平陽在韋城廢縣西二十里，韋城廢縣在今滑縣東南五十里。」 ②大夫皆有納焉：大夫們全送了很多財物。 ③載伯姬於平陽而行：到平陽載着他的母親一同走。 ④及西門：到平陽的西門。 ⑤使貳車反祏於西圃：叫副車把神主的石函送回到孔氏的廟。 ⑥新登于公：升爲大夫。 ⑦遇載祏者殺而乘其車：遇見載石函的人，把他殺掉而坐了他的車。 ⑧不仁人：指着子伯季子。

【今譯】 六月，衞莊公在平陽這地方給孔悝酒喝，很重的酬謝他，大夫們全送他很多錢，喝醉了以後，就被送出，夜裡送他出走。孔悝到平陽載他的母親同行，到了平陽的西門，使副車把神主的石函送回孔氏的廟。子伯季子最初做孔氏的家臣，最近升爲大夫，請追他去，遇見載神主的車，殺了副車就坐到車上。許公爲去迎接廟主，遇見了子伯季子說：「與不仁的人爭，必定能夠勝利，必定使他先射箭。」三次發箭，全離着許爲很遠，許爲反過來射他，把他射死。有人拿他的車隨許爲，得到盛神主的石函在橐中，孔悝就逃到宋國去了。

（五）

傳 楚太子建之遇讒也，自城父奔宋，又辟華氏之亂於鄭，鄭人甚善之。又適晉，與晉人謀襲鄭，乃求復焉，鄭人復之如初。晉人使諜於子木①，請行而期焉②。子木暴虐於其私邑，邑人訴之，鄭人省之，得晉諜焉，遂殺子木。其子曰勝在吳，子西欲召之，葉公曰：「吾聞勝也詐而亂，無乃害乎？」子西曰：「吾聞勝也信而勇，不爲不利。舍諸邊竟，使衞藩焉③」葉公曰：「周仁之謂信，率義之謂勇，吾聞勝也好復言④，而求死士，殆有私乎？復言非信也，期死非勇也，子必悔之。」弗從，召之，使處吳竟爲白公⑤。請伐鄭，子西曰：「楚未節也⑥，不然，吾不忘也。」他日又請，許之，未起師，晉人伐鄭，楚救之，與之盟。勝怒曰：「鄭人在此⑦，讎不遠矣。」勝自厲劍，子期之子平見之曰：「王孫何自厲也？」曰：「勝以直聞，不告女，庸爲直乎？將以殺爾父。」平以告子西，子西曰：「勝如卵，余翼而長之。楚國第⑧，我死，令尹司馬非勝而誰？」勝聞之曰：「令尹之狂也，得死乃非我⑨。」子西不悛，勝謂石乞⑩曰：「王與二卿士⑪，皆五百人當之則可矣。」乞曰：「不可得也」曰：市南有熊宜僚者，若得之可以當五百人矣。」乃從白公而見之，與之言，說；告之故，辭；承之以劍，不動⑫。勝曰：「不爲利諂，不爲威惕，不洩人言以求媚者。」去之。吳人伐愼⑬，白公敗之，請以戰備獻⑭，許之，遂作亂。秋七月，殺子西子期于朝，而劫惠王。子西以袂掩面而死⑮。子期曰：「昔者吾以力事君，不可以弗終。」抉豫章以殺人而後死。石乞曰：「焚庫弒王，不然不濟！」白公曰：「不可，殺王不祥，焚庫無聚，將何以守矣？」乞曰：「有楚國而治其民，以敬事神，可以得祥，且有聚矣，何患？」弗從。葉公在蔡⑯，方城之外皆曰：「可以入矣。」子高曰：「吾聞之，以險徼幸者，其求無饜，偏重必離⑰。」聞其殺齊管脩⑱也而後入。白公欲以子閭爲王⑲，子閭不可，遂劫以兵。子閭曰：「王孫若安靖楚國，匡正王室而後庇焉，啓之願也，敢不聽從，若將專利以傾王室，不顧楚國，有死不能。」遂殺之。而以王如高府⑳，石乞尹門㉑，圉公陽穴宮負王以如昭夫人之宮㉒。葉公亦至，及北門，或遇之曰：「君胡不冑？國人望君如望慈父母焉。盜賊之矢若傷君，是絕民望也，若之何不冑？」乃冑而進。又遇一人曰：「君胡冑？國人望君如望歲焉，日日以幾，若見君面，是得艾也㉓，民知不死，其亦夫有奮心，猶將旌君以徇於國。而又掩面以絕民望，不亦甚乎？」乃免冑而進。遇箴尹固帥其屬將與白公㉔，子高曰：「微二子㉕者，楚不國矣。棄德從賊，其可保乎？」乃從葉公，使與國人以攻白公，白公奔山而縊，其徒微之㉖，生拘石乞而問白公之死焉，對曰：「余知其死所，而長者㉗使余勿言。」曰：「不言將烹。」乞曰：「此事克則爲卿，不克則烹，固其所也，何害？」乃烹石乞，王孫燕㉘奔頯黃氏。諸梁兼二事㉙，國寧㉚，乃使寧爲令尹㉛，使寬爲司馬㉜，而老於葉。

【今註】 ①子木：即太子建。 ②請行而期焉：定好了襲鄭的日期。 ③使衞藩焉：使他做邊境上的防衞。 ④復言：說的話重新改悔。 ⑤白公：左通補釋說：「今息縣東有白城。」 ⑥楚未節也：楚國新復，政令還未能節制。 ⑦鄭人在此：意思說子西也等於鄭國人。 ⑧楚國第：楚國用人是順着次序的。 ⑨得死乃非我：若子西能得好死，那麼我就不是我。 ⑩石乞：白公的部下。 ⑪二卿士：指子西同子期。 ⑫承之以劍不動：拔了寶劍指着他喉上，他也不動一動。 ⑬愼：一統志說：「愼縣故城，在今安徽穎上縣西北四十里之江口集。」 ⑭請以戰備獻：拿勝利品貢獻。 ⑮子西以袂掩面而死：因為他不聽葉公從前勸戒。意思是死後沒有面目再見葉公。 ⑯蔡：蔡遷到州來，楚國佔據了蔡國地方。 ⑰偏重必離：譬如一個物件，一面重發生離心力，不如等到有危險再討他。 ⑱齊管脩：管脩是管仲的後人，在楚國是賢大夫。 ⑲子閭為王：子閭是平王的兒子公子啓，當時曾經五辭王位的那個人。 ⑳高府：楚國的別宮。 ㉑尹門：做門尹。 ㉒圉公陽穴宮負王以如昭夫人之宮：楚大夫圉公陽挖了宮牆背着楚惠王逃到昭王的夫人，越國的女兒的宮裡。 ㉓是得艾也：那就得到安定。 ㉔將與白公：將與白公合作。 ㉕二子：指子西子期。 ㉖其徒微之：他的黨徒藏匿他。 ㉗長者：指白公。 ㉘王孫燕：白公的弟弟。 ㉙二事：令尹同司馬。 ㉚國寧：楚國安寧以後。 ㉛乃使寧為令尹：就讓子西的兒子子國做令尹。 ㉜使寬為司馬：叫子期的兒子叫寬為司馬。

【今譯】 楚太子建的遇讒以後，從城父逃奔到宋國去，又因避華氏的亂，逃到鄭國，鄭人待他很好。却又到晉國去，替晉人計謀襲攻鄭國，便使鄭人來請他回去，鄭人果然來請他回去，對待着他同起初一樣。晉人便暗中差個探子到子木處去，請他定襲攻鄭國的日期。不料子木曾虐待他私邑的人，邑人便去告發，鄭人果去查訪他，捉得一個晉國的探子，便殺掉子木。他的兒子名叫勝，正在吳國。楚子西要想招他回去。葉公說：「我聽得勝的為人又奸詐，又好鬧亂子，到楚國來，不要反而為害麼？」子西說：「我聽說勝的為人，信而且勇，不做害人的事情的，我們舍他住在邊境上，使他保衞楚國。」葉公說：「親近仁人的叫做信，依義氣幹事叫做勇。我聽得勝的為人，說話時常改悔，又尋求敢死的人士，大概有什麼私仇要報復吧？改悔說過的話，不能算守信，期約別人為自己效死，便不是眞勇。你召他來，定要後悔的。」子西不聽他話，就去招他，叫他住在吳國的邊境上，叫做白公。白公請子西去伐鄭。子西說：「楚國新復，政令尙未能節制，否則我也不會忘記的。」過了幾天又去請，子西應許了他，可是還沒有起兵，晉人却先來伐鄭了，楚人便去救鄭，和鄭結盟。勝發怒說：「鄭人在這裏，我的仇家不遠了。」勝就自己磨劍，子期的兒子名叫平的，看見了說：「王孫爲什麼要自己磨劍呢？」白公說：「勝是直道著名的，不告訴你，怎麼能算直？這是要殺你的父親啊！」平便把這事告訴子西，子西說：「勝譬如鳥卵，我好像是鳥，拿翅膀蓋大他的，按楚國用士的次第，我死了以後，令尹司馬，不是勝做，還有誰呢？」勝聞知這話說：「這令尹眞狂妄！他如果能得好好死的，我也不算我了。」子西却仍然不改，勝對石乞說：「王和兩個卿士，共總拿五百個人對付他，就可以了。」石乞說：「五百人不可得！」勝說：「市南有個勇士，名叫熊宜僚的，如果能得到他，却可當得五百人用了。」便跟了白公去見熊宜僚，和他談話，非常高興，告訴他要想起事的緣故。宜僚却一口拒絕，拿劍擱在他喉頭上，他也不動一動。白公說：「這是不爲財利奉承，不爲威武恐懼，不肯洩漏他人言語作討好資料的。」就不殺他而離去。後來吳人來伐愼，白公打敗了他，請求拿戰利品進獻，楚王允許了他，白公便借此作亂。秋天七月中，白公殺子西子期在朝上，而且刼持惠王。子西是拿衣袖遮住臉孔死的。子期說：「從前我拿力氣服事君王的，不可沒有終局呢！」就抉起根大樹來殺了人才死的。石乞說：「趕快燒了庫，弑掉君王，不然，不成功了！」白公說：「不可以的，弑掉君王便是不吉利，燒了庫便沒有積聚，將來怎麼樣保守呢？」石乞說：「既然有了楚國，只須治理那些人民，恭敬事奉了神明，便可得到吉利，而且有了積聚了，有什麼可愁的？」白公不依。那時葉公正在蔡國，方城以外的人民都說：「可以進郢都去討伐白公了。」葉公子高說：「我聽說拿險惡事徼幸成功的，他那貪求不會有饜足。譬如東西的重心偏了，必定要脫離倒敗的。我們只等他自己有危險時，然後再去討他不遲。」後來聽見他殺了齊國的賢人管修，方才進郢都去。白公要想立子閭做王，子閭不肯，便用兵器刼持他。子閭說：「你王孫如果肯安靖楚國，匡正王室，然後來庇護我的，這是我啓情願的，怎敢不聽從？如果要專想利益，傾覆王室，不管楚國的安危，那末就是死了，也不能夠聽從的。」白公便殺死他，和惠王一同到高府去，石乞做了門尹。有個圉公陽的，鑿開了高府的宮牆，馱了惠王到昭夫人的宮中去，那時葉公也到了。剛到北門，有人碰着他說：「你爲什麼不戴頭盔呢？國人都望你，像嬰兒望慈父母一樣哩，盜賊的箭如果傷了你，這是絕了人民希望啊！爲什麼不戴頭盔呢？」葉公便戴了頭盔前進。又碰着一人對他說：「你爲什麼戴着頭盔呢？國人望你，像農夫望豐年一般哩，天天日日的指望，如果見了你的面容，便是得了安寧了。人民知道可以免得死亡，他們也個個都有奮發討賊的心念了，他們還要擎起了你四面去告訴國人哩！却又遮掩了面孔，斷絕了人民的希望，不也過了分麼？」葉公就免除了頭盔前進，碰着箴尹叫固的，正領了他部下，要和白公去相併，子高說：「柏舉那回事，要不是子西子期，楚國早已不成國了，丟開有德的去從賊，難道可以相保麼？」箴尹固便跟了葉公，使他們和國人一同去攻白公，白公逃到山中去，自己縊死，白公的徒黨，把他的屍體藏匿過了。後來又生擒石乞，問他白公死的所在，石乞說：「我知道他的死地的，但是白公却教我不要說出來的。」便說：「你如果不說出來，便要烹死你了！」石乞說：「本來這種事體，成功了便做卿，不成功便當烹，這是應該的，有什麼妨礙呢！」他始終不說，便烹死石乞。勝的兄弟王孫燕逃到頯黃氏去。沈諸梁自己便兼署了令尹、司馬兩種官職。等國事既安寧了，就使子西的兒子子國做令尹，子期的兒子寬做司馬，自己却告退終老在葉那裏。

（六）傳 衛侯占夢嬖人求酒於大叔僖子①，不得，與卜人比而告公曰：「君有大臣在西南隅，弗去，懼害。」乃逐大叔遺，遺奔晉。

【今註】①大叔僖子：即大叔遺。

【今譯】衛侯所喜歡的占夢的人，向大叔遺要求喝酒，不能得到，他就同占卜的人聯合告訴衛侯說：「你有一個大臣，在都城的西南角，你要不除去他，恐怕你就被害。」衛侯就驅逐了大叔遺，大叔遺就逃到晉國去。

（七）傳 衛侯謂渾良夫曰：「吾繼先君而不得其器①，若之何？」良夫代執火者而言②曰：「

疾與亡君，皆君之子也，召之而擇材焉可也。若不材，器可得也。」豎告大子③，大子使五人輿豭從己，劫公而强盟之，且請殺良夫。公曰：「其盟，免三死。」曰：「請三之後，有罪殺之。」公曰：「諾哉」

【今註】①其器：衞國的寶器，皆爲出公輒拿去。②良夫代執火者而言：良夫替代拿火的人方才跟他說話，因爲怕旁人聽見。③太子：指太子疾。

【今譯】衞侯對渾良夫說：「我繼續着先君的位子，而未曾得到他的寶器，怎麼辦呢？」良夫就替代了掌火的人說：「太子疾同逃走那個君，全都是君的兒子，叫他們來，可以選擇他們的才能。要是輒沒有才幹，重器就可以得到。」僕人聽了這話，告訴了太子疾，太子叫五個人推着車裏的豬跟着自己，刼持衞侯，强跟他盟誓，並且請求殺掉渾良夫。衞莊公說：「我已經跟他盟誓過了，三個死罪全都免除。」太子疾就囘答說：「請在三個死罪以後，再有了罪就殺他。」衞莊公說：「好吧。」

哀公十有七年（公元前四百七十八年）

（一）傳 春，衞侯爲虎幄於藉圃①，成，求令名者而與之始食焉，大子請使良夫。良夫乘衷甸兩牡②，紫衣狐裘③至，袒裘不釋劒而食④。大子使牽以退，數之以三罪⑤而殺之。

【今註】①爲虎幄於藉圃：在藉田的圃中新造了一個帳幕，皆以虎皮爲裝飾，所以叫做虎幄。②衷甸兩牡：衷甸是一個車轅子。這是卿的規矩。③紫衣狐裘：紫顏色的衣，這是君的衣服。④袒裘不釋劒而食：把皮衣服解開，不解下劍就吃東西。⑤三罪：紫衣、袒裘同帶劍。

【今譯】十七年的春天，衞莊公在藉田的園子裡，新造了一個虎皮裝飾的帳篷，造成以後，尋求一個有聲名的人，跟他頭一次吃飯，太子疾請求用渾良夫。渾良夫乘一輛一個車轅子的卿車，穿着君所穿紫顏色的狐皮襖，來了以後解開皮襖，佩着寶劍吃飯。太子叫人牽着他退下，數着他犯了紫顏色的衣服，袒開皮襖，帶着寶劍三種罪而殺掉他。

（二）傳三月，越子伐吳，吳子禦之笠澤，夾水而陳。越子爲左右句卒①，使夜或左或右，鼓譟而進。吳師分以御之，越子以三軍潛涉，當吳中軍而鼓之，吳師大亂，遂敗之。

【今註】①左右句卒：鉤伍相著別爲左右屯。

【今譯】三月，越王勾踐伐吳國，吳王夫差在笠澤這裏抵抗他，夾着水擺上陣勢，越王勾踐擺出左右勾卒的陣勢，使他們軍隊在夜裡或在左邊，或在右邊，大聲喊叫前往進攻。吳國軍隊分着來抵抗，越王把軍隊們偷着渡過水來，對着吳國中軍打鼓前進，吳國軍隊大亂，遂爲越王勾踐所打敗。

（三）傳晉趙鞅使告于衞曰：「君之在晉也，志父爲主，請君若大子來，以免志父。不然，寡君其曰志父之爲也。」衞侯辭以難，大子又使椓之①。夏六月，趙鞅圍衞，齊國觀②陳瓘救衞，得晉人之致師者，子玉使服而見之③曰：『國子實執齊柄，而命瓘曰：『無辟晉師。』豈敢廢命，子又何辱④？」簡子曰：「我卜伐衞，未卜與齊戰，」乃還。

【今註】①椓之：椓音（ㄓㄨㄛˊ）。說他壞話。②國觀：國書的兒子。③子玉使服而見之：子玉是陳瓘，脫下囚服，服他本來的衣服。④子又何辱：你又何必來要求打仗。

【今譯】晉國趙鞅派使者告訴衞國說：「你君在晉國的時候，志父做主人，請君或者太子來，以免志父的罪。要不然，我們晉君必定說這是志父叫衞國君不來晉國。」衞莊公以國家尚未安定來推辭，太子又說莊公壞話。夏天六月。趙鞅圍了衞國都城，齊國的國觀同陳瓘去救衞國，捕獲了晉人派來要求打仗的人，陳瓘叫他換了本來的衣服來見，對他說：「國觀實在掌着齊國的政權，他告訴我說：『不要躲避晉國的軍隊。』我豈敢不聽他的命令呢？你又何必來挑戰呢？」趙鞅說：「我從占卜伐衞國，未嘗占卜同齊國打仗。」就退兵了。

（四）

傳 楚白公之亂，陳人恃其聚而侵楚，楚既寧，將取陳麥。楚子問帥於大師子穀與葉公諸梁。子穀曰：「右領差車與左史老皆相令尹司馬以伐陳，其可使也。」子高曰：「率賤①民慢之，懼不用命焉。」子穀曰：「觀丁父鄀俘也，武王②以為軍率，是以克州蓼，服隨唐，大啓羣蠻。彭仲爽，申俘也，文王以為令尹，實縣申息，朝陳蔡，封畛於汝。唯其任也，何賤之有？」子高曰：「天命不諂③，令尹有憾於陳，天若亡之，其必令尹之子是與，君盍舍焉④，臣懼右領與左史有二俘之賤，而無其令德也。」王卜之，武城尹⑤吉，使帥師取陳麥，陳人御之敗，遂圍陳。秋七月己卯，楚公孫朝帥師滅陳。王與葉公枚卜子良以為令尹，沈尹朱曰：「吉過於其志。」葉公曰：「王子而相國，過將何為？」他日改卜子國，而使為令尹。

【今註】①率賤：右領左史皆楚國的賤官。②武王：楚武王。③天命不諂：天命不會疑惑。④君盍舍焉：

你爲什麼不捨開右領同左史。⑤武城尹：子西的兒子公孫朝。

【今譯】楚國白公作亂的時候，陳人仗着他的聚積而侵略楚國。楚國既然安定了，就要來取陳國的麥子。楚王就問太師子穀跟沈諸梁，派什麼人統率軍隊。太師子穀回答說：「右領差車同左史老皆曾輔佐着令尹子西同司馬子期討伐過陳國，現在還可以用他們去伐陳國，大約是可以的。」沈諸梁說：「統帥如果低賤，人民看不起他們，恐怕不會聽從他的命令。」子穀又說：「觀丁父是鄀的俘擄，楚武王叫他做軍率的官，所以能夠戰勝了州蓼兩國，使隨與唐全都服從，開啓了羣蠻的土地。彭仲爽是申國的俘擄，楚文王叫他做令尹，就把申息兩國併成楚國的縣，使陳國同蔡國全到楚國朝貢，封疆到了汝水的邊上。祇要他能夠負責任，又何必論他是賤人呢？」沈諸梁就說：「天命是不可以懷疑的，令尹子西對於陳國頗有遺憾，天若使陳國滅亡，必當用令尹的兒子，君何不捨棄右領同左史呢？我恐怕他們祇有兩俘虜的下賤，而沒有好的德行。」惠王又占卜，子西的兒子武城尹公孫朝吉祥，就叫他率領着軍隊去拿陳國的麥子，陳人抵抗，被他打敗。就圍了陳國都城。秋天七月，己卯這天，楚國公孫朝率領軍隊滅了陳國。楚惠王同沈諸梁占卜他的弟弟子良做令尹，沈尹朱說：「吉祥，過於他的志願。」沈諸梁說：「王的兒子而做宰相，過了志願又將怎麼樣呢？」另一天就改換占卜公孫寧，就命他做令尹。

（五）

傳　衛侯夢于北宮，見人登昆吾之觀①，被髮北面而譟曰：「登此昆吾之虛，緜緜生之瓜，余爲渾良夫，叫天無辜！」公親筮之，胥彌赦②占之曰：「不害。」與之邑，寘之而逃奔宋。衛侯貞卜③，其繇曰：「如魚竀尾④，衡流而方羊，裔焉，大國滅之，將亡，闔門塞竇，乃自後踰。」冬十月，晉復伐衛，入其郛，將入城。簡子曰：「止。叔向有言曰：『怙亂滅國者無後！』」衛人出莊公而與晉平，晉立襄公之孫般師而還。十一月，衛侯自鄄入，般師出。初，公登城以望見戎州⑤，問之，以告。公曰：「我姬姓也，何戎之有焉？」翦之⑥。公使匠久，公欲逐石圃⑦，未及而難作。辛巳，石圃因匠氏攻公，公闔門而請，弗許。踰于北方而隊折股，戎州人攻之，大子疾公子青⑧踰從公，戎州人殺之。公入于戎州己氏。初，公自城上見己氏之妻髮美，使髡之以爲呂姜髢⑨。既入焉而示之璧曰：「活我，吾與女璧。」己氏曰：「殺女，璧其焉往？」遂殺之而取其璧。衞人復公孫般師而立之。十二月，齊人伐衞，衞人請平，立公子起⑩。執般師以歸，舍諸潞⑪。

【今註】①昆吾之觀：衞國設有一個觀在昆吾氏之虛，叫昆吾之觀。彙纂說：「今河北濮陽縣西南有濮陽城，古顓頊之墟，曰帝邱。夏時爲昆吾氏所居。」②胥彌赦：衞國占卜的史官。③衞侯貞卜：衞侯在卜夢的吉凶。④如魚竀尾：竀音（ㄔㄥ）。如魚勞則尾變紅。⑤戎州：彙纂說：「山東曹縣有楚邱故城，漢置己氏縣，以戎州己氏而名也。」⑥翦之：翦壞他的城。⑦石圃：石惡兄弟的兒子。⑧公子青：太子疾的弟弟。⑨呂姜髢：髢音（ㄊㄧˋ）呂姜是莊公的夫人。髢是假髮。⑩公子起：靈公的兒子。⑪潞：齊地，在齊都城的郊外。

【今譯】衞侯做夢在北宮中，看見人到昆吾的觀上，披着頭髮，向北嚷着說：「我現在登上昆吾的荒墟，我曾經使衞侯得國，好像使瓜由小成大。我就是渾良夫呢！現在已喊寃在上天那裏了！」莊公便親自卜筮，胥彌赦占得繇辭，假言說：「沒有什麼禍害的。」公給了他一所縣邑，他却丟了逃往宋國去。衞莊公又卜問夢的吉凶，他的繇辭說：「好像魚遊得紅了尾巴，橫在水流中，來來去去，只在水邊。大國要來滅他，他就將要亡了，關上門，塞了洞，就從後面爬出去。」冬天十月中，晉國果來伐衞，攻進他的郭中，將要進城了。趙鞅說：「且停止，叔向有句話說：『趁人的擾亂滅了他，要沒有後代的呢！』」衞人便逐出莊公，同晉人講和。晉人立了襄公的孫子名叫般師的做衞君，方才回去。十一月中，衞莊公蒯聵又從鄄進衞國，般師便出去。以前的時候，衞莊公登到城上去遠望，看見了戎州這地方，問道那裏是什麽地方？從人告訴他是戎州。公說：「我是姬姓，爲什麽有戎狄的地方呢？」便翦滅了那州邑。公又使用了匠人，長久不使他休息，公要想逐去石圃，可是還沒有逐出，難却已經起了。辛巳那天，石圃利用匠人怨莊公，便和他們攻莊公。莊公閉了門乞赦，不允許他，便從北面爬牆出來，却跌傷了腿骨。戎州人又來攻打，太子疾和他的兄弟公子青，都爬牆跟着莊公。戎州人却把他二人殺死。莊公逃入戎州的己氏家裏去，當初的時候莊公曾從城上看見己氏的妻頭髮很好，莊公便使他一概剃下，將頭髮給呂姜做假髮。這時既然走進他家中，便把璧玉給他們看，對他們說：「你們能夠活我的，我就把玉給你。」己氏說：「殺了你，璧玉還逃到那裏去呢？」便把他殺死，拿了他的璧玉，衞人便請公孫般師回國，再立他。十二月中，齊人又來伐衞，衞人請求講和，立了公子起做君，齊人捉了般師回國，把他居住在潞這地方。

(六)

傳 公會齊侯盟于蒙①，孟武伯相，齊侯稽首，公拜。齊人怒，武伯曰：「非天子，寡君無所稽首。」武伯問於高柴曰：「諸侯盟，誰執牛耳？」季羔曰：「鄫衍②之役，吳公子姑曹。發揚③之役，衞石魋。」武伯曰：「然則彘也。」

【今註】①蒙：山東通志說：「蒙陰故城，在蒙陰縣南十五里。」②鄫衍：盟在哀公七年。③發揚：在哀公十二年。

【今譯】魯哀公同齊平公在蒙這地方盟會，孟孫洩相禮，齊平公向着魯哀公稽首，魯哀公回拜。齊人全發怒了，孟孫洩就說：「除了對天子以外，寡君全都不稽首。」孟孫洩問高柴說：「諸侯盟會時，誰拿着牛耳朵？」高柴說：「鄫衍那次是吳國公子姑曹，發揚那次是衞國的石魋。」孟孫洩就說：「那麽這次就是我執了。」

（七）

傳 宋皇瑗①之子麇，有友曰田丙，而奪其兄劖般邑以與之。劖般慍而行，告桓司馬之臣子儀克。子儀克適宋，告夫人曰：「麇將納桓氏。」公問諸子仲②。初，子仲將以杞姒之子非我爲子③，麇曰：「必立伯④也，是良材。」子仲怒弗從，故對曰：「右師則老矣，不識麇也⑤。」公執之⑥。皇瑗奔晋，召之。

【今註】①皇瑗：宋右師。②子仲：卽皇野。③杞姒之子非我爲之：杞姒是子仲的夫人，想把她的兒子非我立爲適子。④立伯：伯是非我的哥哥。⑤不識麇也：對於麇就不能保險他不反叛。⑥公執之：把麇逮起來。

【今譯】宋國皇瑗的兒子皇麇，有一個朋友叫做田丙，奪了他哥哥劖般的封邑給了他。劖般心裡不高興就逃走，告訴桓司馬的臣子儀克。子儀克到宋國去，告訴宋夫人說：「麇將使桓氏歸國。」桓公問了皇野。最初的時候，皇野將拿杞姒所生的兒子皇非我做適子，皇麇說：「必定要立他的哥哥，他的才幹很好。」皇野惱怒，不聽他的話，所以回答說：「皇野已經老了，不能作亂，但我並不知道麇能夠作亂不作亂。」宋反就把麇逮捕了，皇瑗害怕就逃到晉國去，宋公叫他回來。

哀公十有八年（公元前四百七十七年）

（一）

傳 春，宋殺皇瑗，公聞其情，復皇氏之族，使皇緩①爲右師。

【今註】①皇緩：皇瑗的姪子。

【今譯】 十八年春天，宋殺了皇瑗，宋景公知道了經過以後，就囘復皇氏的族氏，派皇瑗的姪子皇緩作右師的官。

（二）

傳巴人伐楚國鄾①。初，右司馬子國之卜也，觀瞻②曰：「如志。」故命之③。及巴師至，將卜帥，王曰：「寧如志，何卜焉？」使帥師而行，請承④，王曰：「寢尹、工尹勤先君者也。」三月，楚公孫寧、吳由于、薳固敗巴師于鄾，故封子國於析⑤。君子曰：「惠王知志。夏書曰：『官占唯能蔽志，昆命于元龜⑥，』其是之謂乎？志曰：『聖人不煩卜筮。』惠王其有焉。」

【今註】 ①鄾：在今湖北省襄陽縣東北。 ②觀瞻：楚國的開卜大夫。 ③故命之：所以就叫他爲右司馬。 ④請承：請輔佐的。 ⑤析：在今河南省內鄉縣。 ⑥官占唯能蔽志，昆命于元龜：這是逸書，占卜的官祇能先決斷以後，方能用龜去占卜。

【今譯】 巴國伐楚國，圍了鄾這地方。最初的時候，子國占卜是否能出任右司馬，開卜大夫觀瞻說：「他能得到志願。」所以就叫他作右司馬。等到巴國軍隊來了，將占一位防禦的統帥，楚王說：「子國既能得到志願，又何必另占卜呢？」就派他率領着軍隊去。他再請幫助的人，楚王就說：「吳由于、薳固都是對昭王盡過勤勞的人。」三月，楚國公孫寧、吳由于、薳固在鄾這地方戰敗巴國的軍隊，所以將子國封在析這地方。君子說：「惠王知道人的志願。夏書說：『占卜的官先能斷定志願，然後方能命龜占卜。』恐怕就是這種說法。志書也說：『聖人不常要求占卜。』惠王恐怕就是如此。」

（三）傳 夏衞石圃逐其君起，起奔齊。衞侯輒自齊復歸。逐石圃而復石魋與大叔遺。

【今譯】夏天，衞國石圃將他的君起驅逐出國，起就奔到齊國。衞出公自齊又回到衞國，驅逐了石圃並召回石魋同太叔遺。

哀公十有九年（公元前四百七十六年）

（一）傳 春，越人侵楚，以誤吳也①。

【今註】①以誤吳也：使吳人不會預備。

【今譯】十九年春天，越國人侵略楚國，使吳國誤以爲他不侵略吳國，而沒有防備。

（二）傳 夏，楚公子慶、公孫寬追越師至冥①，不及乃還。

【今註】①冥：在今江西信江流域內。

【今譯】夏天，楚公子慶公孫寬追越國軍隊到冥這地方，沒有趕上就回去了。

（三）傳 秋，楚沈諸梁伐東夷，三夷男女及楚師盟于敖①。

【今註】①敖：當在皖南浙西山地的西部。

【今譯】秋天，楚國沈諸梁討伐東夷，同越國聯絡的三種夷人男女與楚國軍隊在敖這地方盟誓。

（四）傳 冬，叔青①如京師，敬王崩②故也。

【今註】①叔青：叔還的兒子。　②敬王崩：因爲敬王死的原故。

【今譯】冬天，叔還的兒子叔青到周的京城去，因爲周敬王死了的原故。

哀公二十年（公元前四百七十五年）

（一）傳春，齊人來徵會。夏，會于廩丘①，爲鄭故謀伐晉。鄭人辭諸侯，秋師還。

【今註】①廩丘：在今山東省范縣東南。

【今譯】春天，齊國人到魯國要求會盟。夏天，在廩丘會盟，是爲了鄭國的原故，打算討伐晉國。鄭人辭謝諸侯。秋天，魯國軍隊回國。

（二）傳吳公子慶忌驟諫吳子曰：「不改必亡。」弗聽，出居于艾①，遂適楚，聞越將伐吳。冬，請歸平越，遂歸，欲除不忠者以說于越，吳人殺之。

【今註】①艾：方輿紀要說：「艾城在今江西寧州西百里之龍岡坪，今修水縣西。」

【今譯】吳國公子慶忌屢次的諫諍吳王說：「要不改辦法必定要亡國。」吳王仍舊不聽，公子慶忌就逃到艾這地方，後又到楚國去，聽見說越王勾踐將要伐吳國。冬天，請求回去同越國講和，就回到吳國去。想着除掉幾個不忠的人來對越國解說，吳王却把他殺了。

（三）傳十一月，越圍吳，趙孟①降於喪食。楚隆②曰：「三年之喪，親暱之極也，主又降之，無乃有故乎？」趙孟曰：「黃池之役，先主與吳王有質曰：『好惡同之。』今越圍吳，嗣子不廢舊業而敵之③，非晉之所能及也，吾是以爲降。」楚隆曰：「若使吳王知之，若何？」趙孟曰：「可乎？」隆曰：「請嘗之。」乃往，先造于越軍，曰：「吳犯間上國多矣，聞君親討焉，諸夏之人莫不欣喜，唯恐君志之不從，請入視之。」許之。告于吳王曰：「寡君之老無恤使陪臣隆敢展謝其不共，黃池之役，君之先臣志父得承齊盟，曰：『好惡同之。』今君在難，無恤不敢憚勞，非晉國之所能及也，使陪臣敢展布之。」王拜稽首曰：「寡人不佞，不能事越，以爲大夫憂，拜命之辱。」與之一簞珠④，使問趙孟曰：「勾踐將生憂寡人，寡人死之不得矣。」王曰：「溺人必笑，吾將有問也。史黯何以得爲君子⑤？」對曰：「黯也進不見惡，退無謗言。」王曰：「宜哉。」

【今註】 ①趙孟：趙襄子無恤。 ②楚隆：趙襄子的家臣。 ③嗣子不廢舊業而敵之：嗣子是趙襄子自稱，不廢舊的盟誓，而想抵抗越國。 ④與之一簞珠：給他一小筒珍珠。 ⑤史黯何以得爲君子：因爲從前晉國史黯說過，不到四十年吳就要亡了，吳王所以感到此事而問。

【今譯】 十一月，越國軍隊圍了吳國的都城，晉大夫趙無恤這時正居父喪，聽見吳被越國攻打，便比居喪的飲食還要減少。他的家臣楚隆說：「三年的喪期，已經親暱到極點了。如今主子又低降下去，莫非另有別種原因麼？」趙孟說：「黃池那次的會盟，先主和吳王曾有盟信的，說：『吳晉的好惡，應當齊同着的。』如今越兵圍吳，我做繼嗣的要是不丟掉先主的舊盟，去抵抗越國，這却不是我們晉國的兵力能夠做得到的。我所以無可如何，只得再比居喪的飲食減少些了。」楚隆說：「雖則不能救吳，如使吳王得知此意，好嗎？」趙孟說：「可以嗎？」楚隆說：「我請去試試看。」便先到越軍中去，說：「吳人侵犯離間着中國，已經多次了，我君聞知越君親自舉兵，討治吳罪，許多中原的人，沒有一個不快意，只怕你君的心願或者不遂意，讓我進去看看他的動靜。」越人就允許他。楚隆既進吳軍，告訴吳王說：「寡君的老臣無恤，差我陪臣隆來，陳謝他的不能供奉舊職。從前黃池的盟會，寡君的先臣志父，曾經奉承了諸侯，受齊的盟約說：『兩國如有好惡，應當大家是齊同的。』如今你吳君在這災難中，無恤雖然不敢怕勞動，却不是晉國的兵力能做得到的。所以差陪臣來陳布這意思。」吳王下拜叩頭到地說：「寡人沒有才幹，不能服事越王，倒成了你大夫的憂愁，謝你君命的辱臨到這裏。」便拿出珠子一小匣，交與楚隆，使他送給趙孟說：「勾踐要使我活着難過，我現在竟是求死不得了。」王又說：「且不要急，好像淹死的人，必定還要笑着，我還要問你，你們的史黯怎能算是君子呢？」楚隆說：「黯的爲人，進朝廷去沒有誰怨他，退了也沒有人謗毀他。」王說：「這般說來，眞該應算得君子了！」

哀公二十有一年（公元前四百七十四年）

（一）傳 夏五月，越人始來。

【今譯】二十一年夏天五月，越國始派人來聘魯國。

（二）傳 秋八月，公及齊侯、邾子盟于顧①，齊人責稽首。因歌之曰：「魯人之皐，數年不覺，使我高蹈。唯其儒書，以爲二國②憂。」是行也，公先至于陽穀。齊閭丘息③曰：

「君辱舉玉趾以在寡君之軍，羣臣將傳遽以告寡君，比其復也。君無乃勤，爲僕人之未次④，請除館於舟道⑤。」辭曰：「敢勤僕人⑥。」

【今註】 ①顧：山東通志說：「在今范縣東南五十里，有顧城。」 ②二國：齊國同邾國。 ③閭丘息：是齊大夫。閭丘明的後人。 ④僕人之未次：因爲僕人還沒有預備好住的地方。 ⑤舟道：今山東東阿縣境。 ⑥敢勤僕人：不敢勞動僕人。

【今譯】 秋天八月，魯哀公同齊侯、邾子在顧這地方盟會，齊國人仍舊責備上回齊對魯哀公稽首，而魯哀公祇行拜禮。就歌唱說：「魯國人的緩慢，數年不感覺，使我勞苦遠行。他們全是根據着周禮，使齊國同邾國發愁。」這一次魯哀公先到了陽穀。齊國閭丘息說：「你勞苦的舉動玉脚，到了寡君的軍隊中，羣臣將坐着車，趕緊去告訴寡君，等到他回來。你來得太早了，我們傭人尚沒有預備好住的地方，請修除你的館舍在舟道這地方。」魯人辭謝說：「不敢勞動你的僕人。」

哀公二十有二年（公元前四百七十三年）

（一）傳 夏四月，邾隱公自齊奔越曰：「吳爲無道，執父立子。」越人歸之，大子革奔越①。

【今註】 ①大子革奔越：邾隱公的太子，革逃到越國去。

【今譯】 二十二年，夏天四月，邾隱公從齊國逃到越國說：「吳國沒有道理，逮着他父親，而立他的兒子。」越人叫他回到邾國，太子革逃到越國。

（二）傳 冬十一月丁卯，越滅吳，請使吳王居甬東①。辭曰：「孤老矣，焉能事君？」乃縊，越人以歸②。

【今註】①甬東：一統志說：「今浙江定海縣東三十里有翁山，一名滃洲，即春秋之甬東。」②越人以歸：越人把尸首拿回去。

【今譯】冬天十一月丁卯，越人滅了吳國，派人叫夫差到甬東去住。夫差辭謝說：「我老了，怎麼能夠事奉你？」就上吊自殺，越國人把他的尸首拿回去。

哀公二十有三年（公元前四百七十二年）

（一）傳春，宋景曹卒①。季康子使冉有弔，且送葬曰：「敝邑有社稷之事，使肥②與有職競焉，是以不得助執紼。」使求③從輿人曰：「以肥之得備彌甥也，有不腆先人之產馬，使求薦諸夫人之宰，其可以稱旌繁④乎？」

【今註】①宋景曹：是宋元公的夫人，小邾的女兒，季桓子的外祖母。②肥：季康子的名字。③求：冉有的名字。④旌繁：馬的裝飾。

【今譯】二十三年春天，宋元公的夫人景曹死了。她的外孫季孫肥派冉有去弔喪，並且送葬說：「我們國裡，有國家的事情，我肥有職位，正在煩忙，所以不能夠參加執紼。」使冉求從着衆人說：「因為我肥可以做遠房的外甥，有一匹不好的先人的馬，使冉求交給夫人的家宰，尙可以用做馬的裝飾呢！」

（二）傳夏六月，晉荀瑤①伐齊，高無丕帥師御之，知伯視齊師，馬駭，遂驅之曰：「齊人知余旗，其謂余畏而反也。」及壘而還。將戰，長武子②請卜，知伯曰：「君告於天子，而卜之以守龜於宗祧，吉矣，吾又何卜焉？且齊人取我英丘③，君命瑤，非敢耀武也，治英丘也④，以辭伐罪是矣，何必卜？」壬辰，戰于犂丘⑤，齊師敗績，知伯親禽顏庚⑥。

【今註】①荀瑤：荀皪的孫子，知伯襄子。②長武子：晉大夫。③英丘：應近犂丘。④治英丘也：為的治理英丘這件事。⑤犂丘：續山東考古錄說：「現析入濟陽縣。」⑥顏庚：齊大夫顏涿聚。

【今譯】夏天六月，晉國荀瑤伐齊國，高不率領軍隊抵抗，荀瑤去窺看齊師時，他的馬受到驚駭，就往前趕着馬說：「齊國人認識我的旗子，恐怕他們說我害怕而回去了。」到了齊國的堡壘就回來了。將要打仗，晉大夫長武子請求占卜，荀瑤說：「晉君告訴過天子，而在宗廟中用守龜來占卜，已經吉祥了，我又何必占卜呢？並且齊人取了我的英丘，晉君命我，不是敢顯耀武功，為的治理英丘，用伐齊國的罪狀的文詞足夠了，何必占卜呢？」壬辰，在犂丘這地方作戰，齊國軍隊大敗，荀瑤逮住了齊大夫顏涿聚。

（三）傳秋八月，叔青如越，始使越也。越諸鞅來聘，報叔青也①。

【今註】①報叔青也：報叔青的聘問。

【今譯】秋天八月，魯國叔青到越國去，這是開始聘問越國。越國派諸鞅來聘問，這是報答叔青的聘問。

哀公二十有四年（公元前四百七十一年）

(一)傳夏四月，晉侯將伐齊，使來乞師曰：「昔臧文仲以楚師伐齊，取穀①，宣叔以晉師伐齊，取汶陽②，寡君欲徼福於周公，願乞靈於臧氏。」臧石③帥師會之，取廩丘，軍吏令繕將進④，萊章⑤曰：「君卑政暴，往歲克敵⑥，今又勝都⑦，天奉多矣，又焉能進？是躛言也⑧，役將班矣。」晉師乃還，餼⑨臧石牛，大史謝之曰：「以寡君之在行，牢禮不度，敢展謝之。」

【今註】①穀：在今山東東阿縣東二十六里。②汶陽：在今山東寧陽縣東。③臧石：臧賓如的兒子。④軍吏令繕將進：晉國的軍吏叫他們預備戰備。⑤萊章：齊大夫。⑥往歲克敵：去年打勝敵人，擒了顏庚。⑦又勝都：佔據廩丘。⑧是躛言也：是不可信的話。躛音（ㄨㄟˋ）。⑨餼：生肉叫做餼。

【今譯】夏天四月，晉侯將伐齊國，派人來魯國請求幫助軍隊說：「從前臧文仲用楚國的軍隊來伐齊國，佔據了穀這地方，臧宣叔用晉國的軍隊伐齊國，佔據了汶陽，寡君現在想着要求周公給福祿，願向臧氏乞求威靈。」臧石就率領軍隊來會合他，取了廩丘。晉國的軍吏下令修理戰備，將往前進，齊大夫萊章說：「君地位卑小，政治很暴亂，前年克了敵人，今年又佔據了一個大城，天對晉國很多了，又焉能往前進？這是過份的言論，晉國軍隊將回去了。」晉國軍隊就退師，晉國送臧石生牛肉，晉大史並謝他說：「因為我們晉君在軍隊裡，牢的禮節不合適，我們敢謝你。」

(二)傳邾子又無道，越人執之以歸，而立公子何①，何亦無道。

【今註】①公子何：太子革的弟弟。

【今譯】郳子暴虐無道，越人把他逮回去了，而立了太子革的弟弟公子何，公子何也暴虐無道。

（三）

傳 公子荆①之母嬖，將以爲夫人，使宗人釁夏獻其禮，對曰：「無之。」公怒曰：「女爲宗司，立夫人，國之大禮也，何故無之？」對曰：「周公及武公娶於薛，孝惠②娶於商，自桓以下娶於齊，此禮也則有，若以妾爲夫人，則固無其禮也。」公卒立之，而以荆爲大子，國人始惡之③。

【今註】①公子荆：是哀公的庶子。②孝惠：魯孝公同魯惠公。③國人始惡之：國人開始厭惡哀公。

【今譯】公子荆的母親很得寵愛，哀公將立她爲夫人，使宗人叫釁夏的獻這種禮，他回答說：「沒有。」哀公發怒說：「你做宗司的官，立夫人是國家大禮節，爲什麼沒有呢？」回答說：「周公同武公在薛國娶夫人，孝公同惠公娶於宋國，從桓公以下從齊國娶的，這種禮就有，要是拿妾做夫人，就沒有這種禮節。」哀公末了還是立她爲夫人，而以公子荆做太子，貴族們開始厭惡哀公。

（四）

傳 閏月，公如越，得大子適郢①，將妻公而多與之地。公孫有山使告于季孫，季孫懼，使因大宰嚭而納賂焉，乃止。

【今註】①得太子適郢：適郢是越王的太子，得是魯哀公跟太子適郢甚相親近。

【今譯】閏月，哀公到越國去，同越王的太子適郢，很相親愛，將給哀公一個女子，而多給他地方。公孫有山派人告訴季孫肥，季孫害了怕了，就利用太宰嚭而納了很多賄賂，越國人就止住了。

哀公二十有五年（公元前四百七十年）

（一）

傳夏，五月庚辰，衞侯出奔宋①。衞侯爲靈臺于藉圃，與諸大夫飲酒焉，褚師聲子韤而登席②，公怒，辭曰：「臣有疾異於人，若見之，君將殼之③，是以不敢。」公愈怒，大夫辭之，不可。褚師出，公戟其手④曰：「必斷而足。」聞之，褚師與司寇亥乘曰：「今日幸而後亡！」公之入也，奪南氏⑤邑，而奪司寇亥政，公使侍人納公文懿子之車于池⑥。初，衞人翦夏丁氏⑦，以其帑賜彭封彌子⑧，彌子飲公酒，納夏戊之女，嬖，以爲夫人，其弟期⑨大叔疾之從孫甥也，少畜於公，以爲司徒。夫人寵衰，期得罪，公使三匠久，公使優狡盟拳彌⑩，而甚近信之，故褚師比，公孫彌牟，公文要，司寇亥，司徒期，因三匠與拳彌以作亂，皆執利兵，無者執斤，使拳彌入于公宮，而自大子疾之宮譟以攻公。鄄子士⑪請禦之，彌援其手曰：「子則勇矣，將若君何？不見先君乎？君何所不逞欲？且君嘗在外矣，豈必不反？當今不可，衆怒難犯，休而易間也⑫。」乃出，將適蒲⑬，彌曰：「晉無信，不可。」將適鄄⑭，彌曰：「齊晉爭我，不可。」將適泠⑮，彌曰：「魯不足與，請適城鉏⑯，以鉤越，越有君。」乃適城鉏，彌曰：「衞盜不可知也！請速，自我始。」乃載寶以歸。公爲支離⑰之卒，因祝史揮⑱以侵衞，衞人病之。懿子知之，見子之⑲請逐揮，文子曰：「無罪。」懿子曰：「彼好專利而妄，夫見君之入也，將先道焉。若逐之，必出於南門而適君所，夫越新得諸侯，將必請師焉，揮在朝，使吏遣諸其室。」揮出，信弗內⑳，五日，乃館諸外里㉑，遂有寵，使如越請師。

【今註】①衞侯出奔宋：衞侯指着出公輒。②褚師聲子韤而登席：褚師比穿着襪子就上到席上。照道理見着君，必須脫去襪子。③若見之，君將㱿之：你若看見了，你恐怕要嘔吐。㱿音（ㄎㄜˋ）。④公戟其手：公彎曲着手，如戟的形狀，表示罵他的意思。⑤南氏：子南的兒子公孫彌牟。⑥侍人納公文懿子之車于池：叫他的佣人把公文要的車投到水池。⑦翦夏丁氏：這件事在魯哀公十一年。⑧彭封彌子：就是彌子瑕。⑨期：是夏戊的兒子。⑩公使優狡盟拳彌：公派演戲的人名叫狡與衞大夫拳彌盟誓。⑪鄄子士：衞大夫。⑫休而易間也：他們稍停就可以離間了。⑬蒲：今河北省長垣縣治。⑭鄄：今山東省濮縣。⑮泠：續山東考古錄說：「以鄄城西南有泠莊河，地近魯，疑在此。」⑯城鉏：近宋邑。⑰支離：陳名。⑱祝史揮：衞國的祝史。⑲子之：公孫彌牟。⑳信弗內：過了兩天不許他近城。㉑外里：衞出公所在的地方。

【今譯】夏天，五月庚辰，衞出公逃奔到宋國。衞出公在藉圃建築一個靈臺，跟諸位大夫們喝酒，褚師比穿着襪子就上了席去，出公惱了，他說：「我有一種病跟旁人不同，你要是看見，必定嘔吐，所以不敢解除襪子。」出公愈發惱，大夫們全替他解說，出公的惱怒仍然不止。褚師比出門，出公用手指着他說：「必定把你的脚切斷。」褚師比聽見了，司寇亥與他同坐一輛車，他說：「今天幸而能夠逃亡！」出公回國的時候，奪掉了公孫彌牟的封邑，又奪掉司寇亥的政權，出公又叫太監們把公文要的車子扔到水池子裏。最早的時候，衞人翦伐夏丁氏，拿他的財產賜給彌子瑕，彌子瑕給出公喝酒，將夏戊的女兒歸給他，出公對她很寵愛，叫她做了夫人，她的弟弟夏期，是太叔疾的從孫甥，從小的時候就住到公宮裡，出公叫他做司徒。夫人漸漸的寵愛衰微，她的弟弟夏期有罪，出公使三個匠人很久，又叫唱戲的同拳彌盟誓，可是對他仍舊很親信，所以褚師比、公孫彌牟、公文要、司寇亥、司徒期利用三個匠人同拳彌造反，皆拿着很快的兵劍，沒有兵劍就拿斧子，使拳彌進入公宮，而從太子疾的宮裡喊叫着去攻打出公，衞大夫鄄子士請求抵抗，拳彌拉着他的手說：「你是很勇敢的，但是對君怎麼辦呢？你不看見先君莊公嗎？你何處不能達到欲望？並且君曾經在外國，豈必永遠不囘來麼？但現在就不可以，因爲衆怒的時候難犯，他們息了怒，就容易離間了。」於是就出奔，將到晉國左近的蒲邑，拳彌就說：「晉國沒有信用，不可以去。」又到齊晉交界的鄄，拳彌又說：「齊晉一定爭我，不可以。」又到魯國左近的冷，拳彌說：「魯國不能共事，請到城鉏去，宋國南邊近越國，是爲的跟越國勾結。」就到了城鉏，拳彌說：「衞國的盜賊很可怕，請速行，由我開始罷！」就載着寶物囘衞國。出公擺了支離的陣，用祝史揮去侵略衞國，衞人頗以爲病。公文要知道了，去見公孫彌牟，請驅逐祝史揮，公孫彌牟說：「他似乎沒有罪。」公文要說：「他很喜歡專利而狂妄，他看見君將進都城時，他必先去引導。要驅逐他，必從南門出去，而到君所在的地方。越新近得諸侯，他必定到越國去請軍隊。」祝史揮正在朝上，叫吏人把他家眷驅逐出去。祝史揮也出門，住兩天也不讓他囘來，五天以後，就住到出公所在的外里，就有了寵愛，派到越國請軍隊。

（二）

傳六月，公至自越①，季康子孟武伯逆於五梧②，郭重僕，見二子曰：「惡言多矣！君請盡之。」公宴於五梧，武伯爲祝③，惡郭重曰：「何肥也？」季孫曰：「請飲彘也。以魯國之密邇仇讎，臣是以不獲從君，克免於大行，又謂重也肥。」公曰：「是食言多矣！能無肥乎？」飲酒不樂，公與大夫始有惡。

【今註】①公至自越：前年魯哀公到越國去，現在方才囘來。②五梧：在今山東省費縣西南。③爲祝：做上祝壽酒。

【今譯】六月，魯哀公從越國回來，季孫肥、孟孫彘，到五梧去迎接，郭重給魯哀公駕着車，看見他們兩個人就對魯哀公說：「他們對你的壞話很多，請你全都聽聽吧。」哀公在五梧設宴，孟孫彘做上壽的酒，他看見郭重的相貌說：「你怎麼那樣肥胖呢？」季孫肥說：「請罰彘喝酒。因爲魯國離着仇人國家很近，我們所以不能夠隨着君去，免着走的道路很遠，而他又說郭重很肥胖。」魯哀公說：「他說的話，吃回去很多，能夠不胖嗎？」飲酒不歡樂，魯哀公同大夫們開始不相和。

哀公二十有六年（公元前四百六十九年）

（一）傳 夏五月，叔孫舒①帥師會越皐如后庸②，宋樂茷納衞侯。文子欲納之，懿子曰：「君愎而虐，少待之必毒於民，乃睦於子矣。」師侵外州大獲③，出禦之大敗④，掘褚師定子之墓⑤，焚之于平莊之上，文子使王孫齊⑥私於皐如曰：「子將大滅衞乎？抑納君而已乎？」皐如曰：「寡君之命無他，納衞君而已。」文子致衆而問焉曰：「君以蠻夷伐國，國幾亡矣，請納之。」衆曰：「勿納。」曰：「彌牟亡而有益，請自北門出。」衆曰：「勿出。」重賂越人申開守陴而納公，公不敢入。師還立悼公⑦。南氏相之，以城鉏與越人。公曰：「期則爲此，令苟有怨於夫人⑧者報之。」司徒期聘於遂卒于越。

越，公攻而奪之幣，期告王⑨，王命取之，期以衆取之。公怒，殺期之甥之爲大子者，

【今註】①叔孫舒：叔孫武叔的兒子叔孫文子。②臯如、后庸：都是越大夫。③師侵外州大獲：越國的軍隊侵略外州，大打勝仗。外州在今山東省范縣鄄城間。④出禦之大敗：衞國軍隊出去抵抗，衞軍大敗。⑤褚師定子之墓：褚師定子是褚師比的父親。⑥王孫齊：衞大夫。王孫賈的兒子。⑦悼公：蒯聵的庶弟。⑧夫人：是期的姊姊。⑨期告王：期告訴越王。

【今譯】二十六年夏天五月，叔孫舒率領軍隊，會合越國的臯如同后庸同宋國的樂茷納衞出公回衞國。叔孫舒想把他納進城去，公文要說：「君剛愎暴虐，少等待必對人民毒害，然後人民就對你和睦。」越國軍隊侵略外州大得勝，衞國軍隊出來抵抗大敗，掘了褚師比父親的墳墓，在平莊的上面把他燒了，叔孫舒使衞大夫王孫齊私問臯如說：「你將大滅衞國嗎？還祇是爲着納衞君！」臯如回答說：「寡君的命令沒有旁的，祇是爲的納衞君而已。」叔孫舒把衞國衆人叫來問他們說：「君用着蠻夷來伐衞國，衞國就要亡了，請叫君回來吧！」衆人回答說：「不要叫他回來。」叔孫舒又說：「彌牟逃出，若對國家有利，請從北門逃出。」衆人回答說：「不要出去。」重賄賂越國人，重新開了城門，嚴設守備，出公不敢進去，越國軍隊退了，衞人就立了悼公。公孫彌牟做宰相，拿城鉏這地方給了越國。出公說：「這全是司徒期做的，現在你們假設有人恨夫人的就報復她。」司徒期替衞悼公到越國聘問，出公派人打他，奪掉他的貨幣。司徒告訴越王，叫他奪回來，司徒期用衆人力量奪取。出公很憤怒，殺了他的外甥做太子那人，出公就死在越國。

（二）

傳 宋景公無子，取公孫周之子得與啓①，畜諸公宮，未有立焉。於是皇緩爲右師，皇非

我爲大司馬，皇懷②爲司徒，靈不緩爲左師，樂茷③爲司城，樂朱鉏④爲大司寇，六卿三族降聽政⑤，因大尹以達。大尹常不告，而以其欲稱君命以令。國人惡之，司城欲去大尹，左師曰：「縱之使盈其罪，重而無基，能無敝乎？」冬十月，公游于空澤⑥。辛巳，卒于連中⑦，大尹興空澤之士千甲⑧奉公自空桐入如沃宮⑨，使召六子曰：「聞下有師，君請六子畫。」六子至，以甲劫之曰：「君有疾病，請二三子盟。」乃盟于少寢之庭，曰：「無爲公室，不利大尹。」立啓，奉喪，殯于大宮，三日而後國人知之。司城茷使宣言于國曰：「大尹惑蠱其君，而專利令，君無疾而死，死又匿之，是無他矣，大尹之罪也。」得夢啓北首而寢於盧門之外⑩，己爲烏而集於其上，咮加於南門，尾加於桐門⑪曰：「余夢美，必立。」大尹謀曰：「我不在盟⑫，無乃逐我，復盟之乎？」使祝爲載書，六子在唐盂⑬，將盟之。祝襄⑭以載書告皇非我，皇非我因子潞⑮門尹得⑯左師謀曰：「民與我逐之乎？」皆歸授甲。使徇于國曰：「大尹惑蠱其君，以陵虐公室，與我者救君者也。」衆曰：「與之！」大尹徇曰：「戴氏⑰皇氏將不利公室，與我者無憂不富。」衆曰：「無别⑱。」戴氏皇氏欲伐公⑲，樂得曰：「不可，彼以陵公有罪，我伐公則甚焉？」使國人施于大尹⑳。大尹奉啓以奔楚，乃立得。司城爲上卿，盟曰：「三族共政，無相害也。」

【今註】①得、啓：得是宋昭公，啓是得的弟弟。②皇懷：皇非我的堂弟。③樂茷：樂溷的兒子。④樂朱鉏：樂輓的兒子。⑤六卿三族降聽政：三族是皇氏、靈氏、樂氏一同掌政權。⑥空澤：一統志說：「空澤，即空桐澤，在河南虞城縣南，上有空桐亭。」⑦連中：館名。⑧千甲：一千個甲士。⑨奉公自空桐入如沃宮：奉着宋公的屍首從空桐進入到沃宮。空桐在虞城縣南五里。⑩盧門之外：宋東城北首的門外。⑪咮加於南門、尾加於桐門：鳥嘴到南門上，尾巴在北門。⑫我不在盟：我沒有參加少寢的盟誓。⑬唐盂：今商邱縣境。⑭祝襄：宋國的祝史名襄。⑮子潞：是樂茷。⑯門尹得：樂得。⑰戴氏：即樂氏。⑱無別：與君沒有分別，意謂以國家爲己有。⑲伐公：伐啓。⑳使國人施于大尹：令貴族們對大尹加罪。

【今譯】宋景公沒有兒子，拿公孫周的兒子昭公得同他弟弟啓，養到公宮裡，不知道要立誰爲太子。這時間皇緩做右師，皇非我做大司馬，皇懷做司徒，靈不緩做左師，樂茷做司城，樂朱鉏做大司寇，六位卿皇、靈、樂三族合同管理政治，結果就派大尹去告訴君。大尹常常不告訴，而把他所喜歡的事稱君的命令傳下去。貴族們全不喜歡他，樂茷想去掉大尹，靈不緩說：「聽從着他，使他的罪狀滿盈，勢重而沒有德爲基本，必定要失敗的。」冬天十月，宋景公到空澤游歷，辛巳，死在連中館中，大尹興起空澤的甲士一千個人，奉着公的屍首，自空桐進入沃宮，使叫六卿來說：「聽見下邑有軍隊來，請六位計劃計劃。」六人來了，用軍隊刼着他們說：「君的病很厲害，請你們盟誓。」就在少寢庭院中盟誓說：「不要因爲公室的原故，對於大尹不利。」立了啓爲君，奉着喪到祖廟中出殯，三天以後貴族們方才都知道。樂茷叫人在國中宣佈說：「大尹蠱惑他的君，而專宋國的利權，現在君沒有病就死了，死了又藏匿他，這沒有旁的原因，祇是大尹的罪狀。」得夢見啓頭向着北方，而睡在宋國都城東門的外邊，自己變成烏鴉，而在啓的上邊，嘴在南門上，尾巴在北方桐門上，他自己說：「我這個夢很好，我必定會立爲君。」大尹計劃說：「我未曾加入少寢的盟誓，是不是要驅逐我出走，那麼再跟他們會盟吧！」使祝人做盟誓載書，六卿在唐盂這地方，想對他盟誓。祝襄拿載書的名字告訴皇非我，皇非我與樂茷、樂得、靈不緩計謀說：

「人民會同我驅逐他嗎？」全都回到家裡，預備軍隊。告訴國人說：「大尹蠱惑他的君，欺負公室，幫助我們是爲的救君。」大家說：「幫助他們。」大尹也告訴國人說：「樂氏、皇氏將對於公室不利，幫助我的不會怕沒有財富。」大家說：「這種號令與君沒有分別。」樂氏、皇氏想伐啓，樂得說：「不可以，大尹是因爲欺負公有罪了，我若伐公，更厲害了。」叫國人對大尹加罪。大尹奉着啓，逃到楚國去，就立得爲君。樂茷做上卿，盟誓說：「三族共理政事，不要互相侵害。」

（三）

傳 衞出公自城鉏使以弓問子贛，且曰：「吾其入乎？」子贛稽首受弓對曰：「臣不識也。」私於使者曰：「昔成公孫於陳①，寧武子孫莊子爲宛濮之盟而君入。獻公孫於齊②，子鮮、子展爲夷儀之盟而君入。今君再在孫矣③，內不聞獻之親，外不聞成之卿，則賜不識所由入也。詩曰：『無競惟人，四方其順之④。』若得其人，四方以爲主，而國於何有？」

【今註】①昔成公孫於陳：從前衞成公奔逃到陳國去。在僖公二十八年。②獻公孫於齊：衞獻公逃到齊國去，這件事在魯襄公十四年。③今君再在孫矣：指着哀公十五年出公逃到魯國，現在又逃到宋國。④無競惟人，四方其順之：詩經周頌的一句詩。意思說祇要用到賢人，四方的人全會歸順他。

【今譯】衞出公從城鉏叫人拿弓去問子貢，並且說：「我能夠回衞國去嗎？」子貢稽首收了弓，回答說：「我不知道。」又私下對使人說：「從前成公逃到陳國去，甯殖孫莊子在宛濮盟誓，而君回國。獻公逃到齊國去，子鮮、子展爲夷儀的盟誓而君回來。現在君已經兩次逃出國去，內裡不聽見說有獻公的親屬，外邊不聽見有成公的官屬，所以我不知道怎麼能夠回國？詩經周頌說：『祇要能夠得到賢人，四方就能歸順他。』若得到那人，可以爲四方的主，又何祇一國呢？」

哀公二十有七年（公元前四百六十八年）

（一）傳春，越子使后庸來聘，且言邾田封于駘上①。二月，盟于平陽②，三子皆從③，康子病之，言及子贛，曰：「若在此，吾不及此夫？」武伯曰：「然，何不召？」曰：「固將召之。」文子曰：「他日請念。」

【今註】①駘上：卽狐駘，在今山東滕縣東南。②平陽：在今山東鄒縣西三十里。③三子皆從：三子指季康子、叔孫文子、孟武伯。

【今譯】二十七年春天，越王派后庸來魯國聘問，且談到魯國佔據邾國的田地，一直到駘上。二月，魯哀公同后庸在平陽這地方盟會，季孫肥、叔孫舒、孟孫彘，皆隨從着他，季孫肥以跟蠻夷盟誓爲羞恥，談論中說到子貢，季孫就說：「他若在這裡，我們大約不會到這種程度。」孟孫彘說：「對了，何不叫他來？」季孫說：「就要召來。」叔孫舒說：「以後請想着這句話。」

（二）傳夏四月己亥，季康子卒，公弔焉降禮①。

【今註】①公弔焉降禮：公去弔他，禮節不完備。

【今譯】夏天四月己亥，季孫肥死了，魯哀公去弔唁，行的禮節不完備。

（三）傳晉荀瑤帥師伐鄭，次于桐丘①，鄭駟弘②請救于齊。齊師將興，陳成子屬孤子三日朝，設乘車兩馬繫五邑焉，召顏涿聚之子晉曰：「隰之役③，而父死焉。以國之多難，未女恤也。今君命女以是邑也，服車而朝，毋廢前勞。」乃救鄭，及留舒④，違穀七里，穀人不知。及濮⑤雨不涉，子思⑥曰：「大國在敝邑之宇下，是以告急，今師不行，恐無及也。」成子衣製杖戈⑦立於阪上，馬不出者助之鞭之。知伯聞之乃還曰：「我卜伐鄭，不卜敵齊。」使謂成子曰：「大夫陳子，陳之自出，陳之不祀，鄭之罪也⑧。故寡君使瑤察陳衷焉，謂大夫其恤陳乎？若利本之顛，瑤何有焉？」成子怒曰：「多陵人者皆不在，知伯其能久乎？」中行文子⑨告成子曰：「有自晉師告寅者，將為輕車千乘以厭齊師之門，則可盡也。」成子曰：「寡君命恒曰：『無及寡，無畏眾，』雖過千乘，敢辟之乎？將以子之命告寡君。」文子曰：「吾乃今知所以亡⑩！君子之謀也始衷終皆舉之，而後入焉。今我三不知而入之，不亦難乎⑪？」

【今註】①桐丘：在河南省扶溝縣西二十里。②駟弘：駟歂的兒子。③隰之役：在哀公二十三年。④留舒：山東通志說：「一作柳舒城，魚山上有柳舒城，即留舒之訛也。在今山東阿縣西北八里。」⑤濮：程發軔氏說：是今日鄆城鉅野之西南。」⑥子思：國參。⑦衣製杖戈：穿着雨衣，拿着槍。⑧鄭之罪也：在哀公十七年。楚國滅陳，與鄭無干。⑨中行文子：荀寅。⑩吾乃今知所以亡：我現在才知道，我為什麼逃亡的原因。⑪今我三不知而入之，不亦難乎：我現在全不知道而進去，這不是很困難嗎？

【今譯】賢國荀瑤率領軍隊討伐鄭國，住在桐丘這地方，鄭國駟弘到齊國去請救。齊國軍隊將興兵，陳恒叫戰死的人的兒子，三天上朝，預備好一輛車同兩匹馬，更加上五個城邑，叫顏涿聚的兒子晉說：「你的父親死在隰這次的戰役，因為國家的困難很多，所以尚沒有撫恤你們，現在君以這城邑賞給你，你可以穿着衣服，坐這車來上朝，為的不廢除你父親從前的功勞。」就去救鄭國，到了留舒這地方，離着穀這城七里，而穀人不知道。到了濮，天下雨，沒法過濮水，國參說：「晉國就在我們鄭國附近，所以來告急，現在你軍隊不往前走，恐怕來不及了。」陳恒穿着雨衣拿着槍立到山坡上，馬不往前走幫助他們，拿鞭子打它。荀瑤聽見就回去，並且說：「我祇占卜打鄭國，沒有占卜同齊國為敵人。」派人告訴陳恒說：「你大夫陳子，是出自陳國，陳國若不能得到享祀，是鄭國的罪，所以寡君使我荀瑤查看陳國的衷心，說大夫要憐恤陳國嗎？若以為根本可以顛覆，與我荀瑤有什麼關係？」陳恒生氣說：「多欺負人的，現在全部不存在，荀瑤能夠長久嗎？」荀寅這時候逃到齊國，告訴陳恒說：「有來告訴我說的，將拿輕車一千輛，來壓住齊國軍隊的門，齊國軍隊就可以全完了。」陳恒說：「齊君命恒說：『不要打少的人，也不要怕多的人。』就是過了一千輛車，我敢躲避他們嗎？我將拿你的話告訴我們齊君。」荀寅說：「我現在才明白我是為什麼逃亡。君子計謀事情的時候，必定由開始到末了皆想出來，方才能夠辦。今我三件事全不知道，而就辦了，不也很難嗎？」

(四)

傳 公患三桓之侈也，欲以諸侯去之①，三桓亦患公之妄也②，故君臣多間③。公游于陵阪④，遇孟武伯於孟氏之衢，曰：「請有問於子，余及死乎⑤？」對曰：「臣無由知之。」三問卒辭不對。公欲以越伐魯而去三桓，秋八月甲戌，公如公孫有陘氏⑥，因孫於邾，乃遂如越，國人施公孫有山氏。

【今註】①欲以諸侯去之：想拿諸侯力量去掉三桓。②三桓亦患公之妄也：三桓也以爲魯哀公狂妄。③故君臣多間：所以君臣之間很多間隙。④陵阪：應在曲阜城內。⑤余及死乎：我能夠壽終嗎？⑥有陘氏：即公孫有山氏。

【今譯】魯哀公很討厭三桓的奢侈，想拿諸侯力量去掉他。三桓也以爲哀公狂妄，所以君臣之間很多間隙。哀公到陵阪去游玩，遇見孟孫彘在孟氏的路上就說：「請問你，我能夠善終嗎？」回答說：「我無從知道。」三次問也不回答。哀公想拿越國軍隊來伐魯國去掉三桓。秋天八月甲戌，哀公到公孫有山氏，就逃到邾國去了，由此就逃到越國，國人就公佈公孫有山氏的罪狀。

(五)

傳 悼之四年①，晉荀瑤帥師圍鄭，未至，鄭駟弘曰：「知伯愎而好勝②，早下之，則可行也③。」乃先保南里以待之，知伯入南里，門于桔柣之門，鄭人俘酅魁壘④，賂之以知政⑤，閉其口而死。將門，知伯謂趙孟入之，對曰：「主在此。」知伯曰：「惡而無勇，何以爲子⑥？」對曰：「以能忍恥，庶無害趙宗乎？」知伯不悛，趙襄子由是惎⑦知伯，遂喪之。知伯貪而愎，故韓魏反而喪之⑧。

【今註】①悼之四年：悼公是魯哀公的兒子。悼之四年等于公元前四六二年。②知伯愎而好勝：知伯剛愎而好比旁人勝。③則可行也：就可以去了。④酅魁壘：晉國的兵士。⑤賂之以知政：以財貨賄賂他出來管理政權。⑥惡而無勇，何以爲子：相貌很醜，而又沒有勇氣，爲什麼立他爲後人。⑦惎：是狠毒。⑧故韓魏反而喪之：故韓魏聯合起來把他毀掉。

【今譯】悼公四年（公元前四百六十三年），晉國荀瑤率領軍隊圍了鄭國都城，還沒到鄭國，駟弘就說：「荀瑤剛愎而好勝，要早低下，他就可以走。」就先保守城外的南里以等待他，荀瑤進了南里，攻打桔柣的門，鄭國人逮着晉國的酅魁壘，用財貨賄賂他，叫他管理政權，他不聽，就閉上嘴死了。將攻打鄭國都城的城門，荀瑤對趙無恤說你何不進去呢？回答說：「你在此，我怎麼敢進去。」荀瑤說：「樣子很醜，又沒勇敢，怎樣爲人子。」回答說：「因爲我能夠忍受羞恥，庶幾不害趙氏的宗廟嗎？」荀瑤仍舊不改，趙無恤從此討厭荀瑤，就毀了他。荀瑤貪而剛愎，故韓魏反過來把他毀掉。

附錄一

春秋序①：（陸曰②此元凱所作，既以釋經，故依例音之，本或題爲春秋左傳序者，沈文何以爲釋例序，今不用。）春秋者，魯史記③之名也。記事者，以事繫日，以日繫月，以月繫時，以時繫年，所以紀遠近，別同異也。故史之所記，必表年以首事，年有四時，故錯舉以爲所記之名也④。周禮有史官，掌邦國四方之事，達四方之志，諸侯亦各有國史，大事書之於策⑤，小事簡牘而已⑥。孟子曰：「楚謂之檮杌，晉謂之乘，而魯謂之春秋，其實一也⑦。」韓宣子適魯⑧，見易象與魯春秋，曰：「周禮盡在魯矣，吾乃今知周公之德與周之所以王。」韓子所見，蓋周之舊典，禮經也⑨。周德既衰，官失其守，上之人不能使春秋昭明，赴告策書，諸所記注，多違舊章。仲尼因魯史策書成文，考其眞僞，而志其典禮，上以遵周公之遺制，下以明將來之法。其教之所存，文之所害，則刊而正之，以示勸戒。其餘則皆卽用舊史，史有文質，辭有詳略，不必改也。故傳曰其善志，又曰非聖人孰能修之？蓋周公之志，仲尼從而明之。左丘明受經於仲尼，以爲經者不刊之書也。故傳或先經以始事，或後經以終義，或依經以辯理，或錯經以合異，隨義而發。其例之所重，舊史遺文略不盡擧，非聖人所修之要故也。身爲國史，躬覽載籍，必廣記而備言之。其文緩，其旨遠，將令學者原始要終，尋其枝葉，究其所窮，優而柔之，使自求之，饜而飫之，使自趨之。若江海之浸，膏澤之潤，渙然冰釋，怡然理順，然後爲得也。其發凡以言例，皆經國之常制，周公之垂法，史書之舊章，仲尼從而修之，以成一經之通體。其微顯闡幽裁成義類者，皆據舊例而發義，指行事以正褒貶，諸稱書，不書，先書，故書，不言，不稱，書曰之類，皆所以起新舊，發大義，謂之變例⑩。然亦有史所不書卽以爲義者，此蓋春秋新意，故傳不言凡曲而暢之也。其經無義例，因行事而言，則傳直言其歸趣而已，非例也⑪。故發傳之體有三，而爲例之情有五⑫。一曰：「微而顯，」文見於此而起義在彼。「稱族尊君命，舍族尊夫人」，「梁亡」，「城緣陵⑬」之類是也。二曰「志而晦，」約言示制，推以知例，「參會不地，與謀曰及⑭」之類是也。三曰：「婉而成章，」曲從義訓以示大順，「諸所諱辟」，「璧假許田⑮」之類是也。四曰：「盡而不汙，」直書其事，具文見意，「丹楹刻桷」，「天王求車」，「齊侯獻捷⑯」之類是也。五曰：「懲惡而勸善。」求名而亡，欲蓋而章，「書齊豹盜」，「三叛人名⑰」之類是也。推此五體，以尋經傳，觸類而長之，附于二百四十二年行事，王道之正，人倫之紀備矣。或曰：「春秋以錯文見義，若如所論，則經當有事，同文異，而無其義也，先儒所傳，皆不其然。」答曰：「春秋雖以一字爲褒貶，然皆須數句以成言，非如八卦之爻，可錯綜爲六十四也，固當依傳以爲斷。」古今言左氏春秋者多矣，今其遺文，可見者十數家，大體轉相祖述，進不成爲錯綜經文以盡其變，退不守丘明之傳。於丘明之傳有所不通，皆沒而不說，而更膚引公羊穀梁，適足自亂。預今所以爲異，專修丘明之傳以釋經，經之條貫必出於傳，傳之義例揔歸諸凡，推變例以正褒貶，簡二傳而去異端，蓋丘明之志也。其有疑錯，則備論而闕之，以俟後賢。然劉子駿⑱創通大義，賈景伯父子⑲許惠卿⑳皆先儒之美者也，末有潁子嚴㉑者，雖淺近亦復名家。故特舉劉、賈、許、潁之違，以見同異。分經之年，與傳之年相附㉒，比其義類，各隨而解之，名曰經傳集解。又別集諸例及地名、譜第、厤數㉓相與爲部，凡四十部，十五卷，皆顯其異同，從而釋之，名曰釋例。將令學者觀其所聚異同之說，釋例詳之也。或曰「春秋之作，左傳及穀梁無明文。說者以仲尼自衞反魯，修春秋，立素王，丘明爲素臣。言公羊者亦云黜周而王魯，危行言孫，以辟當時之害，故微其文，隱其義。公羊經止獲麟，而左氏經終孔丘卒。敢問所安？」答曰：「異乎余所聞。仲尼曰：『文王既沒，文不在茲乎？』此制作之本意也。歎曰：『鳳鳥不至，河不出圖，吾已矣夫。』蓋傷時王之政也。麟鳳五靈㉔，王者之嘉瑞也。今麟出非其時，虛其應而失其歸，此聖人所以爲感也。絕筆於獲麟之一句者，所感而起，固所以爲終也。」曰：「然則春秋何始於隱公？」答曰：「周平王東周之始王也，隱公讓國之賢君也。考乎其時則相接，言乎其位，則列國，本乎其始則周公之祚胤也。若平王能祈天永命，紹開中興，隱公能弘宣祖業，光啓王室，則西周之美可尋，文武之迹不隊，是故因其厤數，附其行事，采周之舊以會成王義，所書之王即平王也，所用之厤即周正㉕也。所稱之公即魯隱也。安在其黜周而王魯乎？子曰：『如有用我者，吾其爲東周乎？

』此其義也。」若夫制作之文，所以章往考來，情見乎辭，言高則旨遠，辭約則義微，此理之常，非隱之也。聖人包周身之防，既作之後，方復隱諱以辟患，非所聞也。子路欲使門人爲臣，孔子以爲欺天，而云仲尼素王，丘明素臣，又非通論也。先儒以爲制作三年，文成致麟，既已妖妄，又引經以至仲尼卒，亦又近誣。據公羊經止獲麟，而左氏小邾射不在三叛之數，故余以爲感麟而作，作起獲麟，則文止於所起爲得其實。至於反袂拭面，稱吾道窮，亦無取焉。」

【今註】①春秋序：據陸德明說：「此杜元凱所作，既以釋經，故依例音之，本或題爲春秋左傳序者，沈文何以爲釋例序，今不用。」 ②陸曰：即陸德明所說。 ③魯史記：春秋就是魯國史記的名稱。 ④故錯舉以爲所記之名也：因爲四時有春夏秋冬，祇用春秋兩個字，所以說錯舉，是爲的記載編年的事。 ⑤大事書之於策：蔡邕獨斷曰：「策者簡也，其制長二尺，短者半之。」 ⑥小事簡牘而已：簡牘祇有一尺長。 ⑦魯謂之春秋，其實一也：魯國人稱爲春秋，其實楚國的檮杌，晉國的乘，而魯國的春秋，全是爲記載史事的書。 ⑧韓宣子適魯：晉大夫韓起，到魯國去聘問，在魯昭公二年。 ⑨禮經也：這是韓宣子所看的，魯國舊有的記載。 ⑩謂之變例：這叫着改變的條例。 ⑪非例也：這不屬於例。 ⑫爲例之情有五：釋例的情形有五種，就是如下面所說的。 ⑬「稱族尊君命」「舍族尊夫人」「梁亡」「城緣陵」：稱族尊君命，舍族尊夫人，見於成公十四年，梁亡見於僖公十九年，城緣陵見於僖公十四年。 ⑭「參會不地，與謀曰及」：桓公二年秋公及戎盟於唐，冬公至自唐。 ⑮「璧假許田」：當時魯國因爲周公的原故，得用離近京都的許田，後來周德既衰，魯國也不朝周，所以鄭國就假作拿着玉璧來換許田。 ⑯「丹楹刻桷」、「天王求車」、「齊侯獻捷」：莊公二十三年秋，丹桓宮楹。二十四年春，刻桓宮桷，桓公十五年，天王使家父來求車。莊公三十一年，齊侯來獻戎捷。 ⑰「齊豹盜」「三叛人名」：昭公二十年盜殺衞侯之兄縶。襄公二十一年，邾庶其以漆閭來奔；昭公五年莒牟夷以牟婁及防茲來奔；昭公三十一年邾黑肱以濫來奔。 ⑱劉子駿：即劉歆。 ⑲賈景伯父子：賈逵字景伯扶風人，父徽字元伯。 ⑳許惠卿：名許淑。 ㉑潁子嚴：名潁容。 ㉒分經之年與傳之年相附：可見經同傳本是兩部書，這次方才被杜預合成一部書。㉓諸例及地名、譜第、厤數：全舉各條例同地名同人名的譜，還有厤法，這些叫做釋例。㉔麟鳳五靈：麟鳳同龜龍古稱爲四靈，但是據疏說應該加上白虎稱爲五靈。㉕所用之厤卽周正也：所用的厤法就是周朝的厤法，以分別他同夏商的不同。

【今譯】春秋這個名詞，是魯國史記的名稱。所謂記事的就是把事情記到日子上，把日子記到月份上，把月份記到四時上，把四時記到年上，這是把事情記到遠近，分別同一，所以史書記載必定先寫年，以說事情的開始，每年有四季，所以錯舉春秋兩季做史記的名稱。周禮說到史官是管掌着邦國四方的事情，通達四方的意志，每個諸侯也各有他的國史，大的事情寫到大的竹簡上，所謂策。小的事情祇寫到簡牘上，簡牘是小的竹簡，孟子說過：「楚國叫做檮杌，晉國叫做乘，魯國叫做春秋，其實名稱雖然不同，事實上記事性質相同。」在魯昭公二年時，晉國的韓宣子到魯國去，看見易象同魯春秋就說：「周禮全在魯國了，我現在才知道周公德性的大，同周朝的所以稱王。」韓起所看見的，大概就是周朝的舊典，所謂禮經就是。周的德性後來衰微，官吏全失掉他所守護的，上邊的人不能使春秋很明顯，赴告所用的策書，諸凡所記述的，多違背了舊的章法，孔子根據着魯國史書所記載的策書，舊文字，考正他的眞假，而以他的典禮爲標準，上面爲的遵守周公的舊制度，下邊爲的發明將來的法則。其所存的教訓，文章有不對的地方，就把他修正了，以表示勸戒的意思。其餘皆用舊書上所寫的，史有的文雅，有的質樸，文辭有的詳有的略，也就不必更改了。所以左傳說他的志向很美，又說要不是聖人，誰能夠修正呢？這大約是周公的志向，孔子根據他而修明了。左丘明從孔子受到魯國的舊史，以爲舊史是不能夠修改的書。所以左傳常常寫在春秋前面，以開啓事端，或者在春秋以後爲的表示他把這件事情完成，有的事依傍着春秋，以答辯他的理解，或者是跟春秋相錯，以表示他的不同，隨着意思而發展着不同。他條例之所重，就是所剩下的文字，也不能全都舉出來，因爲這不是聖人所修的要緊事的原故。他既然做了國史，親自看見舊的記載，必然推廣記載而詳細的說。他的文章很緩慢，原旨很遠大，使學者們能夠由開始一直到末了，尋找他的枝葉，一直到根底，優柔能夠自己得到，饜飫使自己往那裏去。好像江海那麼大水，膏澤能滋潤，就自然能夠氷解，高興得很稱理，然後能得到義理。（侗案左氏春秋同孔子春秋是兩部書，在杜預以前，仍然是分存着，自從杜預「分經之年與傳之年相附」以後，方始左氏春秋做爲解釋春秋，詳情見於我的序中，讀者可以參考。）凡是發凡皆說的條例，全都是經國的常制，這是周公的垂法，也是史書的舊章，孔子有追隨周公從修他，成了一個經的通體。他把微細的使他明顯，不容易懂的說明，分成義例，都根據舊例而發明的，指着一件事情，以證明褒貶。譬如所謂「書」、「不書」、「先書」、「故書」、「不言」、「不稱」「書曰」這些類全都是爲的起新舊，發揚大義，這叫做變例。然也有史書上所不寫，即變成義例的，這大概是春秋的新意，所以傳裏不說，曲別而暢明了他。至於春秋中沒有義例因爲行事情而言，左傳祇說他的結果而已，這不是例。所以發傳的體有三個，而爲例的體裁有五種。一種叫做「微而顯」，文章見於此處，而意思興起在旁處。「稱族尊君命，舍族尊夫人」、「梁亡」、「城緣陵」這類就是。第二種叫做「志而晦」這是爲的表示一個制度，推在一塊就可以成一個例，「參會不地，與謀曰及」這類就是。第三種叫做「婉而成章」這個是根據着義訓以表示順從大的訓導，凡所辟諱的，譬如「璧假許田」這類就是。第四種叫做「盡而不汙」，直接寫他的事情，用文章就表示意見，「丹楹刻桷」「天王求車」「齊侯獻捷」這類就是。第五種叫做「懲惡而勸善」「求名而亡」「欲蓋而章」「書齊豹盜」「三叛人名」這類就是。推這五件事情，來尋找經傳，分類而推廣他，附在二百四十二年的行事，王道的規正，人倫的根基，就完備了。或者說：「春秋是用錯雜的文字來見義意，要像你所說的，則經中當有事情相同，而文字不同而沒有他的義意，先儒所傳說的，大概同這個不同。」回答說：「春秋雖然拿一個字做褒貶，但是必須拿幾句成一句話，不像八卦的爻，可以互相變化，就成了六十四卦，還是要根據左傳來決斷。」古今說左氏春秋者很多家，現在剩下的材料所看見的有十幾家，全互相的轉引，進去不成叫經文錯綜來得到他的變化，退一步也不能守住丘明的左傳。對於左丘明的傳有不能了解的，全都不說，並且又引用公羊傳同穀梁傳，恰好自己亂了他的思想。杜預現在跟他們所作的不同，專門研究左丘明的傳，以解釋經，經的條貫必定出在左傳，左傳的義例全歸凡例來管，用變例以正規褒貶，去了公羊穀梁兩個傳，就表示去了兩個不同的說法，這也就是左丘明的志願。他有錯誤可疑的地方，就備論而闕疑，以等待後代的賢者。劉子駿（劉歆）創通左傳的大義，賈景伯父子（賈徽及賈逵）、許惠卿（許淑），全都是先儒最好的，後來有潁子嚴（潁容）雖然膚淺也可以成一家。所以特別舉出來劉、賈、許、潁的不同見解，以見同與不同解說。把春秋的年份同左傳的年份着在一塊，比較他的義類，隨着他來解釋，名就叫經傳集解。又另外集合各例同地名、譜第、曆數，各自分成部，凡四十部，十五卷，都分着以表示他的異同，從着來解釋，名叫釋例。爲的將以後的學者觀我所展集異同的說法，這在釋例已經詳細說了。或有人說，春秋的創作，在左傳及穀梁傳中都沒有明白的說，解說者以爲孔子自衞國返囘魯國，修成春秋，立素王、左丘明作素臣。說公羊傳者也說貶黜周而使魯爲王，因爲行爲甚有危險，故言辭甚爲謹愼，以避免當時的加害，所以文章甚細微，隱藏他的意義，公羊的經以西狩獲麟爲止，而左氏的經到孔子死，敢問何種合理？囘答說：「這同我所聽說的不同。孔子說：『文王既然死了，文就不在這裏嗎？』這就是作書的本意所在。孔子又歎息說：『鳳凰不來，河水也不出現石圖，我豈不沒有希望了麼？』這是傷感時王的政治呀！麟鳳五種靈物皆是王者的祥瑞，現在麒麟出現不合時，也不應而失掉他的歸宿，聖人因此感歎。爲何在這句絕筆，因爲感起於此，也就以此爲終。又問說：「爲何春秋從魯隱公呢？」囘答說：「周平王是東周的第一個王，魯隱公是讓國的好君，論他們的時代頗相連接，論他的位子就屬於列國，再論上代就是周公的後嗣。假設平王能禱告上天永久保天命，重開中興的機會，魯隱公也能大宣布祖先周公的事業，啓發周王室，西周的好政風可以尋出，周文王武王的迹業不至於失墜，所以根據他的歷數，附上他們的行事，采用周的舊法，以成王的意義，爲後來的垂法。所寫的王就是周平王，所用的歷法就是周正，所稱的公就是魯隱公，何能貶黜周而王魯嗎？孔子說過『如果有人想用我的，我可以作東周的！』這就是這種意義。至於所作的文章，就爲的表章以往，並考查將來，性情見於文辭，所說的話高深，宗旨就會遠大，文辭隱約，意義就會細微，這是事理的常情，並非有所隱蔽，聖人有周身的設防，既然作了以後，又再隱諱爲的辟患難，這也不是所能知道的。子路想使門人作臣僕，孔子以爲這是欺騙上天，現在說孔子是素王，左丘明是素臣，又不是通論。先儒以爲作春秋三年，文章成功就使麒麟出現，這已經是妖妄的話，又引春秋至孔子死，這又近於誣聖人。據公羊傳春秋止於獲麟，而左氏小邾射不在三叛的數目中。所以我以爲因感麟而作春秋，既作因獲麟而起，文章也就止於此事，較爲得實。至於反衣拭面貌，自稱道窮，也無所取了！

附錄二

杜預後序：大康①元年三月，吳寇始平，余自江陵還襄陽，解甲休兵，乃申杼②（段玉裁校本作抒是也。）舊意，脩成春秋釋例及經傳集解始訖，會汲郡汲縣有發其界內舊冢者，大得古書，皆簡編科斗文字③，發冢者不以爲意，往往散亂，科斗書久廢，推尋不能盡通④，始者藏在秘（監本誤祕）府⑤，余晚得見之。所記大凡七十五卷，多雜碎怪（淳熙本作恠，俗怪字。）妄，不可訓知。周易及紀年最爲分了，周易上下篇與今正同，別有陰陽說，而無彖象，文言、繫辭，疑于時仲尼造之於魯，尙未播之於遠國也。其紀年篇起自夏殷周，皆三代王事，無諸國別也，唯特記晉國，起自殤叔，次文侯昭侯，以至曲沃莊伯。莊伯之十一年十一月，魯隱公之元年正月也，皆用夏正建寅之月爲歲首，編年相次。晉國滅，獨記魏事，下至魏哀王之二十（石經二十作廿，下同。）年，蓋魏國之史記也。推挍（淳熙本監本挍作校）哀王二十年，大（監本誤太）歲在壬戌，（淳熙本戌作戍，非。）是周赧（石經赧字右半重刊）王之十六年，秦昭王之八年，韓襄王之十三年，趙武靈王之二十七年，楚懷王之三十（石經三十作卅，下同）年，燕昭王之十三年，齊湣（釋文作湣，石經作潛。）王之二十五年也，上去孔丘卒百八十一歲，下去今大康三年五百八十一歲。哀王於史記，襄王之子惠王之孫也。惠王三十六年卒而襄王立。立十六年卒而哀王立。古書紀年篇惠王三十六年改元，從一年始，至十六年而稱惠成王卒，卽惠王也。疑史記誤分惠成之世以爲後王年也。哀王二十（石經二十作廿，似改刊。）三年乃卒，故特不稱謚，（石經淳熙本監本作謚，是也。）謂之今王。其著書文意大似春秋經，推此足見古者國史策（石經作筞）書之常也。文（淳熙本文誤丈）稱魯隱公及邾莊公盟于姑蔑，卽春秋所書邾儀父，未王命故不書爵，曰儀父，貴之也。又稱晉獻公會虞師伐虢滅下陽，卽春秋所書虞師晉師滅下陽，先書虞賄故也。又稱周襄王會諸侯于河陽，卽春秋所書天王狩（釋文作守，云本亦作狩。）于河陽，以臣召君，不可以訓也。諸若此輩甚多，略舉數條，以明國史皆承告據實而書時事，仲尼脩春秋，以義而制異文也。又稱衞懿公及赤翟戰于洞澤，疑洞當爲泂，卽左傳所謂熒澤也。齊國佐來獻玉磬紀公之甗，卽左傳所謂賓媚人也。諸所記多與左傳符同，異於公羊穀梁。知此二書近世穿鑿，非春秋本意審矣。雖不皆與史記尙書同，然參而求之，可以端正學者。又別有一卷，純集疏左氏傳卜筮事，上下次第及其文（淳熙本文誤丈。）義皆與左傳同，名曰師春，師春似是抄集者人名也。紀年又稱殷仲壬卽位居亳，其卿士伊尹。仲壬崩，伊尹放大甲于桐，乃自立也。伊尹卽位於（石經淳熙本作放，是也。）大甲七（石經淳熙本同，宋本作十。）七年，大甲潛出自桐，殺伊尹乃立其子伊陟伊奮，命復其父之田宅而中分之。左氏傳伊尹放大甲而相之，卒無怨色，然則大甲雖見放，還殺伊尹，而猶以其子爲相也。此爲大與尙書敍說大甲事乖異，不知老叟之伏生，或致昏（釋文作昏。）忘，將此古（石經將此古三字重刻，初刻似脫一字。）書亦當時雜記，未足以取審也。爲其粗有益於左氏，故略記之，附集解之末焉。

【今註】①大康：是晉武帝的年號。 ③申杼：等於發明申正。 ③簡編科斗文字：簡編是竹編，科斗文是古文字，因爲形狀頗像小蛤蟆，所以名字稱爲科斗。 ④推尋不能盡通：研究也不能完全懂。 ⑤祕府：是皇家圖書館。

【今譯】在晉武帝大康元年三月，始把吳國平定，我從江陵囘到襄陽，解除盔甲，使軍隊休息，就發明舊的意見，修成春秋釋例同經傳集解兩部書，恰好遇見汲郡汲縣有發掘他的境內很多古塚的，全都是竹簡寫着科斗似的古文字，發掘墳的人不甚注意，所以散開了很亂，並且科斗文字久已不用，研究他們的也不能完全明白，最初藏在皇家圖書館裏，我在最後才看見記載的事，大概有七十五卷，多半是雜亂零碎，奇怪同妄說，不可以完全懂。其中周易同紀年最明白，周易分爲上下篇，同現在的本子正相同，別有陰陽說，而沒有彖象、文言、同繫辭，我很疑惑那時候孔子在魯國所作成，而尙未有傳播到遠處去。他那篇紀年，從夏殷周起，全是記載三代的王事，沒有各國的分別，唯獨特別說到晉國由殤叔起，接着是文侯昭侯，一直到曲沃莊伯。曲沃莊伯的十一年十一月，就是魯隱公的元年正月。晉國皆用夏正，每歲首全用的是建寅那個月，編年相次序。晉國滅了以後，單獨記魏國的事情，下面一直到魏哀王二十年，這就是魏國的史記。我們來推算魏哀王的二十年，太歲在壬戌，這就是在周赧王的十六年，秦昭王的八年，韓襄王的十三年，趙武靈王二十七年，楚懷王的三十年，燕昭王的十三年，齊湣王的二十五年，上邊離孔子死是一百八十一年，下邊離着大康三年，五百八十一年。哀王在史記上，是襄王的兒子，惠王的孫子。惠王三十六年死了，而襄王即位，立了十六年死了，而哀王立爲君。古書紀年篇惠王三十六年改元，從一年開始到十六年而稱惠成王死了，就是魏惠王。我很疑心史記誤分了惠成的年代作成後王的年。哀王二十三年才死，所以不稱謚法，稱爲今王。紀年寫書的意思大像春秋經，推論可以看出來古代的國史竹簡全是如此。他的文章裡又說：「魯隱公與邾莊公盟于姑蔑。」這就是春秋所寫的邾儀父，沒有得到王命，所以不寫他的爵位，稱他叫儀父，因爲尊貴他。又稱：「晉獻公會虞師伐虢滅下陽。」即春秋所寫「虞師晉師滅下陽。先書虞，賄故也。」又稱「周襄王會諸侯于河陽。」即春秋所寫「天王狩于河陽，以臣召君，不可以訓也。」諸如此類很多，略舉幾條，以證明從前的國史皆承通告，據實事而寫的。孔子修春秋，用義意而分成不同的文章。又稱「衞懿公及赤翟戰于洞澤。」我頗疑心洞當做泂，就是左傳所稱的熒澤。「齊國佐來獻玉磬紀公之甗。」就是左傳所說：「賓媚人。」紀年所記載的都同左傳相符，而與公羊穀梁兩書不同。知道這兩部書，後來人所穿鑿，不是春秋的本意，這是很明白了。雖然他的記載，不與史記同尙書相同，然而三種來比較，可以使學者端正。又另有一卷書，完全是抄左傳裡邊講占卜的事情，上下的次序同他的文章意義，都同左傳相同，名字叫「師春」，「師春」似乎是抄這書的人的名字。紀年又說殷仲壬即位以後，居在亳這地方，伊尹做他的卿士。仲壬死了以後，伊尹驅逐大甲位在桐這地方，而自己做了君，伊尹做君以後放逐大甲，七年以後，大甲偷着從桐出來，殺了伊尹，而立了他的兒子伊陟伊奮，囘復他父親伊尹的田宅，而給他們兩人平分了。左氏傳說伊尹驅逐大甲而做他的宰相，並沒有抱怨的顏色。如此大甲被放逐，囘來殺了伊尹，仍舊用他兒子做宰相。這種很與尙書敍說大甲的事不同，不知道是年老的伏生，或者記不清楚，或者還是這本古書，也是當時雜記，不能做憑據的。因爲他對左氏春秋頗有益處，所以記在這裏，附到集解的末端。春秋經傳後序。

校訂後記

春秋左傳今註今譯一書，初版於民國六十年印行，距今已二十年整。此書由李宗侗教授主其事，另有襄助者先後三人。大部分由李教授口述，襄助者筆記，難免有誤解誤記之處；又註者與譯者常非同一人，因之又有註文與譯文各說各話現象。二十年來，為本書提出訂正意見之學術界人士甚多。北投張鼎銘先生撰有「李宗侗註譯春秋左傳糾謬」約三萬五千言；臺南葛振東先生撰有「讀春秋左傳今註今譯筆記」，指出本書錯誤三百四十四條。這二位先生曾為本書投注了不少心力。

去年九月，本人應臺灣商務印書館之請，為本書作校訂。雖明知此一校訂工作出力不討好，但為了對左傳這部經書盡一點心力，仍勉為其難應允。校訂工作自去年九月迄今，歷時半年完成，校訂之前，曾擬就以下四點處理原則：

一、本書今註今譯文字，有其特殊語法。凡是文意尚屬可解，雖語句拗澀不順，亦不予更動。

二、全書體例不一，如春秋紀年下所標示公元紀年之位置不一，又如「文公十有四年」「昭公十四年」等書寫方式不一，凡此均無礙於文意，不予更動。

三、今註部分，原註如有其依據，雖有另一家註釋較此為勝，亦不予更動。

四、本書標點，問題最多。其中以、，。三符號錯雜使用情形最為普遍，無頁無之；該加未加或點錯位置者亦時有所見。上述情形中如明顯影響文意者均加訂正，其他不予更動。

半年來，雖為本書之校訂朝夕從事，但難免偶有疏忽之時；且所為者究係校訂工作，亦難免有不易使力之處。竟工之日，只能說：對左傳這部經書已盡了一點心力。

葉慶炳 八十年三月十二日
識於臺北晚鳴軒

春秋左傳今註今譯 校訂本下冊

主編◆王雲五
註譯◆李宗侗
校訂◆葉慶炳
發行人◆王學哲
總編輯◆方鵬程

出版發行：臺灣商務印書館股份有限公司
台北市重慶南路一段三十七號
電話：(02)2371-3712
讀者服務專線：0800056196
郵撥：0000165-1
網路書店：www.cptw.com.tw
E-mail：ecptw@cptw.com.tw
網址：www.cptw.com.tw

局版北市業字第 993 號
初版一刷：1971 年 6 月
校訂版一刷：1993 年 4 月
校訂版四刷：2009 年 5 月
定價：新台幣 450 元

ISBN 978-957-05-0704-1

春秋左傳今註今譯／李宗侗註譯；葉慶炳校訂
. --校訂版. --臺北市：臺灣商務, 民82
册；　公分
ISBN 957-05-0701-2（一套：平裝）

1. 左傳－註釋

621.732　　　　82001145

廣	告	回	信

台灣北區郵政管理局登記證

第6540號

100臺北市重慶南路一段37號

臺灣商務印書館 收

對摺寄回，謝謝！

傳統現代 並翼而翔

Flying with the wings of tradition and modernity.

讀者回函卡

感謝您對本館的支持，為加強對您的服務，請填妥此卡，免付郵資寄回，可隨時收到本館最新出版訊息，及享受各種優惠。

姓名：＿＿＿＿＿＿＿＿＿＿＿＿＿＿＿＿ 性別：□男 □女

出生日期：＿＿＿年＿＿＿月＿＿＿日

職業：□學生 □公務（含軍警） □家管 □服務 □金融 □製造

□資訊 □大眾傳播 □自由業 □農漁牧 □退休 □其他

學歷：□高中以下（含高中） □大專 □研究所（含以上）

地址：＿＿＿＿＿＿＿＿＿＿＿＿＿＿＿＿＿＿＿＿＿＿＿＿＿＿＿＿

＿＿＿＿＿＿＿＿＿＿＿＿＿＿＿＿＿＿＿＿＿＿＿＿＿＿＿＿

電話：（H）＿＿＿＿＿＿＿＿＿＿＿＿（O）＿＿＿＿＿＿＿＿＿＿＿＿

購買書名：＿＿＿＿＿＿＿＿＿＿＿＿＿＿＿＿＿＿＿＿＿＿＿＿＿＿

您從何處得知本書？

□書店 □報紙廣告 □報紙專欄 □雜誌廣告 □DM廣告

□傳單 □親友介紹 □電視廣播 □其他

您對本書的意見？（A/滿意 B/尚可 C/需改進）

內容＿＿＿＿ 編輯＿＿＿＿ 校對＿＿＿＿ 翻譯＿＿＿＿

封面設計＿＿＿＿ 價格＿＿＿＿ 其他＿＿＿＿＿＿＿＿＿＿＿＿

您的建議：＿＿＿＿＿＿＿＿＿＿＿＿＿＿＿＿＿＿＿＿＿＿＿＿＿＿

＿＿＿＿＿＿＿＿＿＿＿＿＿＿＿＿＿＿＿＿＿＿＿＿＿＿

＿＿＿＿＿＿＿＿＿＿＿＿＿＿＿＿＿＿＿＿＿＿＿＿＿＿

臺灣商務印書館

台北市重慶南路一段三十七號 電話：（02）23713712轉分機50～57

讀者服務專線：0800056196 傳眞：（02）23710274．23701091

郵撥：0000165-1號 E-mail：cptw @cptw.com.tw

網址：www.cptw.com.tw